观虚文丛

禅道修炼

——内在生命的科学

戈国龙 著

○禅与道的生命智慧○道——回归整体的和谐
○道教内丹学及其现代诠释○道教内丹学：理论与方法
○点亮自性的心灯○回归心灵的故乡
○静心：内在生命的科学○静心的科学

华龄出版社
HUALING PRESS

图书在版编目（CIP）数据

禅道讲演录：内在生命的科学 / 戈国龙著 . —北京：华龄出版社，2022.5

ISBN 978-7-5169-2214-9

Ⅰ. ①禅… Ⅱ. ①戈… Ⅲ. ①哲学—中国—文集
Ⅳ. ①B2-53

中国版本图书馆 CIP 数据核字（2022）第 060461 号

策划编辑 董　巍　　　**责任印制** 李未圻
责任编辑 董　巍　彭　博　　　**装帧设计** 华彩瑞视

书　名	禅道讲演录：内在生命的科学	作　者	戈国龙
出　版 发　行	华龄出版社 HUALING PRESS		
社　址	北京市东城区安定门外大街甲 57 号	邮　编	100011
发　行	（010）58122255	传　真	（010）84049572
承　印	运河（唐山）印务有限公司		
版　次	2022 年 5 月第 1 版	印　次	2022 年 5 月第 1 次印刷
规　格	710mm × 1000mm	开　本	1/16
印　张	27	字　数	290 千字
书　号	ISBN 978-7-5169-2214-9		
定　价	88.00 元		

目录

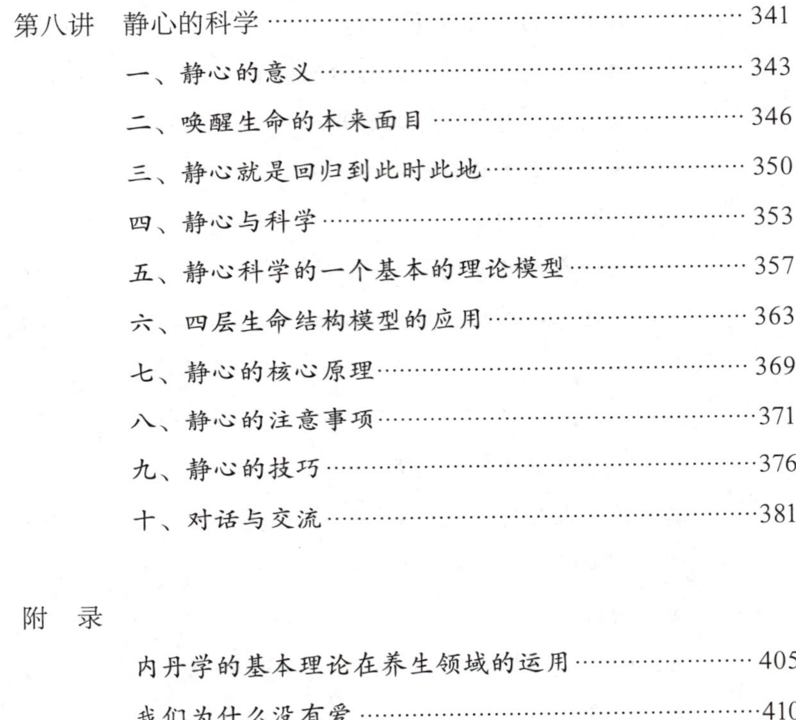

附　录

自 序

无论肉体还是精神，都需要一个安顿之所，都需要一个“家”。外在的家是相对的，而精神的“存在之家”才是永恒的安顿。

人生最大的安顿，所谓的“终极关怀”，是找到心灵的归宿、精神的家园。人一生奔波劳苦，先是为了安顿身体，解决温饱问题；但说到底是为了安顿心灵，是心有所安。伟大的灵魂，不管是伟大的工程师、学者、思想家，还是伟大的政治家、艺术家、实干家，其最为动人的成就，是他们的精神成就，是他们的精神境界。若是只有事功的成就而无高远的精神境界，则他们的人生并没有真正地成功。

但一切世间的成就，都无法彻底地安顿人的心灵。帝王将相，功名利禄，荣华富贵，这些世间的成功并不必然意味着人生的幸福与心灵的安顿，因为他们面临着人生根本意义的“幻化”与“虚无”，一切都是无常变幻的，在这虚无的大背景中，一切都将化为烟云，这些无常之物如何能真正地安顿人的精神生命？

所以才有伟大的智者、觉者，像老子、释迦牟尼等这些人类历史上的圣哲，他们深邃的目光早已超越了有限的时空，而看向了无限的存在；他们超越了有限的历史人生，而达至超越与永恒的存在之家。

我把追寻精神解脱与超越的生命旅程，称之为“悟道”。虽然悟道与宗教息息相关，但从本质上说，悟道超越了宗教，是每一个人追寻存在之家的可能性，是人生的终极意义之所在。

悟道是悟什么？就是悟到生命本具的“存在的一体”或“一体的存在”，就是悟到“存在的无限”或“无限的存在”，这也就是“悟”到“道”，道就是存在的一体、一体的存在，道就是存在的无限、无限的存在。

无限多样的世界，是道的显化的世界；但显化的世界都源于无分别相的、潜存的、一体的“道”，也相通并回归于无形无象之“道体”之中，“存在者”之波浪，相通相融于无限的“存在”的海洋。这个存在之海洋，这个不可言说的“道”，就是“存在之家”。

幸运的是，这个存在之家是无条件地为每一个人所有，它不需要任何代价，无论你是贫穷还是富有，无论你是成功还是失败，你本来就在存在之家的庇护之中。问题只在于你是否觉醒，是否能领悟并安住于存在之家。一念觉悟，一念即佛，有限的个体生命消融于无限的道体之中，这一刻便是极乐净土。

但困难在于，人已经习惯于自己的地狱之中，习惯于在贪瞋痴的毒药中得尝片刻的欢愉，迷而不返，以苦作乐；我们需要一盏指路明灯，迷途知返，回头是岸。离开语言文字，离开一切有无之辩，当下顿悟你本初的实相。初悟不难，难的是彻底地转身，放下虚幻的执着，超越人世的牵缠，无念无求，无为无得，回归本有的真实。

一旦人们真正体验了存在之家的终极安宁与无限和谐，他们就真正地进入悟道之旅程。无论中间还会有多少歧路与险滩，悟道会有终极的魔力，将你拉回悟道之正轨。一切世间的享乐与悟道之美相比都不值一提，体验了悟道之美的人终将走上无穷的悟道之旅，道是无限的，进入道之旅程亦是无限的，你不可能走到尽头，这是没有终点的旅程。

对悟道者来说，一切世间生活都只是游戏，可以随缘度日；但内心则无时无刻不系心于道，在道的无限海洋中逍遥自得。一切的成败得失都只是世间游戏里的幻化云烟，何足道哉！随时随地，都可以放下尘累，游心于道，安于存在之家。

《禅道讲演录——内在生命的科学》一书是观虚斋多年来应邀在各种场合下所作的演讲的汇集，它将是你进入悟道之旅的有力的助缘，也是你探寻生命奥秘，回归存在之家的一份向导与地图。能读到这本书的人，都是道上的有缘人，愿这本充满智慧芬芳的作品，带给你无限的宁静与喜悦！

最后，我要特别感谢大北农集团创始人邵根伙博士对出版观虚斋作品的大力支持，感谢中国道教协会副会长张高澄道长为本书题写书名，感谢多年以来一直关心和支持观虚斋弘道事业的众多的道友！

戈国龙

2022 年初夏记于观虚斋

第一讲 禅与道的生命智慧

本文为戈国龙教授 2012 年 11 月 27 日上午于中科院大学中关村园区为“中科院博士生人文系列讲座”所做的演讲，由新弘笔录。

一、什么是倾听的状态

今天这堂讲课，我希望不是一个学术性的报告，而是一个对生命奥秘的探寻的过程，所以不管大家有没有走上求道的旅程，我都希望今天给大家来做一个实验。你们不要把自己当成只是来听一堂学术性的课，或者完成一个任务；我们一起来做一个实验，在讲课之前，希望大家和我一样，我们来调整一下自己的身心，把这堂讲课当作一堂“练功”，好不好？

生活中无处不是道。如果说一个人他只在某一个特定的时间来做一种修养，而在大部分时间，他都把它忘了，那么这种修道或者这种修行是不究竟的，或者是没有成就的，最终一个人要把整个生活变成一个修道的过程。所以我也希望大家放下以前的种种的认知，不管你们以前对佛也好，对道也好，有没有了解，都没有关系，因为今天我不准备用一个纯佛教的或者纯道教的学术语言来给大家讲课，我希望把我这么多年以来的对佛道的一些体会、一些感悟尽量用现代人能够理解的语言来给大家分享。

首先，我要祝贺大家，因为你们是有缘的人，有福的人！我们今天能够走到一起来，很不容易，在茫茫的宇宙中，我们能够走到一起是一种缘分。也许通过今天这一堂课，在大家的心田里面可能会种下一些种子，给予适当的条件，它在将来会生根、发芽、成长，对你的人生会有某种启示和作用。当然我不是来讲一种宗教，或者宣扬宗教，不是来给大家某种信仰，我们是来探索那宇宙人生的客观真实的道理，所以我一直把这个过程当作一

个探寻的过程，你不是预先有一个认知，或者预先有一个现成的观点。

在讲课之前，我想起一个小故事。有一天，在一个道场里面，也是像大家一样，这么多听众很认真地听讲，他们很不容易请到了一位大师来给他们讲课，大家以热烈的掌声欢迎大师上课。大师上台以后，他先问了大家一个问题，他说你们今天知不知道我下面要讲什么？如果我把这个问题问大家，你们会怎么回答？当时他问这个问题的时候，有一大部分人举手说“知道”，大师说你们很多人已经知道我今天要讲什么，所以我今天就不需要再讲了，他就走了。结果这些听众很郁闷，说好不容易把大师请来还没讲就走了，还得把他再请回来！隔了一个星期，他们又把大师请来了，这回他们算计着可能知道怎么回答了！大师还是问他们，你们知不知道我下面要讲什么？结果大家同时举手说“不知道”，大师摇摇头说，你们对我下面讲的一点都不知道，我没法给你们讲！所以他又走了。大家很奇怪，跟这个老师怎么办呢？这个老师很有意思，一定要把他再请过来，再讲一次！然后他们第三次把他请来的时候，他又问了同样的问题，他说：“你们知不知道我下面要讲的是什么？”结果他们这回很聪明了，一半举手说知道，另外一半人说不知道，他们以为这样大师没办法了。结果大师看了看说：“你们那些知道的人可以教那些不知道的人，我走了。”他又走了！最后第四次请大师来的时候，大师还是问了同样的问题，结果台下鸦雀无声，一点反应都没有。结果大师说：“好，你们已经准备好了。”

为什么这样说呢？真正地听课需要一种宁静而开放的心灵！

如果你们认为你已经知道我要讲什么，也就是在你的心中已经有了很多的概念，很多的思想，很多的观念，那么这些现成的已有的思想就会变成你和大师之间交流的一个障碍，你们已经有很多成见了，那么我们讲的东西你可能听不进去。但是如果你们认为我自己什么都不知道，这也是一个观念，事实上你不可能什么都不知道，你的心里面一定是有若干的信息，才可以接受，才可以去交流。当大家的心完全变成一个开放的状态，没有任何现成的结论，我不认为我知道，也不认为我不知道，我只是把这个心打开，放松下来，来宁静地倾听你到底讲什么。至于你讲什么，这不是眼前正在发生的事情吗？为什么我们要预先回答这样一个问题呢？也就是说真正的大师的讲课是一场活生生的当下的体验，你不需要预先有任何的概念，你也不需要认为他是“大师”，当然你也不要认为他是“小师”，你看不起他，或者你认为他不行，这样都会造成一种障碍。所以我希望大家今天就是保持这样一种什么都不预先判断的一种开放的心态来听我的讲座。如果你要评述，有评论，或者有问题，我会给大家机会来交流，或者在讲课之后你可以继续评论；但是在我讲课的时候，希望你们是全然的宁静，全然地倾听，这本身就是一种静心的状态，一种修行的状态。

二、一种存在的体验

在进入正式的本讲的内容之前，我简单地再讲一下我自身的一个修道的历程。个人的经验不足为奇，也不是要大家去效仿，

但是通过我自己的一些经验，可以给大家一些新的印象，可以为大家建立一种新的世界观提供一种素材。因为我们现在普通人所认识到的世界，所感悟到的生命，都是很有局限的，大多数人都是没有自觉性的，都是盲目的，所以我们实际上在探寻一个真实的世界，要建立一种新的世界观，在这里我个人的经历可以给大家提供一种参考，提供一种素材。

刚才主持人已经对我做了一个简单的介绍，下面我再重点回顾一下我为什么会从理科到文科，从南大到北大？为什么会走上这样一个研究宗教文化，研究中国儒、释、道文化的人生道路？很早的时候，我就不去说了，我从大学开始讲起。

大家知道我们作为农家的孩子，能够进入大学，这是我们梦寐以求的一个理想。进入大学以后，在中学阶段的人生目标一下子就变得“悬”起来了，因为我们现在不知道我们还要干什么？难道说在大学里面就只是继续去考研究生、读博士，这样一直考下去吗？所以在大学二年级的时候，我的心灵可能跟大多数人一样，会有一个变化，就是在中学里那种充满了追求，充满了人生的探寻和理想的年代过去了，人生发生了一种转折。我们知道，在八十年代上大学以后是有一个铁饭碗的，将来的人生好像在现实上已经没有多大的问题，那么这个时候，我们大多数同学学习其实都不是很认真，他们一天到晚只是追求他们的游戏或者玩乐。在大学二年级的时候，有一段时间我就突然意识到人生是一个非常有限的过程，也就是说清楚地意识到生命是短暂的，人都是要死的这样的一个问题。

这个问题在很早的时候我就想过了，七八岁的时候就想过了，但那个时候只是一刹那的思绪，而在大学里面这个问题对我来说就变成了一个生死攸关的问题！因为假如说我们的人生是要走向灭亡的，按照通常的说法，当我们肉体死亡以后，生命就什么也没有了，那这样一来，大家想想看，如果我们从一个时空的长河之中，从无穷的时空中来返观我们的生命的时候，我们就会觉得人生中的一切都不足挂齿，不值一提！你想想看人生一百年，在宇宙的浩瀚的时空长河当中，它就像一滴尘埃一样，那你所追求的那一切，所谓的功名利禄，所谓的成就，放到这个时空的放大镜里面一照，我们大家都是学理科的，就相当于一个有穷数除以一个无穷大，它就趋近于一个无穷小，还不值一粒尘埃那么值钱。

当我们意识到这样的一个生命的背景，或者生命的困境的时候，心灵会有一种宗教性的疑问或者困惑。我说的宗教性，不是说你一定要去跟某一种具体的宗教有关，也就是说生命的处境是这样的，它是一个有限生命和无限宇宙或者无限时空之间的一个矛盾，也就是说我们每一个人实际上都是有这样一个背景的，也就具备宗教性的一个向度，生命的客观情景就是这样的。有的人不会这么早思考这些问题，但是一个人迟早都会意识到生命是这样一个处境。

很多人都会找到自己解决这个问题的方法。如果这仅仅是一个思想的问题，或者仅仅是一个哲学的问题，我们通过学习，通过理论思考，也许有可能找到它的答案；但是对我来说，那个时候不仅仅是一个思想的问题，它是一种存在性的问题，就是我整个生命已经投入了这种情境之中，因此一种无限的悲凉的情境就

在我心里面呈现。因为我觉得我这样的一个聪明的人，一个聪慧的头脑，一个少年大学生，将来也是要死的啊！那么我学的东西越多，我将来消失的东西越多；我成就越大，我将来掉下的东西也就越大，是不是这样？也就是我们一般人一生拼命去追求那些财富、地位，但实际上你财富越多，你地位越高，你临死的时候不就更加放不下、更加失落吗？这样一个问题，它变成了一种困扰我灵魂的一个问题。有一段时间，我整天都在这种情境之中出不来了，我当时甚至觉得我有心理毛病了，得病了，因为别人并没有这个问题。

那个时候，南大有一个心理咨询室，里边有一个心理老师，在一个周末的下午，我就到心理咨询室去找那个老师咨询，看看能不能把这个心理的问题解决了。那个老师接待了我，他的任务就是回答一些学生心理上的问题。我就把我这个心灵的困惑跟这个老师讲了一遍，老师也很耐心地用他所学到的心理学的知识来尽量解答我的问题。大家可以想一想，心理学的知识能不能解决这个问题？大家说能不能？大家都学乖了，不说话了，都知道要保持安静了。我这个问题实际上不是一般的心理学的问题，我刚才讲了，这实际上是一个宗教向度的问题，是一个终极性的问题。也就是说心理学家本身还没有解决这个问题，哪怕你再有成就的心理学家面对这样的问题，他本身还是有困惑的。这个问题是一个什么样的问题，你们可以想象一下谁解决了这个问题？可能有的人会想到释迦牟尼解决了这个问题，老子解决了这个问题，我今天这堂课要回答的也就是这个问题。所以我当时听了他的解答，就继续用我的思路去质询或者质疑，因为他的回答从本质上是与我的问题不相应的，他会介绍一些技巧去让你把它忘掉或者怎么样，但这个问题没有解决啊！因为我的逻辑性思维是很强的，他的解答我都能找到一个更高的东西把他否定掉，后来这个心理学老师很无耐地说：“行了，你不要再说了；你再说下去，我就跟你一样了。”他说不是我解决你的问题，是你把我带入了你的问题，那么你是一个学生，你还可以一天到晚这样胡思乱想没有关系，他说我还有老婆，还有孩子，还要过生活，我可不能像你这样啊！

所以这样的一个问题，确实不是一个心理学老师能够解决的。但是那个时候我身边也没有宗教的大师，也没有得道的高僧，我也没有接触过那些个和尚、道士，很幸运的是我一直没有在这个问题里爬不出来，那么这个问题我是怎么跳出来的呢？

有两个机缘，其中一个是思想的方面。在理论的层面上，我当时就到文科阅览室尽量去读一些书，我那个时候看的是老庄的书，通过老庄的书模模糊糊地给了我心灵的某种慰藉，从中试图能够找到某种心灵的指引。但那个时候，我也不知道真正的道的奥秘，也没有体会，只是有一点感觉，觉得老庄很好，喜欢读一读，至少暂时能够给我的心灵某种宁静的感觉。但是我刚才讲了，生命的问题它不仅仅是一个哲学的难题，它是一个存在性的困惑，任何一个哲学的答案都是无济于事的，没有一个标准答案能够解答人生问题，所以存在性的困惑是生命本身的困惑，它一定要通过生命本身的体验去解决。

所以第二个机缘，就是实践的体验的道路。我为什么会走上实践的体验的道路？它的因缘是我当时在南京大学选修了一门课程，叫太极拳，然后在打太极拳的时候呢，我看了一些太极拳方面的资料，它说你打太极拳要有气感，要宁静，打之前要站桩十分钟，再打太极拳效果会更好。我在南大的南园草坪上我就开始站桩，开始我站桩的目的是进入一种状态，然后有气感来打太极拳，但是在我站桩的时候，《老子》里面的一些经文就呈现在我的脑海。因为我读《老子》读了好多遍，我就发现老子里面的很多话，其实都是一种练功的引导语，它不是一个哲学概念，不是一个推理，不是一个逻辑，老子的话就是一首诗，他描述了某种他体验到的境界、悟道的境界，所以当我们在心里在开始吟诵老子的某些话的时候，我们会被他的话所指引，带入一种道的意境。当然这可能也跟一个人的根器、宿慧有关，所以我当时呢，通过默诵老子的一些话进入了一种非常宁静的状态。

在那种状态当中我们忘掉了身体，也忘掉了头脑，忘掉了思想，我们忘掉了自己是一个有限的个体，我们体验到了一种道的广大，进入了一种存在的海洋。实际上那个境界是无法用语言来表达的，因为当我们一表达的时候，已经在做一种分析、一种概念的思索，但那个境界恰恰是没有语言的，没有概念的，就好像一滴水直接掉入了大海，融入了大海一样，你感觉到是一个浩瀚的无穷无尽的存在。在这个存在当中，道的意义就呈现了，你体会到道的意境。

我本来是想静静地站十分钟，但是没想到一进入宁静的时候，你把时间给忘掉了，时间相没有了，所以感觉站了很短的时间，但实际上一个多小时很快就过去了。在这种状态当中，不仅仅是心灵得到了一种家园般的感觉，而且你的身体会充满能量，一种喜悦感会涌现出来，所以我就爱上了这种站桩。然后我每天晚上，下自习以后，我都跑到那儿去站桩，后来打太极拳对我来说就忽略不计了，因为我感觉到站桩是比太极拳更根本的东西。

在这种存在性的体验当中，就解决了存在性的困惑。

我们再回头看一下，最开始的问题是什么？就是我们感觉到生命是极端的渺小有限，而宇宙是如此的浩瀚，对不对？那么前提就是我们认为生命是有限的，是短暂的，但是在某种体悟当中，这个前提不存在！生命本身就和宇宙一样是浩瀚的，生命本身就和宇宙一样是无限的。我们之所以会感觉到生命的有限，是因为我们已经接受了某些现成的观念，比如说有人告诉我们“人死如灯灭”这样一个概念；但是在一种体验当中你会感觉到生命和这整个宇宙是不二的，是一体的。如果说从无的一面讲，生命一开始就是无，将来还是无，从无到无，你也没有失去什么，你也没有得到什么；从有的一面来讲，拥有的、存在的东西它不会消灭，它只会转化，我相信大家都知道，从物理学上来讲，物质不会消灭，能量不会消灭，信息不会消灭，它们只会转化。也就是说生命从它变化的角度来说，它是在一个转化的流程当中不断地改变它的存在的形式，但它不是消失；从它不变的一面来讲，有一种东西是永远不会消失的，它是一直存在的。

这个论证大家不一定会信服，我们也不想去证明它，因为这种奥秘是无法用科学去证明的。但是我想说明一下，至少我们可以看到一种超越有限回归无限的生命境界，这种境界是真实不虚的，是毫无疑问的。你可以怀疑肉体生命死了以后，还有没有精神生命的存在，但至少我们可以通过我们有限的生命中的一种体验，一种修道的功夫，你找到一种境界，在这种境界当中，你超越了小我，回到了道的无限，找到了一种海洋般的生命存在感，在这种生命存在中，你的能量充足，你的智慧开发，你找到了生命的安顿和家园，这种境界是存在的，是可以实证的。

刚才通过我回味我自己走上修道的过程，其实已经跟我们今天的主题在靠近了。也就是说从那个时候开始，我已经体验到某种境界，这种境界开启了一个新的生命的窗口，打开了新的视野，就好像原来我们的生命是关在一个小笼子里面，我们就局限在我们的那个小生命里面去生活，那么通过这种体验，我们把生命的围墙打掉，进入了一个开放的宇宙，在这个开放的宇宙当中，生命得到一种支撑。

在座的诸位可能都是学理科的研究生，我再用物理学的概念来讲一下。我们知道任何一个封闭的系统，它的熵值是越来越增加的，也就是它的混乱度是增加的，有序度是下降的。如果生命变成了一个封闭的系统，这种生命它是走向无序化的，走向死亡的；如果生命变成一个无限开放的系统，接通了这个宇宙的能量，宇宙的仓库，宇宙的信息，他是一个无限开放的系统的时候，那么这个时候，他生命的和谐度、有序度就达到了一个最佳的状态。

这种体验本身还不是完全的解脱，因为我刚才讲了，体验不能够一直地保持，生活中还有各种各样的问题；所以完全达到一种解脱的境界，它需要理论上、实践上更加深入。那么有了这种体验以后，至少我在当时就已经找到了一种生命的方向，我就想无论将来我做什么，我都要抽出一个小时来入静，进入这种状态，在这种状态当中，可以超越白天所经历的一切忧心之事。

我大学毕业以后，到江西抚州师范专科学校物理系任教，这样一来我的生活就变成了二条路：一条是我是一个物理学的老师；但是我的兴趣，我的关怀，我生命的重心是在另外一个方面，可以说是在求道的路上。一方面我是做一个老师，同时我在业余时间会到校图书馆去看儒释道方面的书籍，同时我每天还是要去站桩，去入静。到了 1992 年的时候，我又有了一次“开悟”，什么开悟？对生活道路的一个开悟。我为什么要二条腿走路呢？我为什么要心不在焉地去做一个物理学的老师呢？我要把这两条路合为一条路，我想到我可以考北大哲学系的研究生，把研究儒、释、道作为我的职业，这样的话我的工作变成了我的兴趣，这不是很好吗！两条路变成了一条路，双轨制变成了单轨制，这样我一下子豁然开朗！

所以在 1992 年的时候，我就制定了一个计划，我当时就制定了“三步走”的战略：第一步先考上北大哲学系中国哲学专业的研究生；第二步拿北大博士学位；第三步进入一个研究所或者大学研究儒、释、道，弘扬儒、释、道。所以那个时候，我就对我现实的人生道路有一个完全的觉醒和规划。

顺便一提，对当时的我来说，我没有考虑到我能不能考上哲学系的研究生的问题，这个问题对我来说太小，因为在我的视野和那种境界当中，虽然我对中国哲学的知识也许不一定完备，但是我自认为我的心灵已经进入了中国哲学的核心，对我来说考中国哲学的研究生根本不存在问题。这不是吹牛，而是我心灵里面的一种自信，一种感觉，当然结果也正如我所愿，我如愿以偿地考入了北大，也真的按我所计划的拿到了北大哲学系的博士学位。后来我在社科院宗教所做博士后研究，出站后留在社科院宗教所做研究，一直到现在。

这些年来，我在做什么？因为最初的那种体悟，还只是一个短暂的体会，真正的修道之旅，要把你的体会变成你的日常生活，变成你的生命中不可动摇的、不可丢弃的一种境界。这是在实践方面。同时一个真正的悟道者，不仅仅是要有某种体验，还要有清醒的自觉，这种清醒的理论的自觉和意识的自觉，是非常重要的。理论给了我们眼睛，实践给了我们双脚。只有实践，我们会走路，但是我们没有方向；只有眼睛，我们知道道路，但是我们没有能力去走，这样都不能达到解脱的彼岸。所以这些年来，我还在一直在修道，一直在研究。一开始我是希望我自己静心地、潜心地做学问、做研究，自己修行，我也不希望更多地出去，但是从 2009 年开始，我慢慢地参与了一些讲座，从 2012 年开始，也接受了各种机构的邀请，去做些讲座。因为当我们体验到某种好的东西，当我们确实看见了生命中的那些美丽的风景，我们是油然地发自内心地有一种和大家分享的愿望，希望让更多人去明白，用佛家的词语来说，这叫自觉觉他，行菩萨道。佛开悟以后，觉悟以后，他干什么？他没有别的事干，他就是去觉悟众生，普度众生，这是佛的工作，他自身已经没有什么需要的，已经没有什么需要得到的东西了。

三、宗教的概念

好，下面我们就进入正题。我们刚才讲到宗教，下面我们就开始讲一下宗教的概念。

宗教这个词是一个非常复杂的词语，每一个人的心中对宗教的概念都会有自己的一个印象。如果我问大家什么是宗教，可能在座的诸位都会有自己的回答，你们的回答我相信都不是错误的，但同时我也不能说你们的回答是正确的。因为现在宗教本身它具有各个层面的用法，同时它本身就具有各种层面的意义。比如说我们讲宗教，我们也会想到庙宇，想到出家的僧人、和尚，想到宗教的组织和活动，想到宗教的仪式和仪轨……这些都是宗教；我们有看到宗教信徒的种种表现，他们的善举，他们做好事积功德，当然还有一些宗教徒的一些执着，等等，所以我们如果泛泛地研究宗教，那就是一个万花筒。

现在我们要理一条线索，什么是真正的宗教的核心？什么是宗教的外围？每一个正统的宗教，在它的创始者那里，它是那个宗教的最原初的意义的呈现的时候，就容易看出一个宗教的核心。比如说释迦牟尼他本身是佛教的佛祖，是创立者，那么佛教最开始的使命是什么？就是传播释迦牟尼的教导，就是教导大家如何进入佛一样的境界和状态，这种精神觉悟的品质，就是佛教作为宗教的核心。那么一个宗教传播到后来，经历几千年的传播，它就展现了核心之外的另外一条线路，也就是我们可以把宗教分成两条线：一个是它的内线，一个是它的外线；一个是它的核心，一个是它的外围。

那么宗教的外围是什么？仍以佛教为例，为了传播佛的教法，它需要有组织，需要有它的道场，需要有一些信徒，需要制定种种的戒律，那么这后来一代一代传下来的时候，我们有可能

就遗忘了这种宗教最开始的意思是什么，我们被宗教的这些外围的东西所迷惑了。我们认为我们“皈依”了，我们就是佛教徒吗？我们得到一个皈依证了，我们穿上了某种衣服，就是宗教徒了吗？所以我们看到宗教在它发展的历史长河中形成了一个宗教的有形组织以后，它也变成了社会中的一个团体。种种社会的问题，世俗世界的问题，在宗教的团体中也会有它的呈现，也会有它在宗教领域的翻版。马克思说宗教是人们的鸦片，这句话我不完全同意，但是在某一个向度上，在某一个层面上，这句话是有意义的。因为我们看到在后来的宗教发展当中，确实有一大批的宗教信徒，是在宗教里面去寻找一个虚幻的寄托，虚幻的解脱，它把现实生活中得不到解决的问题，希望通过宗教的信仰得到某种安慰，但他没有进入真正的宗教的核心。

所以宗教的核心我们可以把它叫做“宗教性”，就是宗教里面的精神性的核心。每一种宗教在它的创始人那里，在它最开始的时候都是核心具足的时候；在后来的发展当中，也是宗教的宗教性不断地衰落的时候。也就是说后来的形式化的东西越来越多，宗教的外围部分它掩盖、淹没、遮蔽了宗教的核心范畴。但每一个宗教都有某些宗派是比较切入宗教的核心的，所以我们可以看到每一个正统宗教都会有一个灵修的传统，都会有一个回归原始的宗教意义的一个运动，也就是说他们要追寻宗教的最根本的意义。

下面我们简单讲一下各大宗教的秘修传统。比如说在基督教里面有一个叫秘传基督教的传统，他们跟我们常规的基督教的信仰是不一样的，它们特别强调的是灵修，是怎么样真正地实现与上帝合一、与神合一的境界，而不仅仅是把上帝作为一个信仰。在伊斯兰教里面有一个叫做苏非的神秘主义宗派，苏非主义也是一个追寻一种神秘的精神境界、解脱境界的实修派，跟那个形式主义的伊斯兰教是不太一样的。在犹太教里面有哈希德主义和卡巴拉神秘哲学，这两个教派属于比较重视实修的神秘主义传统。在印度教里面有不二论吠檀多，在佛教里面有禅宗和大圆满，在道教里面有内丹学。这些都是各大宗教里面非常重视实修的传统，是追寻那种根本的解脱和最高的精神境界的一种宗派，也是说它们比较接近宗教的核心和宗教的源头。

讲到宗教性和宗教的区别，我们也可以用另外一种语言来讲，就是“道学”和“学道”两种不同的系统。什么是道学？当然我们今天所讲的道，不仅仅是道家、道教的道，我讲的也是一种根源性的、作为宇宙人生真相的和真理的道，是各大宗教所要追寻的那个宇宙的终极真相之道。那这样一来，关于道的学问，关于道的知识的了解，叫做道学；而从实践上去学习、体悟、实践道的教诲、道的教法以实现道的境界，这叫学道。道学和学道都是我们探索宇宙奥秘的两种路径，两种方法，就像我们前面说的，理论和实践两者缺一不可。道学我们可以说是一种知识论的进路，而学道是一种存在性的进路；道学给我们提供了知识，而学道是让我们知道。关于神的学问叫神学，关于道的学问叫道学，广义的道学也包括神学。我们学习种种宗教的知识、神的学问叫“神学”，而进入神的状态，体会与神合一的境界，这是“神秘”。我们说两者都重要，那么问题在哪里？问题在于我们偏向了一边。有时候我们学到了很多的知识，懂得了很多的道理，

但是我们没有一点实践、一点体验，那么这种道学知识是“空”的，它只是一种知识，一种概念，一种范畴，它就是存在于你脑海里面的一大堆知识而已，它不能够真正地变成你生命的体验。比如说我们环顾今天的世界，对道学了解的人不能说没有，甚至有很多道学的大师，他们对道家、道教，甚至对各大宗教都能够夸夸其谈，都有很深入的了解，但如果他没有学道，那么他就仅仅是一个“道学大师”，他不是“道的大师”。还有另一种极端，在今天的中国，在民间也有很多的高人，有一些教派，它们有某种独特的法门传承，他们在实践上很下功夫，但是他们没有基本的理论，他们缺乏正见，就是正确的见地。用今天的话来说，他没有正确的世界观和人生观，他一味地走实践的道路，那么这样是盲目的，是危险的，出了什么问题，他无法解答，无法解决，他容易走偏。

刚才我们讲了两个区别，一个叫宗教与宗教性的区别，一个是道学和学道的区别。现在我们再展开一下，我们讲一讲整个宗教文化、宗教追寻和科技文化和科学追寻的一个大的区别。

在座的诸位可能都是学理工科的，你们对这个科学世界、科学知识是非常了解的，那如果我要说所有科学知识都是一种对象性的知识，大家承不承认，认不认可？我们做科学实验，我们研究任何一个领域的知识，我们都是把它作为一个研究对象来研究，是我们研究的主体、生命的主体去研究一个对象。但是我们有没有在科学实验当中同时返观自己，找到自己的生命，关注自己的生命？所以到目前为止我们的科学都是在做一种对象性的研究，即使我们研究生命，我们也是把生命当作一个研究对象去研究。在现代物理学当中已经发现观察者和观察对象之间，他们有一种互动，我们已经了解到这个世界是一个普遍联系的网络，其实研究的主体和研究的客体之间存在着相互作用，这个在科学上已经有这种认识，但在实际操作层面，我们还是没有去关注这个操作的主体，我们的关注重心还是在那个研究对象，对不对？你写所有的科学论文你都在关注某一个领域，某一个对象，去了解那个知识对象。

宗教文化的特点，尤其是宗教的核心所追求的是什么？它不再是关注一个外在的对象，而是要关注人的生命自身，要回观我们的主体，他追问的生命本身是什么。这种追问不再是把它当作一个他者，一个外在的对象来研究，而是一种自觉自观，是自我观察，自我研究，自我体认，自我发现，最后是自我研究出自己生命的真正的本质是什么，从而提升我们生命的主体的状态和境界。

这个问题就非常重要。如果我们只是去了解一个技术世界，我们遗漏了我们生命自身，那么这样人类文明的发展就是一个偏向的发展、片面的发展。因为无论我们掌握的知识多么高深，多么丰富，我们对外在世界如何了解，但是我们如果生命本身迷掉了，失掉了，我们遗漏了生命自身，这样我们整个人类文明发展的方向就迷失掉了。所以现代社会的种种问题，它的根源之一，就是我们的宗教文化和科技文化没有得到协调发展，一手强，一手弱。我们关注外在的事情越来越多，对外在事物的了解越来越多，但是我们对自身的了解却越来越少。我们能够控制原子核，可以让卫星上天，但是我们人自身的素质没有得到根本的提高——我们却控制不了自己的思想，控制不了自己的情绪，做不了自己生命的主人。所以如果说科技文明是人类文明发展的加速器，是人类社会这辆车子的油门，那么宗教文明就是人类社会这部大车子发展的一个方向盘。如果离开了这个生命本身的自觉、自悟，只有科技文明的话，那人类迟早是要驶向万丈悬崖，是没有前途的。

四、人的现状与清醒的可能性

当然，我们现在国家的领导人或者国家的战略里也在讲物质文明和精神文明的协调发展，从总体上也是这个意思，但是一般所讲的精神文明，他们还是泛泛的，他们没有直接像我这样直接指向这个宗教的核心，指向生命本身的一个觉悟。也就是说，我今天所讲的宗教的概念，不是一种迷信，更不是一种简单的信仰，我讲的是人类的一种终极性的追问和追寻，是每一个人都需要去了解的，是跟我们每一个人息息相关的一个领域。你们大家具体的研究对象各不相同，你们可以研究各门学科，但是有一门学科是关于人的最终的本性的科学，是关于我们生命从哪里来到哪里去的一种科学，是追问真正的生命是什么，是追问“我是谁”这样的一个灵性的追寻，这是我们每个人都需要关注的。我们现在讲素质教育，其实这样一门课，就应该变成一个普遍的素质教育的课程，因为我们现在就是人的脑子的知识越来越多，学习的知识越来越多，但是我们对自身的了解，对自身的生活境界和生命状态的提升没有提到议事日程上来。

前段时间我们也看到不少的报道，经常有一些博士生甚至教授跳楼自杀，他在他们那个专业的领域可谓知识丰富，但是在另外一些方面，在其基本的存在素质方面，他却没有得到发展，这种发展是一个片面的发展。人就其目前的现状而言，他是一个还没有得以发展完成的人，他是一个有问题的人。

我们要来看一看，我们人的现状、我们人的问题是什么？如果我说，我们人的现状是不能做主的随外在影响而机械反应的机器，相信大家很多人会不服气，不承认——我能做主啊！我想几点吃饭，我就几点吃饭；我今天想听你的课，我就听你的课，不想听我就走了。你说你能做主？啊，当然，这个能不能做主，本身是一个相对的概念，那么我讲不能做主，肯定是它意有所指，是有某种含义的。人当然不是完全不能做主，但是我讲的是一种根源性的东西，就是我们绝大多数人在绝大多数时候，我们是做不了自己的主人；我们的所作所为、所思所想，都是外在影响的结果，都是跟随着外在而起舞。某人骂了你一句，你马上回骂他一句，这是你能做主的吗？你在回骂他之前，你有没有想过，我该不该回骂他？有一件事情刺激了你一下，你马上有了一个机械的反应，那么这种反应是人的行动的一个机械模式。也就说在我们的生命中，已经有了许许多多的模式，这种模式就像一个装在你生命里面的一些流氓软件，这些软件不断地在起作用。也就是说很多的行为，包括你的思想，都不是你有意识地去思考、行为的结果，实际上是你现有的种种模式在起作用。而这些模式从哪里来？从你已有的所接触到的各种影响而来。

我们每一个人都在说，“我”如何如何，但是你返观一下，

你真正有一个能够做主的恒久不变的“我”存在吗？我们说人不是有一个我，而是有一大群我，每一个人的我起码有成千上万个。也就是说你前一个时刻所说的“我”跟后一个时刻所说的“我”，已经不是一个“我”了，他们之间不一定有什么关系，我们并没有找到这个生命的真正的中心，那个真正的“我”没有出现。这就好像一个非常大的企业，老板一直没有出来，那么每一个员工都临时上台，宣称我是这个公司的老板。他甚至可以跟别的企业去签合同，但是因为他不是真正的老板，他签的合同是不算数的；随之而来的是，他下台了，他不管事了，因为他本身就不需要对这个企业负责任。那么另一个员工也上台，他也宣称他是这个企业的老板，这样轮流做庄，整个企业就会混乱不堪。

这就是我们生命的现状：我们每一个人都在向无数个方向上展现自己，但却缺少一个统一的中心。为什么我们说话不算数？因为这个说话的人跟后一个人已经不是一个人，我们这个“我”是随时在变化的。在这无数的我之中，如果那个真正的老板没有出现，他们无法协调，无法统一，这就是我们的生命为什么会这样混乱不堪。大家观想、回想一下我们的生命是不是这样？早上起来的时候，我们可能有一个愿望，有一个设想，或者有一个想法，那只是某一个我出现而已；等一下等你吃早饭的时候，那个东西已经烟消云散了，一个新的想法出现了。我们为什么没有意志力？为什么不能够恒久地追求一个目标？因为我们没有真正制定一个目标！那个代理人制定的目标，后面的人是不接受的，这就是我们生命中的一个情景。我们是随波逐流，追逐外物，攀缘各种外在的事物，而把自己的中心给失落和遗忘了。

那么要真正地达成一种统一性和协调性，要找到你真正的自己，这个不是一种自然而然就能达到的状态，它需要人通过有意识的工作去追寻。我们把能够觉醒自己的生命中心，能够找到自己这个生命企业的老板的这个过程，叫做“清醒”的过程，就是回归你的中心点，回归你生命的真正的自己的过程。

从理论上来说，每一个人都有清醒的可能性。就像佛家所讲，每一个人都有佛性啊！但是这种可能性，只是一个可能性而已；如果没有机缘，如果我们不去有意识地做工作，这种可能性不会变成现实，不会天上掉馅饼，有一天你就觉悟了。它需要通过你自己去对自己下功夫，去做工作，这种工作就是我们所讲的修行、修道，所以这个修行、修道不是一个泛泛的宗教的概念，他是一种内在的修养和一种内在的工作，是发展生命的意识，回到生命的中心，让生命清醒过来的一种功夫。

如何把我们这种佛性、这种能够清醒的可能性让它变成现实性？大家知道金岳霖先生有一本书叫《论道》，《论道》里面就对各种可能性进行了一个分析，他提到一种可能性叫“老不现实”的可能性，就有一种可能是老不现实的，是总不现实的可能性。很遗憾的是我们大多数人都把这种自身的发展的可能性变成了老不现实的可能性，这是很遗憾的。所以我们要问，一种昏昏欲睡的、胡思乱想的、没有中心点的这样的生命状态如何能够达到清醒？它如何可能？

我现在讲两个东西很重要。一个是与奥秘知识的联结很重要。所谓的奥秘知识就是关于生命内在真理的知识，关于宗教性真理的知识，关于神秘境界的知识，关于道的知识，也就是我今天所

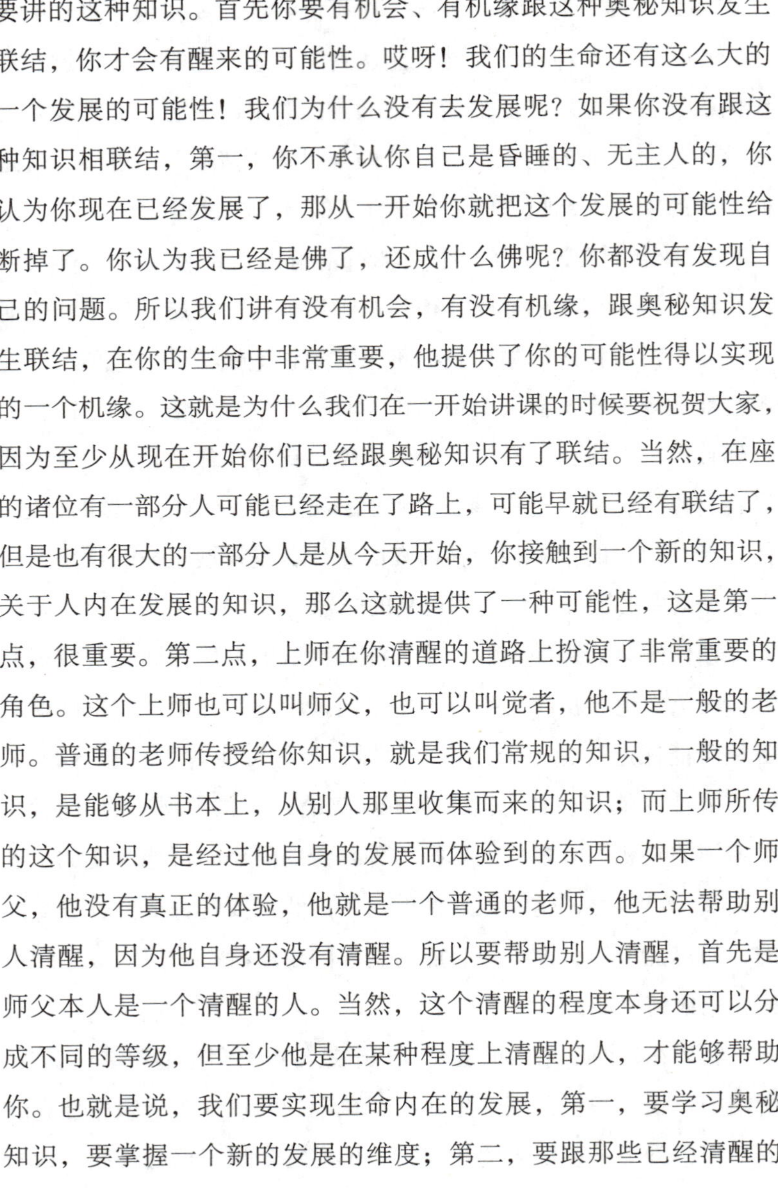

要讲的这种知识。首先你要有机会、有机缘跟这种奥秘知识发生联结，你才会有醒来的可能性。哎呀！我们的生命还有这么大的一个发展的可能性！我们为什么没有去发展呢？如果你没有跟这种知识相联结，第一，你不承认你自己是昏睡的、无主人的，你认为你现在已经发展了，那从一开始你就把这个发展的可能性给断掉了。你认为我已经是佛了，还成什么佛呢？你都没有发现自己的问题。所以我们讲有没有机会，有没有机缘，跟奥秘知识发生联结，在你的生命中非常重要，他提供了你的可能性得以实现的一个机缘。这就是为什么我们在一开始讲课的时候要祝贺大家，因为至少从现在开始你们已经跟奥秘知识有了联结。当然，在座的诸位有一部分人可能已经走在了路上，可能早就已经有联结了，但是也有很大的一部分人是从今天开始，你接触到一个新的知识，关于人内在发展的知识，那么这就提供了一种可能性，这是第一点，很重要。第二点，上师在你清醒的道路上扮演了非常重要的角色。这个上师也可以叫师父，也可以叫觉者，他不是一般的老师。普通的老师传授给你知识，就是我们常规的知识，一般的知识，是能够从书本上，从别人那里收集而来的知识；而上师所传的这个知识，是经过他自身的发展而体验到的东西。如果一个师父，他没有真正的体验，他就是一个普通的老师，他无法帮助别人清醒，因为他自身还没有清醒。所以要帮助别人清醒，首先是师父本人是一个清醒的人。当然，这个清醒的程度本身还可以分成不同的等级，但至少他是在某种程度上清醒的人，才能够帮助你。也就是说，我们要实现生命内在的发展，第一，要学习奥秘知识，要掌握一个新的发展的维度；第二，要跟那些已经清醒的人，已经觉悟的人发生某种联系，这两个是很重要的一个因素。

五、我是谁

所以下面我们来进行一个追问，请大家跟我一起来探寻“我是谁”这个问题。我们现在不是来追问“别人是谁？”你们不是追问你们身边的那个人是谁，这样的问题我们已经问过很多了——我们的心老是在关注这个人如何如何？那个人如何如何？我们天天是不是在追寻这些信息？某某国家领导人如何，某某明星如何……现在我们要返过头来真正地追问“我是谁？”要把这个意识的目光从向外指向内，要凝神返观自己。

我刚才讲了内在的发展不是个别人的事情，你不能说这个跟我没有关系，我研究的是某某物理学，或者某某什么学，跟你这里讲的没有关系。但是不管你研究什么，我们今天是要反过来追问“我是谁”，追问你自身是谁，是谁在研究你的那门学科？这是个更重要的问题。

所以追问“我是谁”，这不是一个知识性的追问。我们不是来研究一种哲学，我们不是要寻求一种哲学的答案，啊，某某书上说：“我是真我”，或者“我是自性”，“我是佛性”，这种知识的解答没有意思。“我是谁”它是一个存在性的追问，也是一个终极性的追问，这种追问本身是一种奥秘，你不是从外在获得一个答案，也可以说这是一个终极的奥秘，你甚至不能够解开它。我们说能够被解开的奥秘还不算终极的奥秘，真正的奥秘你没有办法去解开它，你没有办法通过逻辑的手段，知识的手段，哲学思辨的手段解开它，因为当你解开它的时候，它已经离去了。也就是说，当你回答我是什么什么的时候，你已经离开了你了，已经离开了你的源头了。我们现在要进入一种内在的追寻的过程，也就是说要真正回答“我是谁”的问题，就应该像禅堂一样，我们来参悟这个问题。

这是一个很有力的技巧，它本身是一种修养，一种修行的功夫。当你向内追问“我是谁”的时候，你会慢慢接近某种状态，让某种境界呈现出来；当它呈现出来的时候，提问的人不存在了，答案也不存在了。当一切二元分别都不存在的时候，恰恰是真相显现的时候，所以这是一个修炼的技巧。

我们现在来追问，我来给大家引导一下，我到底是谁？

首先，我们第一个可能会浮现的答案是“我是学生”，或者“我是教授”，把我们的身份作为一个回答。这跟公安局查户口似的：“你是谁？”“我是社科院的，我是宗教所的研究员。”啊，这个回答就完了！因为在社会上生活，你要有这样一个身份，但是这个显然不是我们今天要问的问题。你是一个学生，这仅仅是你的一个身份，它跟你真正的生命存在没有关系。你的社会地位，你在社会上赢得的某种荣誉，是你吗？同样不是你，所有的身外之物都不是你。

那么进一步，我们很可能会说，我是我的这个身体，那么这个身体是我吗？很显然身体是我的一个非常重要的因素，我离不开这个身体，但这个身体并不就是我。大家想想那些躺在殡仪馆的人，他的身体还存在吗？在他火化之前，他的身体的样子还是好好的呀！当没有精神，没有心灵驻扎在这个身体里的时候，他只是尸体而已。也就是说我们向内追问，还有一个更接近我们生命的东西，比身体更重要的东西。

这样我们再进一步往里走，那就是我的思想，我所讲的话是我吗？当我讲完的时候，它就已经消失了；如果我是我讲的话，它已经消失了。我的任何一个思想，任何一个念头，当生即灭，生起的同时就已经消失了，我会是我这些念头吗？也许我们会说，我是我的一个思想体系，这个思想体系是静态的，它是没有消失的，我关于整个世界、人生的一套看法，一套理论，这个是我吗？当你的思想已经形成了理论，形成了体系的时候，它已经变成了一个外在的东西；也许你是它的创立者，但创立完了以后跟你没关系了，那就是一个外在知识，可以相互传递了。所以思想体系也不是我，念头也不是真正的我，我到底在哪里？我到底是谁？

这样一来，真正的我，不是我的身体，不是我的念头，也不是我的思想。“我到底在哪里？”请大家追问，返观！不是要追问别人在哪里，而是要追问你，你到底在哪里？哪一个是你？你现在坐在这里听课，那是你的身体坐在这里，那么那个能够听课的知者是什么？是谁在听课？追问。当你对我的讲课有了一个概念，有了某一个想法，这显然不是你，它是一个泡沫，马上就消失了。

所以，这里我们就可以想起在一部著名的佛经《楞严经》里面，有一个很重要的思辨，叫“七处征心，八还辨见”，大家如果有兴趣，回去查找这个经典，找一下什么叫七处征心、八还辨见，我今天不做详细的讲解。你在任何地方去找你的心，找不着，它不在内，不在外，不在中间，不在某一个地方。

在禅宗里面还有一个公案，这就是著名的二祖慧可从达摩大师那里学禅的时候，发生的一个故事。二祖慧可他是一个佛学非常精通的人，也就是说道学知识很通了，但是他还没有开悟，没有安心。然后他跟达摩祖师学禅，他为了去见达摩祖师，费了很大的工夫，为了求祖师传法，传说是把自己的胳膊切掉了，这个千辛万苦不去说了。最后达摩祖师答应给他传法，教他禅，他说你到底有什么问题？二祖就说："吾心未宁，乞师与安"，他说我这颗心不安定啊，不宁静啊，安定不下来，请师父帮我把这个心能够安定下来。一般学佛的人都想找到心，让心定下来，让心安下来。达摩祖师把眼睛一瞪说："拿心来，吾与汝安！"你不是要安心吗？把心给我，我来给你安。在这样的情境之下，二祖马上往回找啊，得把心拿出来给他安嘛！心在哪里？一回观，然后他就有重大的发现，他说："觅心了不可得"，找不到心啊！你让我把心给你安，我也找不到啊！达摩祖师就说："吾与汝安心竟"，他说我给你把心安好了。听懂了没有？听懂了，你就开悟了。

也就说心了不可得，这就是安心的窍门。我们的心为什么不安？是因为我们的心有种种的色彩，种种的表现，种种的执着，种种的牵挂，也是因为我们的心没有反过来看它的自身。当你的心灵回过来返观自身的时候，觅心了不可得，念头当生即灭，一个念头都找不着。就像我现在说的话，它在空中已经没有了，那还有什么呢？没有了，什么都没有了，没有了就好了，这颗心就安定了。

什么都没有，但是有一个东西在；这个是什么东西，大家去体会。什么都没有，不是像木头一样，像木草一样，完全没有意识。在什么都没有的时候，还有一个东西，那个东西就是你的佛性。你能够清清楚楚听我讲课，我还能够给大家上课，都是靠那个东西。所以我是谁？大家追问，追问的时候，不是要找到一个答案，而是让你的灵性呈现出来，让你的觉性呈现出来。当它呈现的时候，它是空的，浩瀚无际，浩瀚无边，你的心灵空无一物，什么都没有；没有之中有一个灵明自性呈现出来，这就是我们要去寻找的东西。

这种本来就具备的觉性是每个人都有的，但是我们已经把它给遗忘了，因为我们的心灵一直在关注外在的事物，一直在跟着外在的影响浮动，你的心一刻都没有真正的安定下来，回观自己。当你这样向内追问的时候，返观的时候，这就是智慧的根源，一切的智慧都是来自于返观，来自于观察自身，观察你的思想，观察你的念头。离开了这种“观”，就没有智慧，所以我的书房叫“观虚斋”。观什么？“观”那个“虚”，你的心里的一切东西本身都是来无踪去无影，找不到。有的人为一点小事而烦恼，放不下，但是你真的去找那个烦恼在哪里呢？其实什么也没有。

所以永明延寿大师在《唯心诀》里面讲：“欲知妙理，唯在观心。”你要领悟佛法的道理，你要领悟奥秘的知识，要领悟自我的真相，唯一的道路就是你内观自己的心灵。永明延寿大师在《宗镜录》里面还讲：“但了妄念无生，即是真心不动，此不动之外，更无毫法可得。但能内观一念无生，则空华三界，如风卷烟，幻影六尘，犹汤沃雪。廓然无际，唯一真心矣。”这段话就

是我们今天讲“我是谁”的一个不是答案的答案。如果你把它仅仅当作一个答案，那就是一个知识，一个外在的东西；如果你体会了这段话，“我是谁”的问题就解决了，所以我说他是“不是答案的答案”，它是指向“我是谁”的一个道路。觅心了不可得，妄念本自无生，那么你的本来觉性如如不动，这就是，别再找了！你不要想得到任何东西，想得到东西就离开了。在这个空明的境界当中，外在的世界，所有的形象都烟消云散，留下的就是一个赤裸裸的真心。

也许你们已经有所领悟，也许你们没有领悟，没关系，这就是给大家一个引导，希望你们要不断地提醒自己回来做这种工夫。

下面我再对这个问题做一个适合大家头脑理解的一个答案，一个科学化的回答。当然这个回答如果你把他变做一个外在的知识，仍然是一个知识，但是我们要把他变成一个引导。

我们也可以从另外一个角度来说，什么是真正的自己？我就是自性，自性就是你自己本来就具有的本性，原初的那个存在。在你还没有起心动念之前，还没有跟外在世界发生种种关联，你不再关注任何东西的时候，你的意识是一个无限的意识，是一个纯粹的意识，没有任何的对象化，这个真性，这个真我，这个自性，就是你。

当然，所有的这些的概念，自性也好，本性也好，真我也好，都是一个代号而已，我们不要把它认真，它指向的是那个赤裸裸的纯粹的存在。在你后天的精神活动当中，你就被对象化，你关注了各种各样的事情，这个时候你这个无限的意识本身就被限定为某种东西。你说“我是某某”，这个“某某”就是你的自我。你认为你是什么？那个被认为“是什么”的那个东西，就是你的自我，它已经被限定在肉体、心智，甚至灵魂里面。

当你有所指向，有所对象化，都是一个自我，自我就是一个有限的、后天的、人为的东西，而你的真我是不可名状的，不可用语言表述的，是无名无形的那个原初的存在。所以我们用一个公式来讲，如果用英文来讲，“I am something /anything”后面的 something /anything 就是自我；在 anything 还没有发现之前，I 本身就是真我，I am 之前的那个 I 就是真我，那个后面 something / anything 就是自我。当然这不是让你要记住的一个知识，而是要大家去体验的一个境界。

这一堂课我们就讲到这里。

六、继续我们的静心之旅

好，请大家坐好，我们继续我们的生命奥秘的探寻之旅，继续我们的静心之旅。

请大家记住我们的倾听的状态是什么，刚才前面的一堂课，大家的表现非常好，你们都非常安静地在倾听。

今天所讲的东西，确实与每一个人的生活、人生都有非常密切的关系。我们不是讲一个简单的知识，或者某一门学科的知识。我今天在这里讲课，也有一个好处，就是没有什么任务。因为你们来自于各个不同的学科，也不是研究我这一行的，我不需要有一个什么负担来给你传授什么知识，所以我可以讲最重要的

那些东西。

我也在社科院讲课，社科院每一年的研究生、博士生的新生加起来，可能还没有在座这么多。社科院的学生他们研究的领域都是人文社会科学，所以我就不能讲这么“重要”的东西，我得讲一点“研究学问”方面的东西，所以我会给他们讲我道教内丹学方面的研究成果，以及研究学问的一个方法论的问题，怎么样做学问的问题。

今天有这个机缘到这里来上课，我们就可以放下一切的形式、负担，想说什么就说什么，我不用负责你们学术研究方面的问题，这样我就能够如实地讲一些我们真正关注的问题，讲我们真正心灵当中最核心的一些问题。虽然题目叫《禅与道的生命智慧》，但是我也没有讲禅宗的起源、禅学的结构、道学的历史与文献，等等，这些知识我都没有讲；我们是直指人心，直接讲禅与道的最核心的奥秘，而且不拘于文献，不拘于知识，直接用我们现代的话来讲。

七、内在工作与本质的成长

前面我们讲到追问“我是谁”，讲到了学道与道学的不同。其实我们可以进一步来讲，我们的生命当中有两种发展、两种工作：一种发展是我们人格的成长，一种发展是人的本质的成长；相应于人格的成长，我们所做的工作是外在工作，相应于本质的成长，我们所做的工作是内在工作。

什么叫人格的成长？什么叫本质的成长？

我们从幼儿园开始，一直到小学、中学、大学，我们接受了各种各样的教育，老师们给了我们各种影响，社会给了我们各种影响，包括我们自己，寻求外在的知识，读各种各样的书，我们也接触了不同的影响。慢慢地我们对人生是什么，自我是什么，有了自己的认识；社会有社会的道德的规范，我们应该做什么，不应该做什么，这样每个人都发展出一套人格的层面——我们的自我形象，身份认同，对自己的概念，这些都是在人格的层面上。也就是说一开始，你是一张白纸，但是随着社会生活的深入，随着你的成长，你慢慢发展出了你自己独特的人格形象、自我形象，这是一套成长，人格的成长。

我不是说人格的成长不重要，人格的成长，自我的形成和成熟，是人的生命发展当中一个非常重要的维度，如果一个人没有成熟的自我，没有一个良好的人格形象，这个人在社会上很难立足，很难自由地生活下去。但今天我们要讲另外一个问题，就是我们现在的人终其一生基本上就在人格成长这条线上就结束了，而另外一个层面的成长没有开始，人的本质的成长在很年轻的时候就停止了生长，这样人的生命就没有得到一个全方位的发展，他就是有问题的。

什么是本质的成长？因为人格对我们的生命来说，还是外面的一套面具，对于“我是谁”这个问题来说，它不是真正的回答；它是在外围，它不是真正的你。在座的每一位学生，假如都骂我，或者都表扬我，这都是对我人格层面的一个评断，但是我都收集这些概念，收集别人的评论，这对我生命自身本质的成长没有关系。全世界的人都认为你活得很幸福，你不见得就活得幸福；你有一个良好的形象，别人都认为你是一个好人，你的心灵不一定就活得幸福。我们讲的本质，就是你的存在的那个真正的层面，你自身的真实存在的层面、那个维度，你生命的真正的存在、你的真我有没有觉醒，这方面能不能得到发展。

前面我们讲人是昏睡的，是随着外在环境而不断自动反应的一台机器，是由无数的我在同时起作用，而没有一个真正的我。那么人格的成长都是在群我的层面上活动的，都是在人与人之间的关系当中体现出来的，而真正的本质是你独特的个体性，是你的生命当中从内在生长发展出来的结晶，这才是你真正的生命的成长。

勉强打个比方，就是说人格层面的成长还是一个道学知识、外在影响这个层面的成长，而本质的成长才是你真正的素质和存在层面的成长，你真正的存在状态是什么，这是你的本质的成长。你真正的素质，你有没有清醒过来，有没有找到你的真我，有没有活出一种不随外物而动的内在的中心点，能够超越外在的影响，而有你自己真正的独特的东西，这是你内在的本质的成长。

我们如果仔细来分析，很多的人在他一生的成长当中，他没有留下本质的痕迹，本质的成长这一块没有得到发展。他辛辛苦苦工作了一生，赢得了一个好的名声，给别人留下了一个很好的形象，但他内心活得如何？只有他自己知道。

所以我们讲，人格与本质的区别跟自我与真我的区别密切相关，人格在自我这一层面，而本质的成长一定要去发现你的真我，成长你的真我。同时那个问题也跟人的知识和素质两个层面有关系，知识的发展虽然很重要，但是仅仅拥有知识，它不会自动地获得素质的提高。我们看见很多知识渊博的人，但是行动力很低下，意志力很低下，像一般人说的“情商”很低下，为人处事一点能力都没有，这样单方面、单向发展的人现在很多。

如果我们回归宗教的语言来讲，佛教的天台宗有一个很重要的口号，叫“教观并重，定慧兼美”，教就是你学习教理方面的知识，观是你内观的实践、止观的实践，通过止观实践，修炼你的定慧，在定慧两个方面同时得到发展。如果只有知识，只有理论，这种智慧，佛教讲干慧，不能起作用，要用定水去滋润它，要有定力。定是什么？定是你的心灵的安定的能力，如果你的心灵不能得到安定，你的智慧就没有真正的基础。所以真正的智慧从宁静当中来，从心灵的稳定、安定中来，你进入心灵的宁静之后，你才会心灵与万物相通，才会领会更高的智慧。

与人格的成长和本质的成长这两条线相关的就是我们一生要“内在工作”和“外在工作”平衡发展。

什么叫外在工作？我们为了生存，为了在社会上生存，为了我们生存的需要，去从事某一种事情，或者因为别人的要求而去做的某项事情，都是一种外在工作。我们处理的是一个外在的客体，我们是为了一个外在的目标，这样的工作都是外在工作。外在的工作很重要，因为我们在社会上生活，你需要一定的物质生活条件，需要有你自己的一个身份和地位，你才能保持你基本的生活需要，这是你的外在发展。外在发展的结果就是你得到了外在的财富，你拥有了外在财富，你的所有的银行的存款是外在财富，你的房子、汽车都是外在财富。

那么我刚才讲了，外在发展很重要，如果没有外在发展，我们面包都没有，饭吃不饱，我还谈什么别的发展呢？所以对于穷人来说，他最需要的是面包，你给他讲宗教，他说宗教能给我带来面包吗？能带来面包，我就信。好，他解决的是那个问题；但现在的问题是仅仅只有外在的工作和外在的发展，仅仅获得了外在的财富，无论你外在的财富有多大、多高，这种人生的发展只是一个单向度的发展，最后你的素质层面和你的本质层面没有得到发展。那么这样的生命大家想想还值不值得过？外在的财富毕竟是外在的，它跟你生命的本质真相没有关系，你银行有再多的存款，你就能幸福吗？所以我们要得到本质的发展，素质的提升，一定要从事内在的工作才有可能。

那什么是内在工作？内在工作不是为了一个外在的目标，没有人强迫我干，是我自身的有意识地自觉地去对自己的生命下功夫，去发展自己内在的素质，提升自己生命本身的存在状态。那么这种内在的工作，我们传统讲的学佛、修道都是内在工作，它都是针对自己下功夫。比如说你在那静坐，在那站桩，在那做功夫，这不是别人强迫你去做的，那是你发现了生命中有某种问题，有某种不足，你看到了生命发展的可能性，然后你想通过某种修行的功夫，内在的功夫来自己得到自己本质的提升。

这种内在工作所获得的财富，直接就是你的，它中间不需要“中转”。外在财富是提供了一个机会，比如说你有钱呢，你可以去修道，因为传统讲修道需要“法、财、侣、地”，这个财也是修道的重要条件。但它也只是提供一个条件而已，它还需要一个转化才能变成你的内在财富，而你通过内在修道、内在工作所得到的境界，所得到的智慧，所得到的体验，本质上就是你生命本身的提升。

如果我们再讲玄一点的，就是把宗教概念拿进来讲，内在的财富是你能够带走的财富，外在财富是你永远带不走的财富。所谓“能带走”，就是你死了以后，这个内在财富是能跟随着你的，因为它是你生命本身。生命是一直在流转，它不会是从无到有，从有到无这样凭空产生，又完全地消失，它只是在转化。在你生命转化的阶段当中，你内在的财富是跟随你的生命的。用佛学的语言来讲，就是你的意识的仓库里面留下了这些智慧的种子，它是永远跟随你的。也就说当我们今天所讲的这些智慧的道理，如果能够进入你意识的仓库里面，这就变成你的财富，总有一天他会生根发芽，会跟着你走。而外在的财富，无论你拥有多少，你死了以后都不会跟着你的，跟你没有关系。你能带走吗？你带到坟墓里面也跟你没有关系。

所以我们讲内在的工作非常重要，它是每一个人的必修课，因为这个才能赢得我们生命的真正的发展。我们不是讲一种纯粹的宗教信仰，信不信仰问题不大，问题是我们要去追问生命的奥秘，宇宙的真相，我们要提升我们内在生命的境界，这个是很重要的。我们讲的修道也好，修身也好，是每个人都需要做的一种内在的功夫，儒家的经典《大学》里面也讲：“自天子以至于庶人，一是皆以修身为本”，就是古人已经认识到修身是我们齐家、治国、平天下，从事这些外在事业的根本基础。如何修身？前面有格物、致知、正心、诚意的步骤，这些都是内在的修养，都是内在工作的表现。

我们讲的修道这个概念是一个拓展的概念，不是一个纯宗教的概念，是我们现代人都缺乏关注的一个领域。我们一天到晚忙忙碌碌都在为别人工作，为他人做嫁衣，所得到的一切财富也不真正属于你；我们要从事内在的工作，发展自己内在的品质，生命的品质，这是非常重要的。而在宗教里面，每一个宗教里面，都有大量的内在工作的资源可以供我们使用，我们可以学习它。

现在就有两个问题：一个是在我们从事外在工作的同时，我们要打开内在工作的领域，要提升一个新的维度，要进入内在工作；同时因为外在工作不可避免，占据了我们生命中大部分的时间，所以还需要掌握一个技巧，就是如何在从事外在工作的同时，来进行内在工作？也就是说我们要把我们的工作和我们这个内在的提升结合起来。

我们一般人的工作都是为了那个报酬，为了外在的一个目标，如果我们没有能力改变自己的工作，那么这个时候，我们就应该在我们的工作当中加入一个新的因素。什么因素？就是观照的因素，就是内观的因素。有了内在的观察，外在工作的本身就变成了内在工作的一种方式。

有一些修道的流派，他们在手工艺人当中发展他的弟子。比如说他补鞋，他就把补鞋变成一种内在工作。用一种有意识的状态去从事一个具体的工作，这个时候外在工作就变成了内在工作的一部分。生活中的一切都能够转化，变成你内在提升的一个方法，这就是我为什么一开始的时候要大家进入一种静心的状态，把听讲变成练功的过程。本来今天作为学生来听课，这是你外在的一个工作，他们要求你来听，不听不给你学分。你既然来了，现在你把这个外在的工作变成了你内在的了：你学习到了一种内在工作的理论知识，同时你在听的过程当中本身也进入一种内在工作的状态。

内在工作是我们每一个人的根本大事，如果我们没有一个完整的身心状态，没有一种和谐的心灵境界，我们所拥有的一切外物都毫无意义。所以我一般建议每一个人都应该有一个特定的时间，用来从事内在工作，那怕是一小时，每天空出一小时来什么也不干，进入一个宁静的地方，这个时候你干什么？就是开展内在工作，对自己下功夫。用一种方法来观心，用一种方法来修行，修定、修慧，让你的生命更加宁静，更加智慧，更加有意识。这样一来，你会有更加饱满、更加有活力的状态生活在这个世界上。当然再进一步，不仅仅是这一个小时，你能够把这一个小时的成果再运用到你平时的生活中去，行住坐卧，不离这个，一切生活都变成你的“道”的一部分。

八、四层生命结构模型及其应用

前面我们已经从大的方向上给我们提示了生命的一种新的可能性，走向清醒的一种道路的可能性，规划了生命需要追寻的一种方向；下面我们再对这个内在工作的一个核心的原理进行一个说明，我们要讲一讲人的生命结构的一个模型和它多方面的运用。

我们先讲生命的四层结构，这是我提出来的一个理论模型，这个模型来自于道教内丹学的启示。内丹学讲炼精化气，炼气化神，炼神还虚，这是内丹学的一个基本的理论模型，那么我今天不是来讲具体的内丹学，我先借用内丹学的概念进行一个理论化，建立一个生命四层结构的理论模型，同时给它做一个多方面的运用。

我们可以说真正的生命，在我们开始追问“我是谁”的时候，已经发现生命有好多层面，好多层结构，不同层次的结构。

生命之外的东西，我们先不谈，我们就谈我们的生命本身，那么最外面那一层叫身体，是生命的物质层面的结构，借用内丹学的语言来讲，可以“精”来代表，精是物质的精华。我们每一个生命都有一个“物质结构”，在有的体系当中，把它叫做“浊体”，这个“浊”就代表粗糟、浑浊，浊体代表生命外层的物质结构。

生命的第二层结构，我们以“气”来代表，气代表了生命的“能量结构”，比如说人的情绪，人身体里面能量的流动，这是气。在有的体系里面，这个叫“精体”，那么这个“精”就不是我们讲的精气神的精，这个“精”是精华、精微的精，精气神里的精代表的是物质层面的精华，而精体里的精代表的就是生命的能量层面的精华。

生命的第三层结构，就是“神”，“神”就是我们的理性、思想这一层面，也叫做“心体”，这是人体生命的“信息结构”。在这三层结构之外，我们还有个生命的“本体结构”，这是我们灵性的向度所在的层面，也是我们的真我或者说我们本质层面的一个结构，也可以说这就是我们人的真正的灵魂，在道家里面把它叫做“虚”，虚就是道的本体，虚空无限的那个层面。

每一个生命至少同时具有这四个层面，在有的体系当中还可以进一步细分为七个层面，或者更多的层面，但是我们今天要掌握的就是首先要知道我们的生命至少有这样四个层次、四个层面。也就是说我们要对生命有一个全方位的多层次的认识，而不仅仅是看到那个生命的最外层的那个表现。

这个生命的四层结构，它可以作为一个理论的模型，用来观察、处理各种不同的领域，也可以用在我们的研究方面，就是你研究任何一件事情，都可以从这四层结构去了解它。

下面我们举几个例子，看看这个四层生命结构模型在不同领域的应用。

首先我们来看修道这个领域，看生命的四层结构理论在修道领域的应用。现在我们经常会看到一些宗教的“大师”，或者修行的“大师”，这个大师他修行的境界到底到什么程度，我们用这个四层结构就可以观察一下。

如果一个人能够躺在钉子上面，把一排钉子放这，让他躺上去，这是不是一个大师啊，这是一个大师，但这个大师呢，只是在低层次，只是在他的物质结构上、肉体结构上得到了发展。所以我们要清楚，这样的大师，他不见得就是修道领域全方位的大师，你不要因为一个人能够躺在钉子上，有这样的功夫，你就对他顶礼膜拜，以为他什么都知道。也许他是一个很蠢的人，他在生活方面还不如你，他甚至不能处理他的基本的生活。他练了几十年，就是为了练这个功夫，就是为了混个饭吃，对不对？所以这样的功夫就是第一层面的。

有的人能够表演、表现很多特异功能，一些神通，这是不是大师？这有可能是大师，但这种大师也只是在能量结构上得到发展。他通过一定的工作，使他的内在的能量得到了某一个爆发力的提升，他具有某方面特殊的能力，但是我们还要去观察，他的第三层面，就是他的信息结构，他的“精神处理系统”有没有得到发展。如果一个人具有各种功能，他只是去不断地表演，你表扬他，他就特别高兴；你说你这功夫算不了什么，他就大发脾气，暴跳如雷，这样的大师是一个什么样的大师呢？所以这不是一个真正的大师，他在他的第三层面没有得到发展，他的精神世界跟我们俗人一样。

所以你观察一个老师，或者观察一个上师，你要从多层次去观察他。到第三层面，就是精神修养、精神的发展得到提升的这样的一个人，他与人为善，慈悲心很重，处处考虑着别人，而没有他自己，他得到了一种智慧的发展，精神境界很高，这是在一定程度上他的修养达到一定的境界，但如果这个人没有真正的开悟，没有体现出他的真我，没有进入他生命的真正的灵性结构、本体结构，那么我们只能说这个人是一个很好的宗教徒，或者是一个善人、一个好人而已，从究竟上来说，这样的人还不算是一个大师。

从修道的角度看，四层结构都得到发展的是什么人？就是一个悟道的人，一个觉悟的人，他觉察并呈现了他生命的本来面目，他完全找到了他生命的中心，而且转化了他所有的习惯性的模式，能够一直活在他的觉悟境界当中，这种人才是一个觉者，是一个悟道的人。

我们不仅仅看一个人修道的境界，可以从四个层面去看他，也可以从一个人修道的功夫去看，他属于哪个层面的功夫？我们都在讲修炼，或者修道，讲内在工作，那么你看他做的工作是在哪一个层面下功夫，你就知道他在修的是什么样的道。仅仅练身体的功夫，硬功夫，各种功夫，那是第一个层面；仅仅是修炼某些功能、能力，或者仅仅是一种信仰，信仰某一种宗教，这还是属于情绪性的、情感层面的一个修道，我们可以这都还属于能量结构这一层面的修道。进入意识的修养，提升他的精神的境界，那么这是第三层面的修道。一种修道的功夫是不是走向了最高的境界，有没有指向悟道的最高层面，就看他有没有去追问“我是谁”，有没有活出他的本来的面目，有没有发现他的真我。以自我为中心的人，显然是没有真正进入到灵性的层面。

我们还可以用生命的四层结构模型来看医学的问题。

我们现在的医院，他治疗一个人的病，他是在哪一个层面来治疗？尤其是西医系统的医院，我们可以说绝大多数的医院治疗的都是人的第一层次，第一层结构的问题，但是问题是生命的四层结构是相互影响的，是一个统一的整体，我们仅仅是从第一个层面去治疗一个病人，这可以说是治标不治本。很多的疾病跟他的生活方式有关，跟他的思维有关，跟他的情感有关，跟他的心灵状态有关，这种心因性的疾病是非常多的。

但是我们可以看一下，你到医院去治病，有没有哪个医生问你：“最近情绪如何？最近有什么思想波动？”有没有医生了解你的思想情况？没有人管你。西医只是用一套仪器去检测你的身体，身体缺了什么？有什么问题？这种医学，它只是第一层次，解决人的最表一层次的结构的问题，所以这就可以看出现代医学的局限性。

有的时候西医还很武断地认为中医不科学，但这个科学概念也是一个模糊概念，什么是真正的科学？有第一层次的科学，也有第二层次的科学，我们可以分成不同层次的科学。在肉体这个领域，西医确实是科学的，但这个科学是不完整的。中医是把人的生命看作一个整体来研究的，它是看到了生命的多层结构。

为什么中医有的时候讲治未病？因为在我们的肉体还没有显现出病症、病灶之前，你的能量结构已经先出现了问题，那么高明的中医能够通过某种手段探测到你的能量结构的问题，对你进行气脉能量方面的调整，使你的病不会在肉体层面呈现出来，这叫治未病，就提前把你的病治好了。这个时候你可能说那个中医在骗我，以为我没有病，本来就没有病。当然有可能是骗你，但实际上有这个道理，有治未病的可能。真正的中医，高明的医生是可以在这个层面提前给你治病的。

所以最高明的医生叫“神医”，神医不是我们一般所说的那个骗子，而是他治疗你的精神的问题，治疗“神”一层面的问题，这种医叫神医。也就是说在我们能量结构出现问题之前，你的精神结构、你的信息结构已经出现问题，你的某一个心理的问题导致了你能量结构的紊乱，所以这个时候要从精神上下功夫去治疗。对于这样的病人你仅仅在他肉体上去下功夫是没有用的，所以从某一个意义上来说，每一个人都有“精神病”，佛才是完全健康的人，所以佛也是医生，叫“医王”，他治疗的是众生灵魂的疾病。

我们有哪一个人说我们的心灵没有一点问题？每一个烦恼都

是一个病，每一个牵挂都是一个病，有一个烦恼，有一个牵挂，就会在你的能量结构当中呈现一个气脉的障碍，这种障碍牵缠，纠缠不休，到一定时候就变成了一个肉体的病变。

所以要获得精神系统的完全的健康，就要进入第四层结构，最高的灵性的结构，要领悟空性，空掉以后什么病都没有了。要进入无限的开放的系统，就是我们前面讲的，宇宙的大系统。

这样可以给我们打开眼界，可以看到医学的不同的层面。所以现在的医学是有局限的，有时候不能够完全听从医生的。尤其是某些医院，它有时候不是以治病救人为第一目的，它是以它的经济效益、以它的利润为目的，那这样一来，他开药不是说你这病需要多少药，而是他能够开多少药，赚多少钱的问题。本来你的病吃一天的药就好了，他给你开三天的药，浪费一点钱还是小事，问题是你吃三天的药，吃那些没必要的药，给你生命里面增加了很多负作用。

讲到这个治病的时候，我再给大家讲一个故事。

这是在西方世界，有三个同学，他们是很好的朋友，但是有一段时间其中的两位同学同时得了绝症，有一位同学还是夫妻一起得了绝症，就是在医院里被宣判了死刑，已经没有办法治疗了。

三人之中其中一个同学是医生，他就想尽最好的办法来治疗他的同学，他邀请他的两位同学和他的夫人都去他的医院治疗。但是这对夫妻呢他们不想去治，他们看开了，说死就死吧！他们就把家产全部变卖，换成现金带着他的银行卡，全世界去旅游了。夫妻俩就把剩下的时光来充分地利用，活一天算一天，把他

们的疾病给忘掉，去游山玩水了，非常乐观、开朗地面对他们的生活的每一天。

另外一个同学就到这个医生同学那里去治疗，医生用了最好的仪器，竭尽全力去治疗他，本来可能半年就去世了，通过这个医生的努力，可能延期了，比普通的情形要死得更晚一点，最终还是死了。这个医生非常痛心，就说我已经尽了最大力量，不过还是让他的生命延期了，还算有点安慰；正常可能三个月就死了，他现在六个月死了，这也算一个成果。

后来他就想起另外一个同学，他想这个同学没有去治疗，估计早就死了，也失去联络了。过了一年之后，他接到了他那个同学的电话，从一个很远的地方，一个风景区打来的，他们正在游山玩水。结果这个医生朋友就非常吃惊，他说你怎么还没死呀?!那个同学用最先进的方法治疗，他已经死了，按道理你也应该死。没想到的是，这个四处旅游的同学，他们夫妻两人同时都在不知不觉当中把病治好了。他们再到医院检查的时候，肿瘤没有了，绝症没有了，恢复了健康。

当他告诉他的医生同学这个消息的时候，这个医生非常吃惊！这一定有某种特别的奥秘，现代医学不了解的情况，所以他就让他的同学回来，要详细地研究他不药而愈到底怎么回事。后来经过他的研究，他得出的结论是人在无牵无挂、非常高兴的时候，他的心脏能够分泌出某种特殊的荷尔蒙，这种荷尔蒙有抑制癌细胞的能力，可杀死癌细胞，这是他的一个解释。

用我们讲的这个生命的多层结构来解释，这一对外出旅游的夫妻，他用的是什么办法治病呢？他不是直接针对肉体的病去治疗，因为癌症在现代医学里面是不治之症，是没有办法治疗的，他干脆不治了，他针对的是第三层结构，就是直接治疗他的心理、精神系统。他通过他精神的调整，再影响他的能量结构；通过他能量结构的调整，最后再影响他的肉体结构，这是一种新的治病的思路。

当然我不是医生，我不是保证这种方法一定能够治疗癌症，但是这提供了一种可能性。因为每一个人的个体生命是有差异的，从理论上来说，一个人真正的精神完全地健康，完全地放下，完全地快乐生活，它是有可能治疗那些绝症的。这是我们从生命的多层结构来处理这个医学的问题。

我们还可以用这个四层结构来简单地谈一下一个有趣的领域，就是“美”的问题。

我们来看一个人美不美，一个事情美不美，也可以从这个四层结构去看她。像一般情况下我们的审美、选美大赛，我们看一个人美不美，除了她的“三围”这个身材之外，还有什么更重要？很显然你的三围和你的身材，只是第一层次的美，就是肉体的比例比较合乎审美的需要而已。

但是一个人如果仅仅只有这一层面的美，她是不能称为真正的美人的。如果这个人看起来很和谐，身材很好，但是她缺少活力，没有能量，当然更没有智慧，这种人的美是没有真正的吸引力的。

第二层次的美，是你身体能量的美。一个真正的能量充实的人，她有一种魅力，这种魅力，生命是可以感觉到的。比如说你为什么会对某一个人特别有感觉？这个人散发出某种能量，她辐射出某种“魅力”，这种魅力是属于能量结构的层次。

一个能量结构不健康的人，辐射的气场就有问题。但是如果一个人很有能量，但是他的精神境界不高，趣味低下，那么你仍然会感觉到这种生命是有问题的，还不足以给我们美的震撼。所以更高一层的美是心灵的美，一个精神完全健康的人，才是真正的美。当然我们讲的心灵，不是一般讲的那种思想好，老好人，我们讲的是她通过内在工作发展出她的神采，她能够如意自在地活在当下，不受外在的影响和干扰，这种精神品质是一种更高的美。

当然最终的美是那个道的美，是悟道层面的美，是灵性的美。就像米拉日巴，藏传佛教的大师，他在山里面修行，他基本上是裸体的，你从外在方面来看，他是一个野人一样的人，谈不上美；但是米拉日巴完全活在他的觉悟的境界当中，他有另外一种美，这种得道人的美，是一般的人所无法比拟的。

也就是说，从这生命的四层结构出发，我们可以处理各种问题。我们甚至可以把人进行这四个层面的分类。第一类人就是主要活在第一层结构的人，他是整个以他的肉体生命为中心，他设法满足他肉体的需要，他活的一切就是让他的肉体得到发展，这是一种类型的人；第二种人是活在他的情感状态当中的，他的情感特别敏感，他所关注的重心就是他的情绪状态、情感状态和能量状态；还有一种人是活在他的思想境界里面的，像一些大的思想家，一些哲学家，他们是活在这个思想结构这一层面的人；第四种人，当然就是悟道的人，觉悟的人，是活在本体结构之中的人。因为时间有限，我们就不再过多地阐释。

另外这个四层结构，它包含了静心的、修行的根本原理，下面我们讲一下这个原理。

既然生命有不同的结构，从外到内它有一层一层的不同的结构，当我们从事内在工作，从事修道或者静心的时候，一样要对生命的四层结构下功夫。静心的基础的工夫，就是对身体，对情绪，对人的思想，这前面的三层结构做一个净化的工作；它所指向的目标，静心的本质就是觉悟生命的本体结构，回归人的真性、真我或者本性、自性，有许多指向本体层的概念。

完整的修道的过程，既包括身体的净化、情绪的净化和思想的净化过程，更要指向一种清明觉醒的无限意识状态，这是我们静心的灵魂。因为这四层结构相互影响，所以你前面要做些准备工作，要有某种好的身体的状态，好的情绪的状态，好的思想的状态，这个有助于我们进入心灵的灵性结构，但是这前面三层结构的净化都不是目标，它是一个基础工夫，核心的就是要回归我们的自性，要点亮我们自性的心灯。点亮的意思就是要有意识，把我们被遮蔽的无限意识状态，把它开显出来，这叫点亮。当自性的意识呈现出来，它有一种觉醒的光芒，我们把它叫心灯，心灯亮了以后，我们整个生命才会活在一种光明之中，活在清醒当中，活在无限意识当中。

在修行的具体工夫里面，会有各种层面的工夫，各种不同的方法，今天我们没法仔细讲，但是它的总原理，像练精化气，练气化神，练神还虚，这就是一层一层的净化，逐渐地向生命的精微品质发展，逐渐开显出生命最核心的那个层面。我们通常的问题主要是我们受情绪的影响，受思想的影响，而让我们的心不断地追逐外物，有各种各样的执着，修道的核心就是要回归我们自己，回归我们意识的自身，那个纯净的意识，不再追随外物，不再跟着外面走。

所以金刚经里面讲："若见诸相非相，即见如来。"什么叫"诸相"？我们的意识当中所呈现出来的一切形象，都是一个"意象"，也都是一个"相"；你见到的东西是一个"相"，听到的东西也是一个"相"，所见所闻的任何对象都是一个"相"。这些相就把我们的心灵带走了，这也就是我们说的，心被外物所带走，而变成了一个向无数个方向发展的"诸我"，你的心就是混乱不堪的。"见诸相非相"就是破这个相，就是不被这个相所迷，看到这个相实际上是空性的。见诸相非相以后，你就不被任何相所带走，你自性的智慧呈现出来，这个时候"即见如来"，就显现出你的佛性的状态，也就点亮了你自性的心灯。

这是我们对修道的核心原理做的一个概括性的讲法。

九、灵性生活的基石

下面对内在工作、灵性生活的一些值得注意的地方，给大家做一个扼要的提醒。灵性生活的基石——就是所有灵性生活的基础要点是什么？我们讲几个最重要的方面。

首先，第一点，进入灵性生活、内在工作的最重要的一点，是带着庆祝的、感恩的心活在此时此地。

我们大家如果对灵性生活稍微有一点了解的话，现在"活在当下"这个词已经讲滥了。每个人都在讲，还有一本书专门讲

《当下的力量》。那么经常接触这样的信息以后，我们就容易把这个“活在当下”变成一个泛泛的口头语，我们没有真正去体会它的内涵，我们没有真正做到。

我们绝大多数人都是活在过去，或者活在将来；你所想的是出自于过去，你所牵挂的放不下的东西，要么是过去，要么是在筹划未来，但是我们遗忘了此时此地，遗忘了当下。然而真正的生命就是当下的生命，过去对我们来说，只是一个回忆，它已经不存在了，如果我们被过去所打扰，所带走，我们活在过去那些信息当中，放不下，我们就错过了真正的生活和生命；如果我们只是一直在想象我们的未来，在构思我们的未来，我们同样遗忘了真正的生命。

所以进入内在工作、进入灵性生活的第一个要点就是要保持当下的观照。什么叫活在当下，什么叫不活在当下？区别就在于我们是不是有意识的，对当下的一切是不是觉醒的。

比如说我们一般人都是平时心不在焉，对当下的存在都没有意识，你的心一直像在做梦一样，想着过去，想着将来。大家想想，做梦的状态跟我们白天的状态有什么区别吗？白天的胡思乱想就是白天的做梦，晚上的做梦是晚上的胡思乱想，它只是你白天的胡思乱想的一个延续，进入了你的梦中。

走在大街上，你去看那些匆匆走过的人群，你看看他脸上的意识，他是不是活在当下？他是不是对他当下的一切有意识？看看他的脚步，他是不是关注他的当下的脚步？禅师说我们吃饭的时候，没有真正在吃饭；我们在睡觉的时候，也没有在真正地睡觉。

这是一个根本的功夫。你今天在这里听课，是不是活在当下，在认真地听课？今天的同学们都很好，都在很认真地活在当下，但是大部分时间你们都不在当下，你们都在做梦。

活在将来，是年青人的一个重心；活在过去呢，是老年人的一个重心。老年人一直在回味，或者在留恋，或者在抱憾过去，而青年人总是在向往着未来。我们不是说不要有未来的一个远景、规划，或者一个理想，但是如果我们的心只是关注着未来，其实还是活在一种幻想当中。

苏东坡有一首禅诗："庐山烟雨浙江潮，未至千般恨不消。到得还来别无事，庐山烟雨浙江潮。"这个诗是很有禅味的。江西的庐山，那里面烟雨蒙蒙，江南的美景；浙江的钱塘江，潮起潮落，那是很多游人向往的地方。我们可以对它们有各种各样的想象——有朝一日，我要去游览这些美丽的风光，去享受它们。在没有到那个地方之前，我们总有很多的遗憾，我们有很多的向往。直到有一天，我们来了，我们来到了庐山，我们来到了浙江，看到了庐山的烟雨，看到了钱塘江的潮起潮落；但是我们真的身临庐山的时候，发现没有什么，对当时的庐山可能没有感觉了。我们在庐山上可能是想着杭州的西湖去了，等到我们到了浙江的时候，我们可能会想着北京的故宫了。我们不觉得那里有什么特别好玩的地方，不就是"庐山烟雨浙江潮"嘛，有什么了不起的！

这样一来，我们从来就没有真正地欣赏当下的事物，我们对已经拥有的东西总是不满足，我们要向往那些不满足的地方，这样的心一直在期盼当中，而没有真正地生活过。小时候我们向往那些大人，向往长大了会怎么样，等到成了大人的时候，我们又向往小孩子的天真烂漫，活得真正地快乐，觉得大人有什么好呢！所以我们现在人是这样一种生活状态，他不断地向往未来我会怎么样，拥有了什么条件，我才能够幸福。我要有一辆车就好了，但是等我们拥有这辆车的时候，我们觉得也不过如此嘛！我们还要拥有一套大房子才好。这样一来，我们就遗忘了当下的生活，没有珍惜，没有真正去体会当下生活的滋味。这样的生活就不是灵性的生活，就不是有意识的觉醒的生活。

我们讲的第一点，是要对你现在所拥有的一切保持庆祝。你无法改变过去，也无法对将来进行操作。你要实现你将来的理想，首先要立足于你的当下，因为我们能够做的只有现在。只有当下我们才能做什么，对于将来我们只是在头脑中有一个规划而已，但真正要做的就是现在，将来是由现在生成出来的，你将来的理想必须落实到当下的工作当中才能实现。所以要扎扎实实地活在你当下的状态中——你现在是学生，就得活在你学生的状态当中，就要利用你现在的状态去发展自己。

灵性的生活是一场欢庆，而不是一场赛跑。赛跑它就指向了那个目标，它只是想尽快地达到那个终点，过程对它来说不重要，它只是希望越快越好；而真正的生活，我们不是为了达到那个目标，因为最后的目标大家都知道，是一个“馒头”，我们要更快地跑向那个馒头吗？生活是一个每时每刻的享受的过程，是一场庆典，是要活在每一个当下，“目标”不是我们的目标，“当下”才是我们的目标！

我们的工作不是为了那个报酬，而是要把工作当作游戏，去

享受这个工作本身，这样你的生活才会有质量。你想想你八个小时的工作都是在为别人打工，都是为了一个月结束他给你发的那点工资，那你生命中的大部分时间都浪费掉了。所以对于灵性的生活而言，一定要把工作变成你的享受，变成你的游戏，甚至要变成你的内在工作，而报酬只是一个副产品，这样你的生活才是有品质的。最好你的兴趣和你的职业是统一的，而不是你心不在焉地为别人去做工作，希望快点下班，赶紧回去，这样你的一生大部分时间都活在被牺牲掉的状态。

灵性生活的第二个基石、第二个重要点，就是成为你自己。每一个生命都有他独特的因缘，都是独一无二的，没有任何两个生命是完全一样的；甚至我们都找不到两根相同的叶子，何况是人呢！我们可以向所有的人学习，向所有那些值得你学习的人学习，但是不要模仿任何人，不要把自己当作别人的模板，去成为某一个人。你的基础，你的天性，你的潜能，都是独特的，独一无二的，你的使命就是活出你自己，把自己的潜能活出来，把自己的天性活出来，而不要作为他人的工具，为实现别人的目标，来牺牲自己。孩子的生活不是为了满足父母的期望，孩子有孩子的天性，孩子就要活出孩子的天性，可是我们很多家长把自己的期望强加于孩子，扼杀了孩子的天性。每一个人都应该有自己最值得过的生活，我们要去寻找自己的道路。在寻找自己的道路的过程当中，要记得自己，保持有意识，要完全地享受你自己的生活，不要去跟别人比较，你没办法比较。

第三点，要全然地生活。什么叫全然的生活？全然的生活是一种完整的生活态度，对生活的一切都去拥抱它，接受它，而不是追求我们心目中的一个完美的理想。全然不是“完美”，而是一种“完整”，完整就是包括了两个方面、包括了两极，而不是在两极当中选择一极，而排斥另外一极，不是在你的生活当中去制造自我矛盾。全然地生活，是拥抱两极，从而超越两极——得也好，失也好，两者都好；不是说追求一个排斥另外一个。因为最终在道的境界里面是无得无失的，所以活出道的境界，就能够接受有限的得，也接受有限的失，不为得失所挂怀。

为了更好地说明什么是全然地生活，今天我送大家一个“八字真言”，这是我的修法口诀。下面大家一起跟我念一下：“一切都是，一切都好”。希望你们有空的时候，念念这八个字，你的心灵会慢慢完全平静下来，里面妙用无穷！我讲的一切就是真正的一切，不是一部分。你们考试没及格，照样一切都是，一切都好；老师骂你，还是一切都好，没问题！这八个字有时候比你念“阿弥陀佛”还强，阿弥陀佛你可能不知道它是什么意思。佛门的人见面的时候念一声“阿弥陀佛”，阿弥陀佛是无量寿、无量光，就是那个“道”，就是无限的宇宙的海洋，所以念阿弥陀佛就提醒你进入那个宇宙的海洋；但是我们现在一般人不知道阿弥陀佛什么意思，我们念“一切都是，一切都好”，让你的每一天都活在圆满觉悟的境界当中。

讲了这些以后，我们最后再回到一点：什么是真正的幸福的生活？前面讲的东西如果大家已经了解了，大家就已经知道真正的幸福生活是什么。

我们每一个人都在追求最高的自由、最高的解放，这是我们人发展的一个目标，但是如果人不认识他自己，不从事内在工作，不获得智慧的开悟，我们就不可能达到真正的自由。因为依赖于外在条件的这种自由，这种幸福，是随着条件的变化而变化的，是永远得不到真正的满足的，所以真正的圆满不是在外面，是在你的心灵里面，真正的自由是你的心灵的自由。

如果你需要满足某种外在的欲望才能得到幸福，你就依赖于某个条件，你说我将来有了别墅之后，我才幸福，那么首先在你没有别墅之前你不幸福，等到你有了别墅以后，你还是不幸福，因为你有了新的欲望，你会觉得别墅也不过如此。

我们讲需要和欲望是很不同的，需要是可以满足的，而欲望是没有办法满足的。什么是人的需要？渴了喝水，饿了吃饭，困了睡觉，这是我们人生命的需要，每个人都有这个需要，圣人也有这个需要；但是一定要吃山珍海味，一定要住五星宾馆，这是我们的欲望，而欲望是无穷无尽的，它就像天边的地平线，你永远追寻不到。

有时候你看起来，离你的欲望好像很近了，有希望追上了，但是等你靠近一看，它又跑远了。如果人的一生只是不断地在追求这种欲望的满足，他是永远得不到真正的满足的，而真正的幸福是在满足你的基本需要的前提下，追求你的心灵的内在品质的提升，而得到某种觉悟。你获得了一种不依赖于任何条件的心灵的满足，这种满足是真正的幸福生活的条件。

我们可以说，生命中所追寻的自由有两种：一种是从某种状态当中获得自由，比如说员工从老板的压迫当中获得自由，无产阶级从资本主义的压迫当中获得自由，这是外在的自由；另外一种是积极的自由，是我先活出自由的状态，我活出宇宙的本体的状态，活在无得无失的海洋的境界当中，用这样自由的境界、自由的生活状态去生活，这是内在的自由。

自由地、幸福地生活在这个世界之中，而不是去从世界之中寻求自由、寻求幸福，这就是一个新的观念的革命，我把它叫做幸福观念的一个“哥白尼式的革命”。在座的都很清楚，哥白尼式的革命是什么意思——哥白尼从地心说提出日心说是一大革命。那么在哲学上，康德也有认识论上的一个“哥白尼式的革命”，是从认识对象到认识主体的一个革命——不是我们从认识对象中发现规律，而是我们以主体的先验认识范畴去认识对象。今天我们要讲一个新的革命，就是一种幸福生活观念的革命——不是从世界中去寻求幸福，而是用幸福的境界生活于世界中。

有的人可能会说你这不是阿 Q 精神吗？如果在世界中我没有幸福，我怎么可能幸福？如果你这样想，你就没有听懂我今天的课程。我们讲了生命的四层结构，如果你达到了这个高层的精神境界的满足，内在境界的提升，你活出了一种圆满状态，这就是真正的幸福。这个不是阿 Q，阿 Q 本身什么也没得到发展，他只是自我欺骗而已；而我们讲的是一种圆满的觉悟，在这种觉悟当中，我们活出了本体，活出了那个生命当中的潜能，达到了这样一种觉悟，就像米拉日巴一样，不需要依赖任何外在的东西，他就通过自己的觉悟获得了最高的幸福。

给大家讲一个公案。有一天一个禅宗的小和尚——这个和尚是有智慧的开悟的和尚——去到另外的一个大庙里拜见一个老和尚，这个老和尚德高望重，但是没有开悟。老和尚就拿出两个苹果招待客人，一个很大，一个很小，放到桌上。这个小和尚二话不说，拿起大苹果就吃，老和尚一看，心里很不舒服："这个小和尚一点教养都没有！你为什么就选大的吃？"于是这个老和尚忍不住就开始教训这个小和尚，他说："你在学道的时候怎么学的，怎么这么没有礼貌，不讲规矩。"小和尚说："怎么啦？"他说："你为什么要吃大苹果？"小和尚就问老和尚："如果是你，你选哪一个苹果？"老和尚说："我选小苹果啊。"小和尚说："那还不结果一样嘛！"给了老和尚当头一棒。这个公案意义非常深，大苹果、小苹果这都是我们的概念，都是我们的执着，我们的分别心。如果你真正不去分别它，人家吃大苹果、小苹果跟你有什么关系？我们总是把自己的问题投射到别人身上，你之所以觉得别人吃大苹果不礼貌，是因为你心中有大苹果的分别心，是因为你自己的计较。所以小和尚是借机说法，非要拿小苹果才是礼貌吗？一个天真的人没有什么大，什么小，拿到苹果就吃。希望这个公案给大家一点智慧的提醒。

十、结束语与课后的交流

下面是一些建议，这些建议是为将来你们准备修行的人提供的：你修行的时候，要找一个法门专修，慢慢把这个法门贯穿起来打成一片；任何修行都要以心法为本，心是根本；要悲智双运，福慧双修，既要精修禅定，又要在事上练心；要此心常觉，不随境转，灵明自性，常如太虚；要将修道的境界落实于日常生活，转化你已有的习气、模式。

我在前言当中讲了我的过去，讲了我求道的经历；在讲座要结束的时候，我再讲一下我的未来。虽然我们说要活在当下，但不意味着我们不能去规划自己的未来，因为对未来生活的规划，也是我们当下生活的一部分。我总结了一套新的灵性教学体系，叫“观虚斋教学”，结合传统宗教的智慧和现代的思想、文化，面对现代人精神需求推出了观虚斋教学的系列课程。在机缘成熟的时候，我们准备成立“观虚书院”，来宣讲中国文化的智慧，传播观虚斋教学。如果大家有兴趣，可以关注我的博客和书院微信，希望得到大家的支持。谢谢你们的耐心倾听，也谢谢我自己精彩的演讲。

戈老师您好，非常感谢您的精彩讲解。您讲到觉悟，禅宗讲顿悟，觉悟本身还有不同的境界吗？

禅宗关于修行境界有很多不同的说法，比如大家熟悉的“见山是山；见山不是山；见山最后又是山”这三种层次；还有其他的说法，像云门宗的三句话“截断众流，随波逐浪，涵盖乾坤”也是讲禅宗的三层境界。归纳起来，我们可以说成这样三种境界：

一种境界是对于本体的相应，就是见性开悟的境界，就是你活在开悟的境界当中。这是体，是根本智，也是截断众流的境界。

但是一个人如果只有这个境界是不够的，因为人最后是要面对生活，要回到社会，那么作为菩萨，还要行菩萨道，还要去觉悟众生，他还得有分别的智慧，还得了解众生的根器，还得有适当的方法，能够讲法度众生。所以这个第二层面的智慧，就是要从空出有，不能在空里面出不来，还要能够活动，能够思想而又不被思想所控制。这个时候，我们讲是一种后得智，或者是一种起用上的智慧，叫由体起用。

第三种智慧，是中道圆融的智慧。就是在他任何的活动当中，他同时能保持觉悟的状态；在他觉悟的状态当中，他同时能够保持做人、做事，处理任何问题，毫无关系。这两者已经完全统一，他不存在区别了，体用完全一如，完全是一味、不二的境界，生活就是他的道，道就是他的生活。

今天时间不够，我就简单地提示大家一下。

我感到具体修行的法门老师讲得少，但“一切都是，一切都好”，我现在就接受到了。能否再透露一点其他实修的技巧，让我们大家现在就生活在幸福生活之中？

好，你学得很好，呵呵，真是活学活用！首先这位同学学有所用，学有所成，马上就能用上，值得表扬！

我刚才讲的“一切都是，一切都好”确实是一个根本的智慧，其实我自己在练功的时候也经常用这个口诀。当你体验“一切都是，一切都好”这个境界的时候，一切问题都没有了，人和宇宙万物都是同一的，都是一体的。

包括我们刚才讲的“阿弥陀佛”，念佛也是一个技巧，但是有很多同学他不是学佛的，可能跟佛教不一定有什么关系，他不一定喜欢用，但只要对佛教有兴趣的人，要记住“阿弥陀佛”这四个字。佛门信众之间经常用这个词来提醒自己，有空的时候，你随时可以念“阿弥陀佛”，也就是把你的小我融入佛的大我之中，把你的小我融入到宇宙当中，融入无量光、无量寿之中。

还有一个很重要的技巧，基本的技巧就是观察自己的呼吸。因为每一个人都在呼吸，这个呼吸随时都在的，但是我们每一个人都没有注意自己的呼吸；当你静静地体味你的呼吸，意识到你的呼吸的时候，有助于你回到你的当下，有助于你的觉醒，也有助于你的入定。你甚至可以专门去修这个“观呼吸”的方法，但是这个观呼吸也是可以随时随地修，一记起来就修，感觉你的呼吸的进和出。不是去控制你的呼吸，而是去感觉你的呼吸，这样对你的身心合一非常有帮助。

欲望的满足不也是一种幸福吗？

这个问题问的也非常好。我们今天因为时间的关系，没有把这个问题展开。每个人都不追求欲望的满足，这不太可能；但是我们同时要意识到，欲望是没有办法被真正地满足的，因为欲望永远是在向后走，一个欲望被满足了又有了另一个欲望。欲望的满足本身也是一种快乐，也是一种幸福，但这种欲望所带来的快乐和幸福一定伴随着某种不幸，伴随着某种失落。

大家仔细体会一下，凡有所求、有所得，最后必有所失落、有所依赖。好比我们吃了一顿大餐，喝了一顿美酒，这也是一种快乐，但是这个大餐和美酒，它不是相续的，那如果我们不吃大餐，不喝美酒的时候，是不是就失落？另外这个大餐、美酒过度

了以后，它会导致身体的伤害。所以在满足欲望的过程当中，一方面会制造一些新的问题，同时它的这个满足也是很有限的。

而我今天所讲的幸福，是另外一个层次，它不是一个简单的欲望的满足，而是一种心灵的觉悟。这种觉悟它是无所求，不依赖于任何东西的，就好像这个宇宙的大海一直都在这里，我们随时可以进去，不需要别人给我们提供什么。这种智慧，这种觉悟所得到的幸福，它是无条件的，是不依赖于任何外物的，也就是我能够做主的一种幸福。这种幸福同时会带来心灵的安宁，带来能量的提升，带来生命的一个真正的满足。

所以幸福当然有不同的境界，有不同的所指，但是我们今天是向大家开启一个新的维度，希望大家能够追寻一种心灵的真正的幸福境界，而不局限于去追求欲望的满足。

要彻底超越欲望，对大多数人来说是不可能的，但至少我们要提醒自己，我们不要完全钻到欲望的陷阱里面出不来。要知道，那个是永远有限度的，所以我们要开启我们内心里无限的源泉，这样我们的幸福就可以源源不断地输送过来，能够庆祝地生活在每一个瞬间，每一个当下。

最后大家跟我一起念一下的我的“八字真言”，就结束今天的讲座：“一切都是，一切都好”。谢谢大家！

第二讲　道——回归整体的和谐

本文为戈国龙教授在“什刹海书院·2014 道学季论坛”上所做的演讲，由什刹海书院笔录，戈国龙教授审定。

今天很高兴能够在充满了宗教气氛的什刹海书院，来给大家做一个报告。大家知道我是社科院宗教所的研究员，在学术界是一个学者的身份；但是可能有一些对我有所了解的人也知道，我并不是做一个纯粹的学者，我是带有自己对宗教的感情、兴趣和投入来做研究的。正好今天也是一个机会，我们并不是在这里面做一些纯学术的探讨——今天我不是在这里梳理学术的研究成果，能够再提炼出我个人的看法，不是这样一个路子。我们就直奔主题，直接讲我对于道家的道的理解和体会，这样会不会更好?

为了跟这样一个讲道的气氛相吻合，我希望今天我们在座的各位也怀着一种道的心情、道的状态来听这堂课。你们不是要在这里面学多少知识，所有的知识都可以在课本上去查；也不是要记住我个人有多少观点。我希望在这里大家能够用你们的心和我在一起，如果能够产生某种共鸣就够了。因为你们也不用考试，我也不会考问你今天听到了什么，老师讲到了什么，你就把一切都放下。没有目的，没有任何的期待，就静静地在这里。

用道家的话来说就是：大家无为，无为而存在。身体无为，身体不要乱动；精神也无为，不要胡思乱想。就是简单地存在，在这里，和我在一起。

一、引论

今天我讲的题目叫“道——回归整体的和谐”。也就是说我今天两个小时之内，讲的主题就是“道”；而我对道的诠释，用一句话来概括，就叫“回归整体的和谐”。

首先我们要知道在中国文化中，这个“道”字具有最大的涵盖性。它不仅仅是道家道教的道，在中国文化里面它是一个非常重要的根本性的概念，也可以说儒、释、道三家所讲的都是“道”——“儒”有儒之道，“佛”有佛之道，“道”有道之道。广义的道就代表了宇宙人生的普遍真理，它的根本的意义是超越教派的，它不是某一家私人的观点。

儒释道三教，我们可以把它看成是趋近于这个超越之道，趋近于这个作为根本的实相和真理的道的一个路径。所以对于中国宗教，我有一个根本的观点，可以用四个字来概括，叫做“道一教多”。就是说“道是一”，道是统一的，因为它是一个超越语言，超越文字，超越教派，超越个体差异的这样一个真理的概念，所以大家都在求这个道，这是没有教派之分的；“教是多”，当我们把这样一个超越性的道诠释出来、阐释出来的时候，它就有“教之分”，也就是说教是趋近于道的路径，这个时候就可以分成儒释道三家，乃至更多的教，所以教可以是多种多样的。每一个体道的人他对道的表达，对道的诠释是各有特色的。而且一旦落入了语言的框架之中，落入了文字的框架之中，它就不再是单一的，而是多样的。

但是“教之差异”，并不代表着“道之对立”，所以我说教是多，道是一。我们都是通过不同的教，趋近于那个根本的道之真理。

有人说我是道家道教方面的学者，在社科院我是在道教研究室，但是其实对我来说，我没有这样一个概念。我并不是属于专研道教的学者，只不过我的“博士论文”和“博士后研究报告”恰恰研究的是道教而已；而我在硕士阶段跟的就是楼宇烈先生，是研究佛教的。我对佛教的兴趣不比道教差，我在佛教方面下的功夫也不比道教差。大家知道我也是汤一介先生的博士生，我对儒家也有很大的兴趣。前几天我的导师汤先生离开了我们，在这样一个时刻，我们希望能够来深入中国文化的根本精神和根本意义，继承汤老先生的遗愿，弘扬中国文化。

这是我们进入正式地诠释道家道教之前，我讲的第一点，就是道的广义和狭义之分。

第二点我们再来讲，道家道教的道，又是一个非常广阔的概念。我们是讲谁的道，是黄老之道呢？还是老庄之道？是内丹之道呢？还是天师之道？这又是一个非常广阔的一个知识范围。今天我们把这个视野再缩小一点，集中在“老庄之道”。我认为老庄之道能够代表道家道教的最高精神、最高境界，后面道教的所有发展，都是在不同的意义上来展开，来进一步体现出道的精神。包括我所研究的内丹学，它所诠释的道也是继承了老庄的精神。对内丹学而言，他们把老子和庄子奉为他们的祖师爷，所以很多内丹家注释、阐释老子和庄子。

今天我们要讲的，主要是以老子、庄子为代表的“道家智慧”，而不是关于“道的知识”。在座的有不少年轻人，可能有的还是学生。只要我们深入知识的海洋，我们就会发现，从知识上来讲真是无边无际，无穷无尽。你到图书馆、到大的书店去看，那里的书太多了，所以关于老庄的研究也太多了。如果我们用两个小时来梳理这个知识是没有什么意思的，所以今天我们来直接讲我所理解的老庄，它的最高的境界，它对道的理解。

《老子》是一部什么样的书，老子是一个什么样的人，这个认识就直接关乎我们后面如何去理解《道德经》，理解老子的思想进路；而我也认为，老子正好是一个悟道的人，而不是一个学者。他的《道德经》跟西方哲学有完全不同的面目。我们没有在《道德经》里看到像西方哲学家那样，论述它的命题，提出它的论证，形成一套逻辑化的思辨的体系；从逻辑上来看，我们在《道德经》中反而能发现表面上似乎是矛盾的一些陈述。但是如果我们具有道的眼光、智慧的眼光，我们就会在《道德经》中发现根本没有矛盾，而有着内部的深层的和谐与统一。如果你跟它的精神相通，你会觉得整个的《道德经》，就是一部对整个大道的吟颂的诗篇。所以我今天也学老子，不是来这里进行论证的；我希望展示他的精神，因为老子就是这样展示的——他把他对道的领悟、对道的理解吟颂出来。

所以我认为老庄都是修道之人，而且是修道的高人，他被后来的道教尊奉为祖师不是偶然的。

如果老子和庄子仅仅是一些学者，写出来一些很美的文字，那么对后期修炼的道士来说，他们就不会认同老子。恰恰是我们后期的道士，无论怎么样修炼，都超不出老庄的这个范围。从根本上超不了，在道的层面不能超过。所以我认为老子是把他对大道的体验和领悟，用诗一般的语言描摹出来，指点出来。要了解它这个特色，然后你去理解《道德经》的时候，你就不会用一个逻辑化的头脑去看——这里有没有矛盾，那里有没有矛盾——你要跟他的心一同脉动，跟他的心和谐共振，才能了解老子的精神。

老子对道有很清醒的自觉。他的开篇就说:“道可道，非常道”。因为一旦老子用语言来表达出来的时候，已经不是他所领悟的那个根本之道了。他一开始就给你打了预防针，你不要从他的语言上去找这些表面上的矛盾、语言上的纰漏。因为他已经说了，我无法把我领悟的道用语言来告诉你们，迫于某种原因，我现在写下《道德经》，所以我强为之名，勉强把它叫个名字叫做“道”而已。

在《老子》当中，经常有一些恍兮惚兮、难以琢磨的话语，足以见出他难以形容他所领悟的道，这种道“不可道之道”的艰难。今天我们再要来领悟老子、庄子，我们仅仅从文字上，从语言范畴、哲学概念上去了解是不够的。我们一定要用同情的心态，来进入老庄的内心世界，找到那种感觉，你才会跟他有一个心的相通和相连。这是我们讲的《道德经》的一个特色：它不是一种西方哲学意义上的论证的文本，而是一种体道的境界的展示，是对道的描摹和诗一般的展示。

在进入正式的诠释之前，我们再讲另外一点。由老子《道德经》的这种特色，我们讲一下老庄之道在人类文化发展中的深远意义。

在我们整个人类的探索之中，我们现在可以很清楚地看出，几千年的人类文明，它有两条大的线索：一是科技文明的发展，二是宗教文明的传承。

我们现在可以清楚地感受到“科技文明”的飞速发展。科技文明改变着我们人类的生活方式，给我们生活提供了很多的方

便，对自然界，对物质世界的奥秘有着非常深入的了解。但是科技文明的成就，也带来了很多的问题，人类盲目地向外追寻，去征服这个地球，使我们整个人类成了这个地球、这个自然界的一种对立者。而事实上我们人类又是这个整体世界的一部分，部分怎么可能去征服整体？我们能征服地球吗？我们把地球征服完了，我们自己也就完了。

所以我常常把科技文明的发展，看作是给人类这台机器加油的油门和发动机，它给你动力，但是我们要把握它的方向，不能靠科技文明的本身，那就要靠另外一个支点，另外一条线，这就是我称之为“宗教文明”的功能，它能给人类文明提供方向。我所说的宗教是就其根本意义上来讲的宗教，而不是简单地指一个宗教的组织化的形态，或者一个带有迷信色彩的信仰。就宗教的根本意义来讲，宗教恰恰是和科技文明相对应的另外一条人类提升自己、探索自己的道路。

宗教文明把它追寻的目光投向了生命的自身，反观它自身，试图寻找生命的根源，生命的根本奥秘。生命的根本奥秘，实际上也就是宇宙的根本奥秘。这个时候我们讲的宇宙的根本奥秘，不再是一个一个领域的具体的知识，而是对整个宇宙大道的体会和了解。

这就是道家道教的一个非常重要的特色：天道和人道的相对应、相统一。

对于道家道教来说，它追寻这个宇宙的科学和奥秘，并不是像科学家那样去纯粹探讨一种外在世界的奥秘，它是为它的修炼服务的。同时我们对生命的体会和修炼所得到的很多规律性的认识，又可以映射出宇宙的根本奥秘。在其根本意义上，宇宙之道和生命之道根本上是相通的。所以宗教文明能够给我们人类的发展，提供根本的方向，具有导向的意义。

《老子》里面很清楚地讲到，在某个意义上我们是在进化，但是另外一个意义上又是在退化。比如说我们人类到现在，很多方面进化了，但是人生命自身的很多功能反而退化了。我们对机器的依赖程度越高，我们自身的功能反而越低；反过来当道家往里回收的时候，好像是一种退化，但是它却拓展了生命的潜能，提升了生命的活力。所以进步和退步之间是相对的。

从科技文明的观点来看，好像我们人类是在不断地进步、进化，但是从修道、从宗教智慧的意义上来看，我们有很大的退步。记得以前我在刚学哲学的时候，那个时候意识形态的话语还没有完全退去。当时很多哲学史的教科书里面经常会写，老子庄子他们在那个什么什么时代，他们有历史的局限性，他们的认识早已过时了，我们现在来研究他们，只是有一些历史的一些兴趣而已，不认为他们还有我们今天值得去继承的真理。但现在我们可以很清楚地看到，有一些话，有一些真理它不但没有退步，它反而是我们人类探索世界奥秘的一个高峰。

今天我们不是要以一个高度发展的人的姿态来评价古人，我们反而要以一个小学生的身份，来认真向古人学习。释迦牟尼、老子他们的智慧，远远超越了今天这些俗不可耐的现代人，他们的目光，他们的境界，他们的博大与深邃，岂是我们今天自以为了不起的现代人所能认识的吗？所以从这个方面来说，我们要向古人学习。有一些真理是超越时代的。它不是关于物质世界的认识，它是关于“道”的认识。道的认识怎么会过时呢？所以我们不断地要返本，要回到根源，回到“轴心时代”，去追问那些大圣人、大哲人的智慧。他们之中可能有解救今天社会问题的良方，值得我们深思。

在进入主题之前，我们最后再讲一下老庄的诠释视角的问题。

如果我们要讲老庄，从我们阐释的角度来说，它有不同的视角，最主要的有以下几种：

第一种就是我们通常讲的哲学化的解释。比如说魏晋玄学的王弼、郭象，他们解释的老庄就非常有哲学的意味。所以今天研究中国哲学史的人，很喜欢研究魏晋玄学，那里边有哲学的味道。第二，是一种宗教化的解释。比如说在道教里面有一些解释，如汉代的《老子想尔注》，他们把老子演变成了“太上老君”，变成了一个“神”，然后从宗教信仰的角度去解释。第三个大的解释方向，是修道化的解释，就是从修道、悟道的角度去解释老庄。比如说在内丹学里面有很多老庄的注疏，他们是从修炼的角度来解释的。

我认为对老庄进行修道化的解释是最得其真意的，是最不牵强附会的，是符合老庄的本来面目的。《史记》里面有记载：“老子修道德，其学以自隐无名为务”，并说老子“修道而养寿”，这就是说在《史记》中，已经认识到老子是修道者了。所以我一开始也讲，我们如何来趋近于老庄的这个道的智慧？不是做纯哲学的分析，也不是一个纯宗教化的信仰，而是从悟道的体验、悟道的境界出发来讲，来理解老庄所诠释的道。

以上是我们今天讲的第一部分，是一些外围的引导性的介绍，为我们进入主题奠定了基础。下面我们就进入今天报告的主体部分。

二、本体之道

我们从三个方面来讲老庄之道：第一是本体之道，从本体论来讲道；第二是工夫之道，从工夫论来讲道；第三是境界之道，从境界论来讲道。这种三分法表面上好像也是一种学术的分析，但这个分析不是勉强的，不是外在的，而是从老庄之道内在的主题、内在的现象出发来讲的。

什么是道？对道的解释真是五花八门。我们可以从一个很普通的了解开始。道是什么？道就是道路。道路有它的起点，有它的方向，有它的目的地；本体是这个道路的起点，所走过的路径就是功夫，要到达的地方就是境界。这就是道的三个层面：本体、功夫和境界。也就是说，道是什么？道是我们所从来的地方，是我们整个宇宙所生发的那个“原点”，那个起步的地方；道也是我们整个行进的过程；道也是我们前进的方向。

正如任何一条道路，它的起点和终点都是相对的，作为整体之道，它是无始无终的，是没有终点的旅程。在这个无限的道的演化旅程中，相对人的有限认识和修道意义而言，我们可以方便地建立一种道之演化的理论模型，这也是“道可道，非常道”的一种表现。

按照我对道的理解，实际上应该先讲的是功夫或者境界，不应该先讲本体。因为本体之道是我们后来反观、总结才得以认识的，最开始我们是先对道有了一种体会，做了一种功夫，达到了某种悟道的境界，能让他对道有一种领悟。领悟了以后，他就把这个道进行了解说，解说了就好像变成了一个本体了。但其实他并不是说先认识到了一个本体，然后再来做功夫。

不过，这里面有一个很微妙的地方。在老庄之后，我们再来修道的人，根据老庄的描写，我们可以先认识本体之道，然后我们开始做功夫，去体会这个本体；达到了和本体合一的这种境界，这就不一样了。从老庄本身的认识来讲，他并不是先有了本体的认识再来做修道的功夫的。

什么是本体？本体是一个哲学的概念，但在中国哲学当中早就有这个词，这个词并不是从西方引进的。所以我们并不是用西方哲学的本体这个哲学概念来表示道，而是讲道在本体这个层面、这个方向上有它的意义。

无论我们怎么讲道这个本体，首先我们要明确：任何对道的诠释、表达都是一些不得已而为之的方便，都是指向月亮的手指，因为那个道是无法用语言文字把它拿出来给你看的。道不是具体事件，不是某一个事物，不是我们认知世界当中某一个认识的对象，可以摆出来给大家看一看。你说道是什么，要我拿出一个东西给你看看，我做不到。道是无，无形无相，它不是我们认识的一个对象，而恰恰是在一切分别意识还没有升起、人的意识和整个世界没有分别时，所领悟到的一种宇宙世界的终极统一和浑然一体的状态。所以我用这个“一体”来表示道。

我现在对道所作的浑然一体的这样一种描述，并不是来做一个纯粹的哲学分析，而是一种体道意义上的展示。当我们真正进入某种道的状态，体会到这种浑然一体的状态，我们就对“道”有一种内心的把握和了悟，但这种了悟并不是我们能够用语言和文字把它展示出来给你看的。所以当我们来描述这个道的时候，我们要试着体会它，进入道的状态和道的境界。

在这种浑然一体中，“时间相”没有了，时间是无始无终的。要知道当我们感觉到有时间的时候，是因为我们有了分别才觉得有时间；当你不去分别的时候，这个时间对我们来说是不存在的。这个不存在，不是讲物理学意义上的不存在，而是讲我们内心体验上的不存在，就是你没有时间感，时间相是没有的。

在这种浑然一体之中，“空间相”没有了，没有了这里、那里之分，没有了这个地方、那个地方这样一种概念、这样一种分别心，所以空间上我们可以说它是无边无际。但是我们也不能说道是“超时空”，在时空之外的东西，我们只是说它没有时间相、没有空间相，超越了时间的差别、空间的差别。勉强来形容它，我们可以把它看成是无限宇宙的“整体场有”或“场有整体”。这里面还是有几个哲学的名词需要解释一下。

什么叫场有？大家看这个“场”字就是一个物理学的概念，像电磁场、引力场，等等。场这个概念虽然是现代物理学的概念，但它具有中国古典哲学的味道。在中国古典哲学当中，有一个概念和场非常相近，可以相通，大家认为是哪一个概念？是“气”的概念。中国哲学所讲的那个“气”跟“场”是相似的，它不是某种具体的物质。

场具有无边无际的性质，具有无边无际的感觉。物理学告诉我们，不管是什么“场”，你是限制不住它的，它是一直要往外波动、振动的。虽然它有振动频率、幅度的差异，但是那个场就是具有广阔的迷散性的，是一直要遍满宇宙的。

所以道就可以看成是这样的“场有”，它不是一个具体的“有”。从不是任何具体的“有”来看，道是“无”，“无名天地之始”，任何“有”存在之前，道之“无”就先在了；从作为整体场有上看，道是“有”，“有名万物之母”，万物的存在都是从道中化生的，都离不开道的整体背景与整体作用。道是整个宇宙相统一的一个无限的背景、无限的场有，所以用场来概括、来指示道，就表明了道的无限性。道也是整个宇宙无限的旅程。虽然在整个道的演化当中它离不开两极，离不开阴阳两极的运动变化，但是道作为无限场有本身，却是超越了任何的两极化，它是一种终极的和谐。我们用整体和谐这样的概念来讲道，是基于对道的无限统一有一种实存性的体验与了悟。

那么按照我们刚才的理解，我们再来看看《老子》《庄子》里面的一些话语，看看我们的了解，跟它们能不能相洽、相融。

比如说，在《老子》里面就讲这个道是“视之不见名曰夷，听之不闻名曰希，搏之不得名曰微。此三者不可致诘，故混而为一。”那么根据刚才我们对道的这种理解来理解这句话，就非常顺畅。因为道是无限的整体场有，它不是一个有限的具体的事物，所以你要去看道是什么的时候，能看到道是什么东西吗？它不是我们所能看到的一个物质对象。当我们要去听道是什么的时候，能听到它的声音吗？它不是某一个具体的声音，但你要仔细听，它可能是某种“无声之声”。当我们试图去抓住道的时候，能抓住它吗？能接触到它吗？它是不可抓住的、不可琢磨的。所以夷、希和微这几个字，都是用来描述道的无限深远，不可作为一个可见的、可听的、可触的对象物来把握。道没有具体的形象，它不是作为一个认识对象来呈现在我们面前的这样一个存在物。

但是作为无限整体场有的道，绝对不是一无所有，不是什么都没有的一个断灭的、寂灭的东西，它里面充满着生机，充满着无限的可能性。它是万事万物之所以可能的无限背景，是万事万物相对相关、相即相入的统一本源。所以我们可以说，道虽然不是某一种具体的物质，但它是“物质之本”，是“能量之海”，是“信息之源”。

现代物理学讲的物质、能量、信息，都在道中有它的根源。所以我们看到《老子》中对道的描写，它是怎么去形容这个道呢？“道之为物，惚兮恍兮，其中有象；恍兮惚兮，其中有物；窈兮冥兮，其中有精；其精甚真，其中有信。”道的状态是“唯恍唯惚”，在恍兮惚兮之中，有象、有物、有精、有信。这些概念我们可以宽泛地理解为，这是对道之中存在物质（物）、能量（精）和信息（信）的一个描写。道是一个充实的存在，而不是一个一无所有的、绝对的空的存在。前面讲的“道之为物”的这个物，它不是讲物质。在古汉语当中，这个物具有一种“大共名”的意义，就是任何东西我们都可以讲是一种“物”。“道之为物”，就相当于我们讲“道这个东西”，这不是说道是一种具体之物。后面的“其中有物”的“物”，我们可以把它理解为一种根本的物质，是一切物质之所以可能的依据，这样的物质之本，但也不是指具体的存在物。“其中有象”的“象”亦是如此，一方面道无具体的形象，故说道是无形无象的；但“象”亦可是“大共名”，道亦有其“无象”之“大象”，故说“其中有象”。

下面一段《老子》对道的描写：“有物混成，先天地生。寂兮寥兮，独立而不改，周行而不殆，可以为天下母。吾不知其名，字之曰道，强为之名曰大。”

“字之曰道，强为之名曰大”，这个我们前面讲过。因为实际上不知道如何来用语言描写道，真正的道超越语言文字，我们不能说“道”是什么东西，只能勉强用“道”“大”，来给大家命名一下。

这一段话，就可以说是对道的浑然一体这种状态的描写。因为它没有时间相，无始无终，你不能说它是在某一个时候形成的；它既然没有时间相，它一定是先天地而生的。那么这个时候讲天地，已经是在世界得以发展、得以展开来以后所形成的天地；而道是永恒的无限场有，所以我们可以讲它“独立而不改”，因为整个世界的演化都是在道之中。道本身你不能说它是有生灭的。任何事物它有变化，有生有灭，但是对老庄而言，我们说某一个事物生成了，同时也意味着另一个事物毁灭了，任何一个事物的毁灭都是以别的什么事物生成为条件的。我们学过化学的人都知道，在化学反应当中，分子在不断地变化，但原子并没有变化，只是在不断地组合而已。比如，氢气在氧气中燃烧，变成了水，那么氢气（分子）消失了，水（分子）产生了。所以庄子说：“其分也，成也；其成也，毁也。”但是从氢原子和氧原子的总数来讲并没有变化，故“凡物无成与毁，复通为一。”宇宙间的事物在生灭变化，但是对道而言，我们不可以用生灭来讲它。所以说“道”是“独立而不改，周行而不殆”，它永远是在运行的，永远是充满的。这样一个无限的场有，是万事万物得到生成、变化的条件，但它本身却不可以说有生成、有变化。

如果我们把道理解成为一种无限场有的话，那么如何理解道家的宇宙生成论，这个世界是怎么演化的？这个时候我们要把道分成两个层面：第一层面的道，是作为总体的整体之道，它无所谓演化，也无所谓变化，一切演化和变化都在道之中；第二层面的道，就是在整体之道自身的演化过程当中，按照我们对这个事物生灭变化的一种理解，把它分成本体和现象两层，道是本体，现象是变化的事物，这时所说的“道”，就是“道”和“物”分开来讲的道。第一层面的道，我们可以说它是统万化为一的，没有道和物的区别。第二层面的道，是作为万物源头的道，这个时候我们可以把作为源头状态的道理解为一个无限的“全息统一场”，它里面含有万事万物变化的可能性，也可以说是含藏有万物的种子在里面，这些种子可以展现、演变为有形有象的万事万物。那么整个世界的生成可以看成是道的自我开显、自我演化，是从无形到有形、从潜能到显现的这样一个变化。

《老子》有一段话用来表示这个演化的过程，就是“道生一，一生二，二生三，三生万物”，这段话所表达的道的演化模式，后来也成为道教内丹学的一个基本的宇宙演化模式。

根据老子这段话所表达的宇宙演化图景，如果用几个数字来表示的话，我们可以把作为万物之源的道的状态，叫做“零”的状态。一开始是零，零就是万象咸空，一切分别都还没有形成的统一状态。一切都还是潜能，没有表现出来。这个状态道家、道教里面都有很多的描述。它是无限的混沌，看不出任何差别相。虽然没有差别相，没有变化出万事万物的具体形象，但是从这个道又是一个整体的存在而言，它同时也是“一”。零是从它的无形无相、无差别来看的；一是从它作为一个整体来看的。这个“一”也可以说是“混元一气”的状态。

混元一气是道教的概念。这个“气”我们刚才讲了，非常像“场”的概念。所以我们讲“场有”，跟这个混元一气是相对应的。气也有不同的层面，混元一元是在“一”的层面，还没有表现出“阴”与“阳”的二元分别。但在这个统一的混元一气当中，它里面内在地蕴含着阴、阳两个方面潜在的对立。由这个潜在的对立再展现出来，就是“一生二”的过程，“二”就是阴和阳。

在道家、道教的概念当中，阴阳是一对普遍的概念。它不是说某一个具体的事物是“阴”或是“阳”，而是代表所有的“二分性”“二元性”的一对总括性的概念。有了阴阳，阴和阳继续交合，就有了“阴阳之和”，阴、阳和阴阳之和，这就有了“三”的概念，就是“二生三”了。有了三以后，继续分化下去，就可以有无穷的排列组合，就可以形成万事万物，这就是“三生万物”了。

后来有很多现代的物理学家研究老子，就发现老子的观念非常符合现代物理学。包括计算机里面的二进制，与阴、阳的概念非常有相似性。计算机程序里面的千变万化，本质上来自于两个符号，一个是“一”，一个是“零”，分别代表一个正极和一个负极，所有的程序，最后都是来源于这两个符号的无穷组合。这个世界也是一样，本质上是来源于阴与阳的无穷组合、无穷变化，而形成了万事万物。

但是我们要注意，老子来解释这样一个宇宙演化的时候，其实并不是作为一个科学家来探讨天文学，来探讨这个物理世界怎么演化的。很多人用现代科学的语言去解释《老子》的时候，我们要注意，要把这个前因后果搞清楚。不要说《老子》已经有现代科学的概念，他已经能够提出现代科学的理论。这是不符合历史实情的。我们只能说从现代物理学的视野和视角，我们可以发现老子的认识符合现代科学，但是老子是不搞天文学、物理学的。也就是说对于道家而言，它对宇宙生存变化有这样一个认识，实际上是来自于他修道的体验。而正是这样一套宇宙生存模式，反过来也为他的修道提供了一种理论基础，提供了一种理论的可能性。

所以我们可以看到，在后期内丹学之中，这一套生存演化的宇宙论就得到了充分的发展。道教内丹学提出“顺则凡，逆则仙，只在中间颠倒颠”，继承了老子“道生一，一生二，二生三，三生万物”的演化理论，并提出了逆向返本还原以成仙的演化方向。生成了万物以后，就有了差别，有了差别就有矛盾、有对抗，也就有了生死，就离开了这个永恒无限的道。现在我们要成仙，怎么才有可能？我们要回到无限里面去，回到永恒无限的道里面去。要回去，就与道的顺向演化相反，所以要化三为二，化二为一，化一为零。这就是内丹学所讲的“练精化气，练气化神，练神还虚”，还虚以后就合道了，与道合一就是成仙。这就形成了内丹修炼的一个基本的理论模式。

所以，今天我们不需要用科学的理论或者科学的眼光，去看老子讲的是对还是不对。无论现代科学怎么发展，是不是能证明老子所说的宇宙论，这些都没有关系。对于道家、道教来说，在修炼当中这套理论模式非常有用，能够为修道提供理论基础，而且能够用修道的方式去实践它、验证它。所以我提出一个观点，就是科学的实践和宗教（修道）的实践是不一样的，它们是不同维度、不同方向的实践。

但是我们现代人只知道科学的实践法。科学要验证一项理论，就要看我们能不能做个实验，看它能不能普遍地有效，用反复的实验来证实。但是所有的科学实验都是客体化的形式，都是对实验的对象进行客观的研究，如果我们用这种狭隘的实践观去看待宗教、看待修道的话，我们就会犯很大的错误。

比如说，我们讲道是一种无分别而融于整体的和谐状态，那么这种状态你如何用常规的科学实验去证明它？我们要用试验去证明的时候，我们就要有试验仪器，有去检测那个对象的一套手段。这本身都是主客二元分裂，无法适用于合一境界的研究。因为这种无分别境界不是任何的认识对象，它是主客未分、主客融合的非二元状态，非二元状态如何用二元对立的模式去证实它？

以这种狭隘的实践观点来说，宗教就是迷信，因为这个修道的境界不可证实。你能不能像科学一样，发明一种普遍适用的仪器，我们一用大家都成仙成佛了，都觉悟了，那多好！这就混淆了“道”和“物”。觉悟的境界是一种心灵的体会、心灵的自觉，它是一种意识的状态、意识的净化，它怎么可能用一种无意识的机械手段去达到呢？觉悟恰恰是要对抗那个机械性，我们如何能用一种机械的手段去验证那个超越机械性的自由意志?

所以当我们讲“道”是无边无际、不可言说，这是一种迫不得已的方便，迫不得已的方式；你不能由此就说“道”是虚无缥渺、不存在的。

事实上我们可以去证明道的存在，但是要改变方式。不是用简单的一般科学的实验的手段，而是用体证的修道实验的手段，你按照道的指示去做，去反观，去进入内心的深处。当你通过修定、修慧，超越了表层的分别意识，回到心灵的原本的状态，回到佛教讲的本来面目，回到心灵的纯粹的状态，就能体会到“道”的境界。这就是验证“道”的实验方式，你不是做一个外在的实验，你是向内去找到自己的源头。

回到纯粹的心灵状态，就是回到道。道就是在我们纯粹的心灵状态当中融合为一的存在。所以我们讲“性通于道”，人的本性和道是相通的。这个“性通于道”，可以说是儒释道三教的一个普遍的理论模型。“性”是虽主观而客观，是通过主观性而达到客观性，达到人道与天道的统一；“道”是虽客观而主观，它不是一个纯客观，它一定要落实到人的本性中来。性通于道，最后都是主客统一、天人合一的状态。所以道的状态就是“天地与我并生，万物与我为一”，这都是强调一种统一和谐的状态，融入道之整体，就没有天地万物和主体自身的差别。

前面我们引用了一些《老子》的话来解释本体之道。在讲本体的时候，《庄子》有一段话非常有名，讲道的本体的时候是经常被引用的。在《庄子·大宗师》里面有这样一段话：“夫道有情有信，无为无形；可传而不可受，可得而不可见；自本自根，未有天地，自古以固存；神鬼神帝，生天生地；在太极之先而不为高，在六极之下而不为深；先天地生而不为久，长于上古而不为老。”大家如果去看古来学者对这段话的解释的时候，常常会发现他们非常勉强，非常难为情，因为他们不知道该说什么来解释清楚。要不就把它当神话，找不出内在的理路。但是如果按照我们前面所讲的，道作为无限整体场有这样一个概念来理解的话，这一段话是非常通畅的，是完全可以理解的。

“有情有性”，我们前面讲了，道里面不是完全的空无，它是物质之本、能量之海和信息之源。“无为无形”，是因为道作为整体场有，无形无象，道本身是自足、圆满的，无任何造作，故是无为无形的。

“可传而不可受”，这种对道的理解和对道的体悟，我是可以传授，你是可以去体会的，但是我不可能把道作为一个东西送给你。你给我两万块钱，我马上把道送给你，这是骗子骗人的把戏，没有这回事。我传来传去，还需要你自己去体验，用悟的方法去实证它，它永远不可能作为一个外在的事物让我来传递给你。

“可得而不可见”，也是一样。你可以去体会它，可以真正地体会到这个和道相统一的境界和状态。但是你要想看清楚道是个什么东西，说你有一天打坐发现道是什么了——有的人说我看见一团光；看见老子的形象——错了！道不可见，道永远不能作为一个外在的对象被你看见，你要去进入道之中，与道合一。

“自本自根”，因为道本身就是无限场有，在它之外没有别的东西来作为它的根据，它当然是自本自根。“未有天地，自古已固存”，天地已经是道演化之后的世界，在天地之前道就永恒存在。“神鬼神帝，生天生地”，因为道能演化出整个世界、万事万物，当然是“神鬼神帝”，道是“鬼”和“帝”得以发生作用的根本。假如说有鬼，假如说有帝，那也不出这个道之外，也是道的功能，一切都是从道而来。

“在太极之先而不为高，在六极之下而不为深。”道无限，没有空间相，在空间上是无此无彼、无边无际。无论太极有多高，在太极之上还是道；无论六极有多深，道可以一直往下再走，比它还深。道可以说是“太极之先”与“六极之下”，但是对于无限来说，你不能说道本身有先有后、有高有低，道是没有高下、深浅之分的，它超越于高下、深浅之外。

“先天地生而不为久，长于上古而不为老。”道永恒，没有时间相，在时间上是无古无今、无始无终。你也不能说道在时间上非常“久”、非常“老”，这两个概念对道是不适用的。因为时间的长短比较对道来说不适用，它超越时间的长短。道在天地生成之前就存在，但对于永恒来说，我们不能用“久”这样的概念来形容它；道在上古还没有出现之前就存在，但对于永恒来说，你不能说“道”很“老”，因为有老就有年轻，道有“老”吗？没有“老”。

所以如果你要入了道的话，这一切都是对道的描述，没有任何矛盾，没有什么说不通的地方。

对道的了解，在学术界的分析来讲，有人认为它是“绝对观念”，有人认为它“精神实体”……用哲学概念去分析，然后分析这个道有哪些属性，什么普遍性、广泛性、无限性等等，这种分析只是一种外围的归纳，但是最终我们看了这些分析以后，还是不知“道”，因为分析的人自己也并不真的知道。

如果你按照我们今天讲的思路去体悟它，进入道的状态，找一个时间静下来，静坐或者静站，认认真真去体悟、了悟它，等到有一天你跟老子会心一笑，心通了的时候，老庄就全通了。否则的话，你研究了一百本书后，还是越看越麻烦，越看越搞不清楚。很多的学术研究，就像猜谜一样，他是这样猜的，他是那样猜的，猜来猜去都没有把握，自己心里也没底。

这是我们讲的“本体之道”。下面我们讲第二部分，叫“工夫之道”。当我们讲抽象的思想理论的时候，用“工夫”这个词；讲具体的实践方式时，用“功夫”这个词。

三、工夫之道

整个中国文化，不管是道家、儒家、佛家，不管是道家还是道教，它们有一个根本的特点，就是不是去追求一种纯粹的关于外物的知识系统，它们实际上都是一种“教化”，三教都是一种教化。目的都是让你通过一种修养、一种功夫，去达到一种理想的人格与圆满的境界。

儒家要成圣人。学儒家是为什么呢？为成为一个儒学博士吗？不是。真正学儒家就是要成为圣人。你说你不敢成为圣人，不敢成为圣人，就别学儒家了，就不是真正的儒者。那么学道家干什么？学道家就是要成仙、成道。你说你不想成仙，你只想研究道家，那不是道家的本意，也不是真正的道家。所以我们讲道，讲了半天就是要去做功夫，达成体道的境界。学佛也是一样，要成佛。学佛的第一要务是发菩提心，不想成佛的学佛者，那叫什么学佛！沿着释迦牟尼佛的道路前进，这就是学佛。

所以中国文化里边，儒释道三教都是一套关于人生修养、追求某种超越的解脱境界的学问。离开了这个主线，就把握不了它们的精髓。那么，道家的修道功夫是一种什么样的功夫？我们先来一段概述，对工夫之道总结一下。

我们说修道，即是通过能动的精神修养，从有碍有限、执着分别的自我意识中超越出来，回归道体的永恒与无限境界。修道的全部功夫就是通过虚静、无为、坐忘等修养，消除一切相对的分别，以“无极化思维场”与“宇宙全息统一场”相沟通相统一，从而使生命系统趋于无限开放、平衡和谐的最佳功能态。在这种状态中，既实现了人的身心沟通、身心融合，使人的精神与肉体成为和谐统一的生命统一体，也实现了人的生命与整体之道相沟通、相统一，使人的生命子系统与宇宙大系统之间，实现物质、能量和信息的交换，从而减少乃至逆转生命系统走向无序的“熵增加”的自然趋势，达到提高生命质量，提升精神境界，并最终达成超越与永恒的得道目标。

这段概述里面用了一些概念。其中讲到无为、坐忘，这些我们后面再讲。我们要解释一下什么叫“无极化思维场”。刚才我们讲“道生一、一生二”的时候，已经讲了从道的无分别状态怎么演化出阴阳两极对立的状态，所以“极化”就是从“无分别”到“有分别”的一个过程。在这个分成两极的过程中，形成阴、阳两个对立面，这叫极化状态。那么“无极化”，就是在我们的精神状态里面，一切极化的现象都没有了，没有后天的分别意识，而呈现出先天的纯粹意识状态，我们把它叫“无极化思维场”。前面我们解释道的时候讲过，“道”也可以用“宇宙统一场”来讲，那么真正的修行就是“性通于道”，就是让你的心进入了无极化的状态，和道的“宇宙统一场”的状态相沟通、相统一。

后面我们还讲到一个“熵”的问题，这是借用了物理学的一个概念。在物理学中“熵”是用来代表一个系统的有序程度的概念，系统的熵值越小，有序度越大。任何一个封闭的系统，它的熵值是越来越大的，也就是它的混乱度是越来越大的，有序度是越来越小的。所以要想让这个系统增加它的有序度怎么办？就要让它从封闭系统变成开放系统。只有变成开放系统，跟外界环境进行物质、能量和信息的交换，它的有序化程度才会提高，也就是可以减少封闭系统熵增加的趋势。那么最开放的系统是什么？我们可以说从这个身体，再到什刹海书院，再到整个北京市，整个中国，整个世界，整个地球，再扩大到太阳系，再到银河系，再到恒河系……一直推下去，再到佛学讲的三千大千世界，这是越来越开放的系统。推到无极无边，最开放的系统就“道”。道是无限，时间上无限，空间上无限。所以永恒无限的道，就是最大的“负熵源”，我们可以从道之中得到源源不断的“负熵”，来平衡我们的身心，使生命系统达到最和谐统一的状态。最好的状态是什么？就是合道的状态。

作为有形、有限的个体生命，它就是一个封闭系统；进入道的世界，生命就是一个无限的开放系统。所以佛道所讲的要成仙成佛，何以可能？怎么才能成仙成佛？你要合于道，融入道之中。那大家可能会问了，我们这个肉体就这么大，怎么变成无限的开放系统？真正的开放，不是让我这个肉体去开放，而是要认识到我们的生命本身就有一个无限的源泉。

我们认为生命就只是有形有相的这样一个肉体吗？这是一个错觉，一开始我们就错了。如果我们认为生命就是这么一个有形有相的肉体，我们就达不到道的状态。我们要通过肉体这个表面现象，去进入生命的深层世界。生命的深层世界是什么？就是"道"。所以不是说我们要去造成一个与道合一的状态，而是我们的生命本身就是融于道之中，是与道融为一体的。道家讲，人在道之中，就好像鱼在水之中，鱼儿一刻也离不开水，我们一刻都离不开道。因为我们都是从道中来、回到道中去的，本身就在道中。那大家会问，问题在哪里？既然人就在道中，为什么还要修道呢？

问题在于我们的意识，在于我们的心灵状态，因为我们没有认识到宇宙人生的真相。我们错误地以为，我们的生命就是这样一个肉体状态，就是这样一个非常有限的状态；我们只把人当成一个独立的个体、一个小我、一个自我。我们没有认识到形体背后的那个超越自我的无限的存在。我们只把生命当成了一个一个的波浪，而没有看到我们生命的更广阔的海洋。进入了道的状态，体悟到道，生命的波浪就融化在这个海洋之中。

其实波浪一开始就在海洋之中，就是和海洋相通相融的。只是由于我们的错觉、我们的错误、我们的无明，才把生命看成了一个小小的波浪，然后还天天跟别的波浪去对立、去打架。我们有一个无限的宝藏被忽略了，却天天抓这个、抓那个，去占有那些渺小的事物。所以我曾经在微博里面说过，整个世界都是我们的，可是我们不要，我们非要在这个世界里面捞这一点，捞那一点，这个是我的，那个是我的，自我限制起来，自我囚禁起来。

这就是为什么要做修道的功夫——虽然我们的生命有一个无限广大的源泉，本身就是跟道统一的，但我们迷掉了。我们执着于小我，执着于这个简单的有形的肉体，证悟不到我们来自于道的本性。每一个人看起来是一个一个独立的人，好像是非常分开的、分立的，但是当我们有了智慧的眼光，我们就可以看到，这只是一个表象。我们真的是与道相融为一的。

下面我们不去做一个抽象的论证，我们从一个很简单的一个例子来说明这一点。比如说，我们生命是离不开呼吸的，大家每一个人都在呼吸，对不对？那么我今天呼吸的空气和在座的诸位呼吸的空气能分开吗？从这个呼吸上来说，我们就是“息息相关”的。有一个所谓的“你呼吸的空气”吗？离开“你呼吸的空气”有独立存在的“我呼吸的空气”吗？没有。我今天所呼吸的空气在什刹海书院里面，再扩展出去就跟整个地球、整个大气环境都是相通的，绝对是相通的。这就是一切相通的一个表现。

再往深一点讲，我的思想、我的念波也是一种场，场有时空的限制吗？我今天发出来的思想的念波已经进到了你们的世界，进到你的内心里，你已经跟我分不开了。你的所思所想也在发出你的念波，进入我的世界。所以我曾经讲，真正的修行不仅仅是净化你自己，同时也意味着整个宇宙的净化，你心灵的净化也在为整个宇宙的净化尽一份力量。所以陆象山说“宇宙内事，乃已分内事”，宇宙内的事就是我自己份内的事情，你不要小看自己了。我们跟宇宙没有分开。所以那么多无知无明的人，认为可以为追求他自己个体的东西，就去损害整体的利益，这都是错误的。

修道就是要调整心灵的状态，从混乱的、杂乱的随外界而流转的这样一个扰动不安的意识状态，调整到虚静的状态、无为的状态，能够与道相统一。

我们本来就是和道相统一的，这是原初的统一。但是由于我们的认识错误、我们的迷惑和我们自己的挂碍，人为地把人和道分离开来，所以需要通过修道的功夫，重新回到与道合一的状态，这个就是后得的混沌状态，不是一开始的混沌状态。前面的与道合一，是前自我状态；但是后面的与道合一，是超越自我的状态。前自我阶段也是无自我的，但它是自我之前的状态，还没有发展出自我；要经过自我再超越自我，回到道的状态，这才是我们所要得到的解放。

道家常常讲要复归于婴儿，这只是一个隐喻而已，并不是真正要回到一个婴儿的状态。婴儿状态是前自我的合一，道家只是借用这个“合一”来比喻与道合一的状态。复归于婴儿，严格来讲不是要回到前自我的状态，因为“复归”已经表示经历过自我的状态，再重新回归“婴儿”的状态，这已经不是原始的“婴儿”的状态。冯友兰先生曾经说，道家好像有点糊涂，对这个觉悟以后的天人合一和觉悟之前的天人合一好像没分开。其实道家不是糊涂，认为道家没有把前自我的合一与超越自我的合一两者区分开来，这只是我们没有了解道家说话的语境而已。道家是说过要复归于婴儿，但道家很清楚它不是回到那个原始的婴儿状态。人

已经长大了，怎么再可能完全回到婴儿状态，像婴儿那样什么都不知道？修道是经历了自我成长的理性的状态，再超越这些分别状态，达到有意识地、有觉悟地回到道的统一状态。所谓的复归于婴儿，不过是对觉悟的道的状态的一种隐喻。

下面我们来看一下《老子》《庄子》里的一些原文，来解剖一下老庄之道里面的修道功夫。

我们要看的第一段，就是《老子》里面讲的："致虚极，守静笃，万物并作，吾以观其复。夫物芸芸，各复归其根。归根曰静，是谓复命；复命曰常，知常曰明。"

很明显，这段话就是道上的功夫。没有道的人，没有修道的人，能写出这种话吗？让哲学家写这种话，他写不出来，这是修道的真切的体会。所以我讲老子不是一个纯哲学家，他是一个修道的人。

什么是"致虚极"？就是要"虚"到了极点。"虚"是"虚"什么？不是把我们这个肉体给消灭了，变成虚。虚的就是我们的精神、意识里的各种意念、各种分别心。平常我们的心向外投射，有了太多的牵挂，有了太多的思虑、分别心。虚掉的就是这些——向外的求索、向外的挂碍、向外的追逐，让你的意识回到虚的状态。虚了以后才无挂碍，才无执着，才无局限。当你真正地达到心灵的虚的状态，就入"静"了，进入宁静的状态。那么你要保留这份宁静的状态，持守这份宁静的状态。如果我们用佛学的概念来比附一下，守静就是要定下来。真正定下来以后，后面就是由定生慧，由止入观。

"万物并作，吾以观其复。"大家要了解，老子为什么要去观察万物？他不是动物学家、植物学家去了解外在世界的知识。所谓的“万物”是在我们心灵中的万物；在我们精神世界当中所牵挂的、所思所想的各种“对象物”，就是这里所说的“万物”。

那么，什么是“万物并作”？大家开始静坐、观心，看看你的心，一个一个念头出来了。年纪大的想孩子，孩子上学的情况怎么样？年轻的开始想工作，小孩子开始想玩游戏了。你所操心的许许多多的事情纷纷出现了，这就是“万物并作”，你开始想这个想那个了。

这时候怎么办？一般的人就是在万物并作的时候，跟随着万物并作就一直“并作”下去，这就是常人散乱不堪的状态。你若真正在做“致虚守静”的功夫时，当你心灵中的牵挂、意念、纷扰出现的时候，你就用智慧之眼去静观它们。注意啊，老子没有说，一定要把它们压下去，让万物不作，不是这个意思。要宁静地用你明镜般的觉性去单纯地观照它们，冷眼旁观。当你这样一观的时候，就会有发现。“不怕念起，只恐觉迟”，许许多多的念都起来以后，每一个念头，你一观它，它就不在了。它本身就是不停留的，自生自灭，而且是当生即灭。觅之了不可得，找不到它了。这就是“观其复”，就是“观”在意识当中的“万物”，回到它自己本原的状态。本原的状态在哪里？念头就像一个一个波浪一样，消失在本性的海洋当中。这就是“万物并作”之后“观其复”的结果。

所以后面说“夫物芸芸，各复归其根”，看起来在我们念波汹涌的状态当中，有这么多的杂念，这么多的妄想，这么多的分别；当我们能够静观它的时候，它们都一个个地回归到自己根源的地方。根源的地方在哪里？在道之中。

回到这个根源，这就是真正的静，所以说“归根曰静”。所以大家要理解，修道所讲的“静”，不是动静的静。以为我们修行，就是天天在这儿坐着不动，保持静止，这个不是道。道是没有动没有静的，动也是道，静也是道。如果光是在这里不动的时候有道，那这个道不行，那不能活动。所以“静”是心灵的状态，是归根的心灵状态。这个时候动也定，静也定，无将迎，无内外。回到了心灵的本原的状态，何有动静之分呢？

“静曰复命”，所以这个“静”的状态，我们把它叫做“复命”的状态，就是回归到你真正的生命。“命”有不同的层次，有表层的命，有真正的根源的命。根源的命是来自于道，道之命于我者就是我们的本性。所以“复命”和“复性”，它们的意义是一样的。性就是天之所命，道之所命于人者，就是我们人之本性。

“复命曰常”，当我们回复到这个命，这就进入了“常道”。“常”可以说是恒常，也可以说是平常，真正恒常的东西一定是平常的。当你没有了分别心，没有了挂碍，这个状态是一个恒常的状态，是无时间相的状态；也是一种没有造作的平常的状态，就像是禅家讲的“平常心”。当然，这样讲好像有点牵强附会了，老庄的时代中国还没有禅宗，但是“常”也确实有这方面的意义，有这样一种意味；或者可以说禅宗的“平常心”，本身就可能是受到道家思想影响的结果。

“知常曰明”，“常”也就是道，进入了这种无时间相、无分别心的状态，了悟了这个状态就是“明”。讲到这个“明”，我们又可以比附一下。佛家有一个重要的观念叫做“无明”，无明就是没有智慧，没有智慧的照亮，生活在心灵的黑暗之中。那么当你复命了，进到这种体道的境界，这就是道家讲的“明”，跟佛家讲的“无明”正好相反，也就是说道家所讲的“明”，正好可以看作是“无明”中的“明”。这难道是一种巧合吗？实际上这就是修道智慧的相通性，而且佛学名词的翻译，本身就借用了很多道家的语汇。“明”就是一下子打开了，心灯亮了、照亮了。再用一个熟一点的词来表达，就是开悟了，明白了。所以儒释道三教都在讲这个精神的开悟，它们有不同的词，但是“明”这个词，是三教共有的。我们可以讲，“明”是一种觉照，是觉醒的光明。“明”就是《大学》里讲的“明明德”之明，也是佛家讲的“无明”的反面的那个明，也是禅宗讲的“明心见性”的“明”。我们可以讲致虚极、守静笃达到“明”的状态，就是由定生慧，由止入观，直到止观合一，明心见性。

这是我们讲的老子“致虚极、守静笃”这一段，致虚守静是道家工夫论中一个很根本的功夫。

下面我们讲道家里面一个很重要的概念叫“无为”。老子说：“为学日益，为道日损，损之又损，以至于无为，无为而无不为。”无为在整个道家的功夫论和境界论里面都是一个根本的词汇，非常重要。但是对于无为的了解也像对道的了解一样，杂而多端，很多人搞不清楚。

大家注意，任何一个词都有正反两方面的意义，就是既有积极方面的理解，也有消极方面的理解。比如说讲无为，我就懒惰，你让我做什么事情我都不做，因为我无为了。不去承担自己的责任，该干的事情不干，该自己做的工作不做。这是懒惰，不是无为。所以我们要回到修道的语境当中来了解道家的无为，它不是讲一件事情你做不做的问题，这种理解太简单，不是在这个层次上来讲的。

无为是一种心灵的状态，是心灵的功夫和境界。

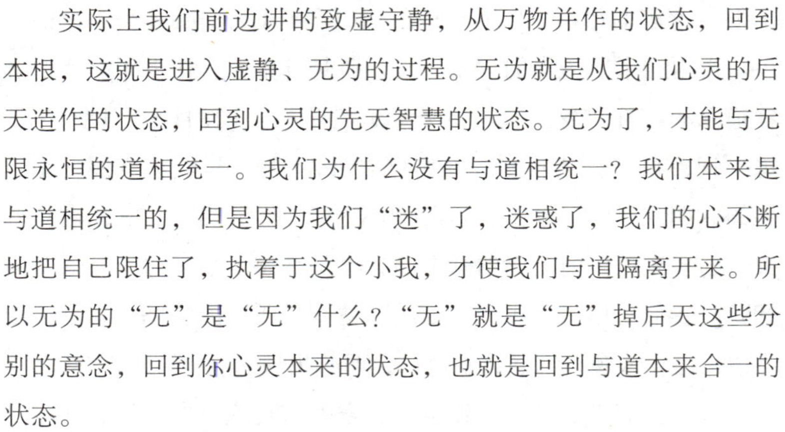

实际上我们前边讲的致虚守静，从万物并作的状态，回到本根，这就是进入虚静、无为的过程。无为就是从我们心灵的后天造作的状态，回到心灵的先天智慧的状态。无为了，才能与无限永恒的道相统一。我们为什么没有与道相统一？我们本来是与道相统一的，但是因为我们“迷”了，迷惑了，我们的心不断地把自己限住了，执着于这个小我，才使我们与道隔离开来。所以无为的“无”是“无”什么？“无”就是“无”掉后天这些分别的意念，回到你心灵本来的状态，也就是回到与道本来合一的状态。

无为就是合道的基本功夫。当你的心不断地向外追逐，追逐一个个事物的时候，我们心就遗忘了自身，离开了自己的本原的状态，这就是有为、造作；让我们心回归它自己，回归它本来的样子，回到它本来的平常的那个状态，这个时候你就跟道相统一了。所以“为道日损”，损掉什么？损掉的就是你后天造作、分别的意念。但是我们人在后天的生活当中已经有了太多的牵挂，无数的事情让我们分心，所以你要“损之又损”，一直达到无为的状态。

作为这样一种体道的过程、体道的境界的无为，就不再是消极的。无为不是什么都不做，也不是什么都做不了，不是无能；

恰恰相反，无为才能无不为。

当你的心真正地回到与道合一、回到自身的纯粹的统一的状态，这个时候它就开启了道的功能、道的智慧、道的妙用。当你与道合一的时候，道就在加持你，所以道以你走向它的方式向你走来。你离开了道，道也就离开了你；你统一于道，道也就统一你。当你与道的距离没有了，你无为了，道就开始起作为了，道的力量就源源不断地流入你的生命。道具有无限的可能性，你无为合道了，当然就可以无不为。也就是说，这个时候你有大智慧，有大功能，有大能量，这就是无不为。

所以这一套修道的过程、修道的旅程和我们去学知识的旅程恰恰是不同的方向。我们修道不是要获得对这个世界的具体的知识性的了解，而是要融入道的状态，这个时候必须损之又损。但是正如我们一开始讲的，科技文明和宗教文明这两条线不一样，修道这条线之外，还有另外一条线——知识线，这两条线不要搞混淆了。我们要考博士，要写论文，要写著作，你说我天天打坐无为，等我入静了以后、开悟了以后，我的著作就出来了，那就错了！该做学问还得做学问，所以要把这个两条线分开。

不是说我打坐了、我体道了，我就知道老子是哪一年生的，是哪一年死的；就能够知道有关老子的研究方面有什么成果，把历来对老子的注疏都了解清楚了。这些知识你是没法通过修道的方法来得到的。你要了解老子的诠释史、注疏史，你就得看文献，老老实实地学习。这个时候就是“为学日益”，天天要用功夫去看书。但是你说我天天看老子的注疏，看三年我就能悟道了吗？非也。你读得越多，可能离道越远。所以这是“为道”与

“为学”不同的方向。

但是讲到这一点，我要特别强调一下：我们不能只看到为道与为学之间的对立性，而忽略了它们的统一性。认为修道的人就一定反对知识，或者认为研究学问的人一定不能修道，这样又走极端了，错误了！关于道的知识虽然不是我们去体悟道的方法，但是我们对这些知识的了解，也有助于我们去学道。我们还可以用佛学的名词来讲，叫“转识成智”，转知识为智慧，就看你有没有这个能力。

我们要修道，需要了解有关道的知识，需要总结前人修道的经验，这种学习对我们修道也是有帮助的，而且是很有必要的。反过来说，我们修道开发了智慧，这对于我们研究学问也是有帮助的。你的心会越来越静，越来越明，它也不妨碍你自己做学问了。所以我一直在学术界强调，这个学术性的研究和体道的了悟，两者之间并不矛盾。

有的人一看你在打坐修道，就说你这不是学者，你在搞迷信、搞信仰呢！这种思维方式就太简单化了。我说我要研究老庄，我不去体会它怎么研究啊？我在做实验呢！也有一部分走极端的修道的人、宗教徒，又瞧不起学者，说你天天做那个学问，一点修道的体会都没有，没有用！其实，学术有学术的意义。学术的发展、文化的发展，在社会上有它自身的意义，不能从修道的角度去否认它。

比如说，我们要了解一个宗教的历史、宗教的文献、宗教的教理教义，你其实要看一下我们宗教所学者写的书。你不能说你天天打坐修行，你就能了解；到时候你会一问三不知，你能光打坐就了解佛学、道学吗？

无为的关键就是一种心灵的回归，去掉向外的种种追逐而回到心灵的原初的状态。所以老子讲“复归于婴儿”，“复归于无极”，“复归于朴”，这些都是讲一种回归。所以今天我报告的题目是“回归整体的和谐”。这个“回归”讲的是功夫之道，“整体”讲的是道的本体，“和谐”讲的是修道的境界。所以“回归整体的和谐”，就是讲“道”的本体、功夫和境界。

与无为相反，我们的心向外追逐外物的时候，它就是一种有为、造作的状态。无为可以与道相统一，而向外的追寻和造作就使我们背离了道。所以老子讲“五色令人目盲，五音令人耳聋，五味令人口爽”，这是非常深刻的认识。

我们现代人对这一点应该有非常深的体会。眼睛向外看花花世界看得太多了，眼睛都近视了、变坏了。像现在小孩子，因为有了Ipad，有了手机，有了电脑，很快就近视了，眼睛就不行了。听觉也是一样，听多了外界的各种音声，就损害了你的耳朵。当我们心不断地追逐外在的欲望、向外追寻的时候，我们的心灵就乱了，就离开了这种和谐统一的状态。

所以道教讲“顺则凡，逆则仙。”顺着这个向外追寻的方向去走，我们就是不断地能量衰减；要回来，向道的方向回归，就能达到神仙般的超越的境界。所以无为是一种精神的修养，是一种修行的功夫。它不是简单地告诉你该做什么、不该做什么，而是你要用一种什么样的精神状态去面对这个世界。

在讲老庄的功夫论的时候，有一部分人就过分地强调老庄的超越性。他们说老庄反对养生、反对修行打坐，只是追求道的超越境界，好像就不该去做任何身体方面的修炼。有一部分学者把道家和道教对立起来，说后来道教的发展违背了道家的精神，错误地去讲养生，去追求身体方面的修炼。其实这样理解老庄，就是把人的身、心分裂开来了，这没有掌握老庄精神的整体面貌。我们可以看到，在《老子》和《庄子》里面也有一些具体的身体方面的修炼功夫，用现代语言来说，我们可以讲老庄里面也有“气功”。

因为身、心本来就是相互关联、相互作用的，而人的呼吸是沟通人的精神和肉体的桥梁，所以很多的功夫就与呼吸有关，与这个身体有关。包括佛教禅定里面，也有这个呼吸方面的功法，这是生命客观的原理和奥秘，不是谁抄谁、谁学谁的问题。印度的瑜珈也跟呼吸有关系，这难道是偶然的吗？调心和调息总是连在一块的，心息合一是入定之门。所以老子讲“虚其心，实其腹，弱其志，强其骨。”这就是把精神和肉体这两个方面都讲到了。后来内丹学讲性命双修，就继承了老子所讲的这一方面。

所以《老子》里面也有一些身体方面的功夫。因为时间可能不够，就不能多讲了。我下面就加快速度，咱们再看一下《庄子》里讲的修炼功夫。

《庄子》讲修道功夫，比较有名的有“心斋、坐忘、朝彻、见独”等，在“工夫之道”的部分，我们再简要地讲一下这几个概念。

“心斋”是在《庄子》“人间世”里面提出来的：“若一志，无听之以耳而听之以心，无听之以心而听之以气。听止于耳，心止于符。气也者，虚而待物者也，唯道集虚。虚者，心斋也。”这一段是对心斋的经典的描述。

根据诸家修道的传统，人的六官（六个感官）都可以作为修道的门径。比如说呼吸是一个门径，听觉是一个门径，从视觉入手也可以作修道的功夫。不过，耳根和其他的感官有一个不同的地方，就是我们听声音可以超越方位的限制，圆通无碍。比如说眼睛只能看某个特别的方向，眼睛看不见后方；触觉或者味觉等都受到一定的空间、方位的限制，而听觉是可以能四面八方的。所以佛教里面有“耳根圆通”的修法，从耳闻这个角度来修道入定是一个很好的法门。

《庄子》里边这一段“心斋”的论述，就是从听觉入道的功夫，我们简略地来解释一下。

“若一志”，你要专心致志地来听，把精神集中在你的听觉上面。最开始的状态是用你的耳朵听声音，这时有“能”有“所”，就是有“能听”的感官，有耳根“所听”的声音。然后要慢慢进入“无听之以耳而听之以心”的状态，这是能闻的耳根和所闻的声音都统一到你的“心”当中。因为不管是你所听到的声音，还是你能听的耳根，从现象学来讲都是你“心”里面现起的现象，都发生在你的心中。这是初步的能所合一。声音在你的心中响起，你忘掉了耳朵和声音的对立，只是用心地听这个声音。但是这个只是初步地把能听、所听融合，你心和声音还是有分别的。

下一步，是“无听之以心而听之以气。”当你听之以心的时候，你这个心还是有能听之相，声音还是有所听之相。这个时候要进入“浑然一气”的状态。心的分别相去掉，气是通的，是没有分别的，是浑然一体的。这时你就感觉到，不管是能听所听，都没有分别，能所对立相没有了，只有一气流动、相通。到了这个状态，“听止于耳”，就是你已经不是用耳朵去听了；“心止于符”，心的分别也停止了，统一到这个一气贯通的状态当中了。

下面就解释这个“气”是什么，是“虚而待物者也”。中国哲学里讲的这个“气”不是一个具体的事物或者有形象的东西，它是虚的，是空的，找不到东西。但是具备一切可能性，万事万物可以在里面发生。所以它是一种背景场，是一种被动、开放的空间，有一些事情在里面发生，但是你没有感觉到有什么挂碍、有什么对立。这种“虚”的状态，没有挂碍、没有对立的状态，就是“道”的状态，体道就是要进入这种虚的状态。这种虚而无碍的状态，就是我们讲的心斋的境界、心斋的功夫。

心斋是从听觉上入手，慢慢地进入一气相通、虚灵无碍的状态，达到与道合一。

再讲一下“坐忘”。《庄子·大宗师》：“堕肢体，黜聪明，离形去知，同于大通，此谓坐忘。”这个坐忘就直接从心上下功夫了。直接忘掉你意识当中的所有的对象物，包括你的四肢百体和对外物的种种分别、知识。不使用你的耳聪目明，所有的对外面世界的感知也都忘掉了。所有的都忘掉以后，剩下了什么？就是“同于大通”的境界。通天下于一气，通于大道，通于无限的场有，这就是“大通”。与这“大通”相同化，一体不二，这就是坐忘。

实际上，坐忘的忘是一种功夫，忘掉了所有的意识对象之后，纯粹的意识就现前了，这也就是“性通于道”的一种修道功夫。所以，忘不是进入无意识的昏沉状态，而是彻底的清明状态，一无所知，而无所不知。

坐忘的反义词叫什么呢？叫“坐驰”。就是我们在打坐的时候，心一点都定不下来，什么也忘不掉，又想这个、又想那个，心驰骋于外，这叫坐驰。

关于“朝彻、见独”，见《庄子·人间世》：“参日而后能外天下，已外天下矣，吾又守之，七日而后能外物；已外物矣，吾又守之，九日而后能外生；已外生矣，而后能朝彻；朝彻而后能见独，见独而后能无古今；无古今而后能入于不死不生。”

“三日而后能外天下”，外天下也就是忘天下，把这个天下都放下了，就是我们做修道的功夫，修了三天后，我们能够把整个天下给放下了。能够外天下了以后，进一步修行参悟，把握这个心灵的虚静的状态。到了七天以后，能够外物了。

为什么是先外天下，而后能外物？外天下是宏观的，也就是说我们忘掉了国家，忘掉了这个世界。其实忘掉国家、忘掉世界是很好忘的，因为那个天下毕竟还是太大了，与人并没有切身的关系。除了少数人会去操心这个世界大事以外，大多数人是不太操心的。所以外天下还是比较容易的。

就像我们说爱，爱人类是很简单的，每个人都会唱高调，我们要爱人类，爱党、爱国家、爱社会主义，但到底怎么爱？这是比较空洞的、抽象的爱。爱身边的人才是更困难的事情，这需要具体地付诸行动。

“外”也是这样，外天下很简单，我忘掉天下了，我不去操心了；但是你身边之物，你心目中具体的人和事，这种种的挂碍能不能放下？这是更困难的。所以要七天后才能外物。就是把你心外、心内的种种“对象物”都放下了，所有的事情都放下了。

已经达到外物的境界后，坚持下去继续修炼，保持这个境界，九天后才能“外生”。

所以你放下别人，放下这事那事都是容易的，你能不能放下自我、放下你的生命？放下你对生命的执着和挂碍？这个“生”比那个“物”明显地要更深一层了，更高一层了。打坐的时候你慢慢放下了，放下了儿女情长，放下了家庭琐事，但是隐隐地有一个“我”放不下，这个对自己个体生命的执着放不下。所以经过这个过程，把这个自我的执着、个体的生命给放下了以后，这个时候“道”就有影子了，你就能“朝彻”了。

什么叫朝彻？就是对道的体悟已经达到了非常接近的状态，就好像一朝天明，恍然大悟，看见了道的曙光。好像早上起来慢慢天亮了，心灵打开了，也就接近那个“明”的状态了。前面讲过“明”，明就是体道、明白的状态。

“朝彻而后能见独”，朝彻之后你才可以体验到一种境界——“独”的境界。

这个“独”是什么？“独”不是说某个事物“独一无二”的这个“独”，“独”是讲这个“道”。“道”本身是没有对立面的，它是一个完整的统一，所以我们用“独”来表示“道”。就是说“道”是一个整体，没有对立面。平常我们讲的“独”，就是讲某个事物是“独立”于别的事物之外的。但是对于道来说，它没有“之外”，它是自身的完整统一。所以后来儒家把“道”也叫做“独体”，“独体”也是“道体”。

朝彻之后就能见道了，就能体道了。体道以后就能无古今。

因为道无时间相，当然就没有古今。没有古今，无时间相，这就是永恒的境界。永恒的境界就是不死不生的状态。

四、境界之道

最后我们再简单地讲一下“境界之道”。

其实我们前面讲道的本体、道的工夫的时候，已经都指点了这个道的境界了。因为工夫、本体与境界三者是分不开的。体悟本体就是工夫，进入本体就是境界。所以前面对道的描述和形容，比如说无时间相，无空间相，无限、永恒，这都是道的境界。与道同在，与道合一，这就是修道所要达到的境界。前面讲的不死不生，超越生死，超越时间相，这就是道的境界。

所以讲到道的境界的时候，我们首先要了解“道的完整性”，它是一个终极的和谐、整体的和谐，是一切对立面的和谐。平常我们所寻求的某种境界，经常是有比较性的。追求富裕的人，他是和贫穷相比较的；追求升官的人，就是要不断地向上爬，级别越来越高，就是一种“爬梯子”的境界。但是我们要注意，道的境界不是在爬一个楼梯，不是从低处往高处走，而是从根本上把这种楼梯拿掉，没有等级，没有高下，因为道是完整的统一。

超凡脱俗并不是最高的境界，老子的和光同尘是对超越境界的超越！

我们也可以说道是“真”，但是道之真不是真假对立的真，不是有真有假的真，而是没有真假对立的真，是纯真、全真；我们也可以说道是“善”，但道之善不是善恶对立的善，不是有善

有恶的善，是超越善恶对立的纯善、至善；我们也可以说道是“美”，但道之美不是美丑对立的美，不是有美有丑的美，是纯美、绝美。

所以老子讲，“天下皆知美之为美，斯恶已；皆知善之为善，斯不善已。”我们一般讲的美、讲的善，都是相对性的。我们追求某种善，就要跟那个恶对立，这个时候我们还在一种造作之中，在一种相对性之中。我们往往从一个极端跑到另外一个极端。就像有些极端的宗教徒，错误地理解宗教教义，他们表面上也是在行善，但他们是打着行善的旗号，结果他要杀了你，让你早日进天国！他说成是奉行主的旨意。这就是善走向了它的反面。而体道的境界不是在这种两极对立当中去寻找一极，而是超越两极，它不是相对于丑陋去寻找那个完美，而是在道的整体统一当中，接受一切的完整的状态。所以“完整”和“完美”是不一样的。当你追求完美，你就会有痛苦，有得就有失；而追求完整它是超越一切，包含一切，无得无失。也可以说是在道中接受一切，同化一切，所以没有排他性、相对性。

真正的道不是对某种神圣境界的追求，任何有为、造作都是把人从这个道里面分离出来，而真正的道的境界超越一切、成就一切。它不是去爬某种山峰，它是山峰和山谷的完美的统一。所以我们看到老子不是一个“超人”的形象，而是一个“平凡”的形象，在这个平凡当中就超越了一切对立。他不是飞翔在天上的神仙，而是扎根于大地，同时又仰望着星空，达到了完整、超越的一种人，你没法去形容他，没法去规范他。

有的人只看到表面的假象，好像道家是反对仁义、反对儒家的，道家怎么会跟儒家去作对呢？如果道家去跟儒家作对，那道家境界就太低了。道家只是说你要去追求仁义，有的时候就制造了虚假，所以不要陷在这种对立当中。所以道家不可能去“反仁义”，仁义都不是，何况反仁义呢？反仁义更不是。道家讲的是一种超越，是超越对立面的终极的和谐，也可以说是追求一种“道”层面的终极的“仁义”，它超越了那种人为造作的虚假的仁义。道是一种完全平凡的状态，一切选择都去掉。完全地无为，让一切去发生，让一切法都成为它自己。

在这种超越当中，身心也是和谐的，没有“性功”和“命功”的对立。不是说老庄道家是只修性不修命的，后来道教才是修命的，不是这样的。老子讲到，因为我们“有身”才有“大患”，如果我们没有了这个“身”也就没有“患”，后来有人就以这句话为根据，说老子对身体是反对的。这也是误解了老子。老子讲的是不要去挂碍这个有限的身体，当我们挂碍这个有限的身体的时候，我们就会依身起念，有了种种的烦恼和问题。所以要超越对身体的执着，与道相统一。但是在这种与道相统一的境界当中，你的身体恰恰是得到了最好的营养，因为道是最大的开放系统。你从道中得到源源不断的能量的加持，你的身体也会越来越健康。但这是修道的副产品，不是目标。所以不去挂碍身体，不是与身体作对，不是否定身体。

就好像佛家讲，“四大”是臭皮囊，要看破四大。结果有一些人错误地理解，以为佛教也是反对身体的。佛教会反对身体健康吗？没有必要啊！四大皆空，是讲你要超越对身体的挂碍、对身体的执着。在这种境界当中，在深层的禅定当中，身体会得到营养，身体也会更加健康。一个健康的身体，你才更容易放下对它的挂碍。所以佛教的禅定功夫当中，自然就有一种对身体的转化、转变，佛教也并不是反对身体修炼。这个在我的著作当中，对佛道两家修性、修命之间的关系有很多的辨析，大家如果有兴趣可以去看我的书。

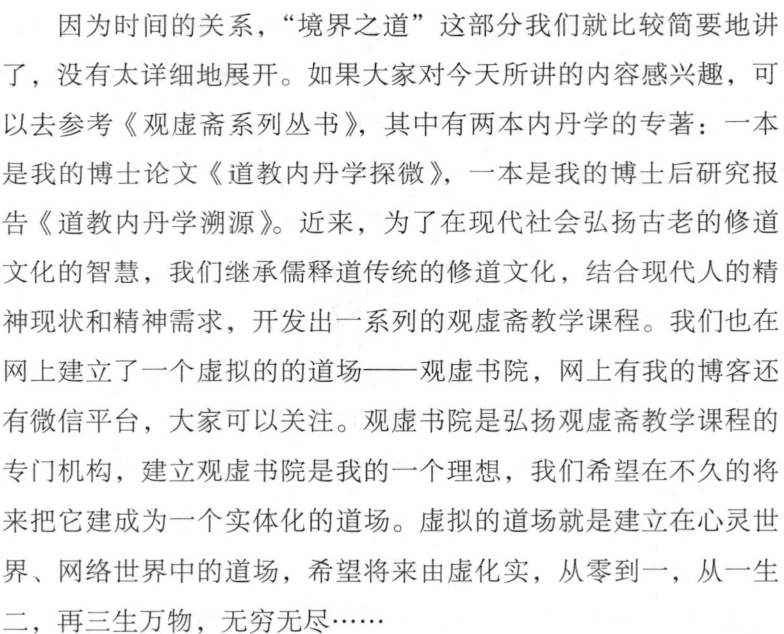

因为时间的关系，“境界之道”这部分我们就比较简要地讲了，没有太详细地展开。如果大家对今天所讲的内容感兴趣，可以去参考《观虚斋系列丛书》，其中有两本内丹学的专著：一本是我的博士论文《道教内丹学探微》，一本是我的博士后研究报告《道教内丹学溯源》。近来，为了在现代社会弘扬古老的修道文化的智慧，我们继承儒释道传统的修道文化，结合现代人的精神现状和精神需求，开发出一系列的观虚斋教学课程。我们也在网上建立了一个虚拟的的道场——观虚书院，网上有我的博客还有微信平台，大家可以关注。观虚书院是弘扬观虚斋教学课程的专门机构，建立观虚书院是我的一个理想，我们希望在不久的将来把它建成为一个实体化的道场。虚拟的道场就是建立在心灵世界、网络世界中的道场，希望将来由虚化实，从零到一，从一生二，再三生万物，无穷无尽……

五、余论

主持人代表大家，要求我再多讲一些，那我就再简单讲一下内丹学与老庄修道思想之间继成和发展的关系，作为本讲的“余论”。

我们今天主要是以老庄的修道思想为主题来讲，但其实道家之道，包括它的功夫、它的本体、它的境界和它的宇宙论，都与后期内丹学的发展有非常密切的关系。

通过今天这两个小时的讲解我们可以看到，老庄对道的理解、道的领悟非常高明，其悟道的水平已经到家了，在这个方面你不可能再去发展了。就像我们讲释迦牟尼佛的觉悟，他成佛了；后来的弟子、佛学家们，不可能在这个觉悟的境界上比释迦牟尼佛更高，在这个层次无所谓发展。不但不能发展，而且后来者是要不断地攀登这个高峰，要回到祖师爷那种境界上来，所以要不断地回归源头的智慧。

从这个角度来讲，老庄之后发展起来的内丹学，无论是哪一宗、哪一派都是遵从老子，都是要回到老子的"道"上来，作为它们修道成仙最终的境界、最圆满的境界。但是从另外一个方面来讲，内丹学对道家的修道还是有所发展的。这种发展不是说它在道的境界上更进一步，而是在体道的功夫、层次和细密的程度上有所发展。

因为老庄都是直接地浑然地讲这个道，讲体道最高的境界，虽然也讲一些身体修炼的方法，但是身体修炼和精神修炼之间内在的关联、详细的关系没有讲。老庄也讲了坐忘、心斋等功夫，但是在达到合道境界的过程当中有哪些层次、层级，有哪些中间的阶段，这些方面都没有展开。所以在这方面，内丹学有所发展。我们不能说内丹学和老庄的修道是完全相同的，也不能说它们是不同的。它们是有一种同而不同、既继承又发展的关系。

我们知道内丹学主要的发展表现在，内丹是一种"炼丹"的思路，它是结合炼丹这样一套语言、象征系统，来讲述人体“内修”之道，所以讲到“内丹”就跟“外丹”有关系。

外丹是道士为寻求一种长生不老之药而做的一些炼丹的实验。因为在葛洪那里就有一个设想，葛洪的《抱朴子内篇》就谈到，我们这个肉体为什么会死亡呢？肯定有某种原因——肉体渐渐腐败，整个变坏了，就死亡了。于是葛洪就设想，有没有一种物质，它是不会毁坏的；把这种物质植入到我们身体里边去，就可让让这个身体脱胎换骨，变成金刚不坏之身。所以葛洪就设想，我们能够找到一些物质，比如说像黄金、一些贵重金属等等，它们的寿命很长，不易变球，他认为可以将这些物质慢慢地渗透到我们身体里面去，那我们的身体也能像它们一样坚固。他提出来这样一种思维方式。

当然，如果从今天来看，这种思维方式是有问题的。他是把生命这种有机体和无生命的东西混在一块，混为一谈，是偷换了概念。黄金不灭，但它是一个外在的东西，让它跟这个有机的肉体融合在一块，肉体就能长存，这种思维是有问题的。但不管怎么样，早期的道教有这样一个伟大的梦想。有了这个想法以后，他们就做实验，就开始炼丹的实践。怎么样把贱金属炼成贵金属，怎么样炼一些化学药品，试图寻找一种长生不老之药。服了这种药，能让我们人体与天地同此长久，这是炼丹的思维。

道士们做了很多的实验，前赴后继。中间也有很多的传说，说有的人服了仙丹，就鸡犬升天了，都上天了，长生不死了。但更残酷的现实是，很多服丹的人不但没有得道成仙、没有长寿，有的还中毒了，服丹中毒而早死了。包括在唐代有很多帝王将相，受了道士的蛊惑，大量地服食“仙丹”，其实最后多短命而死。

这个事实就促使道士们进一步反省：问题出在哪呢？所以在唐末五代的时候，道教里面兴起了一种新的思潮，一种新的动向。道教的大师们对这个炼丹的理论加以了新的诠释，他们不去改变这个理论的本身，炼丹理论还是被继承下来了，但是对炼丹学进行了概念的移植和变换。他们说以前外丹式的理解错了，其实“丹”不是外在的东西，“丹”是我们人体里面的东西，长生不老之药就在我们的里面，精、气、神就是我们炼丹的三品大药。内丹学反过来对炼丹进行内丹化的解释，认为炼外丹的人是借外丹来从事内修，他在外面用那个炉子炼丹是做个样子给你看的，实际上他是在身体里面同步修炼内丹。比如外面有炉火，我们身体里面也有炉火。什么是炼内丹的“火”呢？我们精神意识的作用，就是我们身体里面的火。我们这个身体就是炼内丹的炉子，就是鼎炉，我们里面的精气神就是炼内丹的药物，我们要在里面进行修炼。所以内丹学继承了外丹学的一套理论模式和名词术语，但全部做了内丹化的解释。这就是道教史上最著名的由外丹向内丹转向的过程。这样一来，道教可以把传统的炼丹学的思想还继承下去，同时进行了脱胎换骨的改造。所以内丹就是炼人体内部的精气神，不再是在外部炼丹了。

内丹学的理论基础，继承了老子的那套宇宙生成论，也就是“道生一，一生二，二生三，三生万物”的宇宙演化论。内丹学将其解释为由虚化神，由神化气，由气化精，由精生万物的过程，这是道的顺向演化。内丹学修炼是要反过来，要从三到二，

从二到一，从一到零，这是炼精化气（从精气神之三到神气之二）、炼气化神（从二到一）、炼神还虚（从一到零）的逆向演化过程。内丹学从理论上继承了老子的宇宙演化论，并提出了系统的解释，建立了“返本还原”的成仙理论。

所以整个内丹学就是如何从粗糙的肉体层面，提炼出它的精微元素，这是“元精”，再精化气，气化神，神还虚，一步步地与道合一，这是内丹学的一个中心思想。

外丹的这一套语言和象征，对内丹来说非常有象征的意义。比如，我们人体本身可以千变万化，但是因为我们的心像火一样向外、向上飞驰，而我们的精气能量，像水一样向下流散，这人体中的阴、阳两方面是分开的，像两个箭头，一个向上，一个向下，永远打不成一片，这就是身心阴阳的分离，就是我们后天神气不交的状态。那么炼丹要精神内收，把这个火往下移，放到炉子下面去烧这个水，把水烧开把它化掉，从液体变成气体，去转化这个身体，这就是神气合一，身心交媾，阴阳交媾。也就是精神和肉体之间打成一片，相互作用，发生化学变化。

内丹学把人体转化的这套过程，看成是内部炼丹的过程，通过道士们千百年来的实践，他们对生命内在的奥秘有很多新的发现，对肉体和精神之间密切的关系、它们之间相互作用、相互转化的过程，有许多深刻细致的描写。但是内丹学整个合道以成仙的境界是继承了老庄的道，内丹修炼最后要回到道里面去才能超越。所以内丹学既不同于传统的修炼方式，不同于简单的肉体锻炼，也不同于单纯的精神修炼，而是把精神的修炼和肉体的修炼密切结合。“道”和“术”之间圆融无间，从形而下的修行到形而上的超越，内丹学建立起了一套完整的理论体系。欲知详情如何，请进一步看我的内丹学方面的著作，或者以后有机会我们再讲。

今天的课就到这里，谢谢大家。

第三讲　道教内丹学及其现代诠释

本文是戈国龙教授在“什刹海书院·2015 道学季论坛”的演讲记录稿，经戈国龙本人审定。

今天的这场讲座可以说是书接上回、缘接上回。如果去年的“道学季”听过我的讲座的人应该知道，我们上一次讲的是老庄修道思想，题目叫“道——回归整体的和谐”。在上次讲座的最后，我们留下了一个话头，补讲了一点内丹学。实际上，上次讲座的“余论”部分就可以作为我们今天这场讲座的引子。所以，今天为什么要讲道教内丹学及其现代诠释？就是从接续上一次讲座这个角度来讲，因为讲完了老庄道家的修道思想之后，下一步就是道教的修道思想；而道教的修道思想里面最重要的就是道教内丹学的修道思想。

在正式上课之前，我们有一个“课前导引”——为了调整大家听课的状态，也调整讲课者的状态，我们先来做一个简单的静心。请大家坐好，全身放松，双手合掌，放在胸前。把我们的思想、意识集中到我们的呼吸上来，注意我们的呼吸。回到呼吸也就是回到此时此地，因为呼吸不是“过去时”，不是“将来时”，它是当下的“现在时”。但是大部分时间，我们忘掉了自己的呼吸；现在我们把全部的注意力集中到自己的呼吸上来。不是去控制，不是去改变，只是去注意到，这样你的思想的野马，就拴在了呼吸这个桩子上，那你的心就能够宁静下来。这个时候，我们放下一切的分别，只是去“知道”。知道一切，但是没有任何分别心，这叫“无选择的觉知”。这样，我们的心就回到了当下，和当下的真实保持统一、保持和谐。当有了胡思乱想、有了杂念的时候不要怕，马上再回到你的呼吸上来，不要管它，只是不断地回到当下。念头起了，它马上自己就消失了，你能留住念头吗？很多人说我无法静下来，心总是乱的，你想把心空下来是

空不下来的。但是你只要静静地观察它，让它自生自灭，就像水底写字，写完它当时就没了。没有念头，觅之了不可得。什么是静心的状态？很简单，既不胡思乱想，又不昏昏欲睡，这个心清明、清静，安住在当下。

希望今天下午的听课，大家都能保持这样的状态。如果你昏昏欲睡了，不对；如果你胡思乱想了，也不对。只是把心安静在当下来听课，让你的心跟我的讲座一起脉动。

这是一个机缘，一个让我们一起来探索修道奥秘的机缘，一个让我们一起来探索生命奥秘的机缘。所以我要祝福大家，大家都是有福的人！所有能够有缘来到这里的人都是有缘的人，都是与道有缘的人。只要我们去探索，我们能够在道中找到生命的真意，找到回家的道路。

今天我们的讲座的主体内容包括三个方面：第一是内丹学的概说；第二是内丹学的理论体系；第三是内丹学的现代意义。在讲这三大主体内容之前有一个“引论”，论述我们研究和探索道教内丹学的方法和思路；最后有一个简略的“结语”，介绍我目前所从事的主要工作和“观虚斋教学”。

一、引论

1．文献与诠释

道教内丹学的文献非常丰富，我们要研究内丹学当然要去接触历史上各家各派内丹学的文献。但文献的意义并不是现成地就摆在那里，我们只要打开道教内丹学的文献就可以看到什么是内丹学；我们要了解内丹学，一定是要通过文献进入它内在的意义。如果我今天的讲座只是告诉大家，历史上内丹学文献对某一主题有哪些说法，这并不能告诉大家什么是内丹学——这是远远不够的。所以我们讲内丹学一定是在相关文献的基础上做一个整体的诠释，在诠释的过程当中研究者本人的思想境界，就是一个先决的条件、一个先行的视域。

> “我们通过谁的眼睛、透过什么样的镜头来考察宗教?”（[美] W. E. 佩顿:《阐释神圣——多视角的宗教研究》，许泽民译，贵阳：贵州人民出版社，2006 年 6 月，第 1 页。）

这是一个美国的学者提出的问题。就像我们观察自然界的景物，取决于我们的镜头和视角。我们去研究宗教、研究内丹学，我们如何去了解它的内在意义？实际上这就需要我们提出问题，和内丹学文献的那个原来的作者一起思考、一起探索。我们总是已经有一定的人生体验和人生理解，才能在跟历史上的文本打交道的时候有一个理解的视域，这种视域对诠释起了决定性的作用。

学术界有的学者特别强调研究的“客观性”，就是我们要去客观地研究，不能掺杂自己的感情。这种说法有它的意义，就是不要有我们的主观偏见。但事实上所有的人文科学所要达到的客观性都不是一个纯粹的、外在的客观性，它是需要我们的内在主体去亲身参与的一件事情，“同情理解”恰恰是达到所谓的“客观了解”的必由之路。正如一位宗教现象学的学者所说：

“我们关于他人的知识与我们对我们自身一般经验的利用这两者之间越是协调，我们对他人的理解就越深，因为我们只能够在我们自身内在经验已包含的某种形式、某种程度、某种方式来理解他人的这种思想状态。完全与我们内在经验陌生的东西不能进入我们所能理解的他人思想的范围。”（[意大利]马利亚苏塞·达瓦马尼:《宗教现象学》，高秉江译，北京，人民出版社，2006年10月，第19页。）

如果一件事情对我们的经验完全是陌生的，我们即使看了大量的文献，也很可能是不知所云的。所以我一直强调要去跟古人对话、跟古人交流，要用自己内在的生命经验跟古人的经验发生碰撞，发生交汇，这样真正的理解才成为可能。我们自身的体会越深，我们自身的境界越高，就越能够进入古人的内心，和他们息息相通。反之，如果我们用一个旁观者的表面客观的心态来研究他们，一点不关注他们内在的体验，那么你所了解的只是概念的、皮毛的知识而已。

在对文献的诠释过程当中，有两个大的方面——我们可以称之为一个叫“整体诠释”，一个叫“文本诠释”。这两者如果用天台宗智者大师的语言来讲，“整体诠释”可以叫“玄义”，“文本诠释”则可以叫“文句”。学过佛学的知道，智者大师对《法华经》的研究有两部著作，一部叫《法华玄义》，一部叫《法华文句》。《法华玄义》是对《法华经》做整体的诠释，《法华文句》是对《法华经》做文本的、文句的诠释。这两种诠释结合起来，我们才能对于文献既有整体的把握，又有具体的文句的把握。那么今天我们所要讲的内丹学，是属于对道教内丹学的整体诠释。道教内丹学有那么多的经典，我今天不是来讲某一部经典，而是对整个内丹学的理论体系来做一个整体诠释。但是既然是诠释，就不能够离开文本来做一个空洞的介绍，所以整体诠释也是建立在对关键文献材料的文本诠释的基础之上，所以后面的诠释会利用到一些重要的文本，但是我诠释的目标是整体，不是个别的、某部经典的。我们要从浩繁的内丹学文献中勾玄提要，建立内丹学的理论体系。

在对内丹学的整体研究当中，我已经完成了两个课题，形成了两部论著：一本是《返本还原论》，一本是《性命双修论》；我还准备继续“阴阳交媾论”的研究课题，完成《阴阳交媾论》的写作。这三大课题的研究是我系统研究道教内丹学的“三部曲”，所完成的这三部论著我们可以称之为“内丹学三论”，或者叫“丹道三论”，由此“三论”就构成了内丹学的理论体系。这“三论”当然不是一次讲座所能讲完的，今天我想把这“三论”的核心要义做一个提示，不过略述其梗概而已。

2. 理论和实践

在一般人的印象当中，搞学术研究，做研究员、教授，就是跟书本打交道，去做学问、做研究，跟“实践”没什么关系。大家会认为自然科学是离不开实验的，总是有实验室，去做实验，去收集数据来加以整理，变成理论；人文学科没有实验室，只是面对书本做理论研究。可是有没有真正的脱离实践的纯粹的理论研究呢？实际上是没有的。只是不同的学科有不同领域、不同方面的实践而已。

我们认为，任何一个研究对象都包含有不同的研究层面或者说研究范围，既可以从事物的内在去研究它的内在意义，也可以从事物的外在去研究它的外部表现；既可以研究作为个体的事物存在，也可以研究作为集体的事物存在。正如超个人心理学家肯恩·威尔伯（Ken Wilber）的“四象限理论”所揭示的，存在着四个不同的领域和整体顺序，在每个领域中都有着不同的层次性。这四个不同的领域和整体顺序就是所谓的“四象限”。它包括“左上象限的个体内在领域、左下象限的群体内在领域、右上象限的个体外在领域和右下象限的群体外在领域。”（参见肯恩·威尔伯:《万物简史》，许金声译，北京：中国人民大学出版社，2006 年 9 月，第 58—69 页。）

下面是四象限的图表：

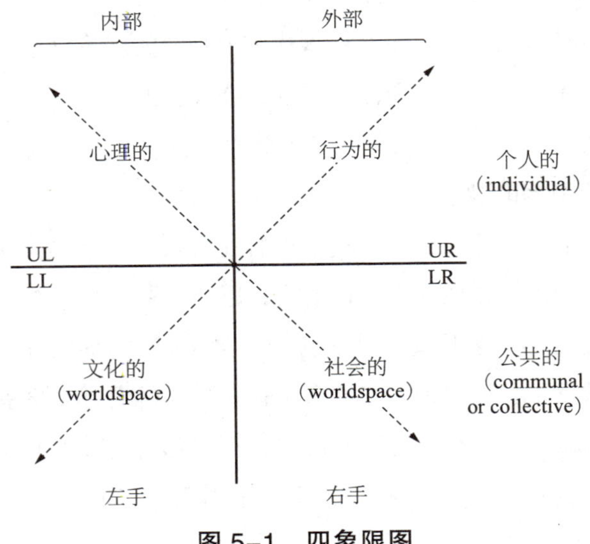

图 5-1　四象限图

左上象限，它是代表个体的、内部的领域；右上象限是代表个体的、外部的领域；左下象限是集体的、内部的领域；右下象限是集体的、外部的领域。这实际上就是一个研究工具，不管我们研究哪一门学科、哪一个领域，其实都可以分出这四大象限。我们要谈一种研究是主观研究还是客观研究，是要进入里面还是进入外面，其实你要先有一个自觉，就是明白我研究的是哪一块、哪一个象限？不要把不同象限的研究混为一谈。搞文献研究、搞文献考据的人，你不能认为学术研究只能这么研究，不能进入它的内在去谈它的意义，这就局限了。宗教的现象更是如此，它是一个非常复杂的系统。我们研究之前就要有一个自觉的认识，我们是研究哪一个象限？是研究集体的领域，还是个体的领域？是研究内在的领域，还是外在的领域？不同的象限，其研究的领域和方法都是不同的。

我们要研究内丹学，内丹学是一种什么样的学科？它属于宗教学，是人文科学。人文科学的特点最关键的不是客观性：

> “人文科学最关键的不是客观性，而是与对象的前行的关系，正如在艺术和历史中人的主动参与是它们理论有无价值的根本标准，同样在其他人文科学中，如政治、文学、宗教等，实践参与正构成它们的本质特征。”（洪汉鼎主编：《理解与诠释—诠释学经典文选》，北京：东方出版社，2001 年 5 月，第 25 页。）

艺术、宗教、人文科学，这个“实践参与”处处都存在，只是有不同程度、不同形式的表现而已。离开它内在的实践性，空洞的理论研究意义何在？如果我们要了解内丹学真正内部的意义、真实的意义，就一定会有某种实践性的参与。它不是一个在外面的对象供我们去观赏，而是我们要深入内在去了解，才能够真正地获得对它真实意义的了解。

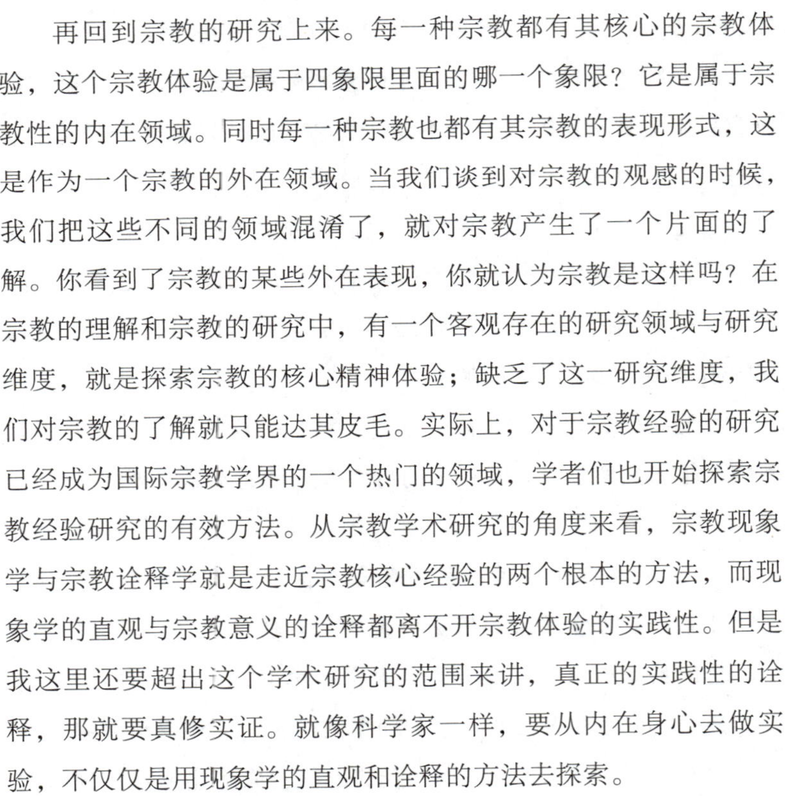

再回到宗教的研究上来。每一种宗教都有其核心的宗教体验，这个宗教体验是属于四象限里面的哪一个象限？它是属于宗教性的内在领域。同时每一种宗教也都有其宗教的表现形式，这是作为一个宗教的外在领域。当我们谈到对宗教的观感的时候，我们把这些不同的领域混淆了，就对宗教产生了一个片面的了解。你看到了宗教的某些外在表现，你就认为宗教是这样吗？在宗教的理解和宗教的研究中，有一个客观存在的研究领域与研究维度，就是探索宗教的核心精神体验；缺乏了这一研究维度，我们对宗教的了解就只能达其皮毛。实际上，对于宗教经验的研究已经成为国际宗教学界的一个热门的领域，学者们也开始探索宗教经验研究的有效方法。从宗教学术研究的角度来看，宗教现象学与宗教诠释学就是走近宗教核心经验的两个根本的方法，而现象学的直观与宗教意义的诠释都离不开宗教体验的实践性。但是我这里还要超出这个学术研究的范围来讲，真正的实践性的诠释，那就要真修实证。就像科学家一样，要从内在身心去做实验，不仅仅是用现象学的直观和诠释的方法去探索。

宗教现象学和宗教诠释学可以作为我们表达对宗教经验了解的一种描述性的工具，但是要真正理解宗教经验，你必须深入宗教经验的本身。如果你要了解什么是禅定，那你要去真正体验禅定；你要了解什么是内丹学的炼精化气，炼气化神，炼神化虚，那你要去做相应的身心的实践。在道教经典中有一句话：

> “深达天机者乃能说天道之妙，未造圣域者焉能释圣人之经？”（《黄帝阴符经注》序，《道藏气功要集》（上），洪丕谟编，上海：上海书店，1991 年，第 61 页。）

这就是宗教传统的态度，你要讲天道的玄妙，你要自己“深达天机”，如果你一点体会都没有，那只是吹牛，即使口若悬河，滔滔不绝，谈的都是空话。所以，你要真正解释圣人的经典，你就要跟圣人把臂同行，要达到圣人的境界，跟圣人才能够相通。这是我们讲内丹学的研究方法、学习方法的第二个重要方面，就是理论和实践的关系。

这也是我为实践性的研究方法“正名”。因为这种实践性的研究方法目前在学术界还不是主流，有一些传统的学者往往一看到谁——或者北大的研究生、博士生——研究佛教、道教的人在那儿打座，就说“这个人搞信仰、搞迷信去了，你作为一个学者怎么能这样呢！”根据我上面所说的，你说他这样的观点对不对？如果有人跟我这样说，我就会理直气壮地跟他说：“你这种观点、这种态度就是迷信。”我既然要研究佛教、研究道教，而且想要真正搞清楚其内在的奥秘，我当然要去打坐了，因为佛教、道教就是关于打坐、关于修行的学问啊！就像科学家做实验一样，我要去搞清楚它到底怎么回事，我这恰恰是一种客观的研究态度。迷信是什么意思？就是对我们所不了解的东西盲目地肯定或盲目地否定，这都是迷信。而真正的科学态度就是一种开放的、探索的态度，这个世界我没有了解之前，我不能说它“是”还是“非”，我要先深入进去。往往有很多对佛教、道教一点都不了解的人，一点内在的体验都没有，就说佛教如何、道教如何，这恰恰是迷信。

3. 知识与智慧

知识与智慧的区分非常重要。我们现在从小学、中学到大学，一直到研究生、博士生，所有的教育往往都集中在知识的传授上面。知识虽然很重要，但是仅仅落于知识的传授，这种教育实际上违背了教育真正的宗旨。知识很重要，在社会生活当中扮演着非常重要的角色，给我们的生活带来了很大的便利，我们的生活方方面面都离不开知识。但现在我们讨论的不是一般的科学技术方面的知识，和关于我们生活方面具体的、生活需要方面的知识，我们是讨论人文社会科学的知识；对这一领域的研究来说，单纯地追求知识是远远不够的，这个方向就错了。

有的学者就说，我这一生的研究就是为这一门学科的知识系统里面增添一点材料，增加几条新的知识就够了。那么这种研究对人文社会科学来说，它的品质、它的境界就低了。知识永远是对于某种对象的知识，它只是关于什么什么的知识。你所有的知识最后都是变成一种信息，可以存储在大脑里面，存储在电脑里面。但是这种知识太多的时候，就会变成我们大脑中的“垃圾文件”，因为我们存储空间有限，垃圾文件存多了以后，我们的心反而会乱。当你的知识、信息无限多的时候，其实你的智慧有时候反而是下降的。所以我们要不断地删除这些“垃圾信息”，来清理我们人脑的“内存空间”。

知识的增加并不能自动地提升生命本身的精神境界，不是你的知识多了，你是博士、你是教授，你的心灵状态就自动得到相应的提升，有时候是成正比，有时候是成反比。所以“知识越多越反动”，有时候也是成立的。这就是所谓的“书呆子”，书读多了，但是他应用到生活里面的能力下降了，这并没有增加他对生活意义的了解，并没有提升他人生的幸福指数，这样的知识并不是我们的目的。所以对人文社会科学来说，精神境界的提升是我们研究的一个真正的目标，也是研究人文社会科学的一个核心的功能，这就涉及到“主体智慧”的新维度。

刚才讲知识是关于对象的认识，而智慧是主体自身的智能的提升，是智慧和能力的提升。为了说明知识和智慧的不同，这里我引用了著名哲学家海德格尔的一句话，海德格尔指出：

> 科学必然具有两种基本可能性，即，关于存在者的各门科学（存在者状态上的各门科学）和关于存在的这一门科学（存在学上的科学，亦即哲学）。存在者状态上的科学向来把某个现成的存在者作为课题，这个现成的存在者总是已经以某种方式在科学的揭示之前被揭示出来了。（［德］海德格尔：《路标》，孙周兴译，北京：商务印书馆，2000 年，第 54—55 页。）

海氏这个区分非常重要。这两种区分我们就可以看成一种是“关于存在者的科学”，这就是以追求知识为目标的科学；而关于

"存在的科学",则是以追求智慧为目标的科学,这种科学实际上是有关内在精神境界的科学,严格地说就是哲学,就是宗教性的科学,而不是外在的物质世界的科学。知识是对于某种现成的对象的对象化的认识,它有助于我们改变物质世界、外在世界;而智慧是对于存在意义的探索,是主体自身的境界,它有助于增进人的精神境界,获得心灵的自由与安宁。

所以研究自然科学我们可以说以获得知识为目标,但是如果我们是研究人文科学、研究宗教,你说我学了半天就是为了得到很多知识,然后可以跟人家吹牛说我知道很多,这就是一种浪费,研究宗教的重大意义被浪费了。因为宗教里面蕴含着改善我们的生活、提升我们的精神状态、增进我们的精神境界的智慧,这才是我们学习宗教、研究宗教的目的。

回到内丹学的话题上来。内丹学当然可以作为一种知识的体系去研究,去建立关于内丹学的知识系统,但这只是内丹学研究之中的一个领域,而且不是最核心的领域。如果我们追问内丹学的真实意义,我们就必须回到内丹学本身的特质上来;而对内丹学内在核心意义的追问,就必须联系到对宇宙人生真理的追问中来。这时内丹学就不是作为一个外在的客观对象摆在那里供我们评头论足,而是我们必须亲身参与的一种内在工作。只有智慧才能认识智慧,唯有透过内丹学的智慧去领悟智慧本身,才能以自身的生命智慧去领悟内丹学的智慧。而所有内丹学方面的知识,实际上也必须通过"转识成智",成为我们提升生命智慧的一种资源,知识的研究才有了真实的意义。

以上的引论表明了我研究内丹学的一种姿态、一种关怀、一种关切、一种方法。为什么在引论里要讲这个？实际上除了这个讲座内在的一个结构之外，更是提醒大家：我们今天来听这场讲座意义何在？今天的讲座中会牵涉到很多有关内丹学的知识，但这个并不是很重要。你们不是研究内丹学的学者，也不用参加考试，当然不是来学这些知识的。所以希望大家在听课的当中，能够获得某种智慧的开启，对你的人生有某种启迪，引导你解决你生命当中的困惑。再深一点来讲，就是帮助你走上探寻生命奥秘、追求人生真理的道路。有可能在此讲座当中，获得对“道”之真理的奥秘的短暂的一个“窥见”，作为你进一步深入探索生命奥秘的机缘、起点。

以上是今天讲座的引论，下面我们正式进入今天讲座的主体部分。

二、内丹学概说

1．内丹学的概念

我们来听关于道教内丹学的讲座，首先要了解什么是道教内丹学。我们今天不去列举关于内丹学的种种说法及学术上的分歧，我只是想用我自己的语言对内丹学的概念做一个概括。

“道教内丹学”是道教文化中的瑰宝，内丹学借用外丹术语，以“鼎炉”“药物”“火候”为三要素，以“阴阳”“五行”“八卦”等符号系统为象征语言，以道家哲学为理论基础，是综合和升华了道教史上的各种修炼方术，而形成的以三教融合为特征、以性命双修为宗旨的修道思想体系。（拙著《道教内丹学探微》，北京：中央编译出版社，2012 年 1 月，第 7—8 页。）

大家注意，这里面的每一句话都可以展开为一篇文章，我们是高度地概括。

第一句"'道教内丹学'是道教文化的瑰宝"，为什么是瑰宝？道教文化里面有很多方面，其中讲修炼方法与理论的也有很多，但是内丹学是其中的集大成者，是里面的重中之重。

为什么叫内丹学？这个名字就跟外丹有关，它是借用了外丹的术语来讲人体的修炼，所以内丹和外丹的关系很重要。

接下来讲到内丹学的三要素，因为它是借用了外丹的语言，所以它是有鼎炉、药物、火候，这本来是外丹的三个要素。就是你炼丹要有炉子，炉子里面炼什么，这是药物。那么炼丹成不成功，火候很重要。就跟你煮饭似的，火大了就烧焦了，火小了煮不熟。

内丹学表达它的理论的方法是用什么？是用中国传统文化里面阴阳、五行、八卦，这一套知识语言、这一套象征系统来表达内丹学的理论。

内丹学的特征是三教融合，它吸收了佛教、儒教的理论，融入了自身。

内丹学的目标是什么，是以性命双修为宗旨的一种修道思想体系。

内丹学是以人体为实验室（鼎炉），以自身的“精”“气”“神”为修炼实验的对象（药物）——前面讲的“药物”具体展开就是“精”“气”“神”这“三宝”——以意识的自我调节为实验手段（火候）——如何修炼精气神？就是靠意识的自我调节，这就跟火候有关了——探索出一套转化升华人的生命能量，达成人的生命境界的提升与超越的生命自控系统方法。这对于我们今天继续探索人体生命的奥秘，提升内在生命的质量，克服盲目追求外在物质欲望的偏颇，都具有十分重要的意义。

从文化的大视野来说，在儒、释、道三教并立互补的中国文化格局中，“道教内丹学”有其重要的地位。作为道教修炼方式的实践归宿和理论完成，自晚唐发展至宋明成熟起来的内丹学在整个道教中的地位，相当于禅宗在中国佛教中的地位或理学在儒家思想中的地位。

大家知道什刹海书院是“三教并弘”，三教在一起来弘扬。在宋明时代，儒释道三教都发展出新的理论的高峰，宋明理学在佛道的刺激和影响之下重新接续孔孟的道统，创立了儒家发展的新的形态。而佛教的禅宗从隋唐佛学的灿烂中回归佛陀的本怀，高举实修的顿悟的传统。所以禅宗在中国文化当中的影响非常大。相比之下，道家道教有没有新的发展呢？有！这就是道教内丹学。

不过我们对中国哲学史的研究，内丹学这一块一直是比较欠缺的。学中国哲学史的人都知道，先秦诸子、两汉经学、魏晋玄学、隋唐佛学、宋明理学、清代实学，这里面没有道教内丹学的位置。所以，这也是我当年为什么选择内丹学作为我博士研究课题的一个因素。我认为这一块非常重要，但是没有得到应有的重视。尤其是在今天这个世界，科学昌明，简单的宗教信条已经打动不了人们的心灵，而内丹学这种奠基在实践性、操作性上的这个修炼方法，对当今时代的人们更具有魅力，更具有吸引力。所以现在在西方，藏传佛教的实修，丹道、道家道教的实修，都是比较盛行的，是比较受重视的。

2. 内丹学的源流

内丹学追溯它的源头无疑可以上溯到先秦的诸子百家与仙道方术，先秦诸家的炼养方术，都和内丹有渊源的关系，而且存在生命修炼体验上的内在可相通性，但是我们仍不能直接把先秦古代的很多修炼方术称为内丹学，这是我和很多学者不一样的地方。因为有很多人说《庄子》里面就有内丹学了，有的说《太平经》里面就是内丹了，就是往前追溯到很早的阶段，说内丹学是自古有之。如果这样的话，我们讲内丹学的源起就没有意义了。这些早期的修炼方术是和内丹有关系，但我们只能把它作为内丹学的源头去追溯它，却不能直接把它叫内丹。

上次我们讲老庄修道思想的时候，就已经讲到老庄的修道思想有很高深的境界，老庄的修道思想也达到了修道理论的高峰，老庄的修道境界极深、极妙、极圆通，这不仅为内丹学的形成奠定了理论的基础，也成为内丹学修炼的最后归趋之境。就是道教内丹学最后要与道回归，与道合一，这是内丹学最后的目标，就是要回到道家的修道中来。这样一来是不是老庄修道就是内丹呢？如果老庄修道就是内丹，我们研究内丹学的源流又失去了意义。所以内丹学一定是在老庄修道的思想当中，加以了发展，加以了补充，有它自身的特色。它继承了道家修道理论，但是也补充了很多修道的过程，所以不能说道家修道就是内丹学。

内丹学理论的形成与内外丹的交融有着密切的关系。在内外丹交融的过程当中，有一部非常重要的经典，叫做《周易参同契》。内丹学是通过《周易参同契》这部经典作为桥梁，来把外丹学的一套理论嫁接到人体内修当中去而形成的内丹学。这里面牵涉了很多学术问题，这里我只是简单地提示一下。

关于《周易参同契》也有很多的争论：有的人说它是讲内丹的；有的人说它是讲外丹的；有的人说它内丹、外丹都讲了；有的说它就是一套理论，没有什么内丹、外丹，内丹、外丹就是可以用它而已。在我的博士后研究报告《道教内丹学溯源》里面对此做了专门的研究，我得到的结论是：《参同契》本来是讲外丹的，但是早期外丹经典有一个特点，就是它们是把内修和外丹结合在一块，内修不是内丹，内修是很早就有的，所以在《参同契》的时代已经有很多内修，而《参同契》本身又是讲外丹，它把外丹跟道家的那种内修结合在一起来讲，就是黄老、大易、炉火三结合，所以它原本是一部外丹学的经典。但是内丹学形成之后，它是把《参同契》当作内丹学经典来注释、来诠释，这是可以说得通的。因为内丹学本身就是借用了外丹学的一套理论体系，所以在这个理论模型上面，内外丹道是统一的，形成了统一的丹道学的理论模型。这个时候我们反过来看《参同契》的时候，把它理解为内丹学经典就是一点阻碍都没有了。

也就是说在内丹学传统里面，《周易参同契》就是一部内丹学的经典，而且是“万古丹经王”。但是里面有一些来龙云脉，有这样一个转化的过程，就是内丹学把外丹理论嫁接到内丹学中来，反过来又给原来的外丹学进行了创造性的诠释，说它本来就是讲内丹的。

关于这个内丹学的源流问题我只是简单地点一下，不是我们今天要讲的重点。

三、内丹学的理论体系

1. 返本还原论

内丹学有一句著名的话，叫“顺则凡，逆则仙，只在中间颠倒颠”，这就是内丹学的“顺逆观”。我们一般的人是顺着道向外化的演化方向，它就变成我们今天一般人的凡夫俗子的状态。那么逆着、倒着这个顺向演化方向要回去，返本还原回到道里面去，这就是成仙之路。所以内丹学的整个修炼的理论有一个最明显的线索，就是道的演化有两种方向，一个叫“顺向演化”，一个叫“逆向演化”。逆向演化就是回去，回到道里面去；顺向演化就是道向万物的演化。这其实继承的是《道德经》里面的“道生一、一生二，二生三，三生万物”这样一个道的演化论的一个学说。

我们用几段经典的内丹学的文献材料来讲“返本还原论”的问题。我们选的第一段材料是唐代吴筠《宗玄先生文集》中的一段话，他是论述神仙可学，为什么可学？神仙为什么能成？这是内丹学的一个非常重要的问题。

“讵知块然之有，起自寥然之无。积虚而生神，神用而孕气。气凝而渐著，累著而成形，形立神居，乃为人矣。故任其流遁则死，反其宗源则仙。所以招真以炼形，形清则合于气；合道以炼气，气清则合于神。体与道冥，谓之得道。道固无极，仙岂有穷乎？”（唐吴筠《宗玄先生文集》卷中《神仙可学论》）

当我们学道家、学道教，首先会升起一个怀疑：成仙是不是虚无缥渺的？成仙何以可能？道教的理论家们、内丹家们都要围绕这一点来进行论述。其实上面引用的这段话里面就已经有一个很完整的理论论证。

要解决“成仙何以可能”的问题，我们就要研究生命的演化过程，它是怎么回事？所以这里面第一句话就讲，一切有形状的事物，“块然之有”，有形有状的这个存在，它来源于哪里？其实最终都是来自于“无”，这也是老子讲的“有生于无”。任何有形有状的事物，它是一开始就这样吗？它都是从无中生有。那么这个“无”是什么“无”？有的哲学家讲，“无”怎么可能生“有”？“无”就是什么都没有，没有怎么会生有？一定是“有”才能生“有”。这就是从字面的逻辑去看它。我们这里讲的“无”不是绝对的什么都没有的那种“无”，而是充满了一切可能性，充满了一切生机的那个“道”、那个“虚”。所以道家的这个“无”是充满了无限的可能性的那个“道”，也就是道家所讲的那个“道”，它不是具体的存在，但是它是一切有形有象的存在物产生的“场有背景”。

"积虚而生神"，就是从虚无之中，从"虚"当中而显现出"神"的作用，这个"虚"其实就是"道"。也就是说"虚"本身是一个充满了无限可能性的状态，所以上次我也把它解释为一个"全息场"，就是里面含蕴万机，一切都潜在地存在于那里，它的展现首先就产生了神，神就是其中的灵光、意识。通过神的作用进一步孕育出"气"，气的凝结就形成了有形的事物。也就是把事物的形成分了这样几个阶梯：一个是"虚"的阶段，一个是"神"的阶段，一个是"气"的阶段，气进一步凝结就成了有形的万物了。这其实还是对"道生一、一生二、二生三，三生万物"的一个解释。

从虚到实，经历了四个主要的演化阶段；人作为道的演化的全息的体现，这四个阶段也就内在地成为人的四层结构。有了形体，神和形体结合在一块就成了人，所以人有两大要素：一个是物质的层面、身体的层面，内丹学称为"命"；一个是精神的层面，内丹学称为"性"。物质的层面其实再进一步细分又含有"精"的层面和"气"的层面，而精神又分成"神"和"虚"两个层面。所以我们可以把人的存在统分为四个层面。

这里讲了从"虚"到"人"的这样一个顺向演化的过程，后面马上就讲"任其流遁则死"，顺着这样演化下去，人就会走向老死，走向灭亡；"反其宗源则仙"，如果我们往相反的方向去演化，回到那个虚之中，回到道之中，也就是再跟那个无限的道相结合，就会成仙。这就把顺逆这两个方向点出来了。

下面就讲到，逆向演化、返本还原、回到道里面去的具体的路径和方法是什么？是"招真以炼形，形清则合于气"，这就跟刚才那个演化的方向是相反的，从“形”这个状态把它合于“气”；“合道以炼气，气清则合于神”，再通过炼气往神这个方向走；“体与道冥，谓之得道”，再回到道里面去，就得道了。

这里面有一句重要的话，就是道是无极的，是无限，是无穷无尽、无量无边的。当我们与道冥合、与道合一的时候，我们就和道一样，分有了道的无限性。这样一种存在就是仙，仙怎么会有穷尽呢？成仙就超越了有限性。

所以这里面就是两条思路：一个是从无限的道之中如何一步一步演化出、显现出这样一个有形的存在——这样一个有形的存在，它就是有生有死的，就是有限的；成仙的关键就是从这种有限的存在者进一步内化、逆向追溯，再回到道里面去，再成为道里面的无限，这就是成仙了。这就是整个内丹学“返本还原”成仙的一个核心思路，这段话就已经体现出来了。

下面我们再结合谭峭的《化书》来进一步讲这个顺逆演化的过程。谭峭的《化书》开卷就讲：

> “道之委也，虚化神，神化气，气化形，形生而万物所以塞也。道之用也，形化气，气化神，神化虚，虚明而万物所以通也。是以古圣人穷通塞之端，得造化之源，忘形以养气，忘气以养神，忘神以养虚。虚实相通，是谓大同。”（五代谭峭《化书》卷一）

这段话跟前面那段话总的精神是一样的，但这段话就讲得更清楚了。可以说已经奠定了整个内丹学“返本还原论”的理论基础。

这里面讲“道”的演化有两个方向：一个是“道之委”，委就是下委，向下面演化，就是道生万物的方向；“道之用”，就是道的妙用的方向，就是逆向演化，是向着道的那个方向去演化。道的顺向演化经历的几个阶段，就是我们刚才讲的虚、神、气、形这样几个阶段。从无形无象的道（虚）中，逐渐演化、显现出万物。虚就是没有任何的挂碍，没有任何的形状，没有任何的有形有象的事物在里面；但虚是一个无限的场有，它蕴含了无限的妙用和可能。它的顺向显化过程是从虚到神、从神到气、从气到形，形体生出了以后，万物都有了形状以后，它们之间就相互隔膜、相互阻碍，有形就有挂碍，就有阻塞，就不通了。这是从无限到有限，从无形到有形这样一个显化的过程。

如果我们要修道，要成仙，怎么办呢？要反过来，顺着这个路向回走，将这个粗糙的形的层面化为气的层面，气的层面再化为神的层面，神再化为虚的层面，到了虚的时候，就是相通的，就没有挂碍，就没有阻碍，就充满了妙用、神通，所以要回到虚体状态里面去。

虚、神、气、形这四个层面之间可以相互转化，意味着他们有着根本的相通性。他们只是不同的表现形式，但是内在的核心都是从道里面来的，这也是我们成仙之所以可能的一个根本的依据。我们的生命也是从道演化而来，本来就是虚空的，就是相通的。当显化出有形有象这样的事物，有了相互间的挂碍、滞碍之后，我们可以通过一定的方式再回去，回到道里面去。回到道里面的道路是什么？“古圣人穷人通塞之端”，就是搞清楚了为什么会通，为什么会塞，它的根本的原因在哪里；“得造化之源”，得一切万物变化的根源在于道之中，所以他们跟道生万物的演化方向相反，是“忘形以养气”，乃至于“忘神以养虚”，这就是返本还原的“忘”字诀。

执着于形体，气就不通，忘掉形体以后才可以“养气”。但很多人又执着于气的感觉状态，这样神就不清静了，要忘掉气才可以“养神”。后天识神一直在纷扰不堪，杂念纷飞，要忘掉心的造作、头脑的胡思乱想，才可以“养虚”，进入虚实相通的合道状态。

道教有一部经典叫《坐忘论》，“坐忘”是来自于《庄子》，道教专门论述坐忘的一部论叫《坐忘论》。通过“忘”来跟道相通，这个“忘”里面就是一种精神境界的转化之道。

我们平常的心恰恰是有了太多的牵挂，什么都放不下，那么在这个心灵的世界当中，就有了许许多多的挂碍。所以这个“化”根本上还是一种精神的“化”，只要我们的心灵附着在任何一件事物之上，我们就不通，所以我们要忘。忘掉什么？忘掉万物，忘掉对象。但是大家要记住，“忘”是一个方面，从另外一个方向来说反而是要“记得”。你说我一天到晚忘，忘得稀里糊涂，变成一个什么都不知道，糊里糊涂的人，真的像石头那样、像草木那样无知，这是不是道的状态呢？是不是我们修道的状态？那就不对了。用佛家的话来讲那叫“无记”，那不是修道的进步，那是退步，退到不如我们一般人的状态。所以“忘”是忘什么？忘掉心灵的牵挂，忘烦恼，忘了神去附着在任何对象上。用佛家的话来讲，“心能转物，即同如来”，你能够转心灵里面的任何的“物”，任何的对象，不被它带着走，这就是忘。彻底忘了之后，你的灵觉，一灵独存，进入那个与道相通、与道合一的精神状态，那里面自然会有一种“觉”，自然会有一种记得，有一种灵知，有妙觉。你知道一切，但是并不是知道特定的什么东西，这种“无知之知”，这种纯粹的觉性呈现出来，才是我们“忘”的结果。所以真正与道相通的时候，你的心灵还在，是有一种无边无际、广阔无边的、没有挂碍的心灵状态。那个状态是有觉性的，同时又是忘掉一切挂碍的，这是“忘”和“记得”的辩证相通性，不要偏在一边上。就像我们讲要“无我”，无掉的那个“我”是自我执着的那个“我”，但有时候我们又讲要有“真我”，“真我”恰恰是“无我”之后的纯粹的存在状态，假名为“真我”。

下面我们对前面两段讲的“顺逆演化论”来做一个概括。我们用数字“0”来表示“道”和“虚”的层次，用“1”来表示“先天一气”或“混元一气”的层次，用“2”来表示“神与气”或“阴与阳”的二分层次，用“3”来表示“精（形）、气、神”的三元层次。前面的文献当中我们看到的是“形、气、神”的提法，这里我们则用“精、气、神”，因为形状、形体这个层面，它的进一步精微化，就是用“精”来代表，“精”就是“形之精”，我们形体的精华、物质的精华就是“精”，形是更外层、更粗糙的层面，后期成熟的内丹学则统一将“精、气、神”并列，而不再用“形、气、神”并列的提法。

我们可以用一个数字图表来表达顺逆两种演化：“0 → 1 → 2 → 3……万物”，就可以表示“道生一、一生二、二生三，三生万物”的顺向演化；“万物…3→2→1→0”则可以用来表示“炼精化气、炼气化神、炼神还虚（道）”的道的逆向演化。今天听完课，你只要把这几个数字记住了，妙用无穷，整个内丹学就搞通了。“0、1、2、3”，你把这几个数字它所表达的意义搞清楚了，对于内丹学的要义就有一个把握了。它们既代表宇宙演化的不同层次、方向，也代表内丹学修炼的次第、层级，不同的数字也代表我们修道炼丹不同的阶段、不同的品位。比如要看练功的层次，你在哪个层面炼？你是在“3”到“2”这个层面炼，还是在“2”到“1”这个层面来炼，还是在“1”到“0”这个层面来炼？从这几个数字中就可以清楚地看出来。所以内丹学有的时候讲丹法的不同层级，就可以用这几个数字来表达。什么叫最上品丹法？炼“0”，炼道的层面；上品丹法是什么？炼“1”，炼神；中品丹法炼什么？炼“2”，炼气；下品丹法炼什么？炼“3”，炼精。上中下三品，加上最上一品，这四个数字都表达出来了。所以整个内丹学的理论思路、理论体系，就这两种演化：一个是讲0到万物的变化，一个是讲万物到0的变化。

宇宙的演化和我们生命的演化是全息的，我们生命的诞生也经历过这样一个从虚到实、从无到有的过程。当我们有形的生命形成以后，里面实际上就逻辑性地包含了精、气、神、虚四层结构。我们的生命有0的层次，有1的层次，有2的层次，有3的层次，你活在哪一个层面上这个很重要。如果我们只是活在“3”这个层面上，只顾有形的层面、肉体的层面，我们可以把它叫做“3”这一层面的人。你如果活在“2”这个层面上，能够找到你生命的气、能量这个层面，你的境界就不一样了。当然你如果能够活在“1”的层面、活在“0”的层面，那就境界更高了。整个修养、修炼的方向就是从“3”到“2”、到“1”、到“0”。你修炼到了什么时候，到了什么阶段，通过这几个数字的象征就很清楚了。

因为我们今天只能概说，以上就简单地讲一下这个“返本还原论”的问题。

2．性命双修论

不管我们有没有研究过内丹学，可能很多人都知道“性命双修”这个词。因为内丹学在“打广告”的时候，它的主题词就是“性命双修”。内丹学有什么特殊的地方？有什么他家没有的“独门绝技”呢？丹家说你们一般的人修行，性、命都是偏一边的，所以有的道教的人会说学佛是“修性不修命”。但有时候佛家也反过来批评道教，说你是“修命不修性”。这就是佛道教的性命之争。但其实对内丹学来说，“性命双修论”更多的还不是为了对抗佛教，不是说佛教是修性不修命的，而是它在自身的成立过程当中，逐渐走向圆满的过程。一方面，它继承了传统的各种修炼方术，把这种“命功”的特长拿过来了；但是它如果只有这样的命功的修炼的特长的话，它就还在佛家批判的那个视野当中，就是你不能真正地解脱，那个路径不可能真正地长生不死。所以内丹学有“性功”的部分，就是通过修性功，回到道里面，领悟自己的真性。“性”是代表着无限性、超越性，“命”是代表有限性、经验性。所以内丹学就一方面继承了传统的道教修炼的特长，同时又有更高的升华和超越，是性命双修的体系。

大家要注意，真正的内丹学的“大家”其实并不是说佛教是修性不修命的，他是说真正的修炼都应该性命双修。因为性命本来就是统一的，不可分的。所以从究竟的层面看，佛家也是性命双修的，只不过是说法不一样而已；包括儒家，也是性命双修的。这是内丹学大师们的观点。所以我常常感慨，任何一家只要你学到最高的时候，他的心是通的，他就没有偏见了，他能够看见别人的长处。往往是那个学到半途而废的人，半瓶水的人，他就认为自己是天下第一，别人不行。所以真正的高僧很多也是讲三教合一，他也能看到佛家、道家、儒家的统一性。包括儒学大师王阳明，他也讲三教合一；全真道祖师王重阳，他也讲三教合一。这是真理的相通性，它最终都是相通的。这是一个题外话，就不多谈了。

我们现在还是要回到几段文献来诠释这个“性命双修论”。我们先看第一段，是黄元吉的《乐育堂语录》里面的一段话。关于《乐育堂语录》我专门有一部书《丹道今诠》，对它进行了注解、研析和今译。

“乾，阳也，阳赋吾性，性寄于心，而发为神，神则无所不照而无物不知者也。坤，阴也，阴畀吾命，命畀于身，而发为气，气则无时不运而无地不充者也。此性命之原，即亦神气之所由立也。然犹非吾人炼丹之本领，修道之真宰也。夫以此个性命神气，犹是玄关一动，太极开基，判而为阴阳，寄之人身则为性命、为神气，犹是一而二者也。若要真正丹本，必于太极未动之前，鸿鸿蒙蒙一段太和之气，非性亦非命，即性亦即命，有非言思拟议所能穷者。”（黄元吉：

《乐育堂语录》，戈国龙：《丹道今诠：乐育堂语录注解》，北京：华夏出版社，2007，第228页。）

黄元吉从乾坤、阴阳、性命、身心、神气这一组对立的概念来讲其中的关系。天地之道、乾坤之道，有两大方面，一个是阳，一个是阴。

第一个方面，这个阳是指先天“乾”的阳，阳给我们生命的本性的部分，这个“性”，大家注意先天之性是属于阳的。“性寄于心”，就是生命有身心两个方面，性是寄托在心上，“而发为神”，它的妙用就是神，这个神是心的功能、妙用。性、心、神这是一组，在性命双修里面这是“性”这一组范畴。道教里面讲的“神”就是它的觉照功能，神妙万物、神化万物，就是它无所不照、无物不知，这种知性、觉性，这种能知之性就是神。神有体有用，先天之体是为“元神”，后天之用是为“识神”。

第二个方面，坤道是阴的方面，阴赋予我们生命当中的命这一个系统。命是依赖于这个身，就是有形有象的身体，它的精微的作用就“发为气”，“气则无时不运而无地不充者也”，气是周流一身，是一切功能妙用的能量基础。那这是第二组，属于“命”一组范畴，就是坤、命、身、气。这两组其实都可以一一对列，性和命是对列的，身和心，神和气是对列的。身心、神气、性命、阴阳、乾坤，这就分成两大概念系统。

“此性命之原，即亦神气之所由立也”，这就是性命的来源，也是神气作用的一个基础。但是后面就很重要了！这是分开来谈的性命，就是生命的两大系统——性和命。“然犹非吾人炼丹之本领，修道之真宰也”，但是我们真正炼丹修道还不是光修这两个东西，这已经是分化了，分成两个方面了，炼丹不能寄托在分立的层面上。“夫以此个性命神气，犹是玄关一动，太极开基，判而为阴阳，寄之人身则为性命、为神气，犹是一而二者也”，这里讲的是“2”的层面，是分开的二元的层面，有性命，有神气，是从“1”到“2”的阶段。太极是什么？太极就是“1”的阶段。从太极一动，玄关一动，分阴分阳，从太极分阴阳，就是从“1”到“2”的阶段。那么“0”是什么？“0”就是无极。所以我们炼丹修道还不是在性命分开的这个层面上去下功夫了。

“若要真正丹本，必于太极未动之前，鸿鸿蒙蒙一段太和之气，非性亦非命，即性亦即命，有非言思拟议所能穷者。”性命、神气都是从哪里来的？要去找根源，找“太极未动之前”，太极未动之前就有个“太和之气”。大家要注意了，怎么又变成“气”了呢？“气”不是“精气神”的“气”吗？“气”应该是下面的“2”的层次，怎么太极未动之前又是“太和之气”呢？所以，当我们读内丹学文献的时候，一定要了解这个概念的不同层次。这里讲的“太和之气”，不是“精气神”分立的“气”了。这里讲的太和之气，是那个神气未分、性命未分的“本原之气”。“本原之气”本来不能够叫“气”，但是它是神与气的根源，所以有时候我们从“气”的视角来看它，就把它叫“真元之气”、“太和之气”；有时候又从“神”的角度来看它，把它叫“先天至神”。有时候讲它是“虚”，有时候又讲它是“道”，这就是语言表达的相对性和不同语境下的方便表述。所以这里的“气”不是“精气神”的“气”，而是神气未分的那个浩浩荡荡、无边无际的“本原之气”。因为是“本原之气”，所以讲它“非性亦非命”，不是性，不是命，不是分开来讲的性命，但是性、命都在其中，所以“即性也即命”，这个时候就不是我们言语、思考、分别所能够搞清楚的，那是超越言说的无分别境界。

这段话里面，它既讲清楚了性命分开的两大系统，同时又讲了性命之根源，性命未分的状态。真正的炼丹修道，要以“太和之气”为本，要回到玄关未动之前、太极开基之前、阴阳未分之前的“本原之气”，就是我们前面讲的要返本还原，回到道里面去。所以“性命双修论”是给出了一个总体的方向，性和命都要双修，但双修到哪里去？要双修到性命合一、性命不分的本原之中。所以修性、修命都是后天的分辨，通过性命的修炼，从后天返先天，回到没有性没有命的分立的那个本体状态，那才是我们性命双修真正的目标。

下面我们看一段李道纯的《中和集》里的一段话，也是论性命比较有代表性的一段话：

> “夫性者，先天至神，一灵之谓也；命者，先天至精，一气之谓也。精神，性命之根也。性之造化系乎心，命之造化系乎身。见解智识，出于心也，思虑念想，心役性也；举动应酬，出于身也，语默视听，身累命也。命有身累，则有生有死；性受心役，则有往有来。是知身心两字，精神之舍也，精神乃性命之本也。性无命不立，命无性不存，其名虽二，其理一也。嗟乎，今之学徒、缁流道子，以性命分为二，各执一边，互相是非，殊不知孤阴寡阳，皆不能成全大

事。修命者不明其性，宁逃劫运；见性者不知其命，末后何归？仙师云：炼金丹，不达性，此是修行第一病。只修真性不修丹，万劫英灵难入圣。诚哉言欤。高上之士，性命兼达，先持戒、定、慧而虚其心，后炼精、气、神而保其身。身安泰则命基永固，心虚澄则性本圆明。性圆明则无来无去，命永固则无死无生。至于混成圆顿，直入无为，性命双全，形神俱妙也。虽然，却不可谓性命本二，亦不可做一件说，本一而用则二也。"(《中和集》卷四，元初李道纯撰。按:《中华道藏》本"精神，性命之根也"一句误作"精与性，命之根也"，显然有误。)

"夫性者，先天至神，一灵之谓也；命者，先天至精，一气之谓也。"性和命就是我们生命的两个方面，一个是"神"的方面，具有灵觉、灵知的那个方面；一个是命，命就是我们后天的生命的精华，身体的核心就是"气"。

"精神，性命之根也"，性命是来自于先天至神、先天至精，所以说精、神是性命之根。这里讲的"精""神"呢，又不完全是从"精气神"这个角度来讲。这里的"精"是对"气"的形容，是说气是"至精"的，"精"与"气"都是指命的根源，而说精神为性命的先天的来源。性是先天至神，最高的那种灵知、灵觉的部分；命是先天至精，就是最精华的那个气，组成了我们的命。

"性之造化系乎心，命之造化系乎身"，性和命在我们生命上的体现就是身心。

“见解智识，出于心也，思虑念想，心役性也”，这个心产生以后，就有了种种的见解、种种的知识、种种的分别，来自于心的分别。因为有了后天的思虑、念想，这种心的造作、心的分别，就让我们的本性受到了奴役，就把“性”给遮蔽住了。这是讲心与性的关系。

“举动应酬，出于身也”，我们身体能够举动，能够动作，能够应酬。“语默视听”，能够说话，能够看东西，能够听东西，这都是身体的动作。那么，这些身体的造作导致“身累命也”，就是伤害了、耽误了、影响了我们的“命”。我们后天的生命状态，就是“命有身累，则有生有死；性受心役，则有往有来”，我们的性命本来是来自于先天的至神、先天的至精，因为有了身体的拖累、后天身体的造作，有了后天心的挂碍分别，就让我们的先天性命受到了牵连，导致了身体有生有死，而性也随着心的作用而有了往来流转。

“是知身心两字，精神之舍也”，身心两字是我们精神所安住、居住的地方；“精神乃性命之本也”，而精神又是性命的根本，所以为什么要修精、修神，就是要回到先天性命上去。

下面是讲性和命的关系：“性无命不立，命无性不存，其名虽二，其理一也”，性命是密切相关的。如果性没有命的基础，它也成立不起来；命如果没有性作为它的主宰，这个命也就是死的，不存在。“其名虽二，其理一也”，虽然把它叫做性和命，分成两个名字，但它根本的道理是相通的，是一个东西的两个方面。这里讲性命的统一性，生命是一个统一的系统，不能截然分为性、命两个系统。

“嗟乎！今之学徒，缁流道子，以性命分为二，各执一边，互相是非，殊不知孤阴寡阳，皆不能成全大事。修命者不明其性，宁逃劫运；见性者不知其命，末后何归？仙师云：炼金丹，不达性，此是修行第一病。只修真性不修丹，万劫阴灵难入圣。诚哉言欤！”这是强调性命的统一，是内丹学性命双修论的基本观点。有的半瓶水的人，没有学到家，把性命对立起来，偏在一个方面，其实都不能解决问题，因为孤阴寡阳，都不能成全修道成仙之大事。如果仅仅是身体的修炼、命的修炼，而不明本性的话，那你不能够真正得到超越和解脱。如果你虽然见性了，但是不知道性的生命基础，最终它没有安顿的地方，也不能达到圆满的成功，没有最后的归宿。所以“炼金丹，不达性”，只是修命而没有明心见性，这是修行的第一大毛病。但是，“只修真性不修丹”，不转化身体、不转化气脉、不炼精气神，那你的精神是缺乏能量的支撑，只能出阴神，也不能真正进入圣人的境界。

“高上之士，性命兼达，先持戒、定、慧而虚其心，后炼精、气、神而保其身。”这里面很有意思，就是把戒、定、慧和精、气、神连起来谈，这在后期的内丹学的文献当中，经常有这种说法。佛家修炼最根本就是戒、定、慧三学，而道教修炼最重要就是修精、气、神，所以我曾经说过，精、气、神是修炼的本体，戒、定、慧是修炼的方法，这就是佛道之相通。难道道教就不要戒定慧了吗？从方法上来讲，最终都是归于戒定慧，你炼精气神怎么炼，就是通过戒定慧去练；佛教修戒定慧就不要精气神吗？戒定慧炼的是什么？生命除了精气神还有什么？就是炼精气神啊！所以佛道之间难道会截然对立吗？通过戒定慧来修心，进

一步促进精气神的转化而修身，身心是一体的。

“身安泰则命基永固，心虚澄则性本圆明”，你修炼，身体这方面安顿好了，生命的基础就巩固下来了；心虚下来了，澄明下来了，就回到你先天的圆明本性当中。因为从本性上来讲，它是圆明的，是无来无去的，本就是无限的、超越的。而当你的命基永固，你就超越了身体的变化和死生，最高的境界就达到了“混成圆顿，直入无为，性命双全，形神俱妙”，这就是内丹学的理想境界——“性命双全，形神俱妙”，与道相通，与道合一。

虽然我们讲“性命双全，形神俱妙”，却不可说性命本来是两个东西，但是也不能把它当成一件东西来说，它们是“本一而用则二也”。“本一”，就是从根本上来讲，它们本原是一个东西，但是从它的表现和它后天的作用来讲，它可以分成两个方面，一个是性一个是命；一个是精神的系统，一个是物质能量的系统。而性命能够再详细展开，还是精、气、神、虚四大层面，前面我们讲的“0、1、2、3”这四个数字，这个“0”“1”是属于“性”的系统，“2”“3”是属于“命”的系统；“精”和“气”都属于“命”的系统，“神”和“虚”是属于“性”的系统。所以讲道，有分开来说，有不分开来说。分开来说是有性有命，有两个方面；但讲到根本处，讲到最后的阶段，它是没有二分的，是无二，是非二元的，是统一的。所以“性命双修”最终是消除性命的对立，回到统一当中，回到性命统一的根源当中去。

下面引用的是纯阳真人《诸真内丹集要》当中的一段话再总结一下：

"（纯阳真人云）始初本性，乃元宗元相之至神，主命之一灵也。命蒂之根源，即先天也，无形之至精，保性之一气也。精神即性命之本始也。此一灵真性，盖为心所昧也；纯一之命，皆因身所役也。若能全身而命基永固，心澄而性本虚灵。命不得性而安能保守，性不得命而未可长安。性命本一，变动为二。今之学者各执一边，若要成全真大道，无非性命合一，欲得性命合一，直须心清意静，心意清静则万法自然归其根也。"（《诸真内丹集要》卷中）

"始初本性，乃元宗元相之至神，主命之一灵也。命蒂之根源，即先天也，无形之至精，保性之一气也。"这和前面讲的"精神，性命之根也"是相同的。命的根源是先天的无形之气，性的根源是先天的无相之神，所以精神是性命的本始。但是我们来自于先天至神的"一灵真性"，因为后天分别心而被遮蔽了；我们来自于先天真气的"纯一之命"，因为身体的活动而补奴役了。也就是说先天的性命落入了后天的身心，它就有了限制，所以我们修炼就要回过头来，要"全身而命基永固，心澄则性本虚灵"，就是把你的心沉静下来，恢复你先天本性的心灵，这跟前一段讲的是差不多的。"命不得性而安能保守，性不得命而未可长安"，这讲的是性命的相互支撑、相互配合，不可偏向一边。"性命本一，变动为二"，这还是讲"本一而用二"的道理。"今之学者各执一边，若要成全真大道，无非性命合一，欲得性命合一，直须心清意静，心意清静则万法自然归其根也。"这也是用很精炼的话，把我们前面讲的性命双修的道理再概括一遍。就是性命不要偏执在一边，要让它合一，那合一就从身心两个方面下手，最后要回归根本。

修性修命，虽有先性后命或先命后性等不同的进路，但总起来说都是“性……命……性……命……”这一系统的性命修炼工程中的不同环节，最后都从后天返先天，以先天化后天，终至先后天合一，性命合一，而回归道体，与道合一，这是性命双修论的理论宗旨所在。

3. 阴阳交媾论

在内丹学中，阴阳交媾又叫做“阴阳颠倒”、“坎离交媾”“坎离颠倒”“龙虎交”“水火交”等，有很多这方面的名词。如《还丹复命篇》当中就说到：“龙虎一交相眷恋，坎离才媾便成胎”，讲坎离交媾、龙虎交媾。内丹学的文献当中，描写“阴阳交媾”的文字非常多，既有对阴阳交媾原理的论述，又有对阴阳交媾景象的描写，还有对阴阳交媾的条件、火候的说明，是内丹学理论体系的一个重要的组成部分。我们在这里不能够详细论述，我们还是把它最核心的地方概述一下。

下面我们引用刘一明的《道书十二种》当中的一段话来说明阴阳交媾所涉及的一个内丹学的哲学问题：

> 问曰：“性命必赖阴阳而后凝结，则是有阴不可无阳，有阳不可无阴，何以又有‘群阴剥尽丹成熟’之说？到底用阴乎？不用阴乎？”答曰：“所用者真阴真阳，不用者假阴假阳。真阴真阳为先天，假阴假阳为后天。先天成道，后天败道。”问曰：“何谓真阴真阳？何谓假阴假阳？”答曰：“阳中

之阴为真阴，阴中之阳为真阳，古经所谓‘阴阳得类者’是也。亢阳无阴为假阳，孤阴无阳为假阴，古经所谓孤阴寡阳者是也。”（刘一明:《道书十二种》，书目文献出版社 1996 年版，第 329 页。）

问曰:“性命必赖阴阳而后凝结，则是有阴不可无阳，有阳不可无阴，何以又有‘群阴剥尽丹成熟’之说？到底用阴乎？不用阴乎？”就是在我们返本还原、回归道体的过程当中，性命、阴阳两者要结合，从二到一，这个结合就是阴阳交媾。那么在阴阳结合、凝结的过程当中，阴阳是不可偏废的，不能说只要阳不要阴，而是阴阳要结合。为什么《悟真篇》又有“群阴剥尽丹成熟”的说法呢？不光是《悟真篇》有这样的说法，内丹学里面有很多“消阴变纯阳”的说法，比如吕洞宾就是“纯阳真人”，内丹学认为，我们修炼的时候要回到“纯阳”的境界，那到底是要用阴还是不要用阴呢？这是我们讲阴阳交媾，首先要解决的一个重要的哲理问题。你讲阴阳交媾，怎么又讲要变成纯阳？那纯阳就是没有阴了嘛！所以要注意这两个概念怎么去分疏，怎么去理解。

答曰:“所用者真阴真阳，不用者假阴假阳。真阴真阳为先天，假阴假阳为后天。先天成道，后天败道。”这里面其实是一些概念的运用的问题。我们讲“消阴变纯阳”是什么意思？消阴成阳，用一句话来讲就是“从后天到先天”。我们把先天的境界叫“阳”，后天的不好东西我们叫“阴”。从这个意义上来讲，内丹学修炼就要把“阴”全去掉，把后天的东西全去掉，回到先天的纯阳的境界。这样一讲，不就明白了吗？所以，消阴变纯阳，这是在特定的意义上来讲的意义，不是讲阴阳的哲理。那么讲阴阳交媾是什么意思呢？这就不是在先天为阳、后天为阴的意义上来讲了，从哲理上说，先天有先天的阴阳，后天有后天的阴阳，阴阳交媾就是从后天的阴阳回到先天的阴阳，进一步先天的阴阳再交媾，回到没有阴没有阳的对立分别，这一“先天之先天”的状态。当然，我们也可以在某种意义上把“先天之先天”叫做“纯阳”，这是一个概念运用的问题。当我们讲纯粹的先天为“纯阳”时，这里面其实已经偷换了概念，要注意。如果从阴阳哲学上来讲，有阴就有阳，有阳就有阴，哪有什么纯阳？纯阳那不就是孤阴寡阳了吗？我们只能讲阴阳平衡，不能从纯阳或纯阴的状态。

那么，内丹学的“纯阳”这个概念是怎么来的？其实也是借用了《周易》里面阴阳消长的过程，来形容人体修炼状态的变化。比如十二消息卦，从最初的一阳生的复卦，到后面的纯阳之乾卦，这样一个周期性的阴退阳升到纯阳这样的变化过程，用这个过程来说明我们生命能量的升华和变化。就是从我们有一点点后天的渣滓之气，到完全没有，从一点点阳气的苗头，到纯阳的阶段，这都是有它特定的含义，不是讲纯粹的阴阳的哲学。从阴阳消长的卦象来看，阳升到极点就是“纯阳”，阳极则阴生，一直到阴升到极点，变成“纯阴”，如是阴阳消长，周流往返。从这个意义上讲，纯阳并不是“孤阳”，只是阴阳消长变化的一个极点环节而已。若从阴阳哲学上说，是阴中有阳，阳中有阴，阴阳是分不开的，有阴就有阳，有阳就有阴，没有绝对的纯阳或纯阴，要么就是阴阳未分之先天境界。故“先天成道，后天败道”，内丹学讲纯阳是从回归先天这个意义上来讲的。

问曰：“何谓真阴真阳？何谓假阴假阳？”答曰：“阳中之阴为真阴，阴中之阳为真阳，古经所谓‘阴阳得类者’是也。亢阳无阴为假阳，孤阴无阳为假阴，古经所谓孤阴寡阳者是也。”这就是对阴阳的概念进行了区分，内丹学所谓的阴阳交媾的阴阳，是那个真阴真阳，是阴中之阳，阳中之阴，不是偏阳偏阴。

关于“真阴真阳”的概念，我们用坎离二卦来做说明。什么叫阴中之阳，什么叫阳中之阴，坎离二卦是最能够说明问题的。坎离二卦我们可以看成是从乾坤二卦演变而来，我们先来看看卦象图。

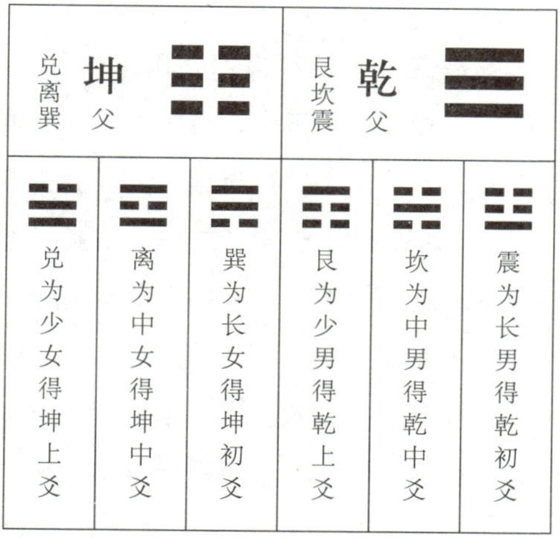

兑离巽 坤 父 ☷			艮坎震 乾 父 ☰		
☱	☲	☴	☶	☵	☳
兑为少女得坤上爻	离为中女得坤中爻	巽为长女得坤初爻	艮为少男得乾上爻	坎为中男得乾中爻	震为长男得乾初爻

乾卦是纯阳，三个阳爻，坤卦是纯阴，三个阴爻。如果我们把乾卦中间的阳爻拿走，和坤卦中间那个阴爻之间对换一下，大家发现是什么呢？就变成了坎离二卦了。乾卦的阳爻出走了变成了阴爻以后，就变成了离卦，乾卦变成了离卦；坤卦中间的阴爻

变成阳爻，那就变成了坎卦。乾坤这个阴阳，是代表先天阴阳，坎离的阴阳代表后天阴阳，从乾坤到坎离，就从先天到后天的变化。那么反过来我们要逆返成仙，返本还原，要怎么办呢？就要坎离交媾，取坎填离，把坎卦中间的阳爻，填替、弥补离卦中间的阴爻，这样坎离二卦又恢复了乾坤的先天本来面目，这就是取坎填离、阴阳交媾的基本原理。为什么要阴阳交媾，为什么要坎离交媾，这还是要后天返先天，返本还原。

下面我们看一下《性命圭旨》里面这一段话，讲阴阳坎离交媾的问题：

> “夫人也，坎离交则生，分则死，此理之必然，无一人不如此者。盖离☲为阳而居南，外阳而内阴也，谓之真汞。坎☵为阴居北，外阴而内阳也，谓之真铅……修丹之士，若欲返其本，复其初，使龙虎归于鼎中，情性归于窍内，当用“龙从火中出，虎从水中生”之二诀。则炎炎烈火中出飞龙之矫矫，泓澄水底跃走虎以耽耽，始得龙虎相交，向鸿蒙而潜归混沌。继则夫妻合体，从恍惚而竟入虚无，共至黄房，互相吞啖，两情留恋，二气交加，有如天地之媾精、日月之交光，盘旋于祖窍之间，自然复先天未判之气，而成混元真一之精。为大药之根源，作还丹之基本也。”（《性命圭旨》，见《天元丹法》，第 156—157 页。）

“夫人也，坎离交则生，分则死”，就是坎离两卦相交，取坎填离，就能够回到先天的状态里面去，就有无穷的生机了。但是坎离两卦分开就走向阻塞之路，走向死亡。“此理之必然，无一人不如此者”，也就是坎离不交就是先天到后天，就是顺向演化，就是“顺则凡”；坎离交，就是从后天到先天的逆向演化，就是“逆则仙”。这也就是丹道的必然之理。

离卦属阳，但是离卦的阳是后天的阳，不是先天的阳。“离☲为阳而居南，外阳而内阴也，谓之真汞。坎☵为阴居北，外阴而内阳也，谓之真铅。”内丹学讲的铅、汞本来是外丹学的概念，但是在内丹学里面，其实完全是把铅汞的意义做了转换。所以铅汞、坎离、阴阳、龙虎这些概念都是一个意思。所以“修丹之士，若欲返其本，复其初，使龙虎归于鼎中，情性归于窍内，当用‘龙从火中出、虎从水中生之’二诀。”龙虎、水火都是跟阴阳、坎离相对应的概念，我们上一讲最后讲内丹学时讲到，水火交融非常重要，因为我们的精神之火向上、上炎，能量之水向下、下流，水火是永远不交的，这就是后天的身心分裂的状态。那么要用精神之火往下走，去加热这个能量之水，这样才会变成水火交，才会炼丹。所以“龙从火中出，虎从水中生”，就是阴阳颠倒、取坎填离的意思。

后面是用了一些形容词，讲坎离相交的景象、过程，我们就不详细讲了。讲到坎离交媾，这对于我们理解阴阳交媾的原理很重要；但其实大家最容易理解的还是水火的意象，比较适合于我们对修炼的直观理解。水代表着能量，要把能量进一步升华靠什么呢？能量要靠精神之火进行加热，我们心向外驰，挂念种种外界的事情，火都发散了，这个火要收回来，要入定，那么戒定慧怎么修，就是把这个火要凝结起来转化身体，才会有炼精化气、炼气化神、炼神还虚的功效。

前面我们简单地讲了内丹学的“三论”，讲了其中一些最核心的意义。下面我们讲一下内丹学的现代意义。

四、内丹学的现代意义

1.“返本还原”违背了道家“道法自然”的原则吗

我们讲返本还原是内丹学最根本的理论。那么有一些学者，或者有一些读者就会说，道家是道法自然的，你这个返本还原炼了半天，要炼精化气、炼气化神，这是很造作的，这一点都不自然！所以有的学者说内丹学对道家进行了革命，完全违背了道家，跟道家完全相反。真的是这样吗？

上次我讲道家的“道法自然”的时候，已经做过一个分解。道法自然真正的意义是什么？是回归道的自然状态、无为状态，这不意味着是我们凡夫目前这种状态下的顺着欲望的“顺其自然”的那个“自然”。如果说从我们凡夫目前这个状态顺其自然下去会是什么呢？那就是人的欲望的自然，那就是内丹学讲“顺则凡”的方向。所以道法自然，恰恰是为了法道的自然，回到道的自然当中去，这其实就是“逆反成仙”的方向。

所以，“返本还原”是什么意思？返本还原还是要回到道里面去，是跟道的“顺向演化”方向相反。回到道里面干什么？回到道里面去“道法自然”啊！所以说认为“返本还原”和“道法自然”是相对立的、相反的，这种观点我认为是皮毛之见，是看表面现象，看表面概念，似乎一个是道法自然，一个是逆反成仙，认为道家跟道教是两码事，非也！道教通过重重修炼，最后就是要回到道家的道法自然里面去。

你以为道法自然那么容易吗？你不修，你是到不了道之自然的，你那个自然就是凡夫欲望的自然——我想吃什么就吃什么，想喝酒就喝酒，想做坏事就做坏事，你还美其名曰“道法自然”，那就错了。

2．“返本还原”是不是冯友兰所说的“自然境界”

冯友兰先生在他的《新原人》这本著作当中，把人生的境界依其觉解的程度分成了四大境界：一个叫“自然境界”，一个叫“功利境界”，一个叫“道德境界”，一个是叫“天地境界”。自然境界就是在人还没有发展出理性之前，也没有什么想法，没有什么欲望，这种原始的自然状态，在冯先生书里面那是最低的境界，相当于动物一样。然后才有了人的功利的境界，再上升到道德境界，再上升到天地境界。冯先生说，道家往往把自然境界和天地境界混为一谈。我们修养的目标本来是要走向天地境界，但是道家总是要道法自然，要返本还原，要回到原始的自然境界去。他说道家对自然境界与天地境界两者常常分不清楚。

但是我认为冯先生这里面忽略了一个根本的问题，不是道家没讲清楚，道家的书里面有它自己的系统的语境，它已经说得很清楚。道家说的返本还原是“重返自然”，已经不是“原始的自然”，是人经过理性的发展，经过欲望的发展，经过的后天的发展，有了种种问题之后，我们才开始修炼，再修炼回去，回到道的自然，这个时候所回到的那个自然，恰恰不是冯友兰先生所说的自然境界，而恰恰就是天地境界，就是与道合一的境界，怎么会是自然境界呢？

冯先生的“自然境界”里面的“自然”，跟“道法自然”的“自然”是完全不同的。在冯先生那里自然境界是低层次，就是还没有形成人的正常的理性之前的状态，是原始的混沌状态。但是道家的道法自然，是经过了人的理性发展之后，通过人有意识的修炼，再回归到自然状态，这个时候恰恰是冯友兰先生所说的最高的境界——天地境界。

就像道家讲的“复归于婴儿”，难道是真的要回到如婴儿一般的无知无识的状态吗？复归于婴儿只是一种隐喻，是一种修道功夫论的语言，是让你去掉后天的识神分别而回到那种元神觉照的状态，这种状态像婴儿一样没有后天的执着与分别，是警醒的、活在当下的，但其本质仍然是不同于真正的婴儿的状态的。一个成年人像婴儿那样处于无分别的状态时，这就是圣人的状态，而不再是婴儿的状态。我们能动地自觉地去回到那种自然的状态，这就已经是“后得混沌”，不再是原始的自然、原始的混沌状态了。

3.“虚空”是无限的“负熵源”

“虚”这个概念在内丹学里面非常重要，炼神还虚，回到虚空、回到虚体。这里的“虚空”也是一个隐喻，它不是指物理学上的空间，也不是指天文学上的概念。“虚空”实际上是“道”最好的比喻，我们要讲“道”是什么？讲不清楚。我们就说它像“虚空”一样，“道”就像是无限的虚空。“虚空”是什么？我们不能描述它的形状是什么？我们也抓不住它，虚空是无边无际的，是无穷无尽的。所谓的“虚空”就是我上一次所讲的道的

“无限场有”，“场”就是物理学的“场”，虚空是无限的宇宙统一场的隐喻。

在物理学当中，任何一个封闭的系统，它的混乱度是越来越大，有序度是越来越小，物理学用“熵值”来表达一个系统的有序度或者混乱度，熵值越大，它的混乱度越大。那如果要保持生命的有序状态，那就要不断地获取“负熵”来平衡自己的熵值增加的趋势。而要增加自己生命的负熵，就要让生命这个系统开放、扩大，不能变成封闭的系统。

为什么我们一个人关在房间里会受不了，觉得很闷？因为那时候你变成了一个封闭系统。你会想去旅游，去见识大好河山，去看看广阔的世界。为什么？你想要跟外界发生物质、能量、信息的交换，要让生命变成一个开放系统。但是这里有个问题，那有的人闭关在山洞里面，他是不是进入一个封闭系统呢？没有！他表面上是关在山洞里面，但是在山洞里，他的心恰恰是无限开放的，他是在里面修道，修道就要悟道。如果他的心没有无限开放就关在山洞里，那就不是“闭关”，那就是“关闭”！关闭就麻烦了，那是坐牢，精神要分裂的，所以没有这悟道的功夫，就不要去闭关，你在里面关闭两个月就疯了，所以一定要是开放系统。

下面有个问题，最大的开放系统是什么？我们从这个房间，什刹海书院，扩大一点，变成北京市，心怀北京市，这个胸怀已经很大了。那不行，还不够，我要胸怀全中国；还不够，要胸怀全世界，胸怀整个地球，胸怀整个宇宙……那么天文学的宇宙还是有限的世界，因为有无限多个宇宙。那么这个无限的世界是什

么？就是虚空，虚空是无边无际的，它不是一个有限的概念，所有的世界都在虚空当中。所以虚空是无限的“负熵源”，最大的开放系统就是虚空。

这里就有练功的奥秘。佛家为什么要讲空？道家为什么要讲虚？你空掉了有限的身心系统，进入了无限的虚空系统，无限的开放系统，最大的开放系统，它的负熵源就是源源不断的、无穷无尽的，那你的生命会越来越有序。精化气、气化神、神化虚，这可以看作是有序度越来越增高的状态，生命越来越平衡的状态。

所以，我们有烦恼、有问题怎么办？把有限的小我的身心抛掉，进入这个虚空，获取负熵之源，你的生命就会获得焕然一新，充满能量，美妙无穷。幸福解脱的生活如何可能？以有限的孤立系统——自我——为中心，生命就只会烦恼无穷；只有超越自我，进入道之无限，进入无限的虚空，生命才可能有最终的安顿、最终的解脱。

所以性命双修也罢，炼精化气、炼气化神、炼神还虚等也罢，最终都是要返本还原，与道合一，与虚空合一。这个“虚空”是个隐喻，我再三强调，不是讲有限的空间，不是天文学、物理学的虚空，它就是道，就是那个无限的全息统一场，就是打破生命的挂碍进入无限的道，进入道中就是寻找人类的精神家园。

4. 寻找人类的精神家园：成仙是否可能

我们最后要问一个终极性的问题——生命的意义何在？最高的精神境界是什么？心如何才能得到真正的安顿？成仙是否可

能？这所有的奥秘都在“虚空”之中，都在“道”之中。

当人固守自我，以自我为中心的时候，自我就是一个有限的、封闭的小我系统，当你以自我这样一个立足点去生活，去活在世间，你就永远不能真正地安身立命。自我注定是充满烦恼的，因为它总是把自己和别人、和别的世界对立起来，这样一个自我，就是烦恼之根，就是问题之源。打破自我进入无限的虚空，进入无限开放的状态，这个无限开放的状态就是“真性”的状态，也可以叫“真我”的状态，也可以叫“本性”的状态，这就是我们精神的最终的根据地、最终的安定之所，也是成仙之所以可能的根基所在。

你如果要让我证明成仙何以可能，我要怎么证明呢？如果说成仙就是要活一千岁、一万岁，要永远不死，让我拿出一个这样的仙人给你看看，这个证明方法走不通，到现在还没有看到一个不死的人。长生也许是可能的，多活几岁是可以的，但是你说要肉体长生不死，到现在没有找到这样的人。就算你活几百岁、几千岁，在无限的时空长河当中，也还是短暂的一瞬，有什么了不起呢？你活一百年、活一千年，一千年在无限的时空长河里面与无限相比的话，也还是无穷小。所以这条成仙之路走不通。但是我要说，成仙就是破掉了有限的我，回到了无限的道之中，这样一种状态、一种精神境界，一种身心宇宙、天人不二的合一状态，这个时候成仙可不可能？可能！我就是证明。

但大家不要误解，以为戈教授在吹牛说他成仙了，你要理解我所说的“成仙”是什么意思。在某种意义上来说，我就是仙，你也是仙，大家都是仙，唯一的区别就是你有没有认识到你是仙，你还挣扎在那个小我当中跳不出来，把那个小我当成真我，你自己认为你是凡夫俗子，那是你的问题。但是只要你智慧到家了，你当下也是仙了，因为我们本来就是在道之中，本来就是跟道合一的，我们生命本来就是无限的，所以本来是佛、本来是仙，只要你去悟就行了，只要你领悟到你自身的本来面目，回归与道相通的无限境界就可以了。

要注意，我现在讲的不仅仅是局限于内丹学的传统说法，我这是在讲内丹学的现代意义，这意味着我对内丹学的“成仙是否可能”的问题进行了一个全新的诠释。如果按照传统的说法，那是没法说清楚的，怎么可能成仙呢？神通不能证明成仙，长生不死你又做不到。我说的“成仙”就是一种超越的精神境界，一种解脱的精神境界，这是随时可证、随时可能的。如禅家所说：一念顿悟，一念即佛，在你领悟到自己的无限本性的当下，你就是仙了。

5. 顺与逆：人类文明的“业力轨道”与“智慧轨道”

讲到个体的和人类的精神家园的问题，现在我们再扩展一下，讲讲人类文明的发展方向的问题。

因为个体的人和整个的人类是相关的，每一个人找到了他的精神家园，人类的文明才有前途；如果人类里面的每一个人都是糊里糊涂的，都是以小我为中心的，那人类就是一个斗争的场所。民族与民族之间、国家与国家之间、团体与团体之间都在斗争，因为他们都局限在某个封闭系统当中，只不过有的人心胸大一点，胸怀国家，有的人只顾他的小团体，还有的人只顾他自己，连老婆孩子都不管。这就是人类文明的“业力轨道”，我们活在一种“业力”当中，活在无明当中，活在佛教讲的“贪瞋痴慢疑”当中——这条道路是没有前途的。人类这样斗下去有什么前途？人类甚至跟地球斗，地球本来是我们赖以生存的家园，我们去跟地球斗，能斗得过它吗？把地球都破坏了，我们人还怎么生存？

与“业力轨道”相对应是人类文明的“智慧轨道”。人类文明的智慧轨道，就是认识到宇宙人生的真谛，生命发展的方向，找到了生命的家园，这样人类才会有光明的前途。

人类文明的智慧轨道到底体现在哪里？就体现在宗教传统当中。任何一个大的历史悠久的宗教传统，都蕴藏着巨大的智慧，它们都指向了这样一种超越的境界。不管是成佛、成仙、成圣，儒释道三家都有一套提升人的生命境界的理论和方法，指向一条通往终极解脱的道路。所以在物质文明日益发展的今天，在科学技术越来越发展的今天，我们还是要不断地回归传统，向人类古老的文明智慧当中去寻求人类发展的光明前途，寻求智慧轨道的启示。

所以，什刹海书院的弘道工作意义重大，它是在茫茫的人类文明的业力轨道当中，给我们指明智慧轨道的方向。

五、结语

今天我们的讲座的主体部分就结束了，最后是结束语。刚才主持人介绍我的时候，也谈到观虚斋教学的课程和文化体系，我这里简单介绍一下什么叫“观虚斋教学”。

“观虚斋”是我书房的名字，也是我们这套教学课程、这套教学体系的品牌。

“观虚斋教学”是在深入研究和实践传统儒释道三教修道智慧的基础上，结合现代多元文化与灵修体系而开发的一整套提升生命智慧、寻求生命超越的修道课程与文化体系。目前除重点推出观虚斋教学的精品课程《宗教智慧与大道养生》外，观虚斋教学课程体系还包括两门基础课程:《修道概览》和《学佛通说》;三门高阶课程:《孔圣绝学》《太上道脉》和《佛祖心传》。未来，观虚斋教学课程将涵盖儒释道三家的基本经典，系统阐释中华修道文化的智慧精髓；同时解行并重，增加实修指导的环节。

观虚斋教学是继承传统、融会新知的新型教学体系，呈现了一种系统而又开放的全新框架，任何宗教或无宗教背景的人士都可以从中获得一种对精神成长与灵性奥秘的普遍问题与根本原理的理解和掌握，并超越诸修行方法间的藩篱而进行更深入和有意义的探索。

有关今天讲的内丹学，观虚斋系列丛书当中，有几本跟今天讲的有关：一本是《道教内丹学探微》，一本是《道教内丹学溯源》，一本是《丹道十讲》，一本是《丹道今诠》。这四本都是有关内丹学的著作；另外，“内丹学三论”完成之后也将出版专著，今天的讲座可以说是对这部尚未出版的作品的先行介绍。

感谢大家的倾听，欢迎大家和我联系和交流，谢谢大家！

第四讲　道教内丹学：理论与方法

本文为戈国龙教授 2011 年 12 月 26 日上午为中国社会科学院研究生院新一届研究生所做的讲座，由陈荣荣笔录。

我研究的主要领域是道教内丹学和佛教的禅宗，但是我现在在社科院世界宗教所的道教研究室工作，我在北大读研究生的时候跟楼宇烈教授研究佛学和佛教，读博士的时候跟汤一介先生研究道教，在世界宗教所做博士后的时候继续研究道教，博士后毕业后留在世界宗教所道教研究室，所以在学术界我主要是以道教研究专家的身份出现，但其实我对佛教的兴趣非常大，可能在佛教方面下的功夫也很大，不过我现在主要的学术成果体现在道教方面，所以在外人看来我是一个道教的学者，可能将来我会更多的把研究的精力转移到佛教上来。

今天我的讲座主要以道教为主，但会牵涉到宗教学研究普遍的方法论问题。因为今天来听课的是研究生院新一届的研究生，你们来自各个系各个专业的学生，你们不必了解道教内丹学研究领域很详细很具体的情况，所以我只是对道教内丹学做一个概论性的介绍，后面会把精力用在对宗教学方法论的探讨，从道教内丹学研究的角度和从我自身的研究经历来探讨一些方法论的问题，因为方法论的问题是比较普遍的，也许可以对各个学科的研究都会有一些参考的价值。所以今天的课有两个主要的内容，一个是道教内丹学本身的概念、历史源流和理论的初步介绍，另外一个就是研究内丹学的方法论问题以及扩展到一般的普遍性的方法论问题。讲道教内丹学又分成四个部分，第一是道教的特质和内丹学在道教中的地位，第二是道教内丹学的概念，第三是道教内丹学的历史源流，第四是道教内丹学的基本理论。介绍道教内丹学的目的就是通过讲述我对道教内丹学的梳理和理解为大家在各个领域的研究提供一些参考，另外也可以使大家了解我们祖国的传统宗教、本土宗教。对道教的一些最起码的了解，这是我们每一个中国的学生都应该知道的。

一、道教的特质及内丹学在道教中的地位

1. 道教的起源及其独特形态

我们知道世界上有许许多多的宗教，其中有五大宗教，又有新兴宗教，各种各样的小的教派就不计其数。中国一般承认有五大宗教，而道教是其中的大宗教之一，在中国五大宗教里面道教又有它特殊的地位，因为道教是我们唯一的土生土长的宗教，对中国人来说，道教更具有特殊的意义。

道教和其他的宗教相比有它自身的一些特点，我们从道教的起源来看，一般来说一个大的宗教，它有一个创教的教主，有一个明确的宗教创始点，比如说佛教是以释迦摩尼为创始人、以佛的传教活动为历史起点，而基督教是以耶稣基督为开创者。他们都有明确的教主，有明确的宗教经典和宗教组织形态。而道教呢，我们现在来追认老子为道教的创教者，但事实上这只是道教后来的一种追认，老子本身并没有创立宗教。我们知道老子是我们中国最伟大的思想家、哲学家，他也是影响人类历史最伟大的思想家之一。老子的典籍现在已经被翻译成世界各国语言，是世界上被最多语种翻译的经典之一。《道德经》是一个经典，有老子深刻的思想，但是老子本身没有创立宗教教团，也没有去传教。据说他写五千文字的《道德经》也是被迫的，他本来是出关去隐居，后来在关口被官吏给挡住了，说如果老子不写的话就出

不去，然后他勉强写下了五千文。

在《道德经》的开篇他就声明“道可道，非常道”，在老子说来他所领悟的那个最终极真理是没有办法用语言文字来表达出来的，那么我们所说的一切都是对那个不可言说的道的一种诠释或者一种形式指引，就是一种指示，一种指示标指向那个最根源的道。其实老子的这种观点是非常深刻的，也是各大宗教一致的观点，所谓的实相、真理或者基督教讲的上帝就是最高的那个存在，不可能被化约成为一个概念、一个命题或者一个陈述。而我们任何的语言或者陈述都是有限的，它无法表达那个整体性的无限性的道。

所以老子没有创造宗教，但是老子的思想具有很高的宗教性，它可以说是宗教的经典，它为创立宗教准备了基础的条件。也就是说如果从一个完备的宗教的构成要素来看，老子并没有成立系统的教团组织，但是在老子的五千文这个经典里面有很高深的宗教思想，它有宗教最高的哲理，为道教的创立准备了经典和理论基础。

道教的教团成立是比较晚的，但是道教的理论、各种修炼方式又是比较早的，在先秦就有，各种各样的探讨人体生命奥秘的实践方式也都有，所以道教的形成它是有多方面的因素，比如说黄老学的哲学思想，阴阳家的思想，先秦以来的各种各样的方术，到东汉的时候就形成了道教的教团组织。我们把道教的起点可以往后推一点就是到汉代以来才有道教，但道教也不明确说，就说道教自古以来就有的，从黄帝以来就有了。每一个宗教都想把自己的历史说得更久远一点来增加它的品牌影响力。

道教本身不是只有一个单一的教主，比如不能说张道陵创立教团就说他是道教的教主，因为道教有两大派，一个是全真道，一个是正一派，那么张道陵可以说是正一派的祖师，但是全真派的祖师是王重阳，而王重阳他又比较晚，是金代的。这样一来，就是说道教本身不是单一的起源，它是由各种各样中国民间的教派所汇聚而成的。所以一方面它的教主有一个特点，它不是由单一的教主来创教的。另外一方面，道教和民间宗教之间又存在着千丝万缕的联系，也可以说道教本来就是来自于民间宗教，是从民间宗教里面成长起来的，当它成长壮大到一定的时候，成为能够被官方承认的宗教的时候，它就成为正统的道教。所以假如说道教里面有一个小派别被边缘化了，流入民间了，它就变成民间的一个教派。

所以道教的特色是杂而多端，包罗万象，它不像别的宗教那样有比较明确的一个教主和创教的时间，它也没有太过于正统化的观念，它的宗教观念是比较宽容的。王重阳创立全真道的时候，我们也可以说它不一定就是道教，因为王重阳公开打出了三教合一的旗帜，儒释道都是全真教的有机组成部分。也可以说王重阳是追求他心目中的道，他悟道了，他创立了传道的组织，儒释道对他来说就是传达了他所领悟的那个道，都是他所领悟的那个道的有机组成部分。这样一来，我们也可以说全真教可以归入不同的宗教，你可以说它是儒教的一个教派，它所讲的忠、孝等关键词是儒教的；也可以说它是佛教里的一个教派，因为它讲的明心见性的修行跟佛教有很大关系。那全真教为什么会归入道教呢？因为王重阳虽然也主张三教合一，但他还是觉得他所修炼的那套功法主要是传自钟吕（钟离权、吕洞宾），属于内丹学吕洞宾那一派，他说他修的是一个丹法，是内丹里面的一个派系。这样一来，他的主要传承体系还是来自于道教，另外道教本身兼容性是比较强的，所以把它归入道教比较合适。

现在很多的民间宗教也都慢慢地可以归入道教这个大系统之中，我们的道教学者也提出一个新的概念，就是“大道教”的概念。因为我们中国有许许多多民间的教派，而我们的宗教局管理宗教的时候，它只承认五大宗教，这些民间宗教你不能说它们全是非法组织，你也不能说它们是邪教，那怎么管理它们呢？所以有人提出把它们纳入道教来管理，把它们作为道教的不同的教派。当然现在宗教局已经有一个民间宗教专有的管理部门，这是最近才增加的，因为这是一个现实，你要照顾到现实中各种宗教的确是存在的。尤其我们知道台湾，它保留了中国文化里的很多东西，一些民间宗教，比如说一贯道，在台湾发展非常好，势力非常大。在大陆这些宗教虽然曾经被我们政府给打压下去了，但是这些民间教派是有生命力的，在某种机缘之下，它们就会死灰复燃，会重新发展出来，包括台湾的一贯道也很想到大陆来传教。另外，也许我们学生当中有信基督教的，我说这个话不是宗教偏见，就是站在中国文化的立场上来讲，基督教现在在中国的传播速度非常之快，可以说是势不可挡，而我们的宗教政策又不利于佛、道教的传播。基督教的传播手段是比较先进的，如果大家去做调查的话，在民间，在很多地方，基督教的蔓延之势是很大的。中国政府在管理上也比较头痛，比较麻烦。因为这个完全靠政策的打压是做不到的，现在在宗教管理部门，在官员里

面、在学者里面都渐渐有一种这样的共识，就是需要发展我们中国的佛教、道教包括儒教。因为中国文化是我们中国人真正的精神根据地，是我们精神原生的土壤，我们吃自己土地里长出来的东西可能是比较容易消化的。但我不是说要排斥外来文化，我们可以吸收外来文化让它融进中国文化这个大的系统当中做综合的创造，但在融合过程当中，首先要有一个根基，就是我们自己要有东西来融化别人。如果我们失去了自己根本的根据地，完全被外来文化所占据的话，我们中国人就失掉了我们精神的根源。所以，近几年来中国的宗教部门也在适当支持中国本土宗教的发展，包括佛教和道教，为佛教和道教的发展提供某种好的条件。

我个人是持一种宽容的宗教态度，我认为我们不是一定非得要信某一个宗教，因为所有的宗教最后还是为了追求那个原初的真理，这个真理是支撑人生的根本原理和根本奥秘，每一个我们去探寻的人都可以得到某种启示。那些教主他们说他们悟道了，然后他们传教的时候肯定会做一个他们的有限的诠释，根据他们自己的体验和他们的知识背景，他们会传达他们的一套教义，但这套教义已经是可道之道了，不是非可道之道，不是那个原初的道了。对道的任何的诠释都是第二义的，它本身没有什么决定性，它只是指向那个月亮的手指，但是月亮的手指不是单一的，可以从不同的角度去指，而所指的那个月亮是超越言说的，需要我们去领悟的。从这里我们可以发展出一种宗教观，就是我们要去追求根本的道，我们可以不执着于表达道的形式，用佛教的语言表达也可以，用道教的语言也可以，用基督教的语言也可以。从这个意义上来说，我们是一个开放的追求真理的心态，不执着于某个宗教，但这并不是一个简单的宗教平等论，不是说所有的宗教在追求真理的道路上都是平等的，尤其是有的宗教它还要执着于它的宗教，它要推广它的宗教，它要排斥别的宗教，那么这个时候你光有这种和平的开放的态度也是不够的。所以我们在探寻的时候，自己可以认同某个宗教，比如说你觉得佛教是最符合你心目中那个最高真理的标准，你就可以去信仰佛教，这个时候我们需要警惕的仅仅是那种绝对排它的宗教看法，这种绝对排它的宗教看法认为真理掌握在我的手上，我要去传播这个真理，为了传播这个真理，我可以不惜一切手段。这样的话宗教会走上它的反面，因为本来宗教是追求和平，宗教是追求最高的精神解脱的。我们看到在现实生活中不同的宗教为了追求它们自己的利益反而发生种种斗争，它们也在争夺地盘，世俗社会中一切权力斗争、一切利益之争在有形宗教里面也在发生着。

所以我经常强调宗教的不同层面，一个是宗教的真理层面，一个是有形的现实宗教的层面。作为现实社会里面的宗教组织或者宗教团体，它们有它们自己的利益诉求，这个时候很多对现实社会的分析理论用来分析它们也可以。虽然我不赞同马克思很多关于宗教的观点，但是我认为马克思的宗教观也反应了对宗教某一方面的很准确的认识，从经济的、政治的角度来看宗教，马克思主义宗教观仍然是有很大的真理成分。问题在于宗教是一个很复杂的东西，是一个综合的现象，不能仅仅从一个视角去概括它所有的层面。比如我们说宗教是精神的鸦片，这句话有没有道理呢？很有道理。宗教是不是人们在现实生活中得不到满足然后到天国中去寻求幻想的满足？有没有这种情况？完全有。某些宗

教徒确实是这样，宗教就是鸦片，因为在现实生活里他的痛苦得不到解决，他在寻求一种想象中的虚幻世界作为一种解脱，并不是宗教解决了他的现实困难，而是他在通过宗教的精神来麻痹自己。但是同时我们要看到另外一个方面，宗教有它很深刻的精神源泉，并不是所有追求宗教的人都是因为在现实生活有问题，然后他才去出家了，去修行了。你看释迦摩尼，他现实生活很好，他是一个王子，他拥有了现实生活中的一切，不管是权力也好，金钱也好，美女也好，他什么都有，而恰恰是在这种情况下他要去出家去修道，他修道是解决什么问题？解决的是人类最核心、最根源的生老病死问题。这个问题不是经济发展或者是政治文明或者其它的意识形态可以解决的，人作为一个有限的生命存在，他终有一死，在这样一个存在的过程当中，他要寻求生命的最高的意义。这最高的奥秘到底是什么？当他这样追问的时候，当他把有限的人生投入到无限的追问当中去的时候，他就会升起一种宗教感，他就会研究这个宗教的意义，寻求他自己解脱的道路，最后也会追寻到他所要的解脱的境界，这整个的一套思想是具有永恒意义的。在这个意义上并不是马克思所说的是因为我们现实社会还不够发展，人们的问题没有得到解决，所有才需要宗教去麻痹一下自己。

从宗教的核心的意义来说它是人生最高的精神层面，事实上我们每个人都可能有一个宗教的层面，只是说它有没有发展起来或者它什么时候发展出来，有的人是到年纪很大的时候他才有宗教性的觉醒，他意识到很多宗教的问题，年轻的时候他可能忙于生活来不及去追问，但这并不等于说他就没有这些问题。所以，实际上宗教本身就具有一个真实的意义。

我常常讲整个人类文明的发展可以分为两大块，一个就是科技文明的发展，科技文明的发展解决的是我们物质世界的问题，给我们的生活增加了很多的便利，但是科技文明本身也造成了很多人类发展的问题。这个大家都可以看见，因为盲目的追求向外扩张会导致人与自然关系的失调，人与自身关系的失调。一个人不断的向外追求欲望的满足，追求外在物质的发展的时候，他的心灵有时候就会被技术化、被物化，他的精神反而得不到真正的寄托。包括我们现在讲的环境污染、生态污染、种种的天灾人祸，这都跟我们人类过度的追求欲望的满足，过度的开采地球有关系。另外一个就是宗教文明，我讲的宗教文明是广义的，就是向内寻求精神发展，发展人的内在素质，提升人的精神境界。实际上宗教的问题不是那么简单，宗教文明对人类社会是有非常重大的意义的。有时候我也会做一个比方，科技文明相当于人类发展的速度，犹如车的油门；而宗教文明相当于是我们人类这部车上的刹车和方向盘，这两者必须密切配合，人类这部车子才能走在安全健康的轨道上。如果我们只是不断地加速度而没有方向盘的控制，没有刹车，这部车子迟早是要坠入万丈悬崖。

刚才说到，道教杂而多端，包罗万象，从优点来说就是胸怀广大，广纳百川，从缺陷来说就是什么都有了，而自身的特色往往不明显。现在我们去问一个道士："道教的教育到底是什么"？他不一定能说得出来，道教不像基督教有一个《圣经》，这就是它的最高权威。道教虽然是遵从老子，但是《道德经》仅仅是道教的经典之一，而且只是它的理论方面，在实践方面后来还有很多的发展。道教的优点就是把中国传统文化中很多优秀的东西都集成下来，保存下来。比如说在《道藏》里面保存了中国传统文化的历史、地理、哲学等各方面的资料，包括有一些很好的古籍版本在别的地方找不到，但在《道藏》里面有。道教不像一般的宗教只是汇集它本身的经典，道教是把跟它所有有关系的经典都收入到《道藏》之中，所以《道藏》是知识的宝库也是中国文化的宝库。

2. 内丹学在道教中的地位

前面我们讲的是宏观问题，现在我们回到内丹学这个主题上来。道教有不同的修炼的派别，也有不同的流派，内丹学是一个什么样的派别呢？道教修炼的方术虽然是多种多样，但是内丹修炼是最核心的一个部分，因为内丹学本身是各种传统的修炼理论和方法的集大成者，同时也是代表道教修炼方术、修炼理论和修炼方法的高级形态和圆满境界。如果我们做一个比较，那么道教的内丹学就是修炼方术的各种实践与理论的综合提升和系统集成。内丹学从隋唐开始发展，到宋明时就比较成熟了。宋代以后，中国的儒释道三教都有一个新的发展高度，佛教就是禅宗，道教就是丹道或者内丹学，儒家就是理学的兴起。宋明理学、宋代佛教的禅宗和道教的内丹学可以说是代表着儒释道三教在宋代以后的一个新的发展或者一个新的理论高度。所以我们研究中国思想史或者中国哲学史离不开内丹学，就像离不开禅宗和理学一样。但是如果我们去看中国哲学史的教材，比如张岱年编的教材，他讲中国哲学，讲到宋明以后就基本上用宋明理学来代替了。张岱年是个哲学大师，但是他的知识结构里缺少佛教这一块，道教也不多，他的特长主要是理学方面。现在佛教的研究已经慢慢普及了，但对道教内丹学的研究，虽然也慢慢的受到重视，但是重视得还不够，研究得还不够。

二、道教内丹学的概念

讲道教内丹学，首先我们需要明白道教内丹学的概念，这是我们现代从事研究的常用方法。但是对一个复杂的事物下定义这种方法，虽然有它的方便性但也有它的很大的局限性，因为当我们给它限定什么的时候同时也就遗漏了什么。对内丹学下定义也是一个比较麻烦的工作。所以我们先总结一下道教内丹学的基本特点，然后再来下一个相对简明扼要但是又能够比较有效的说明道教内丹学的概念。

道教内丹学的主要特点：

其一，道教内丹学借用了外丹烧炼的一套语言，以“鼎炉”“药物”和“火候”为内丹学三要素。这就是内丹学为什么叫内丹的一个根本原因，因为内丹和外丹是相对比而谈的。

首先简单说下什么是外丹。外丹也叫炉火或烧炼，它相当于古代道士或者古代方士的一种实践，一种化学与历史的实践，它的目的是要烧制成一种长生不老的仙丹。因为追求长生不老是道教的一个隐秘的渴望，道教一直有这样追求，这也是道教不同于其它宗教的一个鲜明的特点。一般宗教都认为人肯定是不能长生不老的，所以要解脱也是死后要怎么解脱，而道教就是想让活着的肉体长久保存下来。在葛洪的《抱朴子内篇》里就有这样一个设想，他想找出人为什么会死、肉体为什么会腐烂的原因，然后他就想对我们的肉体加以改造让它像黄金、钢铁一样坚硬，于是他就设想把像金银这一类坚固不坏的物质慢慢渗入我们的身体然后把我们的身体改造出来，让我们的身体也一样坚固。虽然我们现在看这个思想明显有问题，这个逻辑有问题，因为生命是一个更高的有机体，总不能跟无机物永远结合在一块，但至少说明道士勇于想象而且勇于实践。通过各种实验他们发现了很多化学反应，他也尝试去让人服用，后来他有一个大的发现，就是某些丹药是能治病的，对人体是有某种刺激作用的，包括他发现很多兴奋剂之类的东西。

后来这些道士就服务于皇宫，跟那些皇帝打交道的时候他们就可以发挥他们的特长。我们知道皇帝最大的问题就是老婆太多，他既想长生不死又想享受那么多老婆，他有的时候心有余而力不足，这时道士就给他提供某种药物，吃了这个皇帝的能力就增强了，但是这种能力的增强是损坏生命的，最后皇帝也发现自己上当了。唐代好多皇帝是服用丹药并且最后死于丹药的。道士长久以来在外丹的实践中有一些发现，最主要的发现就是一些药物包括一些治疗某些病的特效药。我们在道士的实践当中可以发现一些治疗现在的疑难病症的药物，我前段时间看过一个材料，说从道教经典里面发现某种药物，然后提取什么元素（如青蒿素）就变成治疗某种病的特效药，另外道教的道医系统里面有明确的记载治疗糖尿病的特殊方法。

道士一方面烧丹一方面采草药，那么在这个实践当中，他慢慢发现了一些能够治疗某些疑难病症的药物，这就是他最大的发现。而失败的地方就是他不但没有达到长生不死而且吃这个丹药经常会出问题，在这个过程当中，慢慢的内丹的概念就开始出现。外丹和内丹实际上就是概念的转换，外丹那一套炼丹的理论体系内丹可以挪用过来，符号体系也可以借用过来，但是对其中的概念从外到内进行置换。外丹不是炼丹药嘛，那么内丹认为人体里面就有药，精气神是三品大药；外丹不是要一个炉子来炼嘛，内丹就认为人体就是一个大熔炉，我们在人体里面来修炼；外丹烧炼不是要讲究火候嘛，要讲究不同火候来烧制不同的丹嘛，内丹认为内部练功的时候也要讲究火候，我们意念的应用，意识的应用都要讲究火候。这个外丹的三要素同时也就变成了内丹的三要素。

外在修炼的那一套理论模型，比如阴阳结合，天地合一，这种概念可以借用到内丹学来，后来内丹学就形成了自己的一套系统的修炼理论和方法。有意思的是内丹学本身就是从外丹学脱胎而来，但是后来内丹学反客为主，说我们历史上自古以来就是讲内丹的，把那些外丹经典也用来做内丹的解释，反而变成了以内丹学为主，并且内外同练。我们内部在炼丹同时我们外丹也在练，我们服用外丹需要内丹的功夫的配套，然后就形成内外丹合一的一种新的炼丹学的模型。这个模型涵盖了内丹和外丹，所以道教经典里面有一些是明显讲外丹的经典，有一些是明显讲内丹的经典，有一些是你搞不清它是讲外丹还是内丹，内丹外丹可能都适用的经典。其中有一部比较重要的经典叫《周易参同契》，这部经典到现在人们还在争论到底是讲外丹的还是讲内丹的。我也专门探讨过这个问题，我写过一篇《周易参同契与内丹学的形成》的文章。据我所研究的结果，《参同契》本来是外丹的经典，但是它讲外丹又不跟一般讲外丹那样具体，它是作为一种理论模型而提出来的，这种理论模型恰恰可以为内丹和外丹所共用，所以内丹家就把它解释成内丹学经典，这种解释是可以自圆其说的。

其二，道教内丹学吸收了古代思想中的阴阳、五行、八卦等符号系统作为内丹学理论和工夫描述的象征语言，形成了内丹学独特的一套术语系统。

内丹学的一些名词概念主要是来自阴阳、五行、八卦这些符号系统，还有一些是从外丹中借用过来的，比如炉鼎、药物、火候等。所以，一般情况下，我们去看内丹学典籍时候会碰到很多的莫名其妙的概念，当你熟悉了以后你才能知道它说些什么。

其三，以老庄道家和道教哲学为内丹学的宇宙论基础，结合内丹学本身的特点形成自己独特的一套修炼思想体系。

内丹学有自己的一套比较独特的描述系统或者理论系统，但它的根源都能找到，它发展的源泉是从老庄那来的，所以很多内丹学家也明确地以老庄为内丹学的祖师。这样说的时候又存在一些概念问题，因为老庄那个时候还谈不上炼丹也谈不上有内丹。有些人也包括道教的有些人把《庄子》里面的修炼方法说成是内丹学的高级功法之类的。这样的说法是不够严谨的，从学术上来讲容易形成概念上的混乱。我认为内丹学的理论也好方法也好，跟老庄确实是有密切的联系，但这种联系是源头和流变的关系，不能直接说老庄那个时候就有内丹学了或者说有内丹学的修炼方法和理论了。所以我们在追溯内丹学的思想源头的时候要回到老庄，他们之间确实有密切的关联，但不能简单的说老庄里面就有内丹学了。

其四，内丹学系统总结了道教史上的修炼方术和养生理说，并升华成内丹学的修炼工夫系统。

内丹学所有的东西都有源头，都能找到它的根据，但是它同时又不仅仅是一般的养生方术，也不仅仅是老庄哲学，内丹学对它们加以了提升，加以了升华，加以了综合和创造，这种综合和创造的功夫就是内丹学之所以为内丹学的特色所在。

其五、内丹学以对精气神的修炼而达于“性命双修、形神俱妙、与道合一”的神仙为根本宗旨。

内丹学讲的各种各样的概念和符号，最核心的还是讲精气神的修炼，就是炼精化气，炼气化神，炼神还虚。通过精气行的转换和修炼达到的目的是什么？就是“性命双修、形神俱妙、与道合一”，最终目的是要追求那个道，回到道里。一般宗教的方法仅仅是修炼心理层面的和精神层面的性功。而道教内丹学的修炼是包含了身体，包含了气的修炼和命的修炼。

其六、内丹学以三教合一为旗帜，吸收融合了儒释各家养生学说的精华。

如果大家对道教学术比较关注的话，可以看到胡孚琛先生他在《道教史上的内丹学》那篇文章里对内丹学也下过一个定义，他那个定义比较长，但是如果定义太长变成一篇文章一样，我觉得就不像定义了，另外有的觉者又对内丹学的定义下得太短，简单几句话也说不清楚。我取其中道，不算太长也不算太长。

结合以上的一些特点，我给道教内丹学下一个相对简明而又不失完整的定义：

道教内丹学借用外丹术语以鼎炉、药物、火候为三要素，以阴阳、五行、八卦等符号系统为象征语言，以道家哲学为理论基础，是综合和升华了道教史上的各种修炼方术，而形成的以三教融合为特征以性命双修为宗旨的内修成仙之道。

这里没有说它是哲学也没有说它是宗教，最后是用“道”来定义它，因为它这个“道”本身就包容了各种层面。有的人说它是一种生命科学，但生命科学也不能概括内丹学。有的人说它是哲学，那更不能概括了，所以最终还是回到这个成仙之道上来，才能够表达它的完整的意义。

三、道教内丹学的历史源流

我的博士后研究报告叫《道教内丹学溯源》，这本书宗教文化出版社 2004 年出版了，明年中央编译出版社要出新版。我今年出了一套丛书，叫《观复斋丛书》里面有两本是我的随笔，就是修道日记，分别是《道上的风景Ⅰ：生命意识的觉醒》和《道上的风景Ⅱ：没有终点的旅程》。另外还有两本演讲稿，一本是《丹道十讲》，这是在香港道教学院里五个晚上的讲座录音记录而成，另一本是《灵性的奥秘：修道的基本理论与方法》。如果大家对我的讲的东西或者对我的思想感兴趣可以去看那些书。

今天我们对道教内丹学的历史源流做一个简单的粗线条介绍，因为大家也没有必要去详细了解太多。

1. 内丹学与传统诸方术

内丹学对传统的各种修炼方法作了一个综合的提升，如果我们追溯内丹学各种修炼方法的源头，可以上述到先秦的诸子百家和仙道方术。先秦诸家炼养方术，亦皆与内丹有渊源关系，且存在生命修炼体验上的内在相通性，所以学术界很多人把先秦以来的某些修炼方术就直接称为内丹，比如有人说战国时候的修炼方术就已经有内丹修炼了或老庄里面有高级的炼丹功法，我觉得如果从学术角度来考虑的话，这是不严谨的，把内丹的概念无限的泛化了。如果这样讲的话，我们最后就不知道内丹到底是什么。所以我认为不要把它源头上的东西跟它有关联的东西都叫做内丹，内丹的渊源不等于内丹，内丹的概念有它特殊的意义，如果讲内修的方术都叫内丹，那么内丹就没有什么特殊意义了。所以内丹一定有自己的一个特殊鉴定，比如说跟外丹对比而谈，内丹是把人体内部修炼的过程当作一种炼丹的过程，这是内丹一个基本的规范，如果没有这一点，所有的修炼都是内丹的话，那么内丹就真的是说不清楚了。所以我们只能把先秦的修道传统和养生方术当作考察内丹学历史渊源时候的一个来源，但不能认为先秦已经有了完整的炼丹功法，更不能说在先秦的时候已经有内丹学，因为内丹学不仅仅是内丹的功法，它有一套系统的理论才能成为内丹学，所以内丹学应该是道教发展到一定程度后的产物。道教尚未建立之前，既没有内丹这样一个概念也没有内丹的实质的问题，所以那个时候根本上谈不上内丹，应该把内丹和传统的各种修炼方术来做个区分。一方面要认识到内丹学有它的渊源，它生命修炼体验上跟某些修炼方式有共通性，同时要认识到它们有区别，后人有了内丹的观念以后再去用内丹学的理论与方法解释先秦的方术或解释老庄里面的修炼方术，然后把它解读为某种内丹学，虽然能够自圆其说，但这只是一种先入为主的一种概念设定，就是把“源流”的“流”来套到“源”上去然后再做主观的解释。

2．内丹学与道家理论

同样，当我们讲内丹学与道家理论的关系的时候也是一样，一方面在老庄的道家修道传统里面确实有很高深的境界，已经在某种意义上达到了修道理论的高峰，已经很成熟了。所以后来的内丹学要不断回归老庄，包括道教理论的每一次发展它都要重新从老庄里面寻找灵感，以重新诠释老庄的方式来发展道教的理论。所以我们要认识到老庄的道家思想里面有很高的境界，不仅为内丹学的形成奠定了理论基础也为内丹学修炼提供了最后的圆满境界，我们最后归宿的境界也是在道里面。从最后境界来说，内丹学的修炼和修道之间确实有内在的相通，是分不开的。但同样我们还是不能简单的说老庄就是在修炼内丹了，因为这样的话又是把源流混淆了，这两个方面必须同时看到，一方面要看到它们相通的地方，如果没有看到它们相通的那一方面我们就不知道内丹学的理论根源，也不知道内丹学最后的归宿在什么地方，但是如果不能够看到它们的相异之处，那么我们就看不到内丹学本身的特色和特质所在。

我们知道后来的内丹学家在形成他们整体的宇宙观的时候基本上是老子讲的“道生一，一生二，二生三，三生万物”的一个展开，它源头上确实来自于老庄，而且很多内丹学家修炼到最后他也是要回归道的境界，而不仅仅是一种修炼的方术，不仅仅是养生，如果仅仅是追求身体的养生或者身体的健康，那这就不叫宗教思想，也谈不到圆满境界，那就是比较低层次的。因为真正的宗教它最后必定要回到解脱的主题上来，不管你怎么修炼，修炼的最后目的是要解脱的，是要达到超越的境界。如果没有达到超越的境界，所有的修炼都还停留在一个世间法的范畴之内，就是一般的身体养生，那不叫道教也不叫内丹学。所以内丹学的最后是要回到这个道的境界里面，但是内丹学同时补充了修道的具体环节，它有一个证道的过程，具体的修炼方法得到了丰富，得到了发展。

3. 内丹与外丹的关系

内丹学不论是它的理论也好方法也好，它的形成与外丹有密切的关系，它是在内丹和外丹之间的交融中逐渐发展出来的，这里有一个从外丹不断地转移到内丹的一个转变过程。在中国历史上，最开始是有外丹，外丹发展的极盛是在唐代，那个时候外丹修炼成风，唐末的时候就是外丹和内丹之间的一个转折点，外丹由盛而衰，开始了衰退的过程，而内丹由隐而显，原来是比较隐化的状态，慢慢显现出来，慢慢变成主角，取代了外丹的主流地位。在内外丹的转化过程当中，有一部重要的经典，就是我前面讲过的《周易参同契》，这部经典把内外丹完全联系在一块，它有一整套成熟的内丹和外丹炼丹的模型，这样一套通用的模型同时可以使用于内丹和外丹，这就为内丹学的发展和对外丹进行创造性的诠释提供了经典基础。因为《参同契》被认为是道教炼丹史上最重要的一部经典，是万古丹经王，内丹学在发展的过程当

中对《参同契》进行了重新的诠释，而在解释的很好很圆满的时候，参同契好像就变成了内丹学的经典，那么内丹学的地位的上升也就变成了自然而然的事情。

所以在隋唐阶段是内外丹不断交融的过程，这个交融的过程有几个表现，一个表现就是炼外丹的人他同时炼内丹，他慢慢的发现了外丹的一些局限性，他就把重心逐渐转移到内丹上来。另外一个表现是炼内丹的人对外丹进行重新的诠释，把外丹学的整套的理论和术语纳入到内丹学的范畴之中，对外丹学整个的理论进行嫁接、改换，这样有一个好处，就是外丹虽然是逐渐衰微了，内丹虽然是不断发展而繁荣了，但是炼丹学的整个理论体系变成了一个有机的发展，不知不觉之间你感觉好像这个理论没有太大的变化，但是实际上它已经实行了重要的更换，把它重要的零部件全更换了，但是从外观看起来还是那部车子，还是炼丹学的那一整套东西。那些道士还是跟你讲这些炼丹的同样的术语，但不知不觉间就从外丹到了内丹。这样的话，道教本身的整个炼丹学的这套理论没有出现明显的漏洞和衰变，你也没看出什么问题，很平稳地就过度了。这就是内外丹不断的交融转换，形成中国炼丹史上一整套成熟炼丹学理论的过程。

所以到现在为止内丹学也没有完全否定外丹，一直还有道教的人士在进行外丹方面的实践，继承了外丹的一些操作方法，因为在最后形成的内外丹统一的理论模型里面，内外丹本身是不矛盾的，它们是相互配套的。我们可以对外丹进行一个创造性的诠释，它对我们人体修炼还是有用的，那就变成内外兼修，内修精气神，外面我们也要修一些草药、医药等，这些对人体也是有帮助的，只要我们对它进行恰当的定位和解释，它就能变成我们有机的营养成分。

所以内外丹最后还是达到了统一，而实质上是外丹逐渐的衰减而内丹不断的上升并且占据主流地位这样的一个过程。

4. 佛学对内丹学的影响

内丹学有一个很重要的特点就是三教合一，其中佛教对内丹学的影响更大，佛教对内丹学的影响又以禅宗为主。我们回顾一下佛道教的历史交涉就可以发现道教不断的受到了佛教的刺激和影响，当然道教也对佛教产生了刺激和影响，但这不是我们今天说要讲的主题，我们今天只讲佛学对内丹学的影响。

因为佛教不断的对道教提出挑战、提出批判，比如道教追求长生不死，佛教就用佛教的理论提出各种质疑，说肉体是不能长生不死的，这种有形肉体的长生不能达到最高的超越境界。佛道教在历史上对神形问题进行争论，佛教把神形基本上是分开来看的，修炼主要是精神方面的，形体是四大皆空，它是无法长久的。修炼肉体对佛教来说没有太大的必要性和意义，那么这就对道教提出了严肃的提问。追求肉体的长生不老到底有没有可能？能不能成立？这在理论上就是一个很大的问题。

道教内丹学的阶段对道教的解脱观念进行了新的转化和提升，吸收了佛教的一些批评，它就把形体层面的问题不断的内化和精致化，不再讲外在粗糙的身体的长生不死而是对它进行了概念的提升，形体方面的要素还是得以保存，但是以一种新的、更深沉的形态表现身体观，比如气的观念。精、气、神就是不断的从粗糙到精微的一个转化的过程。道教最终的追求也是无形生命的长生不死，而这个无形的长生生命，它包含了肉体的要素，达到神气合一。而这个气的层面恰恰是对肉体最精髓的提升。

道教作了这样一个转化以后，在某种程度上它就能够和佛教进行辩论了。虽然说这个有形的肉体是要死的，但道教最后也不追求这个有形肉体的长生不死，道教追求的是“阳神”的解脱，而阳神的解脱跟佛教的法身和纯粹的精神解脱是不一样的，道教通过炼精化气、炼气化神和炼神还虚之后，把肉体的最主要的要素提取出来了，最后跟精神融合在一块了，变成了这样的一种生命的解脱。它形成了自己的一套解脱观以后，既保持了道教的某些特色，又和佛教可以有限的区别开来。

但是，如果超越道教和佛教的争论，我认为佛道教最后是相通的，它们虽然是不同的表述，但是最后讲的东西其实不矛盾。相通不是说两者完全相同，它们还是有不同的特点，相通是说它们不是你死我活的对立矛盾关系，它们是可以互相接受对方的，最后有走到一起的可能性。

我们可以简单讲下佛教和道教相通的问题，比如说我们很多人的普遍观念都认为佛教是修来生，而道教是修今生的，实际上不论是佛教还是道教都是要同时修今生和来生，最核心的都是修现在，离开了现在所有的来生都是虚的，因为我们不可能去改变来生，改变来生是通过今生来改变的。如果我们承认佛教轮回的观念，如果我们要超越轮回，那么不是说死了以后才去超越轮回而是在活着的时候就要达到超越轮回的境界，那么真正的超越轮回才有可能。所以来生和今生本来就是相互紧密关联的系统，不能够隔离开来。你怎么去修来生呢？你只能去修今生而且你只能修现在，因为我们不能对过去加以操作，过去已经改变了，过去已经是发生了，你不可能去改变过去，过去的也是通过现在影响未来。我们现在的所作所为、所思所想只有在当下可以得到改变，我们也没法去改变未来，因为未来还没有发生，你怎么能去改变呢？你所想所思的只能是现在，禅宗就是回到当下的问题。所以佛教也好道教也好，修的都是整体的生命，而最核心的关键都是回到当下，修我们此时此地的生命，这样才有可能达到解脱。而道教你说它是修今生吗？它今生的所有修行最后还不是要面对最后的解脱问题？如果仅仅是修今生，那就是世俗的思想系统，就不是宗教的思想系统。这是一个，生与死的相通。

第二个我们讲修性与修命的相通。佛教批评道教修命不修性，道教批评佛教修性不修命。佛教真的仅仅是修性的吗？道教真的仅仅是修命的吗？这是在某种特殊语境当中的片面之词。佛教虽然讲肉体是四大皆空，但这个四大皆空不是说每个人都证到了，实际上它要达到的是某种四大皆空的境界，破除对肉体的执着。在佛教的禅定当中，事实上就有肉体、气脉的变化，所以性功和命功本来就是一个系统，分不开的。真正的修性一定会影响你的生命、身体，性功里面有命功。道教讲的命功修炼是通过什么来修的呢？身体本身它不会修身体，一切修行的主观能动性都是靠我们的意识，靠我们的心去修行的，所以命功是离不开性功的。所以内丹学讲，炼命也好，炼性也好，都是以心和神为亶，最终还是通过精神调节，不管是调节气脉还是调节呼吸，最后还是要通过心的状态去改变。所以命功必以性功为主导，而性功必以命功为基础，这两者是相互关联的。

所以在一个更宽广、更开放的理论系统中，我们可以对佛教、道教的特点一方面分别加以认识，并且认识到它们不是截然矛盾的，而是可以相通的。在这方面道教还是比较开放的，道教后来基本上不批评佛教了，包括内丹学的祖师就公开承认禅宗就是内丹学的最高境界，我们炼了半天最后回到禅的境界去了，所以就形成了一种归禅之丹，以禅宗为归宿的内丹法。

还有一种就是把禅宗的方法融入到内丹学的修炼当中去，纳入到内丹学性命双修的系统里面去，这两种方法最后都是丹禅合一的。只有早期某些内丹学派才重视内丹和禅宗的差异，对禅宗进行某种批评，与禅宗区别开来。

所以，到后期的内丹学，基本上是主张三教合一，丹禅合一，不再强调道教与佛教的区别，只是认为在修炼的具体方法上有所不同而已。前面我们讲过，王重阳创立的全真道教它本来一开始就是讲三教合一的，当然更不会去批评佛教。但是，从事实上来看，佛教对道教的批判还是比较多的，基本上还是没有完全承认道教能够达到佛教的理想境界。虽然也有佛教的高僧讲三教合一，但是他们讲三教合一可能是用方便法门来讲，把儒道纳入到佛教向善的系统当中作为它的一个基础，但最后他们还是觉得佛教是最高级的，只有佛教才能使人得到最终解脱。

四、道教内丹学的基本理论

我的博士论文是《道教内丹学探微》，这本书对道教内丹学的基本理论作了一个我自己的梳理。道教内丹学的基本理论我们讲三个问题：

1．返本还原

返本还原是内丹学的一个基本理论，我们可以通过谭峭《化书》里的一段话来加以概括：

> 道之委也，虚化神，神化气，气化形，形生而万物所以塞也。道之用也，形化气，气化神，神化虚，虚明而万物所以通也。是以古人穷通塞之端，得造化之源，忘形以养气，忘气以养神，忘神以养虚。虚实相通，是谓大同。

这段话把从道到万物之间的演化和从有形的万物回归于道的两个道路都指点出来了，也就是顺和逆两个方向的演化都讲到了，也讲到了道教内丹学修炼的基本层次：从道到虚到神到气再到有形的形体再到万物，这是道生万物的演化。

“道之委”中的“委”是往下发展的过程的意思，“道之用”就是我们再修道，回到道的境界里面去。在内丹学理论看来，修炼的目的是要从有形的万物回到精，回到气，回到神，再还虚，还道。宇宙顺向的演化是从道到万物展开的过程，我们可以把道生万物的演化看成道自身开显演化的过程。宇宙的演化不是简单的科学问题，因为作为一个有限的人是无法研究宇宙演化这样一个大课题的，所谓的这些演化只是我们理解宇宙演化的一个模型，这套模型可以帮助我们进行修炼，可以作为修炼的理论基础。建立这样一个模型，就给我们对道生万物的演化作了一个理论化的理解。我们可以把道看成是一个万事万物还没有开显出来

的全息场，里面包含了所有万事万物的信息，但是还没有展开，它向下展开的时候，它就一步步从潜在的信息到显化的信息发展。它向下展开又分了几个层次。神这个层次相当于一个信息处理系统，到气这个层次就相当于能量结构的模型。气是介于有神和无神之间，它是生化出万物的一个中介，有这个能量结构再化出具体的有形的万物，这就是物质形态、物质结构的层面。

这里就提出一个重要问题：当有形万物已经形成的时候，有形事物之间就会有彼此的阻碍和矛盾，形成彼此的阻塞，在形体这个层面就会有很多问题了。我们要得到道的妙用，要回过头来把粗糙的有形层面转化成能量的层面，再通过能量的层面进一步转化成信息处理系统的精神的层面，再把精神层面回到虚空的状态，虚了以后，万事万物之间就没有了矛盾，就达到了和谐的统一，达到了圆满相通的境界。所以谭峭就说了，古人那些探索生命奥秘的道士也好，修炼家也好，他们把通和塞的道理搞清楚了，悟到了造化的本源，就知道怎么修炼自己了。

具体修炼的方法就是超越形体，忘神就可以养气，再超越气，超越生命能量的层次，就可以养神，得到精神的圆满，再进一步忘神，把精神也超越了，不执着于精神的状态，就回到了虚的状态，达到了虚以后，就达到了虚实相通，回到大同世界，这就是宇宙和谐统一的完满境界。

谭峭这段话虽然文字不多，但是它把宇宙顺向的演化和逆向返本归根的演化都指点出来了，也把修炼的基本过程和基本的原理也讲出来了。后来很多内丹学的书籍对这些作了进一步的细化的说明。

2. 顺逆演化的图示

对上面的演化我们可以简单的用一个图表来表示。我们用数字“0”来表示“道”和“虚”的层次，用“1”来表示“先天一气”或“混元一气”的层次，用“2”来表示“神与气”或“阴与阳”的二分层次，用“3”来表示“精（形）、气、神”的三元层次。

那么“0→1→2→3……万物”则可用于表示“道生一，一生二，二生三，三生万物”的顺向演化。“万物……3→2→1→0”则可用于表示“炼精化气、炼气化神、炼神还虚（道）”的逆向演化。

这些数字最开始也是老子提出来的。这个“0”看起来什么也没有，但是什么都有，没有一切差别、没有一切显现，但是万机潜蕴，含藏无限，是一个潜能的大海。从这个无形无想、充满生机活力，但没有表现任何有形差别的道中，一步一步向有形万物的方向演化，越是演化到有形的层面，事物之间就形成差别，越是有形，就越有差别，有差别就形成了相互阻碍、相互矛盾的关系。修炼的精神提升过程可以说是不断化除矛盾、回归统一的过程，消除有形、有碍、有分别的状态，不断向虚的状态回归，再回到原初充满生机而又没有差别的道的状态，在道的状态里面得以超越。

3. 生命的基本结构：精气神虚四层模型及其应用

不同的宗教对人的生命都有不同的分析模型，不管是什么样的模型，它都是把生命从粗糙的到精微的，从低级的到高级的过程形成一个比较系统的理解。道教有道教的模型，别的宗教有别的宗教的模型，但是这些模型是可以相通的。我们可以把道教的精、气、神、虚看做普遍的理论模型，它不仅仅是练功的指导思想，我们也可以把这套系统当做普遍生命观察的模型。精的层面就是人体生理、物质层面，即物质结构的层面，气是生命能量结构的层面，我们每个人应该都是有直觉的，知道自己的生命的能量在什么层面。再上一层就是精神层面，这相当于人体的信息处理系统，它是一个信息结构。虚这个层面代表我们生命的灵性层面或最根源生命的层面，本体生命的层面。

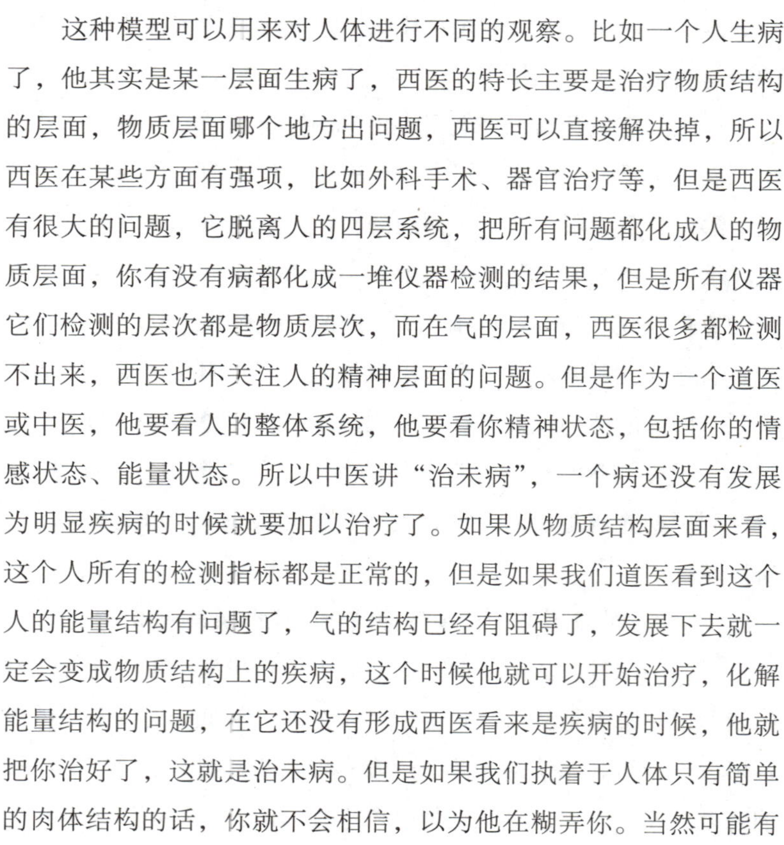

这种模型可以用来对人体进行不同的观察。比如一个人生病了，他其实是某一层面生病了，西医的特长主要是治疗物质结构的层面，物质层面哪个地方出问题，西医可以直接解决掉，所以西医在某些方面有强项，比如外科手术、器官治疗等，但是西医有很大的问题，它脱离人的四层系统，把所有问题都化成人的物质层面，你有没有病都化成一堆仪器检测的结果，但是所有仪器它们检测的层次都是物质层次，而在气的层面，西医很多都检测不出来，西医也不关注人的精神层面的问题。但是作为一个道医或中医，他要看人的整体系统，他要看你精神状态，包括你的情感状态、能量状态。所以中医讲“治未病”，一个病还没有发展为明显疾病的时候就要加以治疗了。如果从物质结构层面来看，这个人所有的检测指标都是正常的，但是如果我们道医看到这个人的能量结构有问题了，气的结构已经有阻碍了，发展下去就一定会变成物质结构上的疾病，这个时候他就可以开始治疗，化解能量结构的问题，在它还没有形成西医看来是疾病的时候，他就把你治好了，这就是治未病。但是如果我们执着于人体只有简单的肉体结构的话，你就不会相信，以为他在糊弄你。当然可能有人糊弄你，但不是所有人都是糊弄你，理论上是有这个可能性的。更高的医生应该是精神的医生，从源头上治疗你的疾病。精神结构会影响气的变化，再影响到生理结构。所以佛教也讲烦恼就是病，心病是最核心的。心病包括一个人的思想状态、生活状态。如果我们的生活习惯或精神状态是在疾病的状态里面，那么光是治疗外表的病是治不好的，或者治好之后马上又会复发，因为它的根源没有找到。所以有一大类的病叫心因性的疾病。在往上追究就是灵性的层次，如果你真正的悟到了，回到你的本体生命，活在精神的源头之中，超越了精神的障碍、更超越了肉体的障碍和气的障碍，这样一个人才是真正的完整健康的人。也就说一个真正健康的人应该是这四个层面都健康的人。所以我们可以用这个模型来建立一个大健康的概念。

我们这个模型还可以用到其它的地方，比如修行的道路，一个人追求哪方面的修行，修什么东西也可以用这个模型来分析。你在修什么？你仅仅是养生呢，还是在气的层面下功夫，还是在精神层面下功夫，还是在本体层面下功夫？所以，禅宗讲得本不愁末，道教讲但得一万事毕。你领悟了最高的层面了，你彻底解脱了，那下面几个层面都能解决，但是下面层面解决了不等于上面层面解决了。比如如果你拿了博士学位，那硕士和本科自然不在话下，但是有了本科毕业证不等于有了硕士文凭，也不等于有了博士文凭。再如，从这个四层结构来看有四种人，其实每个人都包含了这四层，但是他有一个侧重点，有的人就特别侧重在物质层面，他就对肉体层面的感觉有兴趣，他所有的追求和兴趣都是关注在这一层面上，这种人我们可以说他是生活在物质结构层面的人。有的人对情感、情绪、诗意、想象这些比较感兴趣，他主要的生命特征体现在气的层面，这是一种人的类型。有的人，像那些思想家，他就是对精神有兴趣，对别的不感兴趣，他主要是生活在神这一层面的，这是第三种人。第四种人是那些开悟的人，活在本性和道中的人，这种类型是专指通过修炼得道成仙的人，一般人是活不到这个层面的。一般人根本就不知道虚是什么层面，也不知道他真正的本性是什么，他只是活在他的念头或自己设定的自我之中。

道教的这四个层面可以和其它宗教进行对比，在印度教里面，它把人体也分成几个层次，第一是浊体，相当于我们讲的物质结构的层次，第二是精体，相当于气的层面，第三是心体，相当于神的层面，第四是真性，相当于虚的层面。它的修炼就是要超越这三体回到真性。回到真性又有两种状态，一种是彻底不要这三体了，一种是活在真性当中同时利用这三体，利用浊体来感觉浊界，用精体感觉精界，用心体来感觉心界，最高的层面是超越三界，但是自由的使用三界。佛教也讲三界，就是欲界、色界、无色界，佛教的解脱也是要超越三界。比较现代的灵性书籍里它会讲生理体、能量体、心理体、灵体。还有一些划分会化成七体。掌握不同宗教对生命系统模型的看法是很有意义的，这是了解宗教一个比较核心的方面。

五、内丹学研究方法论的问题

正如我一开始讲课说的那样，我们每一个人在某种意义上都有宗教性的层面，我自身就是一个经历者，我在大学是学物理，学物理是因为在高中的时候大人们都说“学好数理化，走遍天下都不怕”，所以我的数理化学都挺好，没有想太多。但是我到大学二年级的下学期就开始了特殊的人生体验，这种人生体验就相当于某种宗教性的体验。我们不仅仅是作为一个被动的生命在生活，而是作为一个自觉的生命来反省自己，生命开始回观它自身。这个时刻每个人都会到来，或早或晚，在某些时候你都会想起来：生命到底是个什么东西？我是谁？我们天天在说我怎么怎么样，但是我们对这个我其实没有真正深究，如果你真要追究下去这个我到底是什么，你就会觉得很迷茫，如果你找到真正的我是什么的时候，你就是一个解脱者了，所以我们不知道自己是谁。你是一个研究生？这是你读书的身份，这能代表你吗？研究生这么多人呢。你说你是学物理的，那学物理能代表是你吗？博士、研究员能代表你吗？如果再追问，你的思想能代表你吗？我是我的念头吗？我是关于我的一个看法吗？我是别人眼中对我的定义吗？你仔细追究一下自己到底是什么。再一个是对宇宙的追问，宇宙是什么？我们的人生本来就搞不清楚是什么，而且它是很短暂的，如果我们放到无穷无尽的宇宙当中去看，那么生命真是渺如尘埃，毫无意义，就像一场梦，幻化一下就过去了。也许我们临终的时候回观一下，人生一百年确实就是一场梦，刷的一下就过去了。无论你是做美梦也好噩梦也好，都不过是梦而已，在无穷的时空长河里面，它根本不值一提，没有什么意义可言。你说你创立了什么大业，你打了天下。那打了的天下是你的吗？你把天下带走了吗？毛泽东死后天下也不归他。如果这样一想的话，人生就是一个很虚无的处境。这种困惑和疑问不是因为一个现实问题，不是因为我没有钱没有爱情，这种宗教性的疑问是没有办法通过现实生活中的某一个东西来满足的。宗教性的疑问只能通过宗教性的修行得到宗教性的开悟来解决。我在大学里困惑生命问题的时候，我就怀疑我的心理是不是出了障碍，心理是不是有毛病了？别人没想这个问题，而我想这个问题也没意义。然后我就去找南大的心理咨询老师，我就把我的疑问提出来，我说人生有什么意思呢？他就从心理学的角度来分析我，给我很多解答。但是他的解答不能解决我的问题。因为我这种宗教性层面问题，他自己也讲不明白，他毕竟不是个大师，也不是开悟的人，他只是个心理学的老师。所以那个时候我就能用我的思考把他驳倒，推翻他的结论，最后他也承认无法回答我的问题。所以这种问题不是一个心理学的问题，也不是一个简单的心理障碍，这是生命最高的疑问。当时释迦牟尼为什么要出家？他也是因为看到了人生的虚幻，看到了生老病死，所以他要追求去解决这个问题。

后来我是怎么过来的呢？我对这个问题的解答有两个路子，一个是理论上，我开始对老庄、道教、佛教等中国哲学感兴趣，在中国哲学里面，我朦胧的感觉到了某种答案，但是如果只有这种思想的答案最终是不能够解决这个疑问的。因为存在的困惑不仅仅是个哲学的答案，而是一个切身的难题，这个难题要真正去把它解开才行。这个离不开你的实践和体道的过程。哪怕你找到了所有的答案，都不能解决。如果答案能够解决你的困惑，那我现在给你一个答案，你能解决吗？你的困惑还是解决不了。因为对于这个切身的疑问，生命本身要去寻求一种存在性的解决方法。第二个路子就是实践。我没有拜过什么大师，但是我大学里面有一个机缘，我当时选修课里有太极拳，打太极拳前要站桩，要体验气感，我本来想站十分钟好好打太极拳，但是我在站桩的时候，老子的一些经文就在我的脑海里回想，我就体验老子所说的道，渐渐的我就融入了道中，把时间给忘掉，获得了一种存在的澄明，获得了某种存在性的体验，在这种体验当中，有限的我不见了，追问的人也不见了，只有一片无限的光明，你跟宇宙大道合一了，在这种存在当中，你的意识就像大海，没有波澜，但是你会感到一种存在的美感和力量感，一种优雅和美。这种体验非常美好，难以言说。在这个体验当中，人的很多困惑都不存在了，而且你感到生命本身是个宽广无限的存在，它不仅仅是肉体这一小块，它跟整个宇宙万物合在一起了。在我们最深的生命存在当中，我们是跟万物相连的，我们本来就是在道里面，我们本来就是来自道里面，与道合一的。但是后来我们在道中把自己局限了，把自己规定为一个有形的肉体、有限的自我，这样自己就执着于一个假我，假我就导致了很多的问题。把这个假我再看假，回到那个真正的存在本身当中去，那就解决了有限与无限的矛盾。生命本身就是无限的，那个有限是你的想象。我们本来是个宽广的无穷的存在，现在我们落入了有限的肉体存在当中，我们就失去了我们精神最根本的家园。所以人需要一个回归的过程，回到自己最根本的存在里面去，这就需要一个修道和悟道的过程，我想这也是所有的宗教最后寻求的意义。当时我是有这个体验，已经解决了心里面的疑问，但是在理论上还是不够圆满，大学毕业以后我分到了当地的师范专科学校教物理，教了三年书，在教书过程中，其实我的心还在追求自己的世界，我就读一些哲学书，读中国哲学的儒释道，后来我就发现我对中国哲学的儒释道非常有兴趣。那我为什么要过这种分裂的人生呢，一方面教着物理，一方面却看着我喜欢的书呢？我后来就豁然开朗，我找到了我人生的道路，我完全可以转轨嘛，我可以直接去考中国哲学的研究生。我在师专的时候就制定了我自己的人生规划，第一步先考北大，然后再拿北大的博士学位，然后从事儒释道的研究，在研究的过程中我修炼自己，这不是挺好的嘛。这样的话双轨制就变成了一轨制，我的人生就合一了，我的兴趣就是我的研究，我的研究也是我的兴趣，这样的话我就不会为一个外在的工作去操心了。后来一切按照我的设计，都很顺利，从读研究生起，读博士、博士后到这些年的研究，我从来没有离开自己的体会和修炼，我不是作为一个纯粹的外在学者来研究学问，而是我要追问自己的人生，修炼我自己的人生，在我的追问当中我有所体会有所发现，然后我反过来看我的研究对象，看道教、佛教的文本，我会跟他们心心相印、心心相通。所以我做学问的目的并不是要获得多少的学术成果，我是希望探索宇宙人生的大道，假如我将来有所成就了，我悟到了最高的真理，我要跟更多的人分享，去弘扬我所理解的道，这就是自觉觉他的人生旅程。所以表面上我是个学者，是个教授，但我的内心跟一般的学者还不一样，因为从一开始我的人生就是求道的人生，我就是一个求道者。下面讲的方法论跟我上面讲的求道人生有关系。

1．修道现象学的概念

这个修道现象学在我的博士论文的序论里面提到过。我们是从西方的现象学来反观东方的哲学思想，因为在西方的哲学发展中现象学是比较有灵性的，可以这么说，现象学打破了主体和客体的二元对立而开启了现象的河流。这里我就不具体讲了，我就简单讲下现象学的概念。我们通常的认知认为外在有一个独立的客观世界，我们主体去研究这个客体，一开始假设了主体和客体的二元对立之后，我们很多的哲学难题就出现了，许许多多的哲学大师为了解决这些哲学难题绞尽脑汁，弄了一套又一套的体系，实际上最后还是有问题的。现象学最根本的一条就是先把一切假设和一些主客对立这些观念去掉，不要认为有一个客观实在的世界等着我们去认识，我们的认识和我们所认识的世界从一开始就是不可分的，只有一个现象的河流而不是个对立的两岸。在这个意识现象的河流里面有他的认识，有他的认识对象，这些都在意识现象的河流中呈现出来。所以我觉得现象学开启了一种直面现实、直面精神本身的一种道路。

现在我就要对现象学的概念进行引申，因为现象学它毕竟是西方哲学的一个发展，它最终还是为了解决西方哲学的难题。所以它还是没有修道的概念、没有意识自我提升的概念，它只是在如实的描述这个意识现象的河流，不像东方哲学要把意识本身回溯自身还要提升自身来转化自身，境界的提升就是自我转变、自我认知、自我修道。这在西方的现象学里面还没有得到明显的体现，即使到了海德格尔他也是对人的存在问题进行一个现象学的描述，而我们佛道教的问题不是描述现有的人的现状是什么，它们是要问人可能成为什么，人的潜力在哪里，人怎样转化自己？所以东方哲学不像现象学一样是作为一种认识批判的哲学，它突破了认识的范围来探究意识转换与提新的可能性，它要追究意识现象本源的存在，那个存在的根基。所以东方的儒释道有圆满的解脱的境界这样一个范畴，你学佛你最终是为了成佛，学道是为了成仙，学儒家是为了入圣，你有佛性、道性或者圣人的根基，每个人都有成仙成佛入圣的可能。

这种可能性怎样把它展现出来？这就是修行的道路和工夫论的问题，这样它实际上也是一种现象学的态度，就是如实的去探究这个生命现象的本身，但是它这个现象是个提升的立体的现象，所以我把东方哲学这种源于生命体验而不仅仅是一种纯理论的追问的一种现象学叫做修道现象学。如果我们把佛道都当作一种修道现象学的话，我们研究佛教和道教本身就不应该用纯粹主观或者客观的知识性的眼光来研究，而是要对他进行同情的再体验，要如实的去体验它本身才能了解它，这样一来，研究修道现象学的过程就是研究者和研究对象不断对话、不断交融的过程，你的研究结果就是你自身的境界，是你和修道现象学相交叉、相关联而结出来的新的花朵。

2. 学术研究的四层面

但是我们上面讲的不是排斥一般的学术研究，所以我们要回到学术研究的不同层面，我们研究首先要搞清楚我们是在哪一个层面哪一个角度来进行研究的，而不要混淆，你不能因为从修道现象学的眼光来研究就认为所有的佛教和道教的文献考据研究都不是学术研究。那些做文献考据或者做历史研究的人也不能反过来指责修道现象学的研究是离经叛道。因为在学术研究的整体当中，它就应该有不同的层面，要用不同的方法来解决不同层面的问题。

傅伟勋先生提出了“创造的诠释学”概念，作为他自己所领悟的一种高层次的哲学方法论，它综合了中国传统的考据学方法和西方的解释学方法，其核心是对历史文献研究的五个辩证的步骤或程序，由此而获得对文献的全方位、多层次的系统解释，依据《从西方哲学到禅佛教》一书，这五个步骤是：

一、“原作者实际上说了什么？”创造的解释学家必须兼为考据家，培养起码的考证、训诂、版本等方面的功力，以获得可靠的理想版本。

二、“原作者真正意味什么？”在这层次，创造的解释学家要从事于传记研究、语言解释、论理贯穿、意涵彰显等工作，设法解消原有思想在表面上的前后不一致性或论理的矛盾，试予彰显原有文句所可能含藏着的丰富意涵。

三、“原作者可能说什么？”在这一层次，创造的解释学家需要严格的哲学史训练，了解历来研究该文献的种种成果，以获取原作者思想的丰富的解释可能性。

四、“原作者本来应当说什么？”创造的解释学家在这一层次要超出哲学史的视野而作为一个思想家问原作者如果在今天他应当说什么？但这个问题已经无法从死去的原作者那里得到回答，因此只有创造的解释学家摇身一变而作为开创的思想家代其回答了。

五、“作为创造的解释学家，我应该说什么？”这时解释学家已经不能代替原作者说出他应该说的话，而是创造的诠释学家经由批判的继承开创新理路、新方法的地步了。

我们研究佛教也好道教也好，也存在四个基本的层面，第一是文献的考据。这是属于传统考据学的范围，它探究文献的真实性，文本的流传过程。哪些是作者自己说的，哪些是后人加的？第二是义理源流。这属于历史源流的研究，相当于哲学史的研究，任何一家思想都有历史发展过程，他继承了什么，又影响了什么，不同的思想家有什么思想关联，谁影响了谁，谁又影响了谁，他们之间是怎么发展的，他们之间的发展又有什么样的内在逻辑？一般的思想史、哲学史都是在这一层面。第三是思想探索。我们研究不仅仅是研究历史上发生了什么，我们本身也是在探索宇宙人生的道理，我们本身也是作为思想家在研究，这个时候我们可以跟历史上的思想家进行对话、进行交流：他说的有没有意义，有没有道理，我们又该再说点什么？这个时候我们就打破了历史的局限而进入了思想本身的研究。第四是真理展示。这个层面实际上已经超越了一般的学术研究，我们研究佛教是研究释迦牟尼的思想和他修道的方法、理论，这个时候如果我们真正修到了像佛陀一样的高度，我们成佛了，我们对佛教的研究就不是一般的研究了，你讲出来的就是佛法的真理，这就是大师的说法和开示，他直接展示佛法的真理，他不是来探讨什么是对什么是错，他已经体验到了，他与佛之间已经心心相印了，他们站在同一高度，所以这个时候他可以展示一路上他所经历的风景，他所看到的宇宙人生的一切。这是学术研究的最高理想，但已超过了一般学术研究的范围。

最后我简单介绍下肯·威尔伯（KenWilber）的“四象限”理论。不知道有没有人了解这个人，他是我们新中国诞生时出生的，他在西方超心理学界有很高的名声，被誉为意识研究领域的爱因斯坦。他最大的特色就是综合了东方和西方，他同时也参加了密宗、道教的修炼，同时他对西方的理论也很熟悉，他具有很强的分析能力和整合能力，所以他建立了一种综合的理论系统，能够把东西方不同层面、不同维度的思想纳入一个更广的框架里面，这样可以给我们建立一个综合的、多元的、有不同维度、不同视角的立体的世界观，在这样的世界观里面，东西方的思想都能找到自己的定位，从而确定它适应的范围及其局限。比如我们可以把西方弗洛伊德的心理学、佛陀解脱的心理学、觉悟的心理学都纳入到完整的系统来看。他有一本书叫《意识光谱》，这本书现在已经翻译出版了，对人的意识的不同层面、不同结构进行了很大的综合，这本书已经成为经典。他除了建立意识的光谱模型以外，还有一个重大的理论贡献就是建立了综合不同研究视角的“四象限”理论。

“四象限”理论认为存在着四个不同的领域和整体顺序，在每个领域中都有着不同的层次。这四个不同的领域和整体顺序就是所谓的“四象限”，它包括“左上象限的个体内在领域、左下象限的群体内在领域、右上象限的个体外在领域和右下象限的群体外在领域”。比如说对于“人”的研究来说，个体内在领域是属于人的内在心理世界，个体外在领域则属于人的行为世界；群体内在领域属于文化价值世界，群体外在领域则属于社会活动世界。相对于不同的世界，其研究的方式相应地不同，外在世

界可以用外在研究的方式去研究，而内在世界则必须以内在的方式去研究，个体与群体世界的研究方式也是一样，各有不同的途径。

回到宗教的研究上来说，现在宗教学研究也有不同的分支，比如宗教现象学、宗教社会学、宗教人类学、宗教心理学等。每一种宗教都有其核心的宗教体验，这是作为宗教性的内在领域。如果我们研究的是宗教的内在体验，这个时候外在的研究方法失效，你不能够说通过考证宗教文本或考证它的历史发展就能知道它的宗教的体验，这是不搭架的。同时每一种宗教也都有其宗教表现形式，这是作为一个宗教的外在领域，我们也不能仅仅从一个人的宗教体验去看宗教的外部表现。在宗教的理解与宗教的研究中，有一个客观存在的研究领域与研究维度，就是探索宗教的核心精神体验，缺乏了这一研究维度，我们对宗教的了解就只能达其皮毛。实际上，对于宗教经验的研究已经成为国际宗教学界的一个热门的领域，学者们也开始探索宗教经验研究的有效方法。宗教现象学与宗教诠释学就是走近宗教核心经验的两个根本的方法，而现象学的直观与宗教意义的诠释都离不开宗教体验的实践性。宗教现象学与宗教诠释学不仅仅是作为一种方法论来用，它们都离不开宗教的内在体验，如果我们的目标是探索宗教的内在体验本身，那我们就必须进入它的内在世界去体验它。要知道梨子的滋味就必须去尝一尝，如果我们从外面来对它进行评头论足，那说这话就是不相干的，是越位的。

所以我们从事宗教研究的时候我们要把握我们到底在研究什么，我不是说每一个研究宗教的人都要去研究它内在体验的领域，但是你不能否定这个研究领域的存在，也不能用外在研究的结果去否定内在研究的结果。比如你是搞宗教调查，研究宗教的外部表现，你调查有多少信徒，信徒的成分是什么等问题，这一套方法有它的意义，但是你不能用这一套方法得出一个结论说某某宗教的内在体验是什么，我们也不能说天天通过打坐就能发现某一宗教文本历史上是怎么流变的，这也是越位的，这是不同的领域。

四象限理论不仅仅是对宗教学研究，对各个专业的研究都有指导意义。所以，我希望如果大家有兴趣可以去看看肯·威尔伯的书，现在有他三本书的中文版，一本就是《意识光谱》，这是最近出版的，另一本是《万物简史》，2006 年 9 月出版的，还有一本是《性、生态、灵性》，2009 年 6 月出版的。我把这个人提出来是因为他对我们中国人的研究有非常重要的参考意义。中国的学者通常有两个毛病，一个就是否定中国传统本身，迷信西方的那一套，什么都用西方的理论方法来套中国的东西。另一种就是固守中国传统，眼界打不开，盲目排斥西方的思想和理论。肯·威尔伯的思想是比较博大的，他能够让我们站在一个更高的高度来看见事物的整体，你不会再盲目的崇拜东方、否定西方，也不会盲目的崇拜西方、否定东方。你会看到东方和西方思想都有它不同的特长，它在不同的领域中有不同的适用范围，它们可以在某一个序列当中完美地共存，而且可以互补。所以这种视野的打开对我们的研究和我们的身心修养都是有好处的，让我们看见一个更广阔的世界，而不至于做井底之蛙，夜郎自大。

第五讲　点亮自性的心灯

本文为戈国龙教授应北京大学国学社邀请，于 2013 年所做公益讲座，由姚慧芳笔录，新弘校对。

一、静心的实验

今天非常高兴回到我的母校，又和北大的同学们在一起。我在北大读了六年的书，硕士和博士都是在北大念的。北大的图书馆，北大的未名湖，很多地方都留下了我轻轻的脚步；在北大的宿舍里面，也有我禅坐的地方。我每天就是在我的小床上静坐。床是二层的，床下面那一层呢，经常会有一些意见。他说你在上面坐着，会不会有什么东西下来？我说下来的可能是好东西，不一定是坏东西。

其实，一个真正的心灵如果能够静下来，心灵能够得到净化，它不仅仅是对自身的一个净化，也是对周围环境的一个净化。我曾经在一次讲课的时候讲到，就是真正的静心或者修炼、修道，它不仅仅是个人的事情，实际上它是整个宇宙中的一件事情——一个波浪可以搅动整个的海洋。所以在今天的讲课之前呢，我们先来做一个简单的静心的实验。

大家双手合十，把你的心收回来，收到你的身体上来；然后你的心呢，做一个"扫描"，从你的头顶上，慢慢往下扫描。用你内在的眼睛看你自己的身体，感觉自己的身体，然后让自己身体的每一块地方都开始放松，从眼睛到鼻子到嘴巴，一直往下扫描。在扫描的过程当中，让身体的每一个细胞都放松。所谓的放松就是让它在它自己的位置上，你不去干扰它，不去控制它，让你的心回到此时此地，回到当下。感觉你周围的环境，跟你的当下的一切在一起，跟你当下的心理状态、身体状态，你的任何的感觉，任何的思想都保持和谐。让它在它自己的位置上，你不去控制它，不去干扰它，就让一切去发生，你只是不选择地、不判断地感觉觉知这一切。感觉着你的呼吸，我们的心要回到当下，然后我们要生起一种恭敬心，对中国的儒释道三家的先贤大德，对所有修道的有成就的先行者表示崇高的敬意！也向大家的内在的佛性表示敬意，谢谢大家！

我们知道，北大这么大，同学们非常多，但今天有缘来到这里的人只是一少部分，你们都是有福的人，有慧根的人，有智慧的人。也许我今天的讲座，没有什么好东西，没有什么新东西，但是因为你们对探寻生命的奥秘，对了解中国的优秀的传统文化有兴趣，那么你们已经是走在道上的人，你们已经开始了一个旅程。

刚才我们已经体验了一下简短的静心，其实内在的心灵的修行或者修养，不是那么神秘，也不是那么高深。它其实是一个很简单的事情，就是当你的心和当下的一切的真实状况保持和谐，不跟它对抗，让一切在它原有的位置上，自发地安住在那个位置上。但是我们的心不容易回到当下，我们总是要飘到别的地方去，也就是说我们的心一直是在别的地方、别的时候、别的事情，而不能够全然的安住在“这里”。所以从某个意义上来说，道家、禅宗，禅道两家的修养的智慧，它们从根本上来说，都是一个回归佛性或者回归觉性的一个过程，也可以说都是很简单的事情，当下一念清净，我们的觉性就可以呈现。但同时又是一个非常困难的事情，因为我们的心已经习惯于不在当下，我们的心已经习惯于想无数的事情。

我们现代人有一个基本素质，就是我们的兴趣非常广泛，我们关注的事情非常之多，我们了解了无数的事情，但是唯独有一点，我们遗忘了自己，我们把自己丢掉了。回想一下，你一天的生活当中，你的心真正地回到自己的时候，感觉到或者觉知到自己的时候有多少？我们被无数的事情所占据，这些事情中的每一件事情，都让我们的心投入到一个地方去。那这样我们关注的是无数个面向，无数个客体，这样的心，它本身就是一个散乱的心。

希望大家在今天简短的两个小时内，我们大家都来尽量地来做一个实验，来观照自己的内心世界。其实真正来讲，听课本身意义并不大，掌握一些知识，意义并不大，很多的知识在书上在网络上，只要你想去学习，都可以学到；而真正有意义的是你回归当下的存在，感觉到你真正的自己，和自己在一起的那个片刻、那种体验，对你的生活具有非常大的意义。

二、我是谁与宗教性的体验

在今天正式进入讲座之前，我们先来做一个追问，问一下“我是谁”？这个问题是一个真正的问题，它不是一个哲学的问题，它是一个真正的宗教性的问题。无论我们写多长的哲学著作、写多长的论文来论证这个问题，都不是这个问题的真正的解答，因为它是一个真正的要我们内心去寻找、去探寻、去体验的一个维度。我是谁的问题，不是一个哲学的追问，去得到一个客观的答案，而是要向内去问，我们的眼睛不是看别人，去问这个人是谁？他是教授、他是男的，她是女的？这些所有的描述都不是这个真正的生命的本身，要问这个问题，是要真正地用一种虔诚的、清静的心来沉入生命的自身。

我可以讲一下我自己的体验。

我在上大学的时候，可能年龄跟大家差不多，有可能还小一点。那个时候，有一段时间，我就突然觉得，我一下找不到自己了！我反观了自己，我是一个什么东西？就是这个生命到底是什么？很显然，我们不能说，我们是这样的样子，一个外形，这是我吗？这也是我的一个表现，但这就像我们穿的一件外套、一件衣服一样，那个不能代表真正的我。那生命到底是什么？我们就向内去追。那段时间，我就感觉到很奇怪，就一下子找不到自己，我到底是什么东西？我很聪明，学习成绩很好，但是这个聪明是在哪里？在头脑里吗？在脑袋里吗？每一个思想，它都是当生即灭的，我们不能说我们某一个思想，或者某一个念头是自己，因为那个思想、那个念头也在变化，你去找，找不到自己。

我那个时候，就感觉到，我们在这个世界上，有这样一个短暂的生命存在，那就像昙花一现，如果在茫茫的宇宙长河中来看人的生命的话，那就可以忽略不计。生命到底是什么？我们在这个世界上，到底有什么样的意义？在无穷的时空的长河中，来反观生命的意义，这实际上是进入一个新的追寻，一个新的层面，它不同于我们现实生活中的所有的问题。

在现实生活当中，我们可能会遇到这样那样的问题，那是可以解决的。你具体的生活中的某一个难题，是可以想方设法去解决的，但是对于生命的终极的意义或者真正的我是谁这样一个问题，它不能通过现实生活的某一个层面来解决。你不能说，我通过学习成绩好或者我在社会上有了地位，我拥有了多少金钱，就能解决这些问题，所以它是一个永恒的问题，这个问题也是一个宗教性维度的问题。

自然地我们首先会从思想上去追问这个问题，我们去读书学习，去寻找这个问题的答案，但是所有的思想层面的问题，都不能根本解决这个心灵的困惑。

后来有一段时间，我因为某种机缘，进入了一个静心的世界。我在当时的南大草坪上，开始静静地站桩。然后在某种宁静的境界当中，有了一种体验，就是体验到生命某种真正的存在感，那个存在感，超越了一个小我的有形有相的这样一个个体的范围，而进入了一种广大无边的生命存在。如果用道家的语境来说，就是体验到某种“合道”的境界，在那个道的境界当中，原来的生命的很多的挂碍，很多的问题，就不再存在了。

也就是说，我们一开始的问题，是因为把我们的生命当做是一个短暂的这样一个肉体的存在，是放在时间之流中来看生命，把每一个生命都看做一个孤立的一个小我的存在的时候，我们就有无数的困惑。但是当我们能够从内在找到那个真正的生命，找到了跟道相统一的那个广阔的生命，我们就能超越这种所有由那个小我所提出来的问题。

因为今天时间很短，我就不去详细讲当时的体会，但是我说的就是生命中有这样一个维度，它是一种体验，是一种对存在、对生命内在奥秘的体验，它不是任何的理论，也不是任何的哲学，它是我们要真正地去做、去把它活出来的一个体验。当我们

能够进入这种生命的新的维度，生命就会有另外一种风光。

再回到刚才最开始提出的一个问题就是“我是谁”的问题，那么今天呢，我们也不能够有很长的时间，让大家去参悟这个问题，那我就在这里呢，用语言来对大家做一个提示。

首先我们会感觉到生命是一个身体，这是一个常见的感觉，世界上有很多的人就把人和这个身体等同了，就认为这个身体是那个生命。这个身体当然是非常重要，身心本身也是分不开的。但是问题是身体只是我们生命里的一个层面，一个外面的层面，它是一个外包装，它要往里走，去追问那个灵性的生命，去追问那个生命的核心。所以当我们回答我是某某身体或者某某一个外形的时候，这是很粗糙的。

那我们要继续往内追问，真正的生命存在是什么？那下面我们往里走的时候，我们就感觉到我们人是有感觉的，有情绪的，有自己的能量的系统，生命有它自己的内在的能量的系统，能量的流动、能量的结构，生命力。这已经是比较无形的了，但是是可以感觉到的。那如果我们再要往里面体验的话，我们会感觉到我们的思想，我们的念头，我们有一套理性的分析的一个系统。这是我们生命的一个结构，就是思维的结构，思想的结构，也是我们人体生命的一个信息处理系统，这是我们高等的生命的一个特色。那么大多数人就停留在这个地方。我们就把这个自己的思想，把自己的分析、思想的能力当作生命中最重要的核心，就是人是一个理性的人。

但是思想本身，我刚才讲了，它本身就是一个变化的刹那生灭的现象。哪一个思想是你呢？思想来了又去了，你能找到一个真正的核心吗？那个生命的真正的核心到底是什么呢？这不是任何的答案能给你的，是你要去体会的。

如果我们能够找到那个超越于身体，超越于能量、情绪，超越于思想，超越这三层的一个纯粹的生命存在感，你就会体验到一种新的境界，那是思想念头所不能够理解的——任何我们对生命是什么的一个理解本身还是一个思想，我们不是得到某种思想的答案，而是要去寻找真正的内在的生命。

如果我们要用语言来描述的话，就是任何我们对于生命是什么的一个理解都是一个外向的理解。在生命没有被任何对象化之前，那个纯粹的主体性是什么？纯粹的意识状态是什么？这是我们要去感觉去体验的一个存在。而对于现在的一般的人来说，我们从来没有真正地反观自己，去回到那个内在的核心的存在，我们只是不断地活在跟各种各样的事物打交道的过程当中。然而我们的心呢，就随着跟我们打交道的各种外在的客体而变化，也就是说这样的心是一个散乱的心。我们每天要面对无数的事情，那我们的心也被无数的事情所带走。所以我们的心永远是在不断地变化的杂念当中，而没有清醒地回过头来，找我们自己的那个本真的生命存在。

三、修行的核心

不管是佛教或是道教，整个修行的核心是要不断地回归你的觉性、你的真性，让你的心不再随着外缘而机械地反应和变动。

我想起一个禅宗的一个公案。当年禅宗的二祖慧可大师向达摩大师学法的时候，他本身是一个精通佛学的人，但是他有一个问题，就是所有的佛学还没有让他的心真正地安下来。所以他通过了很多的考验和困难，终于可以向达摩大师学禅法，那达摩就问他，你找我干什么？你有什么要学的，有什么问题呢？慧可大师就说："我心未宁，乞师与安"，他说我这个心不宁静，不能够真正地安心，请大师帮我把这个心安一安。达摩大师就说："拿心来，吾与汝安"，你的心拿过来，我给你安。你不是有问题吗？先把心拿来，我帮你解决。那么这个时候，慧可就反观自己，找他自己的心，他一回观的时候，就发现没有了！因为这个思想念头本身就是刹那生灭的，它不是实体，没有一个念头是能够真正地存在的。所以一回观，他说："觅心了不可得"，找不到心，什么也没有啊！这个达摩大师当下就跟他说："吾与汝安心竟"，我给你把心安好了。这里面就有真正的智慧，觅心了不可得，就是安心的最大法门，最好的法门。

你说我一天到晚有很多的烦恼，那这个烦恼怎么破除？每一个烦恼都可以找一个方法去对治它，这就是一种简单的对治的方法。但是扫净还来，它永远是不能真正地解决问题的，而斩断烦恼的根本在哪里呢？它需要有一种更高的智慧——觅烦恼了不可得，烦恼本来就不存在，没有这个真正的烦恼。因为你的心，本身就找不着，它都没有一个真正的存在体。所有的妄想，所有的妄念，当我们执着它的时候，好像是存在，但是我们真正用智慧去观照的时候，没有一个念头是真正的存在，它本来就没有。当你找不到妄想的时候，呈现的是什么？是一个妙明的、空明的心，那个心跟我们通常的随物随境而转的念头是不同的层面、不同的存在。

我们每一个人如果能够静下心来，真正地观看自己，这里面就有真正的智慧。也就是说，我们一般的人，是把每一个思想，每一个念头都当真了，而我们所有的那些问题、那些烦恼，都是在一些小圈圈里边，转来转去的；那进入一个智慧的维度去观看它的时候，当下本来就是空性的，当下本来就是智慧。所以要呈现出来的是一个本心本性，一个本来的面目，就是你那个不再被外境外缘所打扰、所挂碍的那个清净心呈现出来。

所有的修行说到底就是一个意识的觉醒的过程。我们的心迷掉了以后，它就认外境外缘为实有，同时要把每一个思想、每一个念头本身抓的牢牢的，然后被它所控制所占据，而真正的观照，能够看清楚事情的客观实相，看清楚自己的真心，这个时候我们的心就能够体验到一种能够做主的状态。

永明延寿禅师在他的《唯心诀》当中有他的一句话，叫“欲知妙理，唯在观心”。整个佛教，真正地要懂佛法的道理，唯一的一条道路就是观心。内观自己，不是去观别人，不是去观察外在的世界，而是要观自己的心。但是我们现在的教育，有一个基本的问题，就是我们天天教的是认识外在的理，外物的理，没有观心的理。没有人在真正地去自己看自己，我们总是在看别人，这样子我们的心就不可能得到真正的安顿。

如果我们能够不断地留心自己，观察、觉察自己的起心动念，观察自己的思想，这样一观的时候，就有一个新的维度出来了——是谁在观呢？那能观的这个东西和我们的思想念头，就是不同的一个层面，那个超越性的层面就开始呈现了。也就是真正的内在，内观的智慧就出来了，修行的具体的方法各种各样，但都离不开基本的“观”：观心，观照。

永明延寿禅师的《宗镜录》里面还有一句话：“但了妄念无生，即是真心不动，此不动之外，更无毫牦法可得。但能内观一念无生，则空华三界，如风卷烟，幻影六尘，犹汤沃雪，廓然无际，唯一真心矣。”就这一句话，就把刚才我讲那个所有的道理都总结概括了。如果我们能够真正的了悟到妄念——所有的妄想妄念——都没有真正的实体，妄念本身就没有真正地存在过，这个时候，就是真心不动，了解了妄念本身就是空性的，是没有真正的实体，从来没有生起过，这就是不动之心，这就是你不动的真心。在此之外更无毫发可得，并不是我们另外再去要得到一个什么东西。所以如果我们能够内观一念无生，真正能够内观自己一念不生、一念无生的这种本性的存在，那么我们所有意识现象里面所呈现出来的所有的三界现象，就像拿了个热汤去融化那个雪一样，一下就没了。

我们静坐的时候或者我们去练功的时候，你说我心静不下来，我心太乱了，怎么办？那你说如果用一个东西去对治它，用一个心去对治一个心，在头上安头，屋上驾屋，永远静不下来。我怎么静不下来？其实你越想静下来，就越静不下来。就像一个失眠的人，如果很担心睡不着，很想睡着，当他很想睡着的时候，这就是他失眠的原因——他越想睡就越睡不着。所以如果要让我们的心静下来，不是你去追求那个静的结果，而只需要去冷眼观之，看你这个心在何处，看心是什么？心真的存在吗？内观一念无生，觅心了不可得，这就是使我们的心真正地安定下来的无上的智慧。

因为今天的时间很短，咱们就闲话少说，直指核心。这个核心，你可能修很多年，学了很多年的佛都抓不住。如果不抓住根本，就在皮毛上去学的话，你这个心永远不得安定，所以真正的智慧就是一念心空，本不可得，此心清清楚楚，明明白白，当下的一切本来就安顿好了。

四、修身是我们任何一个人都要去做的头等大事

前面是我们今天晚上的一个引子，或者说是第一个问题，就是从追问我是谁，来寻找内心的源头，回归心的自性，这也就是所有的修行的智慧的核心根本。

从佛道教或从修行的智慧来看，我们整个生命的成长有两个大的层面：一个是人格的成长，一个叫本质的成长。相应地我们每一个人、每一个生命在这个世界上，他所做的工作，也可以分成两种：一种叫内在工作，一种叫外在工作。

什么叫人格的成长呢？什么叫本质的成长呢？

在我们人的一生当中，我们从很小的时候，就开始受社会的影响，受学校的影响，受家庭的影响，去塑造自己的一个自我形象，一个人格，就是我们要成为一个什么样的人，达成一个什么样的目标。这所有的人格的培养或者自我的成长都是在我们的生活的过程当中，后天世界慢慢培养出来的附加在我们真正的生命之上的一个“包装”，这个包装对于我们在社会上的生活也是必要的，也是很重要的。但是，问题在于我们很多人终其一生他就

停留在这个人格的层面，他就是一辈子都是活在自我（ego）之中，活给别人看，从没有回到他自己（Self），没有回到他自己真正的生命。

所谓本质的成长，就是我们生命本身的成长，是我们真正的内在素质的成长，是我们真正的生命境界的提升，生命智慧的开启。本质的成长不是活给别人看的，它是活在你自性的觉悟之中，是如人饮水，冷暖自知的，是你生命境界的一个内在的提升与觉醒。

但是我们现在的教育，从幼儿园到小学到大学，一直到研究生到博士生，我们都是在学习，不断地学习各种各样的知识，而且所有的知识都是些关于外在世界的知识，那么我们所得到的任何结果，最后都是一个人格层面的成果，你成为某某著名的专家，某某教授，这还是在为别人活，为社会活，为一个形象而活。但是一个再大的专家，再大的教授，他的内心世界如何呢？他的心安定了没有呢？他是不是活在忧郁之中、烦恼之中？

我们前段时间经常看到，在我们这个社会中，不断地也有一些高级知识分子像博士、教授自杀的，这种教育，它只是在完成它一个社会形象，或者社会上的一个地位，但是他没有发展他自己，没有找到他自己内在生活的源泉，他只有人格层面的发展，而没有内在本质的发展。

所以相应的工作也是这样。我们所有的人，为了我们的生活需要，为了现实生活，对外在的客体下功夫所做的工作，都是外在工作；而真正的内在工作，是对自己下功夫，是自己在自己身上下功夫，来提升自己的觉性和智慧。这样的工作，才能够促进我们内在素质的成长，使我们成为一个真正的人，一个具有统一性的有素质的有自觉性的人，我不再是一个随着外在而起反应的机器。

但是很可惜就是，我们这个内在工作的层面，内在素质的成长这个层面，大部分时候被忽略了。也许有的人一辈子就是从事外在工作，从事外层的人格的成长，他从来没有真正找回他自己的生命，没有找到他真正的内在生命的喜悦和能量。而我们传统的文化里面所讲的修身、修道，它实际上都是一种内在的工作，你在那静坐也好，在那自己观想也好，反省也好，那都不是对别人下功夫，不是对外在的一个客体下功夫，而是对自己的身心性命下功夫。

当我们这样一讲的时候，我们就知道，所谓的修道、修身，它不是一个神秘的概念，也不是一个纯宗教性的概念，好像是我们要做某个宗教徒，我们才需要去静坐啊，需要去内观自己啊，那跟我们普通人就没有关系吗？如果我们理解了内在工作这个概念，就会知道，每一个人都需要去做内在工作，每一个人都需要去修身、修道。所以《大学》里面就说："自天子以至于庶人，壹是皆以修身为本"，修身是我们任何一个人都要去做的头等大事。

不管你的社会身份、社会地位如何，不管你是在哪一个阶层，如果你不通过内在工作去发展你的内在素质，去找到你自己真正的生命，那么你活了一辈子是干嘛？都是为他人做嫁衣，都是活在那个幻象之中，活在表象之中。也许你会很有钱，很有身份，很有地位。但这些金钱是为谁而赚？你没有找到自己，你这个钱有用吗？所以对我们一个真正的生命发展来说，应该是内外两方面都发展，要内外皆富，平衡发展。如果我们只是把所有的时间和精力都用来投注在外在客体上面，把自己的身心都遗忘了，那我们就是忘本，就丢掉了生命的根本。

五、以开放的心去探寻宗教的奥秘

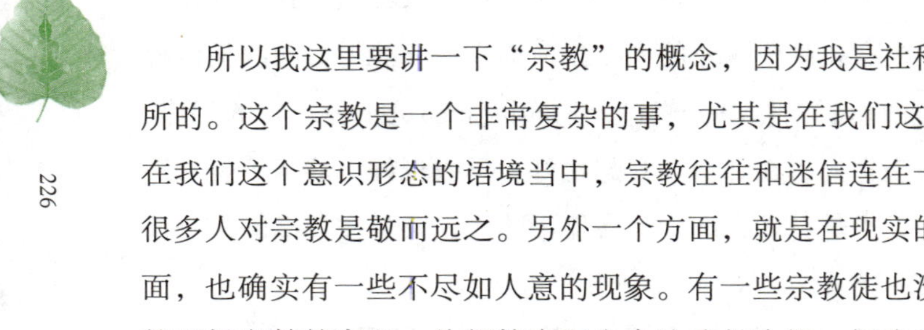

所以我这里要讲一下“宗教”的概念，因为我是社科院宗教所的。这个宗教是一个非常复杂的事，尤其是在我们这个社会，在我们这个意识形态的语境当中，宗教往往和迷信连在一块，有很多人对宗教是敬而远之。另外一个方面，就是在现实的宗教里面，也确实有一些不尽如人意的现象。有一些宗教徒也没有真正的理解宗教的意义，他们的表现也会让我们失望，好像看到宗教里面就这个样子吗？但是我要说的是，我们不要被这个宗教的表象所迷惑，而我们如果深入宗教的核心，去追问宗教的意义的时候，我们就会发现，宗教它是一种精神的粮食。

每一个正统的宗教，在它创始的那个阶段，它都是来自于一个悟道的人，或者觉醒的人，他要传达他的教法，慢慢形成一个宗教。那这些创始人他是悟的什么道呢？他就是悟到了内在生命的真理，悟到了生命的实相，找到了心灵的家园。这种内在的智慧，内在生命的追寻，恰恰是我们每一个人都要去寻求的。生命之外的东西，永远不能解决生命本身内部的问题，而生命内部的问题就要靠生命内在的成长而觉醒，所以宗教里面，它的源头，都是充满了智慧。

但是宗教在发展的时候，其核心精神有时候还会不断地衰减，增加了很多的外包装，慢慢地也会把宗教的核心给遗失了，给遗忘了。有一个这样的小故事，就能说明这个宗教在时间的长河中，在流传的过程中，所发生的一个变化。

据说曾经有一个道场，这个师父在每一次讲道的时候呢，正好有一只猫，它在那吵闹，使这个道场不够安静，那么这个大师讲课之前就说，先把这只猫抓起来，关到一个地方去，省得它打扰我们讲课。那这样就慢慢形成一个习惯，他每次讲课都是这样，第一件事，先把猫抓起来。那么后来这个师父呢，过世了，慢慢传，传到第三代，他的学生弟子，也成了大师了，也开始讲道。他讲道的第一件事就是，他说你们去找一只猫来，然后把它关在那个房间里，这是我们宗教的神圣的仪式，没有这样一只猫，我这道就没法讲！

在宗教流传的过程当中，最开始的那个创始人是有意识的，他是有觉悟的，但是在传的过程当中，不见得每一代都是能够充分领悟到它原本的智慧。所以有可能，它就会发生很多的变形，也确实会有一些所谓的迷信的现象，这是难免的。不光是宗教如此，任何一个领域的现象都会有真的和假的。那么我们如果看到一个假的现象就否定这个事情本身具有真的可能性的话，我们就把自己给框住了。所以我不是鼓励大家要去信仰宗教，但是我们每一个人都应该有一个开放的心去探寻宗教的奥秘——探寻宗教的奥秘也就是寻找生命的奥秘，因为几千年来，宗教的追寻，它跟我们目前的这种科技的发展是一个不同的维度。

所有的宗教，说到底它都是要向内追寻的，寻求的是一个精神世界，而我们现在的科学技术，更多的是寻求对外在世界的控制，控制这个外在世界。所以科学技术是一个外向控制性的知识，而宗教是一个内向控制性的智慧。这两者对我们人类社会来说都是缺一不可，没有宗教的这个精神维度的方向的指引，人类社会这辆车子的发展是很危险的。那个科学技术就像，不断增加我们的加速度，它相当于不断地采油门，向前走，走得越来越快；但快本身不是目的，没有方向的快，就是更早地走向灭亡。而宗教的真正的智慧是能够让人类的文明，把握一个航向，所以它是一个方向盘。

对于我们个人来说，也是一样。我们除了要学习各种各样的学科的专门的知识，学习我们在世界上“生存的技术”之外，我们一定还要抽出时间和精力去探寻自己，去掌握生命的内在的“觉醒的艺术”。生存的技术就是我讲的外在工作，而内向的生活的存在性的艺术，就是我前面讲的内在工作。所以内在工作和外在工作，要协调发展、同步发展。如果大家能够建立这样一个内外兼修的概念，我今天晚上就没有白讲，听懂了的掌声鼓励一下。

真的非常重要！我们的眼光老是在盯着别人，盯着外在世界，没有回观自己。没有内在工作，生命不可能得到真正的幸福，“攘外必先安内”，这是蒋总裁说过的话，其实我们每个人的人生都是这样，攘外必先安内。你的理想很大，你要改造这个世界，但是我劝你啊，把理想先放小一些，先改造你自己，改造了你自己，有可能去改变世界。但是如果没有改造自己，改造世界就是一个梦想、幻觉。

我记得在西方有一个教堂里面，有一个墓碑上刻着一个牧师的一个忏悔词。他说，他年轻的时候发的愿很大，他向上帝祈祷：主啊，请赐予我力量，让我能够改变这个世界。后来当他年纪渐大的时候，到了中年的阶段，他发现这个祈祷没有力量，完不成，世界依然如此，还是混乱不堪，所以他改了：他说主啊，请赐予我力量，希望我能够改变我的国家，我的民族，这个世界太大了。但是后来他的年纪又大了，他发现他的国家还是依然如此，混乱不堪。他说算了，我再减小点。然后他的祈祷词就改成：主啊，请赐予我力量，希望我能够改变我身边的人。等他年纪老的时候，他发现这个祈祷也失败了，身边的人还是没有改造好。所以当他面临生命的最后关头，他才发现，正确的祈祷词应该是：主啊，请赐予我力量，希望我能够真正地改变自己。如果我们一开始的祈祷顺序对了的话，那么由改变自己有可能会改变身边的人，进一步改变你的国家和民族，改变这个世界。但是如果顺序反了的话，我们这一生就走错路了。所以中国古人，发现的顺序是没有问题的：正心、诚意、修身、齐家、治国、平天下，从内而外，这才是一个圆满的系统，而不是平天下、治国、齐家，然后再来正心、诚意，晚了，来不及了。

六、任何事情都可以成为静心的桥梁

我们现在有一个很现实的问题，就是每一个人都有一个生计的问题、现实生活的问题，我们必须去做那些工作，来解决我们的现实生活的需要。很多人说，我没有时间去做内修，去探寻这个生命的奥秘，那怎么办？那我想提一个建议，就是我们要尽量争取时间来做专门的内在工作。但是，我们还要有一个很重要的

面向，就是我们要学会，在每一件外在工作当中，融入内在工作的要素。这是我们修行学佛也好，做一个智慧的人也好，一个非常关键的事情。

因为内在素质提升，它不是说一定要做什么事情，而是要看我们用什么样的状态去做，你用什么样的境界去做这个事情。也就是说，在你从事某一项外在工作的时候，你有可能会把它同时变成一种内在工作。你应该在做任何一件事情的时候，都带着一种新的层面，加入你的有意识的因素，就是你要非常全然地有意识有觉知地去做你所做的事情。这个时候，任何工作都可能变成一种内在工作。

比如说，也许你只是一个扫地的人，那很多人会说，这个扫地多枯燥，那我一辈子就扫地，那不是浪费了吗？但是如果你真的有智慧，你可以把扫地变成一种功夫，你可以练“扫地功”，而这个扫地功，可以练出一个天下无敌的功夫出来。大家很多人都爱看小说，这个金庸的武打小说里面也讲过，武功最高的人，结果是一个扫地的老头，这是有可能的。因为核心不是你做什么，而是你怎样去做；当你在扫地的时候，你所有的意识，都和这个扫地的动作和谐统一，贯穿在一起，那么你的扫地就是非常有意义的。

我们再来做一个小小的实验。我们每一种动作都可能有两种情况：一种是心不在焉的，我们的心在别的地方，这是无意识的动作；一种是我们非常有意识地缓慢地运动，我的心和我的动作完全在一起。这两种状态是完全不一样的，那下面我们来体验一下，体会两者的不同。一开始，我们心不在焉，想着别的东西别的地方，然后我们这个时候用手可以画一个圈，大家跟我一起画圈，心不在焉地画，你想别的地方；现在我们非常觉知地来动这个手，你的意识和这个动作完全合一。有没有感觉到两种动作的不同？感觉到不同的请举手。那些没感觉到的是你没用心，他两个动作都是没用心的，他就没什么区别了。因为他的心就没有真正地和他的动作在一起，只要你的心真正地和你的动作在一起，那肯定是有不一样的感觉。当然这个感觉还是有轻有重，因为这个习惯没有养成；那如果你天天去这样有意识地运动的话，每天花五分钟，你的感觉会越来越清楚。

我们东方有内家拳，如太极拳、八卦掌之类，有很多种内家拳。那么所有的内家拳最核心的关键是什么？它跟一般的拳术和一般的体操的不同在哪里？就是我们东方所有的功夫都强调的是身心合一，意气合一，你的每一个动作都是贯穿于你的意念和意识的。所以太极拳那么缓慢，就是让你心在每一个动作之中都不走掉，都不跑掉，它是一种身心并练、性命双修的方法。如果我们只是在做体操在跳舞，但是心还是像野马一样，四处奔驰的话，这种感觉、这种锻炼是完全不一样的，前面那种就是练核心，后面这种练法就是练皮毛。

不管你是专门去修炼，还是一般的人，他都不可能把所有的时间用来去做内在功夫。他一定要面对这个社会，面对现实生活，我们有大部分时间，是在处理日常的事务，从事你的外在工作。这个时候，你要把这种意识的品质带入到生活中去，这才是真正的修行。最后修行它就是生活，跟生活是离不开的，没有离开生活的修行。

七、把自己的身心带入此时此地

现在我们就要讲一讲，如果我们要开展内在工作，那么我们在生活当中，应该注意或者应该留心些什么事情。也就是说我们要进入一种新的内在工作和外在工作相统一的生活，有一些关键的要素我们需要把握。

首先第一点，我们一定要时刻提醒自己，把自己的身心带入此时此地。大家去看一些灵修的读物，或者看一些修道的读物，这个“活在当下”，是一个基本的原则。大家都在提，那么什么是活在当下？当下是一个什么样的概念？

其实我们的生活，从来就没有真正离开过当下，我们的生活都是在面对当下，那所谓的活在当下是什么意思呢？核心的要素还是我们的内在的品质，是我们的意识，有没有关注到，留意到当下。也就是说我们的心是不断地回到过去，被过去的所作所为所支配，所影响，我们也在不断地想象，期待着未来，然后把当下的存在给遗忘了。当我们走的时候，我们不知道、没有注意到我们在走路；当我们吃饭的时候，我们也不知道、没有注意到自己在吃饭。我们的心总是在想着别的事情、别的地方。

所以有人问禅师如何修行，禅师说：“饥来吃饭，困来睡觉”，很简单啊！那徒弟就很不解，他说这个事情太简单了，我们也是在饥了吃饭呀，困了睡觉，这有什么了不起啊？那禅师就说，你吃饭的时候，没有在真正地吃饭，在百般地计较；睡觉的时候呢，你也没有真正地睡觉，有无数的思量和牵挂。

如果我们真正地观察自己的生活，确实我们每个人的大部分时间，都是在游离的，都是在梦一样的梦游状态当中。有的人可能不服气，说我很清楚很清醒，那可能是因为你没有真正观察过自己。其实我们很多的人，基本上是在做白日梦，白天跟做梦的状态没有什么太大的区别；他沉浸在他那个思维当中，对眼前发生的一切，视而不见，感觉不到。

我就有一个亲身的体会，亲身的体验。有一次我在社科院的门口，迎面碰上了我们这个同事，一个老教授，我们之间很熟悉。然后我看着他，正想和他打招呼的时候，我发现他眼睛看着我，但是对我一点反应也没有。他对我没反应，不是不礼貌，不是不理我，是因为他没有进入那个内在的寂静之中，他在做一个白日梦；虽然他眼睛在看着我，他的心在别的地方。大家知道，眼睛要看见一个事情，要产生认识的话，他需要我们的意识和这个眼根以及所看的对象三者的结合。所以他眼睛看见了，但是他意识在别的地方，这个时候，就视而不见了。所以我一看他正好在做梦，我就让他做了，我也没说什么。

这种事情很多，大家有的时候上班，你在地铁里面，你在等车的时候，你观察这个周围走路的人，大部分人都是行色匆匆，但是你看他的心都不在他的当下，他的心都在操心着无数的事情。所以他的脚步完全是飘的，人也是漂的，人不“在”。

只有我们真正地做过内观的功夫，体验到什么是有意识的状态，什么是无意识的状态，我们才有可能看见别人在什么样的状态当中。而对于大多数人来说，当我们说人是在无意识之中，在昏昏欲睡之中，他都不会认识到，这个话有什么意义，他认为这是胡扯，不可能，他不认为他听到了什么新的信息。也就是说，他的意识还不足以了解这句话的意思，这就恰恰证明了我说的那句话是对的——他对他的无意识也是无意识的！

只要我们严肃地认真地做过观察自己的工作的时候，我们就会有一个基本的发现，就是我们的心不记得自己，没有注意或感觉到自己的存在。

那么很多人也会认为，我每天都是在有觉知的状态当中啊，怎么会不记得自己呢？当他不假思索地反驳这个观点的时候，恰恰就证明了，他从来没有体验到什么是记得自己的状态，所以他根本就不理解。

人要对自己的现状有一个清醒的认识的时候，我们才知道，我们要去向哪里？要达到什么样的目标？发现我们自己是昏昏欲睡的，是昏睡的无意识的状态，观察到这一点，就是我们内在工作的起点；认识到自己的无知，就是走向真知的起点。如果不认识到这个问题，就不可能解决这个问题。

所以我们的心要去观察它。回到我们最开始讲的观察，你就会发现，当你一观察的时候，你发现你的心跑了，游离在当下之外。这个时候，这种观察的本身，就意味着，你把自己带到了现场，带回了现在；当你发现你有杂念，有妄想，这本身就是一种宁静。当我教人静坐或打坐的时候，他们肯定会说，我静不下来，我一静下来，发现我比平时念头还多。我说恭喜你了，你已经静下来了。因为平时的念头也很多，但你没有观察它的能力；当你静下来以后，你才发现，你的杂念如此之多，这个发现就是静心的一个起点。觉察到我们思想的无序状态，觉察到我们内在世界的混乱，就是我们的内在世界走向和谐有序的一个关键的要素；什么时候你发现了你是无意识的，你在昏昏欲睡当中，你没有回到当下，这个发现的本身，就是一个很好的闪光点，你要经常这样去发现就好了。

从我们现在一般人的精神状态来说，我们绝大多数的思想和念头都不是我们自己去做主的。不是我在思考，是一股力量在催着你思考，是“它”在思考，是那个惯性在思考。也就是说我们的很多想法，很多的思想都是一种自动的联想。那这种惯性的力量来自何处？都是来自于我们过去的所思所想、所作所为，它们留下来一种惯性的力量在催着我们现在在想什么。当我们被过去的一切所支配的时候，我们的生命就没有自由度，就没有我们选择的权利，因为我们不能让它听我们指挥。思想是这样，情绪也是如此，我们做不了主，用佛教的话来说，都是那个“业力”在做主，还没有智慧在做主，那么智慧就从我们这个观察、觉知中来，能够转化这种机械性，成为有意识的行为。

除了被过去所支配之外，现在人还有一个根本的问题，就是我们不断地在为将来的目标而活，我们在梦想自己的理想生活，想着某某条件具备了，将来什么什么被满足了，我就能够过上安定的日子，过上幸福生活；而我们现在的一切，都是在为未来的幸福生活做准备。这样的一种未来的取向也是让我们错过生活的一个根本的因素。

我记得苏东坡有一首禅诗是这样写的：“庐山烟雨浙江潮，未至千般恨不消，到得还来别无事，庐山烟雨浙江潮”。这首诗讲的就是我们人被对未来的想象所控制。我们想象着庐山烟雨浙江潮是什么样子，多么的美啊！老想到去旅游一番。没去的时候，心里面不平，老是想着将来我们一定要去游览一番。那么等到我们真的来到了庐山，来到了浙江，看庐山的烟雨，看钱塘江的潮水潮起潮落的时候，我们的心又飞到别的地方去了。然后觉得目前的景象也不过如此，很平淡，不就是庐山烟雨浙江潮吗？所以我们不断地梦想着未来某一个景象能满足我们的生活，但等到我们到了那个境地的时候，我们的心又跑到别的地方去了。

也就是说我们从来没有真正地享受过当下的生活，从来没有真正地安住在当下，我们总是为了未来目标去活，而把现在作为实现未来目标的一个手段。但是未来永远不会来，来到的永远是现在，永远是当下。所以生命不是为了未来的目标而活，也不是要被过去所控制，而是享受每一个当下。

就像我们去旅游，去攀登一座山峰，但是旅游不是为了去到山峰，我们每一步的攀登不是为了达到山峰这个目标。等你真正登上了山顶，山顶怎么样？也不过如此！然后你又想到要赶紧回家了。所以登山的过程本身就是享受，每一个阶段，都有每一个阶段的风景，是要去享受当下的风景。当我们是孩子的时候，我们就想到我们长大了会如何如何，那些大哥大姐活得比我们好，等你长大的时候，我们发现孩子是天真烂漫、无忧无虑的，我们又怀念童年的时光。所以生命不断地在错过，你永远没有踏上生活的旋律。

就像我们跳舞，跳舞的时候，只有当下的这一拍，当下的这一步。你不能停留在过去，也不能在展望将来的一步怎么走？当你离开了当下的这一步，就没有舞蹈了，你就会不断踩到别人的脚，就乱套了。

这是我们讲的第一点，走内在追寻，进入灵性生活的第一块基石，就是要享受每一个当下，真正地活在此时此地。摆脱过去的阴影，所有的未来，它会从当下生发出来，而不是为了未来去错过当下，我们真正能够有所作为的，能够操作的，能够改变自己的只有当下。过去的已经消失，它只是你头脑中的记忆；未来其实永远不会来，它只是你头脑中的想象。而我们面对的，此时此地，才是真实的生活。

比如今天晚上大家来这里听课，这就是你真实的生活；我在这里讲话，这就是我真实的生活。但是我发现在座的很多人，他心不在焉，他怀着很多的成见，他以为戈老师、戈教授应该讲些什么，他有一套想象，他期待着他心中想要听到的。很多人失望，他们离我而去。但是我不是来满足你的期望的，我是活出我自己；你也是一样的，你也活出你自己。在座的这么多人，如果我满足每一个人的期望，我要怎么讲呢？我要讲这种风格的，那一部分人就跑掉了；我要讲另一种风格的，另一部分人又跑掉了。在座的留下来的都是精华！能够真正地安住在当下，这是最高的智慧。你在这听课，就把这个听课当作享受，把你心中的成见都拿掉。你不要指望他一定要按照你的设计来讲，因为我自己都不知道我今天讲什么，我也是来胡扯的，来吹牛的，所以我不知道我要讲什么，我想到什么就讲什么。

但是很多人会有期望，哎呀，这个好像没讲什么知识系统，没讲什么理论系统，好像没头没脑，听不出味道。听不出味道是因为你智慧不够，在座的这些听出味道的人都是很有智慧的人。

八、真正地成为你自己

我们现在讲第二点，就是要真正地成为你自己，活出自己的独一无二来。每一个生命都是一个独特的个体，永远不要去跟别人比较，没有意义，因为你的边界条件、你的起始条件都不一样，你活也不是活给别人看，是活给你自己看。所以真正地把自己活出来，活出你的潜能，活出你内在的喜乐，不要去成为别人的工具，不要为完成别人的期待而活。前面我们讲了，不要自己去期待未来而错过现在；现在我们讲，你不但你不要自己去期待，也不要为了实现别人的期待而活，你是要完成自己的天命，而不是为了实现他人的期望。

我们看到在生活中也有很多的这样的错位。

比如说父母可能有一个心愿，他年轻的时候，很想做音乐家，结果因为很多的原因他没做成，所以他把全部的希望寄托在他女儿身上，三岁就开始学钢琴，天天催着她弹，练两个小时，他说你就是我们的希望，我没完成的任务你一定要帮我完成。那可麻烦了，这个孩子，从小就被父母折磨了，摧残了。哪怕真的她被训练成音乐家，这也是一个杀人的音乐家。因为她将来会受压抑，她的压抑还会爆发出来。所以父母不能把自己的期望寄托在孩子的身上，让孩子为父母的期望而活，你自己失落的，自己去找，不要去通过别人来找。

每一个人要真正尊重自己的独特性，因为别的人如何，跟你比又如何，这种比较制造了很多的烦恼。那我们孔子说了，素富贵，行乎富贵；素贫贱，行乎贫贱。如果我是一个有钱人，我就享受有钱的生活；因为我是个穷人嘛，我就享受穷人的生活。这两种生活一定是哪一个比哪一个好吗？不一定。如果没有智慧，有钱也是痛苦；如果你领悟了智慧，贫穷也是快乐。但是贫穷的快乐不是因为贫穷本身是可乐的，而是因为理解了道，在道的境界中才是可乐的。

所以宋明理学家，追问孔颜乐处是什么？《论语》记载："子曰：贤哉回也！一箪食，一瓢饮，在陋巷，人不堪其忧，回也不改其乐。"颜回能做到一箪食，一瓢饮，在陋巷，而不改其乐，这是为什么？理学家就开始探讨这个问题，那么探讨的结论是什么呢？当然不是贫穷本身值得快乐，而是这个人安于道中，在道之中超越了贫穷和富有。所以我不是来鼓励大家贫穷，我是教大家安住自己，享受自己，超越这种贫穷和富有的这种对立和区分。

有一个大禅师，他有很多弟子，有很多的供养，所以他盖了一座金碧辉煌的金殿，就像我们台湾的中台禅寺那样，金碧辉煌。当然我不是说唯觉法师，大家不要去谣传啊！因此很多弟子呢，就质问他说，学道学道，怎么学的像帝王一样，享受这么多的荣华富贵？这好像不对呀！禅师怎么回答呢？他说这在你看起来是荣华富贵，对我来说就是平常生活，我没有去追求这种荣华富贵，但是我也不排斥这个东西。那么修道人就不可以享受生活吗？修道人就一定要去过苦日子吗？修道人就是安住于当下的因缘。然后他说了一番很有深度的话，他说觉者有两种类型，一种是释迦牟尼佛，他本来是个王子，他拥有了金殿，拥有了金钱美女，但他离开了他的富有，他去过贫穷的生活，一无所有，去修道，然后他成佛了，所以佛陀是放下了富有，不执着于富有。他说我呢，从小是一个放牛娃，一无所有，所以呢，我现在是放下了贫穷，我出离了这个贫穷，所以我现在安于我的富有。这样一来，历史上两大类型的觉悟者都有了：一个是从富有到贫穷，一个是从贫穷到富有，这个圈就画圆了，有什么不好吗？难道你以为悟道就是一定要做乞丐吗？

真正的觉悟不是去追求外在的荣华富贵，但也不是去否定所有的一切，而最核心的是要活出你内在的王国，是要找到你内在的金殿。我们每一个生命在他内在都携带着一个无价之宝，这就是一开始我们讲的，你的内在的灵性或者佛性，但是我们都不知道，都迷失了，而在向外流浪。所以我们这个无价之宝在身上，我们不知道，然后我们在要饭。

所以真正的智慧的生活，它是要从任何的两极对立当中超越出来，它是真正的“无住生心”。他不执着于富有，也不排斥富有，他不拒绝一切，但是也不贪着一切。高低贵贱，这种种的二元对立是我们普通的头脑在不断地去比较去追寻的结果，但是对于一个真正的觉悟的人来说，他的生活是一个全然的庆祝，他融入了无限的法界，他感受到整体的生命。这个整体的生命，像海洋一样的辽阔——浪起潮落，弥显大海之容；云卷霞飞，不改虚空之量——波浪的来去，不会影响他大海一般的心境，他融入了那个无限的海洋。所以对他来说，所有的存在都是美好的。

九、一切本自圆满

今天我赠送大家一个“八字真言”，希望大家跟我念一下，让它能够融入你的生活。大家跟我一起念，声音大的得到的加持也大：“一切都是，一切都好”。现在我对这八个字再做一个解释，这是我今天赠送给大家一个最大的礼物，希望你珍藏在心间，不时拿出来把玩一下。

什么叫“一切都是”？这个“都是”我们也可以说是一种“Yes”，是一种臣服的态度；也可以说是“Being”，是一种存在。就是万事万物都在他自己的位置上，它是个圆满、自足的存在，在觉性的和觉醒的世界里面诸法如如，一切本自圆满；同时我们也可以理解为是一种臣服的态度，接受当下的一切的发生和一切的真实。你不去对抗，不去矛盾，这种臣服的态度，就是超越我执的根本，就可以融入道的海洋之中。

进入了“一切都是”的境界，自然就“一切都好”，这一切都好不是一个好和坏的对立和比较。如果说有好有坏，这本身就是二元对立的，所以一切都好的“好”是“至善”，是没有好坏的对立，这才是都好，是不执着于任何的二端、二元。

能够看到万事万物的空性和无常，接受一切，庆祝一切，这是一种智慧，一种领悟。但是很多人会跟我抬杠：我生活中有很多问题，好不到哪去，我这么大年纪还没找到老公，问题多多，怎么办？

我们现在就分两个层面来谈。首先你要领悟到，从一个根本智慧上说，在这个世界当中，我们除了自己内心的觉醒之外，我们得不到什么东西，我们也失去不了什么东西。所得所失都在梦中，梦中得到的和梦中失去的都没什么了不起，在战略上藐视一切，开大智慧领悟到一切都是，一切都好。有了这种智慧的态度以后，慢慢地再解决你的第二个层面的问题——现实生活中的问题，有了这个最好的境界以后，很多事情都会转变，也就是从内到外的转变。你如果真正做到了我讲的这八个字，你的气质就会大变，你的人生会发生很大的变化，那么你的生活变成了一场庆祝，你原来需要解决的问题也许就得到解决了。但是我不担保，到时别找我，说我念了这八个字，还是没解决！那我要说，你智慧还不够，还没到。

我们每个人都在追求真正的幸福生活，追求真正的心灵的自由。这是我们每一个生命的一个天然的取向。但是我们看到现实生活当中，恰恰是很多的苦难，很多的问题，每一个人都在忧心忡忡，烦恼无边，每天的生活都没有真正的喜悦。问题到底出在哪里？

从根本上来说，就是我们的心在外求，我们把我们的幸福寄托在一个外在条件的满足上面，我们总希望外在生活的某个条件达到了，满足了，我才能够过我所想要的生活，这是我们常人的思维的一个定式。也就是说，我们一开始就把我们自己的苦和乐，幸福和不幸福，寄托在外在的对象上面，大家想想看，这一开始就有了这个前提以后，我们怎么可能还有自由？因为我们已经被我们所要依赖的那个条件所控制，我们还会有真正的内在的自由吗？如果我一定要等到我评上教授以后，才能过幸福的生活的话，我前面就错过了三十多年！那评了教授又如何呢？烦恼还是一样，如果我们没有找到内心的家的话。

所以这里面佛教也好，道教也好，提供给我们一个根本的智慧，就是找到内心的圆满，找到内心的本具的自由和幸福，这是我们生活的真正的根基。有了这个根基，我们当然也不是排斥外在的生活，就像我们前面讲的内外皆富，不是排斥外在的富有和外在的生活条件的改善，而是要知道什么是跟本。当我们的心被外境所俘虏的时候，我们不可能有真正的内心的自由。

所以我们现在要根据智慧的维度来提出一个新的“幸福观”，我把它叫做“幸福观念的哥白尼式的革命”。大家都学过哲学，可能都知道，这个哥白尼在天文学史上他有一个革命，他就从传统的基督教的“地心说”，第一次提出“日心说”这个概念，那么这是一场很大的革命。后来康德呢，借用这个概念，来讲了一种哲学的革命，就是讲我们平常的认识都是从外在对象当中去找认识的规律，但是康德认为，是我们认识里面所固有的先天的范畴，而赋予了我们这些认知对象的一个条件，也就是说我们认知的主体，它固有的先天的概念和范畴是我们得以认识的一个先决的条件，所以我们的认知规律不是在外物之中发现的。今天，我们讲一个幸福观念的哥白尼式的革命。

简单地说，就是我们不是从世界中去寻求幸福，而是以幸福的境界生活于世界之中。概念很简单，我们不是从外面世界中去寻找我幸福的条件，去满足一些条件才能得到幸福，而是要找到内在的幸福的源泉，带着你幸福的境界，生活在这个世界之中。这是我们用现在的语言来表达，但是如果你要是去问古代的禅师，问古代的修行人，他们也许有各种各样的回答，但本质上全部是这个观点；他们全部超越了外物的执着和追求，他们都是发现了内心的活的源泉。

大家可能知道，在藏传佛教的修行史上，有一个伟大的修行者，叫密勒日巴。他在山上修行，没有衣服，没有食物，基本上是裸体的，后来他的妹妹给他送了一块布遮羞，遮羞布。但是密勒日巴活得不快乐吗？密勒日巴是活得最幸福的人！你去看他的道歌，里面流露出那种无上的法喜，那是体验到人生最高的最巅峰的喜悦。所以他的世界，已经超越了我们常人的那种钻在一个小洞里的世界，他是融入了整个法界的海洋，所以他的系统是一个无限开放的系统。在这样一个开放的系统当中，那是无限的富足，他自身就携带着他的王国，他就是一个内在世界的皇帝。他表面上是一无所有，但实际上，在他内心的真正的觉醒当中，觉悟的世界当中，他是一切具足，无限地富有。

那有的人可能会说，你这是不是有点阿Q，自己骗自己？如果你提出这样的问题也可以理解，但是我还是要说，你还是没有理解。我们来比较一下阿Q精神，跟我刚才讲的幸福的观念的革命有什么不同。我们刚才讲了，对于阿Q来说，他是无限地执着于外在条件的满足，他是我讲的前面的那种境界，但是因为他的能力，因为他的各种原因，他又达不到他所要的，这个时候呢，他自我欺骗一下：也没有什么了不起。在口头上自己跟自己满足一下，那么这是一种真正的自欺，因为他所渴望的，恰恰是他表面上看不起的那个东西。而我们讲的这种哥白尼式的幸福观的革命，是一种智慧的洞见：他是看清了万事万物的实相，而得到的一种智慧的解脱；他了解到我们从外在最终得不到任何东西，一切无常，一切会烟消云散；他在我们的内心深处寻找到心灵的真正的家，那个无限辽阔的世界，无限充实的世界，而找到了生命的真正的安定，和真正的富有。这是一种觉醒，是一种智慧，那大家认为这是阿 Q 精神吗？是不是？（众答：不是），声音大些，不是，很好。

十、回归自性的家园

我今天没有讲太多的这个禅与道的文献知识和历史知识，我是直指核心，讲一些根本的智慧。那么这个智慧归纳起来，就是要唤醒我们心的觉性，不随境转。这个“境”是什么意思呢？这个境包含着所有的一切，我们所面对的任何事情，任何外在的东西，对我们的影响都是个“境”。境现的时候，我们能够不随境转，而回归内心的觉悟，回归内心的家，这个时候我们就呈现出我们的灵明自性。这个自性的灵明像太虚一样，空阔无边，无形无相，这就是根本智慧。然后这种境界落实到我们的日常生活，在我们生活当中我们的心粘在某一个境上，被某一个“物”所转的时候，我们能够把心收回来。所以《楞严经》说：“心能转物，即同如来”。我们的心如果能够真正转化我们所面对的任何的客体，我们的心能够真正地做主，回归自性的家园，这就是佛的境界。

从我自己来说，我之所以会走上今天的这个研究佛教和道教的人生旅程，也是经过一个内在的探寻的过程。它不是偶然的，我是一个自觉的选择。我在大学里面学的是物理，但是后来我发现，这个物理学的研究不能解决我的人生问题，无论我研究的多好多高，哪怕我成了爱因斯坦一样的人物，我的心不安，我的生命没有真正的依靠。我了解了世界的奥秘，但是不了解生命的奥秘，没有用。所以我在大学里就开始“混日子”，基本上每科考70分左右，但是我的心不在向外追求上。

我就开始转向这个宗教、哲学方面的追寻，自己会到文科阅览室，去看一些书。后来我大学毕业以后到一个师范专科学校教书，教的也是物理。我教物理的过程当中，我那个时候是“双轨制”：一方面我是一个物理学的老师，同时我又对儒释道啊，对这个修道很感兴趣。每天晚上，我要出去站桩，去体会“天地与我并生，万物与我为一”的境界。但是我这个心就有些分裂了，一方面在教物理，一方面在修行，内在工作与外在工作没有统一，没有打成一片。

后来有一天我就在站完桩以后，豁然开朗！如果说在南京大学，我的站桩体验到道的境界；那么这一次呢，我又体验到一个新的开悟——就是我的人生的道路的开悟，我找到了一条实现的道路，把内外结合在一块。我就觉醒到，我为什么要心不在焉地做一个物理学老师呢？我完全可以把我的兴趣变成我的事业。所以我就想，我可以考哲学系研究生，我可以研究中国哲学、中国文化，所以我一下子豁然开朗。

当时我在师专的时候，就给自己定下了“三步走”的战略：第一步考北大哲学系，拿博士学位。我从来没有想过我会不会考得上的问题，我只是说要考。这是一种自信，一种信心，因为学知识很简单，而哲学的灵魂不是靠知识来学的，我已经进入了哲学和宗教内在的灵魂，我还不能学那些知识吗？那个时候我在师专，两个老师睡一个房间，有一天我在准备考研究生的过程当中，我那个室友就问我："你没学过哲学啊，你能考得上吗？"我微微一笑，没有拈花，但是我笑了。我说我不但要考上，我其实现在就可以带研究生了。但是从知识层面来讲是要学习的，我说的是内在的一种体验，我已经到了一种高度，所以在战略上就可以藐视这些问题。第二步，目标是在一个大学或者研究所，找一个位置，在世间完成我一个安身立命的地方，有一个身份，但是我内在的追寻是不断地走向生命的觉醒。我追求的第三步目标是有一天我要把我所体验到的智慧跟更多的人分享，走出学术的象牙塔，去面向社会，面向人群，去分享我的生命体验。现在已经快进入第三步了！谢谢你们的掌声。

虽然我们说要活在当下，但不等于说我们不能回顾过去，也不能说我们不能展望未来。回顾过去和展望未来都是发生在当下，只要是当下有意识的，它就没问题。所以很多人会把这个概念搞混，他说活在当下，那就不能想过去，就不能想将来了。那我们出差，订飞机票怎么办？那我们老也订不上机票了，到了机场再买吗？不是这个意思。活在当下是我们不被过去和未来所占据，我们的心是在当下清醒的。而所谓的当下，不是时间维度中的一个片段，它甚至不是现在的一个片段，过去现在未来都是相对的。这个时间三相，它是相生相待的。严格来说，没有过去，没有现在，没有未来，只有那个永恒的当下。所以当下不是与过去和未来相对立的相平级的一个范畴，它是一个垂直性的维度，是超越时间性的一个维度，而在这个当下当中，是充满了一切生机和一切的可能性。所以当下是允许一切的发生的。我怕你们理

解不了，到时你会说，讲了半天活在当下，你怎么还讲你的过去呢？那我还要讲我的未来呢！那更麻烦了。但是我现在是全然地在讲我的未来，这就是当下。

我介绍一下我未来要做的工作。我们知道现在研究儒释道学问的专家学者很多，那么也不需要再多我这样一个学者，写一两本学术著作。因为我现在要做的是更重要的事情，是把中国文化，儒释道的智慧精神，跟现代的文化，现代的思想相结合，向更多的普通人去宣扬普及中国文化的修身智慧，让我们的人生走向更加觉醒、更加美好。所以我们才会成立一个虚拟中的书院，叫“观虚书院”，而我的书房命名为“观虚斋”，我提出来一套教学课程，叫“观虚斋教学”。观虚书院现在是一个网络中的虚拟的平台，将来也许有一天它会变成一个实体的道场，是我和更多的人一起来探讨生命奥秘的地方，也许有缘我们将来会在那里相聚。在 10 月份我们会有一个课程，叫《宗教智慧与大道养生》，如果大家有兴趣可以去参加，在我的博客中可以找到这个课程的相关资料。

今天我胡说八道了半天，没有讲出什么道道来，现在如果还有时间，我希望能够和大家交流，望大家批判我，谢谢大家！

十一、回答听众的提问

怎么区别内在和外在？

我们知道，任何的概念就是有它的相对性，在某种觉悟的境界当中，根本就没有所谓的内在，也没有所谓的外在，是内外合一不分的，它是超越二元对立的一个世界。那么所谓的内在和外在是相对于我们普通人来讲，我们的心所关注的那个对象世界，就是外在世界；而心所自觉的回归它自身的那个世界就是内在世界。

您认为无意识的生活就没有它的好处吗？

任何一个说法都有它一个脉络或者语境。有时候，你讲的那个好处，可能是生活中有某些方便，某些好处；但是我们是讲这个生命的发展过程当中，我们大多数时间，我们因为无意识，所以我们的心是随着外境、外在的对象而起舞。这样我们的心呢，就不断地外化成无数个面向，然后它内在都没有自身的统一，回归自身才能找到那个统一性，这个生命才会成为一个自由和谐统一的人。否则就是完全散乱的、分裂为无数个面向的一个人，它没有生命的一个统一性。

我有时感觉到很满足，这是无意识的吗？

如果你真正地感觉到很满足、很美好的时候，已经是心开始回归觉醒的时候。当你的心不断地向外追，被外在所占据的时候，这个心本身就是混乱的。你没有感觉到外在事情，这个时候你的心已经不被外在所占据了，而无意识恰恰是因为被外界占据了，所以你这个状态不叫无意识。但也不是真正的有意识，这里面还有不同的品质。

非常感谢戈教授，我听到一半的时候就已经非常安定了！我想问一下，内在工作要如何反省思考？

我们因为今天比较匆忙，不是一步步详细讲下来，所以内在工作的概念还是比较空泛，不知道到底怎么做。其实我们讲的内在工作，不是说你要去内在反省，或者内在思考，不是一种哲学，不是一种心理学的工作，也不是一种哲学的反省的工作，实际上就是传统讲的那种修行、修道的工作。就是你要去想办法，找一种方法，让自己的心得到安定，得到智慧。心的平静和统一就是安定；这种觉知的增长，觉性的增长是智慧。你的心越来越清楚，越来越敏感，越来越安定，有一种功夫去达到你心的能够做主，能够不随境转，能够达到内心的统一性，平和安定。这样一种功夫性工作去做，不仅仅是我要去怎么想。

在体力劳动的时候，比较容易做到内在工作与外在工作的统一，但是在运用头脑的时候，观照起来比较难，这时应该怎么做？

我们讲要达到内外工作的统一，设法在外在的工作当中融入内在工作的元素，把外在工作也变成内在工作的一种方式，这是我们所要达到的一种目标。这个目标当然不是那么容易达到，要达到了你就是半个成就者了。所以我们前面还讲了另外一个元素，就是要抽出时间专门去修，去提升自己，这两者是结合的。用天台宗的话语来说，一个叫“座中修”，一个叫“历缘对境修”，经历不同的外缘，面对各种事情的时候怎么修。也就是我们修行有两大部分，一个部分是专门修行，一个部分是在生活中的修行。前面那个专门修行的基础很重要，如果你从来没有觉知的体验，从来没有心的反观内照的体验，那么在生活中修行就是空话，那是更高的境界。所以有人说，禅宗是反对静坐、反对禅坐的，这是一种割裂，因为禅宗是直接讲最后的那种境界，但它不是反对，它是对那个静坐境界的一个超越。对大多数人来说，不是要去反对静修、静坐，而是要加强这个禅定的功夫，加强座中修的功夫，然后再设法融入到你的生活里面去，这是一个原则。具体来讲，就是我们在脑力劳动的时候，怎么样去保持你的修行的状态？保持修行状态有不同的方式。体力劳动是你只要加入你的意识就行了，那么脑力劳动的时候，你专心致志地去做一件事情，你有意识地去想一些事情，就够了，就不需要另外再观照。我们很多的思想都是我讲的那个自动联想，是被动的，是胡思乱想的，但是做内在工作不是不要思想，不是不要思维，而是要正思维。所谓正思维就是你主动地积极地有方向性地去思考一个问题，这跟平常的胡思乱想是不同的层面，所以我们要自己做主去思想。也就是说，当你从事某一项研究、某一项探讨的时候，你要更清楚地更自觉地去做，就可以了。集中精力去做，专心致志去做，跟那个体力劳动的观照方式稍微有点不同。

如何理解顿悟和渐修有关系？

其实所谓的顿悟和渐修，从来就不是分开的，它是一个修行的整体。在我们整个修道的过程当中，两者缺一不可，它是一个相互增上的过程。当我们讲顿悟的时候，是把顿悟这个片段拿出来说，但不意味着顿悟之前没有渐修，也不是说悟了以后就没有修行，它是一个相续的整体。每一个人都有机会走向“悟”，但前面的功夫很重要。就像我们烧水，一定要不断地去烧，当温度达到一定程度以后，它才会沸腾，才会烧开了。你光看那个水开的过程，不去看那个烧水的过程，是不对的。从基础开始做起。一方面要有自信心，因为悟的不是别的东西，悟的是你自家所固有之物，是你自己本来就有的东西，从这个角度来说，每一个人都有可能性，佛性本具，万法本空，不需要另外去寻找什么，也不需要具备什么条件，当下可得，从这里可以增加你的信心。但另外一个问题就是我们的业力，我们的惯性，也很大，也是无量无边，所以从这个角度来说又很难。所以要不断地去对治自己的习气，转化自己的业力，为顿悟创造条件。佛教天台宗讲的“六即佛”的概念，就反对了两种偏执：一种是自高自大，动不动自己就跟佛一样了，这就没有看到业力这个层面的问题；另一种呢，又太悲观，这个修行永无觉悟的可能，要修无量阿僧祇劫，永远也达不到觉悟的境界，太消极太悲观了。所以要反对这种绝对的悲观和绝对的乐观，要看清事物如如的真相，一方面坚信自己的潜能和潜力，同时要踏踏实实做事情，要把远大的理想和脚踏实地结合起来。

很冒昧地问一下您现在还有烦恼吗？另外，潜意识、显意识和观照的意识之间是什么关系？

第一个问题，我还会有烦恼，但是我从来不把烦恼当真了。第二个问题，这个不同层面的那个我，是需要你自己去体会，很难用语言表达清楚。如果从语言的表达上来说，我们所观察到的那个我，能够被看见的那个我，我的所思、所想、所念，就是我能观察到的一个我，那么还有一个能观的，能观的那个是什么？它不再是一个相对状态下的一个自我，它是你的灵明自性，恰恰是需要你去体会的，是不能用语言去表达和言说的。而潜在的意识，它是我们没表现出来的那一部分，也就是说在我们这个意识的整体范围当中，它相当于是一个大的仓库，仓库里有不同的种子，有一部分是显现出来的，就是我们的显意识，还有很多是以潜在的种子的形式存在于我们的意识仓库之中的，那这就是我们的潜意识。我们要转化的不光是我们这个表现出来的这一部分，真正的习气的转化，要把潜在的那些种子，那些执着的种子要去转化掉，能够达到显现的和潜在的完全统一了，就是全然地有意识了，这个时候，你的灵性才能真正地做主人了。这就是三者的关系。

我感觉站桩、打坐在您生命成长的过程中起到非常重要的作用，要进入您讲的这种智慧的境界，我们是不是也要进行站桩或打坐的修炼？

非常好的问题，谢谢你提出的问题。由于我们是应北大国学社之邀来做一个讲座，所以我不敢讲太多的修行的问题。其实，我们要真正讲内在工作，一定要有实修的方法。讲生活中的修行，可以调子很高，很好唱，但是要真正落实的话，一定要做功夫，座上修的功夫很重要。这并不意味着我们要成为一个宗教徒，我们要真正去探讨生命的意义，生命的潜能，要得到生命的成长，我们就要有一定的方法，有一定的功夫，去改变自己的生命，去转化自己。所以在我的教学课程当中，会有各种实修方法的讲解，包括静坐、站桩、行禅、睡功，等等，就是在所有的行住坐卧之中，如何做功夫，都会讲到。对于我们大家来说，如果我们有这个内在探寻的兴趣，当然是要一步一步去学习。从发愿开始，就是我要做一个什么样的人？我要朝向一个什么样的方向发展，让这种愿力支配你的行为；然后你要去学习真正的修行的方法，内在工作的方法，能够一步步转化自己，提升自己，把整个生命的过程，变成一个不断地开拓与成长的过程，把这个内在工作当作自己生命中不可缺少的大事。很多人说，我很忙，我哪有时间去静坐、去站桩？但是，他有时间去喝酒，去聊天；他有时间天天看手机；他有时间看小说，他就没有时间修行了？所以这个时间不是问题，每个人都有时间，只是你有没有下决心去做。如果你真感兴趣的话，如果要了解怎么样站桩、怎么样打坐，网上也有很多资料，你们也可以找机会进一步学习。

如何处理自我与外界的关系？自我的欲望不也是推动社会进步的一种动力吗？

我们讲，这个很多人讲的，认为执着或者欲望不是促进了这个社会的发展吗？如果我们不去追求，不争强好胜，不去比较，社会还能进步嘛？这种观点还是很普遍的，很多人会有这种想法；但其实，社会的进步，不一定要靠这种竞争。每一个人真正地活好了自己，焕发出他自己的创造力和潜能，这个社会就是进步的，而且是和谐的；而通过这种欲望的刺激，通过这个自我之间的斗争，它也许在某个意义上会有助于物质文明的发展，但是它妨碍了这个社会的整体和谐。今天这个社会，为什么会有这么多的问题？是因为人心的问题，是人心的不和谐，人心的混乱，内心的暴力，它的外化就是整个社会的暴力。靠这种凸显自我、满足自我的动力去改造社会，它是危险的，它也是很多社会问题的根源。所以当我们每一个人能够真正地从内心做起，做好自己，这个世界就会太平，而且社会照样会进步。每一个人都焕发他自己的潜能，焕发他自己所有的创造力，这个社会不是很美好吗？如果是靠比较心、计较心、得失心去做，他是为了把别人压在下面而去奋进的话，他同时制造了很多的社会矛盾，和人与人之间的矛盾。对他自己来说是身心不安，他不会得到真正的幸福；对社会来说，也不是真正的和谐的社会。我们每一个人都要面对自己和面对社会，我们说活出自己，不意味着就不能跟社会保持和谐；我是说，你真正地活出了自己，你才会有跟社会和谐的能量。我们不爱自己，我们能爱别人吗？我们内心不和谐，我们能跟别人达成和谐的关系吗？所以真正地活好你自己，恰恰是能够跟外在达成和谐、协调关系的一个基础。我们还面对一个选择，即我们在社会中扮演什么角色、做什么工作的问题。这个时候，每个人要活出他自己的兴趣，活出他自己的潜能，要找你自己爱做的工作，你不能咬牙切齿地去干一个工作，为了一个目标，为了别人的一个期待，或者为了那个报酬。我们所做的任何工作，不是为了报酬，而是要享受工作本身，这是一个生活的根本智慧。那还有人说，我没能力，我现在要养家糊口，我不干工作不行，别的工作我也干不了，我想干的事情干不了，怎么办？那只有两个选择：一种是提高你的能力，使你有能力去做你想做的事情；如果你实在做不到，那就退一步，你要想方设法热爱你当下的工作，跟你当下的工作保持统一。否则的话，你自己跟你自己过不去，没有任何意义。

您讲要回归自我，这是不是与阳明的心学有矛盾？

从内在的根本意义上来说，我刚才所讲的这一切都跟我们传统的儒释道的内在智慧没有矛盾，但我不能说它们完全一样。因为我说的是我的，我没有在讲阳明，所以我跟王阳明之间没有矛盾。我想我同意阳明的观点，阳明也不会反对我的观点，我们之间没有根本的矛盾。我刚才讲的，其实不是要“回归自我”，可能大家听起来觉得是这个意思，但我是讲“回归真正的自己”，而超越自我。如果说要活出自我，以自我为中心的话，那就跟阳明是不一样的了。阳明的良知的概念不是一个自我的概念，恰恰是因为自我是所有问题的根源，是自私自利的根源，而良知或者真正的自己或者自性、本性的这些概念，它是一个更高的维度，它是无我的、无我执的一个概念，那么活出这样一个层面，我们就会更好地去关心别人，关心社会，由内而外，它不是封闭地活出自己。我刚才讲的，可能讲得不好，让大家产生很多的误会，对不起大家了。

您讲要活出真正的自我，这个自我到底是社会给的，还是从佛教修行来的，还是信奉上帝而来的？

我要再次声明，我讲的不是“自我”。如果大家听了一个晚上，都认为我在教“活出自我”的话，我今天就真的完全失败了。我是要“活出无我”，是要超越这个我执和自我，是要回归内心的那个心的源头，那个源头已经不是自我了。自我是一个执着的孤立的个体的幻觉，它以为有一个不变的自我。所以我们讲人格和本质的区别，讲我是谁，都是要慢慢破除自我这层外衣，要往里找，找到那个超越自我的境界，把它呈现出来。那个境界是什么？不是康德给的，不是耶和华给的，不是佛教给的，是你自己的！你自己的什么东西？这需要你去追问的。不是你的自我，是你的那灵性的至上的存在，在那个存在里面已经与所有的万物合一了，就不再有自我的分别了，所有的二元性都消失，呈现出来一个超越二元的状态，是你觉性的呈现。而这个东西跟佛，跟儒释道都有关系，但不能说是佛教给的；佛教也是追寻这个，道教、儒家也都在追寻这个，追寻我们的内心世界里面，生命当中那个真正的存在层面，这也是追问我是谁的那个真正的答案。那个答案不从外来，希望大家自己去找。谢谢大家！今天的讲座到此结束。

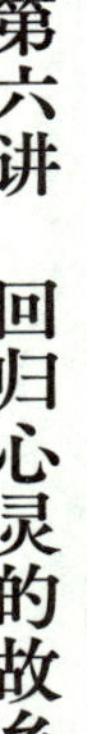

第六讲　回归心灵的故乡

本文为戈国龙教授 2013 年 12 月 15 日于“贵州知行讲坛”所作的同名公益讲座的录音记录稿。

一、在宁静中认真地倾听

首先，我要向各位的到来表示真诚的欢迎和感谢！向大家内在的灵性致以崇高的敬意！

在我们正式讲座之前，我们先来“知行合一”一下，来做一个两三分钟的静心活动。请大家双手合掌，二目垂帘，向下看自己的鼻尖。用自己的意念扫描一下自己的全身，注意自己的呼吸，感觉到自己呼吸的进和出，它的每一个细节。我们所有的意念都回到呼吸上来，而你的呼吸就是当下的，它不是过去的呼吸，也不是将来的呼吸，就是此时此地的呼吸。通过观照呼吸，我们所有的意识就回到了当下，回到了此时此地。我们只是无选择的去觉知自己的呼吸，不加以判断，不加以改变和控制。当下的一切是什么就让它是什么，与当下的真实存在保持完全的和谐一致。

这是我们讲座之前一个小小的静心，希望大家在这两个小时之内，仍然能保持这种宁静的心态来听讲。

今天这场讲座可以说和你们以往听到的讲座都有所不同，因为今天我不是来给大家传授书本上都能找得到的知识，而是要和大家一起进行一种内在的探索，一起进入我们内在心灵的深处，来探索我们生命的奥秘、灵性的奥秘，来回归我们心灵的故乡。我在这里不是来做一个纯粹知识的传授，而是希望你们在这里不仅仅听到一些中国文化的传统知识，更要用你们的心认真地来倾听，来和我的心在一起，让我们的心彼此在宁静中交融、合一。

希望大家在宁静中认真地倾听。什么是宁静的倾听？我想给大家讲一个小故事。

曾经有一个道场请来一个久负盛名的大师，大家对这个大师都很期待。他像今天一样来到了讲台上，但他讲课之前做了一个调查，他说：各位亲爱的同修们、道友们，你们知道我下面要讲什么吗？台下有一部分听众对大师是很了解的，也知道他今天演讲的主题。所以很多人就说：知道——大师要给我们讲“回归心灵的故乡”。大师看到这么多人说“知道”以后，他马上就说：很高兴你们都知道我要讲什么，我没有必要讲下去了。所以，他就走下了讲台回去了。台下的听众非常奇怪，这个大师是什么样的风格呢？同时非常的好奇，所以他们强烈地要求下次一定要请大师再来讲课。第二次（不是同一个时间）他们又想了各种办法把大师请到了讲台上，大师又问了大家同样的问题：大家知道我下面要讲什么吗？这次听众长记性了，知道不能说“知道”。他们异口同声地举起手说：不知道——我们根本不知道大师要讲什么。大师微微一笑说：你们听我讲什么！你们什么都不知道，我就没有办法讲下去了。他又走了。故事继续，大师又站在了讲台上，还是问同样的问题：你知道我今天要讲什么吗？台下的听众非常聪明，他们分成了两派：一派高声说：不知道；一派说：知道。以为大师这下没有办法了。这个大师说：很好，已经有一半知道我讲什么了，请这些知道的人把我的信息传播给那些不知道的人。他又走了。所有的听众都非常好奇，这个大师是什么样的教法？他是跟我们玩什么样的游戏？所以，他们想了办法第四次请来了大师。大师还是问了同样的问题：你们知道我下面要讲什么吗？当时台下鸦雀无声！大师高兴了，说你们已经准备好了。他需要的就是一颗宁静倾听的心。

当你说知道或不知道的时候，你的心灵已经有了燥动，任何已有的成见，已有的先见之明都会干扰我们之间的交流。有一些人可能认为，我对这个老师很了解，看过他的书，看过他的博客，我知道他今天要讲什么。如果以这样的心态来听课的话，你就不会听到我真正要讲的内容，因为你已经把自己封闭起来了。如果说我对这个人一无所知，这也是一个先入为主的观念。事实上我们每一个人都走在道中，对道都有或多或少的了解，不可能完全是无知的。所以，认为自己有知或无知都是在头脑的观念之中去判断。真正的状态是一个完全开放的心态，没有任何先入为主的观念，就是静静地在当下来和我在一起，用心地来聆听这样一场讲座。我的话语就会变成你精神的营养，对你的人生会有某种启迪。

二、追问人生的终极意义

正式讲课之前，我再讲一个小故事，就是我自己走上求道、悟道之旅的小故事。我讲这个故事不是突出我如何，而是把它作为一个素材来帮助大家了解什么是修道？什么是悟道？什么是探寻人生？是作为活的例子来给大家讲，同时也让对我一无所知的人对我有所了解。

这要从我大学里发生人生重大的转折和变化的时候来讲。可能有的人知道，我上的是南京大学的少年部，读的是物理学专

业。我在大学二、三年级的时候，有一段时间突然就有了一种人生特殊的体验，我清醒地反观自己的生命，他是一个非常短暂的存在。就说活一百年吧，这一百年的人生相比无穷无尽的宇宙时空，他就是一粒尘埃，连尘埃都算不上，相当于一个无穷小——一个有限的数字去除以一个无穷大，它是一个无穷小。真的是过眼烟云，不值得一提。深切地意识到这一点的时候，整个人生的坐标就发生了变化。我们以前认为很重要的事情，去拼命追求的东西，在这样一个时空的放大镜之下，一下子显得那样毫无意义，那样渺茫了。

我这样的一种状态不仅仅是思考的状态，不光是我思考这个问题，是我整个的人、整个的身心都进入这样一个状态不能自拔，它不仅仅是一个思想的问题，它也是情感的问题，它是生命存在的整个困境。生命的意义在哪里？如果我们的生命真的就像肉体一样短暂的存在，那可以说人生真没有什么终极的意义。做帝王将相又如何呢？《红楼梦》里有一句话："纵有千年铁门槛，终须一个土馒头"，无论你的家业多么大，多么荣华富贵，最后就是一个"馒头"等着我们。从这里我们深深地去追问，生命有没有那些超越于短暂时间相之外的永恒的东西？

在这种困境之中我在寻找出路，这种出路一方面是在思想上去追问生命意义的答案。

我当时就到文科阅览室去读很多文科方面的书，尤其是老庄的书，给我的感觉有某种帮助和安慰。读老庄的书好像隐隐约约有某种精神的东西，某种精神的高度在打动我，让我能短暂地超越生命的悲哀、悲凉的意识。但思想本身的解决不够，它不能解决生命深处存在的感觉。它不仅是一个致知的问题，它的存在本身是需要体验。

很幸运的是我走上了体验的道路，我不仅仅作为思想家去探寻这样一个问题的答案。当时我在南京大学修了一门选修课——太极拳，我就看一些太极拳方面的书，我就知道太极拳的关键是要进入一个宁静的状态，这样打起来更有气感效果会更好。在上完晚自习之后，我在南京大学的草坪上，打太极拳之前静静地站桩，我先入静再来打太极拳。但当我站桩的时候，《老子》经文里的一些话语就在我的脑海里想起，我默默地体会老子的意境。慢慢地我的生命融入了一个广阔的世界，一个广阔的存在，我体验到了某种“道”的意境、“道”的感觉，我体验到了一个生命的新维度。

平常我们都把生命当作自己肉体这样一个范围，这是我的生命，那是我的生命之外，我们被有形的肉体给框住了。但是，当我们的精神向内飞翔、向内观照的时候，突然之间那些有形有相的界线没有了，我们融入了整个宇宙。就像波浪掉进了大海，以前我们当自己是波浪，很小；当我们融入了整个海洋，我们感觉生命是广阔无边的、广阔无际的存在。也就是说，在我们深层的宁静之中，当我们没有了所有的念头，没有所有分别心的时候，当头脑没有分别存在的时候，剩下的就是没有分别的存在。这个没有分别的存在，我今天可以说它就是空的存在，也是道的存在，也是万物一体的存在。但就我当时的体验来讲没有这些概念，我只是感到无边的宁静。在这个宁静当中没有时间感，我以为我只是静站一会就去打太极拳了，可能一站一个多小时就过去

了。后来我就爱上了这个站桩、入静，太极拳反成次要的，有时候我根本不打太极了。在这种宁静当中，慢慢地会感觉到生命充满了能量，充满了喜悦。

去掉那个小我之后，融入了广阔的宇宙之后，生命内在充满了光明。有时候我静站之后回来，就感觉到周围的一切充满了诗情画意，生命是那样的美好、那样的光明！我的心灵豁然开朗，一切的疑惑和问题都消失了，只有存在本身。

这是我在大学一次悟道的体验，这个体验深深地改变了我的人生，从此我的生命有了新的维度或新的视野，我看到了比普通人更高的层次。于是，我就能把人世间的一切东西放得下，因为我知道生命最重要的是什么。

大学毕业以后我的兴趣仍然在中国文化里面，在儒、释、道里。虽然我是物理学的老师，但我把所有的业余时间都用在了学习中国文化里，继续去体验这种超越的智慧、道的智慧。我在家乡的抚州师范专科学校教书，教了两年有一天我豁然开朗：我为什么要做一个分裂的行者，一方面我是物理老师，但我的兴趣又不在这里，这样对我的学生是非常不负责任的。我想，我不需去做一个物理学教师，我可以把研究中国文化——儒、释、道作为我的职业，把我的职业和事业完全合一。

在我考研究生之前就对我的人生有了很好的规划，有很清晰的目标：

我第一步的战略目标是考入北大拿到博士学位；第二步在大学里面或研究所找一个位子做教授，研究儒、释、道；当我的修行和研究达到一定程度的时候，我要走出学校、研究所这样的象牙塔，要面向社会，面向人群传播智慧的福音，点亮众生的心灯，为普及传播中国文化的智慧，传播生命的智慧奉献我的人生。

所以，那个时候对我的人生就已经有清晰的目标。考研究生对我来说，根本就没有考虑能不能考上的问题。对于我来说，我有这样一个宏大目标，考研究生怎么考不上呢？尽管我没有学过哲学，也没有读过太多的书，但我很有信心。可以说那个时候我气势恢宏地就去考试了，后来我如愿以偿地考上了北大的哲学系。在硕士阶段我跟随的是楼宇烈教授，研究的是佛学和佛教；在博士阶段跟随的是汤一介教授，研究的是道家和道教，博士阶段的后期又接受了陈来教授的指导。后来我在中国社会科学院世界宗教研究所做博士后研究，研究的还是道教内丹学。博士后毕业以后，我留在了社科院宗教所。后来有些人把我当作道教的研究者，但我从来没有门派的观念，我只是去追问宇宙人生的根本实相、根本真理。儒家、道家、佛家甚至西方的宗教，所有追寻宇宙人生终极真理的智慧的体系都是我学习的对象、研究的对象。

今天我要讲的一切东西，可以说是超越一切宗派观念，但它可以利用到不同宗教的素材来探讨我们所要关注的问题。这是我今天讲座的第一部分，是引言的部分。下面我们正式进入今天的讲座。

三、生命探寻的不同路线

我们讲第一个问题：生命探寻的不同路线。每一个生命都是一个奇迹，茫茫的宇宙间显现了这样一个生命，是多么大一个奇

迹——他是宇宙的花朵！你想想看，我们能够思考、能够意识，能够有意识地去选择我们的生活，这在宇宙中是一件值得庆祝的大事。所以，每一个生命都是在不断地追寻自己生命的道路，追求生命的一种最高幸福，这是每一个生命都在求索的。差别在哪？差别就是我们这种求索当中有两种方向。

对于大部分人来说，他所有的追寻和探索都是自发的、盲目的、机械的、无意识的追求，他没有真正地审视、抉择，没有智慧的光照。虽然看起来他也是不断的追求生活的幸福，但由于方向的问题，我们缺少智慧以后，我们越是追寻幸福，我们反过来是给自己制造痛苦。因为我们在向外追寻种种的客体来满足我们的生命，反过来在我们追寻的客体之中迷失了自己，我们的心跟随外在的世界起舞，我们没有找到自己生命的核心。用佛学的话来讲这叫业力轨道，我们是随着业力而流转的生命。在无明这条总线索操纵之下，以自我为中心展现种种的贪、瞋、痴、慢、疑，向外求索，但有无数的“迷”和“苦”，用宗教的话来说就是轮回于六道的生命。

这是第一条道路。如果我们没有充分地去追寻生命的意义，我们就走在这样一条路上，哪怕我们追寻多大的成功，创立多大的企业，干多大的事业，表面上你在不断地创业，实际上用佛家的话来讲，你在不断的“造业”。因为在你创业的过程当中，你不断的在随着贪、瞋、痴起舞的，你创的业越大，造的业越大。

第二条探寻生命意义的道路是走向自觉的有意识的求索方向，这条方向我们叫做修道也好，修行也好，求道也好，或者灵性的探寻也好，它不是一种盲目的迷信，或者宗教迷信，不在于你信仰什么，而是我们真正地向内追寻生命的意义，去寻找生命真正的主体性——我是谁？去开发我们的智慧光明。这是智慧的轨道，是随智的方向，不是随业的方向，也是走上觉悟的方向。

我们整个的传统文化——儒、释、道里面都包含大量这种智慧追寻的信息，它是一个巨大的宝库。我也试图从这些传统的智慧当中提炼出来，结合现代多元的文化，创造能够适应于现代人的教学体系。这套教学体系我把它叫做“观虚斋教学”。观虚斋是我书房的名称，也是我们整个教学的品牌。我们也想成立一个“观虚书院”来传播观虚斋教学。目前观虚书院是一个虚体，我们在网上有一个平台，也开展了一些教学活动。在不久的将来，我们慢慢会把它变成实体，来创造一个实体的道场。

对于我们来说，我们很多人会把宗教当作一个额外的事情，就是有些人生活出了问题，人生有了问题所以他才去信宗教，去找一些安慰。我们把静坐、修行都当作额外的事情，是少数人的事情，跟我们正常人是没有关系的。我们正常人是要过正常生活的，跟宗教是不挂钩的。但今天我要提醒大家，什么是正常人？什么是正常生活？我们长期习惯于我们所谓的正常生活，但这个正常在更高的境界来看，它是病态的生活，而我们习惯于病态的生活以后它就正常了。它是真的正常吗？我们要追求觉悟、追求生命的智慧，这难道不正常吗？从更高的智慧来看，每一个人要真正过得好，活得自在，活出解脱的风范，活出真我的风采，一定需要去探寻生命的奥秘，一定要自发自觉地去追寻和做功夫，去发展自己内在的潜能。这一点不是迷信，甚至跟宗教没有关系。你可以去探讨宗教的奥秘，但你不需要信仰宗教，你需要去

做内在修养的工作来提升自己的境界。这对每一个人来说都是至关重要的事情，是每一个人都必须去进行探索的功课。

我们对宗教有很多的偏见，当然这种偏见也是有原因的。因为宗教在发展到后期的阶段，它们本身也在异化，也是被那些宗教表面形式所迷惑，甚至宗教内部的人有时候都不清楚宗教的意义，给我们众生的导向就是错误的。好像宗教就是这样，就是去烧香磕头，去信仰一个外在的对象吗？严格的来说每一个寺庙都应该是一个灵魂净化的场所，它是传道的地方。宗教是要给我们智慧的，它自己应该是有智慧、有解脱的。宗教本身很复杂，它有不同的层面，所以我们对宗教会有误解，但我们要注意宗教原初的意义是什么？它根本的精神是什么？我们的教学没有宗教色彩，但包含了宗教的核心智慧。这是我们讲的第一个问题。

四、回归

下面我们讲正题：回归心灵的故乡。我把它分成三个阶段来讲：第一个讲“回归”；第二个讲“心灵”；第三个讲“故乡”。把这三个词讲清楚了，我们今天讲座的任务也就完成了。

什么是回归？回归在道教有一个很好的词汇——返本还原。回到我们所从来的地方，我们本来是一个海洋，现在我们把自己变成了一个波浪，我们要回归到海洋里去，这就是回归，回到道里面去。

这个回归我们可以分两部分来讲：第一，从道家的角度来讲返本还原、讲回归；第二，从佛家的角度来讲什么是回归。

首先，我们讲道教的返本还原是什么意思？回归是什么意思？

道家、道教对于返本还原有一套系统的理论，我们今天可以扼要的讲一下。我们可以用一个简单的模型来讲一下道教的返本还原的思想。

我们用这样几个数字来表达：一个是“0”，一个是“1”，一个是“2”，一个是“3”。我们用数字“0”来表示“道”和“虚”的层次，用“1”来表示“先天一气”或“混元一气”的层次，用“2”来表示“神与气”或“阴与阳”的二分层次，用“3”来表示“精（形）、气、神”的三元层次。

在道教内丹学理论体系当中，它把宇宙演化的方向分成两个方向：一个叫道的顺行显化方向；一个叫道的逆行回归、返本还原的方向。从道演化出万事万物，这叫顺行演化；从万事万物再回归到道的本原里面去，这叫逆向回归的演化。

道顺行的演化我们用数字来看就是0到1、到2、到3、到万物的过程，我们用“0→1→2→3……万物”来图示道的顺向演化，这就是老子讲的“道生一，一生二，二生三，三生万物”，这样一个宇宙演化开展的过程。

0是什么呢？0就是宇宙的本原，就是道。1是什么？1和0之间是微妙的差距，其实对于混沌未开的状态来说它就是一个整体的1。0是道的无差别相，任何差别还没有突显，万机潜蕴其中，它包含了所有的可能性，但一切可能性都还没有显现出来，这是道的一个状态。到1的时候它已经有一个整体的感觉，它已经进入了一个混元一气的阶段。这个1有时候跟0很难分开，当我们从整体一方面看它的时候，道也是整体也是 1；当从一切差别还没有形成看它的时候，甚至这个 1 的状态也是 0 的状态。从这种一切差别都还没有显现，到显现出一个混元一气的阶段，这是 0 到 1 的阶段。在 1 中其实潜在地含有阴阳两方的信息了，在 0 里面也有阴阳，它是完全没有显现、显化。到了 1 就有了潜在的阴和阳，这潜在的阴和阳展开就是 2；有了阴阳就有了阴阳的和合，这就是 3。有了这阴、阳和阴阳和合的 3，就可以形成万事万物的组合变化。我们可以用一个现代的概念来理解——就是“全息”的概念，道就是一个“全息蛋”，它什么都没有，又什么都有，慢慢从这种无限的全息状态展现出它的显化状态。

有了阴阳两极的信息以后，它就可以无穷的变化、发展、组合、排列，形成多彩多姿的万象世界。从我们的生命来说也经历这样一个过程——从先天到后天的生命演化过程。一开始我们的生命是什么？就是一个 0 的状态，什么都还没有显现，那是我们本原、本性的状态。慢慢我们进入一个生命显现的过程，有一个整体的状态，混元一气的状态；从 1 之中我们变成了有神有气的 2 的状态，再变成了有精气神的 3 的状态，最后我们形成了后天物质性肉体这样一个生命状态。

修道是什么？炼精化气，炼气化神，炼神化虚，炼虚合道，这是道教回归本原的一个过程，这是返本还原的逆向演化。用前面讲的数字模型来讲，我们可用“万物…… 3 → 2 → 1 → 0”来图示“炼精化气、炼气化神、炼神还虚（道）”的逆向演化过程。

道教具体修炼的功夫我们今天不去讲，我想简单讲一下从精、气、神、虚这个概念来讲一下我们生命的四层结构。

我们用今天的话来讲，精是什么？精是物质的精华，它代表的是我们生命的物质结构；气是代表我们生命的能量结构；神是我们的信息处理系统，它代表的是我们生命的信息结构；虚是代表我们生命的本体结构。我们的生命大概可以分成这四层，每一个生命都有这四层。我们看到生命本身是一个四层结构相嵌的整体的系统，每一层结构和另一层结构之间它是相互作用、相互关联、相互影响，它是一个生命的整体。有了这样一个生命观，我们对很多事情会有更好的，更全面的看法。

比如说，我们看一下医学的概念、治病的概念，当我们说一个生命生病了是什么意思？我们很多的人，包括很多西医的观点就是我们的身体出毛病了，身体哪一个指标不正常了，哪一个器官出病变了。从生命的四层结构来看，这种观点是非常局限的。它只是说我们生命最外的那一层有什么问题就叫生病，但从道家、道教整体系统来看，那个最外面一层已经是后面的阶段了。所以，我们去医院看病的时候，医院给我们做检查，有很多的指标，但它从来没有去关注我们的内在的能量结构运行得正不正常，气脉经络是否畅通；它从来没有去问你最近的思想状况有没有问题？情感上有没有遭受什么打击和挫折？你心理有没有什么问题？

这样一种治病的模式它会带来很大的局限性，因为很多的疾病它表现出物质结构的问题，但它的根源在能量结构上，是我们长期气血不通、能量不通引起外在的变化。我们仅仅去处理物质系统的时候，那就是治标不治本，没有治到它的源头，就像前面源头的水不断流下来，我们在旁边去把它堵住。这样能治好病吗？

举一个例子：人的血压高了，高血压的原因是什么？它的原因可能是你气血通不过去了，压力不够堵塞了，这是身体很自然的一个反应，也是我们身体自我康复自我调节的系统。但我们不去追问高血压的原因是什么，而血压高了不正常了，所以要去吃降压的药把血压降下来。本来是因为气血的组织通不过，把血压弄高一点把它通过，而我们仅仅是把血压降下来，表面上我们正常了，但我们正常了吗？那血压继续通不过去的，通不过去怎么办呢？那就调用心脏、肾脏的能量，所以就破坏我们的心脏和肾脏。反过来，心脏有问题西医说把心脏调回正常就对了，它也不管心脏有问题的根源在哪里？

发高烧也是一样，是我们身体在自我调节，它是调动我们生命的反抗系统去杀灭病毒。温度一高就把它降下来，这是自我残杀，把我们自己的抵抗力全部解除了，把我们的生命交给所有外在的药物去调整。这样表面上治病治好了，实际上是在破坏我们的生命调节功能。

所以，对生命一定要有一个全面的认识，在这一点上中医或道家的道医它是看到了更高层，这确实在几千年之前我们就对生命的整体性有很清楚的认识。

我们身体物质结构的病它是后期发作的，前面是能量结构有问题。所以高明的医生他看见你能量结构有问题了，气血不通了，经络不通了，他给你先调理好了，你就不会表现出高血压、发高烧，那就是把你给治好了。在迷信现代医学的人来看，我本来没有病，你把我治好了，你骗我吧？我到医院去检查，有了高血压把它降下来这才是治好。

再往深一层，能量结构的病来源于什么？来源于我们的心，心才是更高一层的东西。我们的整个信息系统，整个司令部出问题了，指挥失灵了。所以，我们每一个心态的烦恼、每一个纠结，就会导致能量气脉纠结不通。道家里面讲“心气无二”，心和气是紧密相关的。心动则气动，心有问题气就有问题。再高明点的医生是“神医”，是治疗我们“神”一层疾病的医生，是把我们的烦恼、杂念给放下。就像一开始我引导大家放下，心引导好了，你身体就舒服了。

心灵为什么会出这样的问题，是因为我们不知道真正的自己，我们迷失了，我们把假我当作真我。更往里走要找到我们生命本来的面目，要追问我们灵性的主人是什么？回归我们生命本体结构以后，我们的心灵才会真正的健康。因为我们的心灵都活在假象之中，把假的当作真的，把短暂无常的事物当作永恒不变的事物去抓住，我们的心就永远放不下去，永远不能解脱。

其实生命的四层结构它可以作为一个公共的理论模型，可以帮助我们处理很多的事情，这治病只是其中的一小点。

我们再讲一个，比如说食物。我们大多数人对食物的概念就是餐桌上吃的叫食物，但对于生命来说，餐桌上的食物仅仅是我们生命物质层面的食物而已，它仅仅是很小的一种。我们还有能量层面的食物是什么？气！空气也是食物，空气是比我们餐桌上所吃的更重要的食物。但可惜的是我们的空气污染利害，尤其是北京，这就严重地影响了北京人的生活质量和身体健康。广义上的能量食物还不仅仅是空气，任何事物都有它的能量场，我们都在和环境进行能量的交换，所以我们讲的气场、环境对我们的生

活非常重要。为什么有的人买房子要去看风水，这很有道理，因为不同的环境有不同的气场，不同的气场就是不同能量的食物。你天天住在垃圾堆里面，你接受的是什么样的能量？你不知不觉在受它们的影响。

信息层面的食物就是我们心灵的、精神的粮食。一般人可能认为精神粮食是一个比喻，精神确实是粮食，它是比普通粮食还要重要的粮食。我们可以几分钟不呼吸，但是我们不能一分钟没有思想的精神粮食。精神每时每刻都在寻找它的印象作为它的粮食，也就是说我们所看的书，所接触到的任何信息都是我们精神的粮食。真正的美食家不是天天去吃好吃的食物，美食家是找健康的信息！你不要天天上网去看那些垃圾信息，你成了一个垃圾收集站。所以，在修道的路上要去接触良性的、灵性的信息。在密宗、禅宗都是特别强调上师的重要性，要跟上师的信息保持连接，保持相应。你读什么样的书，看什么样的短信，看什么样的微信都在影响你心灵的气场。这是非常重要的粮食，我们不能不注意。所以，你精神思想的念波也在发散给整个场域，每一个人也在相互影响。你跟一个燥动的人在一起，你的心就会不断地燥动；你跟智慧的人在一起，你的心就会趋向于智慧的轨道。这是精神的粮食。

还有更高的粮食——本体结构的粮食。我们可以把它叫做“空”“无”或者“虚”。进入空无的状态就是跟万事万物的本体保持联结，你就活在本体之中，你就获得了本体层面的食物。进入这种状态你的生命就突破了小我的限制，融入了广阔的宇宙。

这个道理我可以用一个物理学的概念来帮助大家理解。大家知道在物理学当中，所有封闭的系统它的熵值趋向于增加的，也就是说它的混乱度会不断地增加。我们生命要保持它的平衡、有序、和谐怎么办？要不断增加生命的负熵。负熵从哪里来？让我们的生命系统走向开放。孤立系统它的熵值是不断增加的，必须变成开放系统。最大的开放系统是什么？就是空或无，就是跟整个宇宙保持和谐，也就是整个宇宙的虚空就是最大的“负熵源”，它能够源源不断地提供我们生命的负熵。进入空、进入无、进入完全的宁静以后，你就得了到宇宙的负熵，你的生命就不断地走向圆满。从道家来讲，我们要不断的回归，最根本就是要回归于道，回归于整个的宇宙。与道合一就是最大的和谐，也是我们生命最高的意义和享受。

下面我们讲佛教的回归，佛教的返本还原。整个佛教的追求我们用两个词来概括：一个叫“离苦得乐”；一个叫“破迷开悟”。对于佛教来说，我们生活在迷中，在无明之中我们的生活就是苦的。你或许会说：我活得还挺高兴的，我每天很享受，我不苦啊！但只要你是在迷中，你终究是苦的，因为你的那个快乐是很短暂的、很有限的，它的快乐之后就是痛苦。我们通常在生活当中，苦和乐是如影随行，相伴而生。今天我得到一个东西我很快乐，明天就会失去这个东西就会痛苦。两个人相恋相爱很快乐，马上就有失恋的痛苦。佛家讲的离苦得乐的“乐”不是相对的“乐”，是要破迷开悟之后，领悟宇宙的实相得到的快乐叫“极乐”。极乐不是苦与乐对立的一种乐，它是消除了苦与乐的对立，回归于万事万物的实相之后所显现的一种自在，一种没有我的快乐。只要执着于自我，这种快乐就是有问题的和有限的。佛家的觉悟是无我的真相，是真正回归于空性而得到超越的快乐。

什么是佛家讲的诸法实相？佛教里有一个最根本的概念，或者一个根本的原理就是“缘起性空”。所有的事物都是因缘而生，没有独立不变的自性，这种缘起产生的事物就是如梦如幻，它本身就没有一个固定不变的实体。在我们迷的时候就当它是一个固定的东西执取它，有了这种执取就有了执着，有了执着就有了痛苦。不但我们所执取的东西是空的，是没有自性的，我们能够去执取外物的人的本身也是空性的。我们的肉体也是空性的，也是缘起而产生的。我们的念头也是缘起法，都是不停留抓不住的。佛家的根本智慧叫“无住生心”，永远不停留在一个地方。所以，佛家讲的“空”不是我们去创造的，它讲的是实相原本如此。只不过当我们迷掉的时候我们就执着、占有了，就痛苦，觉悟了就“回归”实相，就解脱自由了。

五、心灵

刚才我们讲了“回归”，现在我们突出来讲“心灵”的问题。

前面我们讲了生命的四层结构，“心灵”我们可以把它当作很广义的词，它不仅仅只是讲第三层结构，它是包括真心和假心、真我和假我。讲心灵我们就要追问我是谁，真正心灵的实相是什么？

对于我们大多数人来说，我们的心是杂乱无章的。我经常讲我们心的状态有两种：一个叫胡思乱想；一个叫昏昏欲睡。大部分人都在这两种状态当中。昏昏欲睡佛法里面叫“昏沉”，胡思乱想就是“散乱”。也就是说我们的心是不断地随着外在的刺激，外在的环境不断地在变化，不断地在随外境而起舞，我们的心没有自己一个固定不变的觉知在。很多人认为“我在想什么”，其实不是你在想。你如果反观一下，你就会觉得不是你在想什么，是“它在想”。“它”是什么呢？它就一种习惯、一种业力自动在推动着你。如果你真的在想，你就可以不想，但因为不是你在想而是它在想，你就做不了主。它不断地在想你都做不了主。

所以，我们的状态是没有一个真正的“我”存在，有的是一大群的我——“群我”，我们每一个思想、每一个念头都是一个“我”。这个时候它说“我如何如何”，但下一片刻这个我就变化了，这一群我之中没有真正的和谐，这就导致我们生命中的混乱。我们要去找生命中真正的主人公，要找到我们的觉性，要从这种昏睡的状态中清醒过来，这是非常重要的。

在这种走向清醒的过程当中最重要的是什么？最重要的是我们有一个觉性的观照，把无意识的状态变成有意识的状态。我们要回过头去追问自己，请大家跟我一起来追问：我是谁？你看看你生命真正的“你”在哪里。

我们有许许多多的念头，一个一个的思想，但这些念头本身不是你做主的，本身就是刹那之间就生灭的。一个思想起来就消失了，这怎么会是你呢？所以你不是你的那个思想念头。前面我们讲了生命的四层结构，真正的生命也不是你这个身体，身体是你生命的一个外围结构，但不是你生命的主人。身体就相当于我们的一件衣服，当然它是比较贴身的衣服，不像外面的衣服，外面的衣服随时都可以脱，这个衣服脱了我们就没有身体了。我们

生命的能量结构也不是真正的生命，物质结构和能量结构虽然对本体结构有作用有影响，但它本身是没有觉性的，是被动的。我们的思想也不是真正的我，真正的那个我到底在哪里？大家要向内去追寻。

追问我是谁是一个修行很好的技巧，也是禅宗的技巧，它是向内追寻的一种方式。这种追问不是哲学的一种思考，也不是找出一个概念化的答案。它是通过这种追问，通过这种存在性的追问进入一种状态，就是真我显现的状态。这时候我们是没有语言的，不需要文字的，它是一种自觉自知的状态。你通过这种追问达到这种状态就对了，真正找到答案是没有答案，也没有问题。如果你站起来说："老师，我找到了，我知道我是谁了。"你把它当作一个概念，我就是那个东西；你一说出来就已经不是了。如果你真正知道了它是怎么回事，实际上你是无法用语言把它描述出来的。你在默然之中、在空寂之中融入了一个境界，那就是你生命的本体，生命的本性，生命的本来面目。

实际上我们平常有很多的念头，这个念头都是没有加以觉知的，没有去观照它。当追问我是谁的时候，我们对每一个念头都看得清清楚楚，但你不需要去排除它，也不需要去跟它作对，你只是静静地看着它，看清它的实质是什么。每一个念头的实质是什么呢？就是空性的，实际上我们找不到一个念头。通常我们讲的心灵，就讲的是我们的杂乱的分别心，把这个当作我们的心灵，这只是我们心灵杂乱的表象而已。所以心灵的实相是什么？真正的心灵状态在哪里？我们要不断的向内寻找，找到你内在的那个宁静的空间。

六、故乡

这是讲“心灵”，下面我们讲“故乡”。

其实当我们讲回归、讲心灵、讲故乡的时候，这三个词之间本身又是相互映射的，相互全息的。比如说当我们讲到回归的时候，回归到什么地方去啊？回归到源头里面去，回到“道”里面去。那这个源头实际上就是故乡的概念，对不对？当我们追问心灵，追问“我是谁”的时候，也是要寻找心灵的本来面目，这也牵涉到故乡。如何回归心灵的本来面目，就是回归的过程。所以任何一个词里面都含有无穷的信息，但是我们现在要突出来讲一下“故乡”。

故乡，也就是原本我们是从那里来的，我们是从家出走，离开了这个家，所以现在要回到我们的家乡、故乡里面去。故乡表示这个地方不是一个新的地方，它原本就是我们所在的地方。那么有的人会问：我们本来就是我们自己，我们本来就在道中，为什么会迷失？我们为什么要经历这样一个回归的过程呢？

我要说，如果没有这样一个出离，离家出走的过程，我们就永远不会知道回归故乡的喜悦。当我们一天到晚在家里的时候，我们会想到外面的世界如何的精彩，我们是无法安定在家里的，这样的安定在家里是没有意义的，所以一定要经历这样一个流浪的过程，离家出走的过程，然后我们再重新回到故乡，我们才会了解回到故乡的可贵，才会安定在故乡之中。

这是一个什么概念呢？我们用一个学术化的语言来讲，就是我们有一个原初的道的境界，这个道的境界是无意识的，它是无限但它是无意识的；我们还有一个回归的——经历了出走、流浪再回归——这样一个境界，这样一个状态，这也是一个无限，这个是自觉的、有意识的无限。这是后得的无限，这是不同的，不一样的。

佛家讲“悟”，但这个“悟”恰恰是经历过自我成熟以后，把自我超越之后形成的“悟”，而不是在自我之前的那个“悟”。如果一个人从来没有形成过自我，那他就是一个幼稚的、无知的人，那这样一个人就是真正的傻子，他没有生活能力。我们修道、觉悟不是要回归那个“悟”，而是要超越自我的“悟”。经过自我的超越达到的“悟”，它能够把自我当作一个工具来利用。所以，觉悟不是真正地变成一个一无所知、缺少生活能力的“悟”。我们所有生命的进化它是有意义的，经过这些进化之后又重新回归源头的时候，我们是自觉的有意识的，这个有意识的自觉的过程才是我们生命智慧的意义。智慧就是一种明了，就是一种意识的光照。缺少了意识之光就是无明，就是真正的混沌，黑暗的混沌。

我们来讲回归心灵本来面目的三个层次。

第一层我们把它叫“因位”的本觉，或者叫佛性。每个人在修行之前没有悟道的人，他也具有这种觉性，也具有了佛性，这是每一个人具有的潜能。但对于大多数人来说，他虽然有这样一种觉性，但从来没有呈现过，没有找到它，所以对他是不起作用的。佛教和道教里面都有很多的话，但我们要理解这些话背后的语境，加以正确的了解。儒家讲“满街都是圣人”，那真的是圣人吗——满街都是流氓，根本没有圣人！所以它讲的是那个潜在的、在圣人的眼里看到的你潜在的佛性，把你当佛一样看，那是圣人的境界，不是说你真是佛了。

所以一开始我向大家的灵性敬礼，就是我们要去唤醒它。本来的觉性它是在那个地方的，但我们要去觉醒它。我们去通过各种各样的修行方法提高我们的智慧、定力，去破迷开悟，在这样一个过程当中去逐渐地显现出我们本来面目，这是一个修行的过程。当我们本来面目显现出来以后，这就是见道的过程。见道就是我们对我们的觉性和本来面目有过清楚的体验和呈现，这是“道位”层次的觉醒，是回归本来面目的第二个层次。

但见道不是成道，就是偶尔呈现不等于你永久不用费力地就安住于这个境界当中。见道仅仅是修道的开始，通过修道把见道的成果稳定下来以后才是真正成道的成果，这是“果位”层次的觉醒，是回归本来面目的第三个层次。

我们今天只是提示一下，如何去回归心灵的本来面目，因为大家有很多人可能没有任何修行的概念，也没有修行的经历。但六祖慧能说了，下下人有上上智。因为它本来就是我们自家固有的，其实也不是很难。只要我们真正有这种智慧，那是可以唤醒它的。

前面我们用“我是谁”的追问方式也是呈现出我们本来面目的一种方式。我现在用一些话来对大家做一个简单的引导，希望大家能够向内去寻找我们心灵的故乡在哪里。永明延寿大师在他的《唯心诀》里面有一句话：“欲知妙理，唯在观心。”我们要去了解、领悟生命智慧的道理、实相的道理，只有一个办法就是

"观心"。我们知道科学是在观察外在的世界，所谓修行就是观察内在的世界，这种观察就能够得到智慧。永明延寿大师在《宗镜录》里面有一句话："但了妄念无生，即是真心不动，此不动之外，更无毫牦法可得。但能内观一念无生，则空华三界，如风卷烟，幻影六尘，犹汤沃雪，廓然无际，唯一真心矣。"要知道诸佛的妙理，只有观心这条路。那如何观心呢？在观心当中我们要领悟到"妄念无生"，我们认为有妄念本身就是一个错误的知见，没有一个妄念是真正地升起过，因为它本来就是空性的。

禅宗里有一个公案，就是达摩大师和二祖慧可之间的一段对话，也同样说明了这个道理。二祖慧可找到达摩大师说："我心未宁，乞师与安。"意即我的心不安宁，请师父帮我安心。达摩一瞪眼说："拿心来，吾与汝安。"二祖慧可马上回观自己说："觅心了不可得"，找自己的心，什么也找不到。达摩大师说："吾与汝安心竟。"我们所有的问题和烦恼不就是我们把这个心当真了吗？你往内一找，什么都没有，一个念头都找不着了，一点思想都没有了，"觅心了不可得"，这就是观心的大智慧。一念不生，本来就不生，没有念头。我们一念不生的当下觉性现前，呈现出智慧的妙明之光，这就是我们的真心。

如果我们再用一个比较理论化的方式来描写一下，什么是我们心灵的故乡？心灵的故乡也叫自性、本性、佛性，等等，当我们说："我是什么？"后面的"什么"指任何东西的时候，这就是一个受限制的我，它就是一种自我的表现。有的人就说："我就是我的身体"，那个身体是"身体我"，这是有限的我，这是自我的一种体现；有的人认为："我就是我的念头和思想"，这是思想的我，这是一个执着，这是一个限制，也是一种有限的自我。还有更无知的人把自己认同于外在事物，我就是我这个家，我是我这个企业，占有这些外在的事物，把它变成“我的”。所以，你的我就被这些东西所限制。当我说“我是什么”的时候，这个时候这个我就是一个有限的自我。在我是什么之前，没有变成任何对象物之前，原初的那个我，那就是我们的真我。它没有任何的对象化，它是一个纯粹的意识，它没有任何的限定，这是一个全然的我。这个我就是我们真正的生命主体意识，就是我们要回归的故乡。

从心性的角度来说是回归真性本来面目，从道的角度就是回归于道。性即是道，无限只有一个，没有两个。如果我们的本性是无限的，道是无限的，它们两个无限就是一个无限。如果有两个不同的无限，那这个两个无限都是假的。所以，性通于道，也就是说我们生命中有道的层面，这就是我们的本性。我们悟到了我们的本性也就是悟道了，反过来你真正领悟了道的无限性，也可以领悟自身的本性。

七、生命真正的幸福

现在我们要做一个总结，我们讲一下我们所追寻的幸福生活到底是什么？幸福生活你需要什么样的条件？

每一个人都在追寻生命的自由和解脱，都在追求我们生活的幸福。只不过由于我们迷失以后，我们搞错了方向，我们就得不到生命真正的幸福。

在这里有一个重要的认识是什么呢？我们大多数人所追求的幸福都是我拥有什么东西，我占有什么东西所得到的幸福，也就是我们把眼光向外看，追寻某种条件的满足来给我带来幸福。今天我房子大了我很幸福；我买了一辆高级车我幸福；我职位升迁了我幸福——我们所有的幸福都是用眼睛向外看，某种条件满足了带来的幸福。我前面讲过，它是一种快乐，一种短暂的快乐。

真正的幸福不能依赖于外面的任何条件，所以我们要有一个重要的转折——我们要找到我们人本身是什么，而不是人所占有的东西是什么。关键是我们是不是一个幸福的人，而不是我们所拥有的东西；我们要找到内在本性的圆满，成为幸福的人之后，你想想我们是一个无限开放的系统，我们跟道合一了，我们就永远是幸福的。带着这种幸福我们生活在这个世界上，当然我也不拒绝外在的事情，一切可以随缘。

这种对幸福的追寻发生了根本的转向，不是说要去追求某种条件的满足，而是追求我生命本身境界的一个提升。我自身的状态好，我的世界就圆满，我的整个生活世界就能够得到真东西。否则你拥有再多的财富，也不会自动提升你生命的境界，内在生活的质量没有提升，你拥有的东西跟你没有必然的联系。从本质上来说你什么都带不走，你的阅历、智慧可以带走，但外在拥有的东西永远带不走。

我今天讲一个幸福观念根本的革命。我们不是要从这个世界中去寻找种种条件满足所带来的幸福，而是要寻找内在生活幸福的源泉，达成幸福的境界。以这种幸福的境界自由地生活在这个世界上，这是我们对幸福的灵性的理解。当我们的心觉醒了，我们不随着外境而流转，自己能够做主，我们的心永远是自在的、解脱的，那外在的一切对于我来说都是一种庆祝，都是一种享受。

反过来说，我们的心为物所转、为境所转，我们迷在这个世界当中，我们的苦乐都不操纵在自己的手上。别人随时在操纵我们，今天家人的一句话让我生气了半天；明天一个朋友的眼神让我怀恨了半天，我们永远是被别人控制的。别人送我鲜花我高兴半天，我的快乐和痛苦都操纵在别人的手里，我就是一台机器了；别人一按钮我很高兴，别人按另外一个钮的时候我很痛苦。这样的生活有意义吗？我们能不能找到自己幸福生活的源泉，活出自己内在生命的充实？有了这种幸福的新理解，我们就可以拥有一种全能生活的态度，真正庆祝地生活在这世界之中。

今天我要赠送大家一个礼物，这个礼物是无价的，超越了所有的价值。我送大家一个“八字真言”，大家可以把这堂课忘掉，只要记住这八个字，每天念一念，你就解脱了，你的生活就会幸福。大家一起跟我念：“一切都是，一切都好！”下面我对这八个字做一个解释。也许有些人听了这八个字会反感，怎么会一切都是？我上司对我不好；我孩子不听话……有很多的问题，怎么可能一切都好？那是他站在一个受外在影响的生活境界当中来看，因为他把外面的东西看得很重，受外面的影响。但是，如果你真正理解刚才我们讲的幸福生活的原理，你今天把我的课听完以后，你就会由衷地发自内心的信服这八个字。因为我们生活的圆满不在于外面，而在于里面。我们的本性是具足的，道是随时可以启用的。我们缺少什么吗？我们随时可以进入这个空无的世

界，可以融入这个整体、可以融入这个海洋。在这样一个海洋当中，当然一切都是，一切都好。

大家有没有听说过密勒日巴，藏传佛教的一个苦修的大师。他在山中苦修的时候他是一无所有，他光着身子什么都没有。按常人的眼光这个太苦了，受苦受难。你认为他苦吗？他真的不苦，他非常快乐，因为他就活在这个海洋之中，它是无限广阔的。他的家就是无限的道，是以空性为家园，以精进为伴侣。只要我们真正有了智慧，我们就可以相信，可以理解或得到一种境界。当你生活中遇到了烦恼和挫折的时候，你轻轻地念这八个字，提醒自己要记得我的真心在哪里？不要跟着外面转。别人骂你一句话值得你耿耿于怀半天吗？别人说你好说你坏有什么关系呢？生活中的得失苦乐都是过眼烟云，只有回归我们内在本性的海洋，生活就是无限的美好，就可以永远庆祝地活在这个世界上。

八、接续中国文化的智慧传统

最后我们讲一下我们观虚书院和观虚斋教学的一些情况。如果大家有兴趣可以去看我的博客、微博，你可以加观虚书院的微信号，去读我的著作来进一步地了解观虚斋教学的详细内容。

观虚斋教学是在传统的儒释道诸家修道智慧的基础上结合现代多元文化，结合现代人的需要，所开创的灵性教学的体系。它不需要任何的宗教背景，不需要你信什么教，反过来你信什么教也无所谓，你都可以来学习我们的教学课程。我们教学的目标是让人成为一个真正的人，而不成为某一个教的信徒；是焕发出我们人人本有的潜能，活出真正生命的喜悦、智慧和境界。

观虚书院的课程有五门基础课，将来还有经典教学的课程。这五门课程是：精品课程，也是所有的课程里的基础课程，叫《宗教智慧与大道养生》。这门课我们在今年已经开过四期。第二门课叫《修道概览》，是讲道家、道教的修道理论和实修。第三门课叫《学佛通说》，是讲佛家基本的理论与修法。第四门课叫《丹道阐幽》，是讲道家、道教的高级修法，讲丹道的修炼。第五门课叫《禅宗妙悟》，是讲佛家、佛教高层的修法。这是关于教学课程的体系，当然还有一些公益讲座，比如我们讲过“内在生命的科学”“灵性的奥秘”“禅与道的生命智慧”等，这些都是向外普及的课程。将来如果我们观虚书院的实体道场建立起来以后，我们会系统地讲解儒、释、道三教的经典，传承中国文化的智慧，帮助更多的人找到心灵的家园。

现在的中国有各种各样的问题，有体制上的问题、有经济上的问题、有政治上的问题，但最根本的问题是文化的问题，是我们没有了一个心灵的家园。从个人来说，没有精神家园我们个人就没有真正的幸福；从国家来说，没有文化的家园，国家就没有前途。

中国的儒、释、道就是中国人的精神家园。但在很长的一段时间因为各种原因，它被中断或打压没有得到很好的发展。但人是需要精神粮食的，是需要对超越性的境界的一种追寻的。如果没有正教去占领信仰这个市场，就会有各种各样的邪教诞生，没有真正的宗教精神就会有邪教，这是必然的。所以，我们不是要

去排斥和否定宗教，而是要培育真正的宗教，让它来回归正常的生活。

中国人最适合自己的精神粮食是什么呢？就是我们自己的文化传统——儒、释、道三教，而不是外来宗教。与其我们怕外来宗教把我们的信仰阵地占领了，不如把我们自己的宗教弘扬出来，但不是弘扬宗教迷信，而是弘扬宗教的精神。所以，整个观虚斋教学的目的，就是要接续中国文化的智慧传统，让我们每个人找到自己的精神家园，让中国社会找到一个文化的方向。

为什么会有那么多的伪劣假冒产品、伤天害理的事情？一个人他没有心灵的寄托，他被外物所控制的时候，仅仅靠外在的法律是解决不了问题的。如果他内心里有安定、有良知、有正确的观念，他就会自己约束自己。外面的体制、制度也很重要，但这不是我管的事情，希望当政者去做。从我的立场上来说，我要尽我的努力从文化的角度为社会普及正能量与真智慧，弘扬优秀的传统文化。

今天的讲座就到这里。谢谢大家！

第七讲　静心：内在生命的科学

本文为戈国龙教授 2012 年 9 月 1 日于北京饭店所做的同名演讲，新弘笔录。

我们知道任何一个人，他如果要走上智能的旅程，他需要一些机缘，他要有各种各样的机会，能够听到某些不一样的信息。也就是说，在我们的日常生活之外，我们要能够跟那些伟大的传统，那些先知先觉者，那些探寻生命的奥秘已经得到某种成就的人，他们的信息要能够传到我们这里来，我们才会有机会去汲收这些灵性知识的营养。

我一直说我自己不是什么大师，也不是师父，但是我是一个真诚的探寻者，在求道的路上，我走过了二十多年，无论是从理论上，还是实践上，我都在自己可能的范围内进行了深入的探索，所以今天也是一个机会，让我能够把我在这多年以来探索的某些体会、某些洞见，能够利用这短短的两个小时，能够给大家一个轮廓的了解。所以我希望大家既然已经来了，就珍惜今天下午这个机会，希望你们能够保持一种倾听的状态。什么是倾听的状态，我们每一个人都已经有自己固有的观念系统，在你们的脑子里已经有了无数的信息，在这个时刻，你们有可能人在这里听讲，但是你们的心还是飞在了别的地方。所谓的倾听，就是让你回到此时此地，让我和你有一个联结，让我的心和你的心能够发生共鸣。希望你们能够放松，放开来，保持一种“被动而警觉”的状态，这就是倾听的状态。所谓的被动，就是你不再主动地寻求什么，思考什么，也不去判断什么，你不要说这个老师讲得怎么样，讲得好不好，这个等我讲完以后你再去判断，再去评论，至少在现在，你不要把一切的观念带进来，你只是去倾听。所谓的警觉，就是说不要因为你是放松的，你就在那昏昏欲睡；你的意识是很清楚的，但你并没有在想什么东西。在这种宁静而倾听的状态当中，我所表达的信息，才能够传到你的心里面去，才能对你的人生发生某种启示。也就是说，至少在这两个小时以内，希望你们暂时作一个学生，而我也暂时扮演一个老师的角色，两小时之后，咱们还是朋友，你想怎么样判断我都可以。

在正式讲座之前，我先简要地回顾一下我的静心之路，并由我个人的经历来谈到今天所讲的主题。可能有一些朋友已经知道我的大致的经历，我今天也不详细地讲，我只是简单地再回顾一下。我在南京大学读理科的时候，本来也没有接触过宗教，也没有接触过哲学，但是在我大学三年级上学期的时候，我突然就有了一种特殊的人生体验。这种体验也许每个人都有，但是很少有人像我那么早的时候就发生。有一天我突然意识到我的自己的生命，返观了我的生命，我在问我自己生命是什么？生命仅仅是我这个有形的肉体吗？如果我只是这样的一个肉体的存在，那么百年之后，我将化为云烟，什么也留不下来。茫茫的宇宙，浩瀚的宇宙，无穷的时空，在这样的一个背景下，如果我们来看这样的一个短暂的肉体生命，就会生出一种无限悲凉、无限悲壮的感觉，人生有什么意义呢？我们所追求的一切，所有的功名利禄，无论你多么成功，在时空的长河当中，都会洗刷一切，最终，你会什么也留不下来。意识到这一点，就会对人生的存在发生一个最大的困惑，这种困惑不单是一种痛苦，而是一种说不清楚的迷茫和迷惑，生命到底是什么？人生在整个宇宙当中具有什么样的意义？这个问题，一般的人也会偶尔的意识到一下，但我当时不是偶尔的意识到一下，而是完全地融入了这个问题当中，这个问题变成了我所有的思想、所有的情感的一个焦点。如果这个问题没有解决，好像一个人就要变成精神有问题了，或者一般人可能会认为你神经病了。很幸运地，我并没有一直在这个问题当中跳不出来，也没有变成神经病，而是最终走上了悟道的旅程。

这里面的经过是怎么样的呢？在我带着对人生巨大的困惑的时候，一方面我去读了一些文科方面的书，在哲学、宗教的书里面去翻一翻，但是那些书并没有给我最终的一个解决。实际上，人生的问题，不仅仅是一个理论的问题，生命不是一个需要去解决的理论上的问题，而是需要去经验的一个奥秘。另外的一个机缘，就是我在大学体育课上选修了太极拳这门课，在打太极拳的时候，为了打太极拳的效果更好，我就开始在球场上“站桩”，站着入静，就是说入静一段时间后再打太极拳，这样会更有效果，这也是某些太极拳老师或者是太极拳书教给我们的方法。在静站的过程当中，由于我已经有这样的困惑，由于我读了一些老庄，老子的一些经文就在我脑海里想起，它变成了我站桩练功的一个诀窍，我渐渐地融入了老子所讲的某种“道”的意境。在这种体验当中，人的心灵一下子进入了一个新的世界：从我们表层的意识状态，进入了深层的意识状态；从喋喋不休的思考状态，进入了某种天人合一、与道合一的存在状态。这个状态最终来说，是无法用语言来描述的，因为一切语言描述都是部分的，都是分别的，而这种状态的本身是无言说的、统一的状态，当你融入了这个状态，语言、文字、分别已经去掉。最终，你个人的这种执着也去掉了，你不再觉得你是一个简单的个人，你会体验到那种万物一体的状态、体道的境界，整个世界是一个整体。有了这种状态，我们才能够真正理解老子，这些先贤大德他们所讲的道到底是什么；同时，有了这种体悟以后，我们才能解除人生的困惑，因为我们困惑的中心是因为我们把自己作为一个有限的自我，是一个简单的肉体的存在，才会有这个有限和无限的对立和矛盾。当我们已经融入了无限以后，生命本身就不在是一个孤立的存在，它本身就是一个无限的存在，而肉体只是我们显现出的一个现象，但它背后的本质状态或者本体状态是融入存在的“一体”。

我们可以做一些比喻性的说明：比如说我的左手，从表面上来看，左手和右手是完全分开的，如果我们跳出这只左手的执着，深入左手的存在，它是跟我的身体联在一块的；而这个右手，如果我们深入右手的存在，它也是我们身体的一部分。其实，左手和右手都是我这个人的整体存在的一部分，它们就是相通的。扩展开来，每一棵树和每一棵树之间，它们看起来是独立的两棵树，但它们的树根同样是扎根于地下，在地下的广阔空间当中，这两棵树是相通的，是合在一起的，它们都是地球里面的生灵。再扩大一点，整个地球上的存在，其实都是相通的，这可以无穷地扩展下去，就好像这个宇宙的整体是一个相通的海洋。在表层上，我们可以找到不同的波浪和不同的独立的存在，但是深入下去，深入到存在的最终的奥秘，最终的核心，他们是相通的。所以佛教讲的空，道教讲的道，他们都是指明了这种宇宙的最终的统一与和谐，都是这种根源性的存在，而生命之所以会有种种的问题，都在于人的自我的执着，都是因为人没有深入他自己的存在，而把他自己误认为是一个有限的自我。这是一个错觉，而悟道就是要深入生命的存在，去悟到生命的那个根本的与道相通的本体性存在，在这种存在当中，人就超越了他的有限性，回归于他的无限。

大家知道，佛教的创始人释迦牟尼佛，他走上修道、悟道的旅程，就是因为看到了生、老、病、死的现象，这个生老病死是我们每一个人所要面临的最根本的人生课题。我们的肉体是一个短暂的存在，它终有一死，它会有生、老、病、死的现象，但是大多数人并没有认真的去思考他自己的人生，而是被眼前的欲望、眼前的物质追求所迷惑了，把人生的这个根本课题给扔下了。唯有我们认真地思考生、老、病、死的人生课题，我们才有追求道的真理的意愿；而我今天所讲的静心，就是悟道的途径、悟道的方法，也是悟道的境界。

一、静心作为内在生命科学的概论

静心这个概念，我们可能有不同的理解。在宗教的传统里面，我们可以找到很多相应的词汇，比如说修道、悟道、静坐、冥想、练功，诸如此类，我这里用静心这个词，来指代这些修炼的传统方法。我们讲静心，没有宗教的色彩，它不是以你信仰某一个宗教为前提，它是一种内在生命的探寻，内在潜能的开发，这不是某一个人或者某一部分人所要去从事的事情，而是每一个人都应该去追寻，都可以去发掘的一个潜能。每一个人都具有静心的种子，都具有体验道的真理的可能性，首先要肯定这一点；但是大多数人，虽然有这种可能性，他并没有把这种可能性发展出来，他没有机缘去走上这样一条探寻的道路。种子如果没有机会得到它适当的土壤、水分和养料，它就不可能变成大树；可能性如果要变成现实，就需要我们有极大的渴望，极大的愿力和做扎实的功夫。一个人必须为他所要追寻的那个终极的意义，所向往的那个道的境界，付出他的热情、奋斗和代价。虽然儒家说满街都是圣人，佛家讲每个人都有佛性，但是我们看到的更多的人完全没有表现出他的佛性，他的佛性没有得到开展，那么这种种子的状态，就永远是伴随着他的一生，所以我们需要唤醒一个人的种子，唤醒一个人潜在的可能性。

这种唤醒的工作，首先需要一个唤醒的人，一个已经有所醒悟的人，需要接触他的信息，需要跟这样的人相联结、相沟通。用传统的语言来说，就是你要有一个师父来指引你，师父就是你的可能性，他就是已经发展到一定阶段的人，他有他的经验可以传授给你，可以不断地启发你。就好像一个昏睡的人，她如果要醒来，首先需要一个已经醒来的人来敲醒他，如果大家都是已经睡着的，都是昏睡的，这样的人在一起，是不会产生什么成果的。所以，佛教里面特别强调善知识的重要性，因为善知识，他显示了我们的可能性，他指引我们，开发我们的可能性。

宗教里面有很多的真理，但是宗教本身又有不同的层面，不同的成分，在宗教传承的几千年的历史当中，它慢慢积攒了一些形式化的东西，一些迷信的东西，我们渐渐远离了宗教的原初的那个智慧，离开了源头的那种道的境界，而迷失在纷纷扰扰的仪式之中。对我来说，静心不需要迷信，不需要信仰，但是需要对内在真理的信心，要相信我们每一人都具有先天的可能性，都具有证悟真理的可能性。道离我们不远，甚至根本就没有距离，真理一直在找寻着我们；但是我们自己的执着，自己的欲望，让我们离开了大道，离开了真理。只要地球上有一个真正证悟了真理的人的存在，只要有一个真正获得了解脱、获得了自由的觉者，就已经证明了我们每一个人所具有的潜力，只是我们大多数人从来没有想到要去实现这种可能性。所以静心是一种生命的新的创造，我们一般所讲的创造，是创造各种各样的东西，是创造外在世界的财富，或者各种各样的产品，但是静心是从内在创造出你自己，是创造出生命自身的圆满、觉醒的状态，这是人生最大、最有意义的创造。

只有一个人开发了内在的世界，重新创造了他自己，他才会是一个真正的生命。通常，人们的时间大多是在应付各种事件，应付各种活动，他只是在打发时光，在混日子，而没有充分利用生命的时光去追寻永恒生命的喜乐和圆满，而静心是发掘生命价值，实现生命幸福的必由之路。我们这个肉身的出生，是父母给了我们肉体的生命，但是唯有通过静心、通过修道找到你真正的自己，你才有法身生命的诞生，你才会成为一个真正的人，才会成为一个真正的生命，这是我们对静心简单的说明。

下面我们说明一下内在生命是什么。当我们说内在和外在，这种相对的语言，它只是一种方便。如果一个人真正证悟了他的生命，在那个觉悟的境界当中，是无所谓内在，也无所谓外在的。悟道的境界是一个完整的、整体的存在，它是内外完全统一的世界，但是相对于我们常人的生活状态来说，确实有一个内在生命。因为我们一般人所关注的一切，都跟我们真正的生命没有关系，我们可以铭心自问：回顾自己的生活，我们所关注的东西，真正地跟我们的生命的本体、内在的生命有关系吗？还是说我们身不由己，随波逐流，在各种各样纷乱的活动当中迷失了自己？所以，我们要认真地问自己，我们在追寻什么？我们在找寻什么？如果我们根本不知道自己在找寻什么，我们就没有办法真正地找到真理，我们要有一个正确的方向才可能抵达目标。如果一个人只是向外追寻，就永远不会找到生命的、心灵的家园，因为外在给予我们生命的东西，它不可能成为我们生命的真正的寄托，因为它不是你自己，那是你所拥有的衣服。

可以说我们人的一生所追寻的大部分的东西，都是我们的衣服，是不同层次的衣服，有的是靠外点的衣服，有的是靠内点的衣服。比如说我们一般人所摆脱不了的名利、身份、地位，这明显是我们外层的衣服，它跟你的生命没有关系。有没有关系，我们可以简单地用一个标准：当你死亡的时候，那个东西对你有没有意义，你能不能带着它走入你的灵魂，走入你的下一世的生命。当然，这里面有一个前提，就是我们要认为生命是一个永恒的流转，是一个相续的过程。如果你不承认这一点，你认为生命只有这一世，那么我们就要换一个角度来问你，你所追寻的一切，能不能给你带来心灵的真正的安宁、带来真正的幸福？我所拥有的房子再大，这个能带给我生命真正的享受和真正的安宁吗？我所拥有的地位再高，这个能给我的生命带来真正的安宁吗？我可以说，不管你的官职有多大，不管你的财富有多少，如果你不从事内在的探索，不从事静心的工夫，你的心灵是得不到真正的安宁的。

我们的心一天到晚是随着外物而流动的，面对不同的外缘，我们的心在关注不同的东西。这个心，是散乱的心，它根本就不知道它自己是什么。我们能够觉知和转化我们的烦恼吗？一般人是没有这个能力的，他是不能够做主的，我们在想什么、做什么，其实大部分都是由外在的因素在激发的，不是你自觉的去从事某一个活动。如果一个人，他不知道内在的自己，他没有去追寻内在生命的意义，实际上他就是不知道生命本身。一个人如果不追求内在的成长和内在的财富，他实际上就错过了生命本身，因为他一直在生活的外围打转，他活在生命的外围之中，他追求那些根本不是他自己的东西。

大多数人都在追求财富，但可惜的是，我们追求的都是外在的财富，就是我所拥有的东西，而内在财富是什么？内在财富是那个“我”本身的成长，那个真正的我的成长，也就是生命本身的成长，它跟我所拥有的东西无关，它是我自身的一个成长。当然，我也不是在反对外在的财富，因为一个真正觉悟的人，它不反对任何一个东西，他只是达成一种更高的和谐，一种更高的平衡。内外皆富，这是理想的状态，现在我们看到的是富有的人不快乐、不宁静、不安宁，而一般的修行的人，宁静而快乐的人，但是他并不富有，他也不关心社会，他只是追求他个人的心灵的宁静。这两种状态都不利于社会的健康发展，我们需要一个内外的沟通，内外的联结，内外皆富的状态，在我们从事外在的工作，赢得外在财富的同时，我们一定要抽出时间，抽出精力去开展内在工作，进行内在的探寻。而我所讲的静心，就是一种内在的工作，就是一种内在生命的探寻与发展。

静心不是很神秘的东西，它是跟我们每一个人息息相关的，因为它关系到你本身。如果我们只是关注到所有的问题，而没有关注我们自身，我们就错过了。静心的真理就在此时此地，就在这个时候，只要你宁静地回过头来返观自己，你心灵的本来状态，本来就在那里，但是我们已经习惯于忙忙碌碌地向外追寻，而错过了那个本来的状态。静心本来是很简单的事情，但是我们的头脑太复杂，已经有太多的惯性在起作用，以至于我们回不到那种简单平凡的状态，所以这需要一种智慧。智慧从哪里来？从静心中来。所以当你经历过宁静的心灵状态，当你把生命中那种宁静、和谐、完美的状态曾经呈现过，那怕是一分钟，这个种子就已经种下了，我们就已经有一种可能性来实现生命的最终的圆满。静心本身不是一种迷信，也不同于一种信仰，所以我这里讲它是一种“内在生命的科学”。

这个概念需要做一下澄清。为什么讲它是一种科学？当我们讲科学这个词的时候，科学可能会有不同的意义，比如我们讲自然科学、社会科学、人文科学，科学的研究对象可以是各种各样的。当我们讲静心的科学的时候，我们是取科学一词的某种意义，而不是取它的全部意义；在某种意义上，我们可以说静心是科学。比如说，科学是具有普适性的，它是不分派别、民族、宗派的。当我们讲宗教的时候，宗教信仰是有宗派的，有民族差异的，所以我们把宗教里面的宗教性的真理这种实相拿出来，它就具有某种科学的性质，它是超宗派的，不分民族的，是普适的。就是说静心对生命的体验，对生命的那些原则的发现，那些规律的发现，是具有科学意义的。当我说静心的科学，我也是在说，静心是解开生命奥秘的永恒的钥匙，它与特定的宗教、经典没有必然的联系，它是一种永恒的法则。某一具体的宗派、某一部经典或许会消失，但这种静心的真理、这种宗教性的实相，它是永恒的。所以我讲的静心的科学，它是指宗教性的实相和真理。事实上，每一个宗教它最初的源头，都是追求宇宙人生的一种最高的境界，一种最根本的奥秘，它们都是有某种觉悟的境界在里面。但是在社会生活中，某一种现实的宗教它就包含了各种层次，其核心真理往往会被形式、外衣所遮蔽，而我们今天不需要那么多的宗派、宗教的执着，但是我们需要宗教性的指向内在生命的真理，所以我把它叫做内在的科学、内在生命的科学。

但是这与一般所讲的科学还是有不同。静心的科学，它跟我们一般所讲的科学，他们有内外之分。通常所说的科学总是研究一个外在的对象，它们可以得到一个普遍性的规律，然后制造一种产品，放之四海而皆准的产品，大家都能用；而静心是发展内在生命的意识，是意识成长的科学，是意识的开花，而这种意识的自觉性的成长，没有办法变成一种固定的普适性的产品。也就是说释迦牟尼领悟了，但是释迦牟尼不能说发明一种产品，然后让每个人大家都全部开悟，这是它跟一般科学之间很大的一个区别。所以宗教的真理，需要我们每一个人重新去探寻，别人再修得怎么好，悟得怎么高，那是他的觉悟，不是你的觉悟，你的觉悟必须从你开始，无法从别人得到替代，这是静心科学的一个特色。

我们可以看到社会上一些伪大师，或者伪宗教的大师，他们宣讲他们有什么最高的技术，或者某种产品，能够让你快速地达到某种状态，甚至说他能够赐予你圆满，赐予你解脱。从静心的

科学的观点来说，这是靠不住的，这明显是一种欺骗，他们是带有某种目的来欺骗他的信徒。一个真正觉悟的大师，无论他自己的觉悟多么高，他不会说你只要信我，我就能够马上让你觉悟。他只能指引你，帮助你，开导你，路还是要你自己来走。

静心的科学，它在某些方面跟常规科学有相似的地方，它也有某种普遍性：只要你认真去做，它会有一些相似的体验，那些原则、那些法则是一定的。但是正如现代物理学，比如说量子力学，那需要专门的科学家才会得到深入的了解，我们老百姓是不了解的。宗教性的内在真理，它也有它的高度，比如说释迦牟尼所达到的那个高度，所领悟的那个世界，如果我们不去追寻、不去修行，我们是理解不了的。在静心的道路上，也有不同的阶梯，不同的层级，在这个方面，静心与常规科学也是相似的。但是一般科学与宗教最大的不同就在于，科学是关注一个外在的物质的世界，而宗教关注的是人的内在的意识的世界。

人类文明要健康发展，就需要科学与宗教的平衡和综合，科学提供了人类生活的动力和方便，而宗教提供了人类发展的方向和价值，所以我常常打一个比方，科学就好像是油门，加油的地方，它可以使我们人类这辆车子飞速地行驶，但是宗教是掌握了那个方向盘，是把握那个方向的，如果这两者失衡了，人类社会这辆车子迟早要驶入万丈深渊的。

我这里讲的宗教，是指宗教性的内在的实相和真理，而不是讲某一个宗教和某一个宗派。如果从修道的层面来看，科学与宗教的综合，就是身体与灵魂的结合，就是本体与工夫的结合，也就是性命双修的体系。道教在某种意义上，它就是综合了科学与宗教，所以道教是最像科学的一个宗教，因为它的练功、体验，就像是做生命科学的实验。不管是内丹、还是外丹，它都拥有大量的实验，有很多的实验数据，也有很多的成果；但它又是宗教，因为它不是追求生命外面的一个产品，它是把生命本身来做实验，在人体里面来做实验，以精、气、神为材料来练功、来炼丹，来进行化学变化，它最后也是追求生命的超越，所以它又是宗教。

从大的方面来说，我们希望宗教性的实相，宗教的真理能够提炼出来，变成一种为我们每个人所需要去掌握、所能够掌握的一种体系。这也是我今后工作的一个目标：我试图从传统的佛教、道教出发，结合现代多元的文化，来创造一种新的教学。这种教学摆脱了宗教的形式，而追求宗教性的实相，也就是追求一种内在生命的科学，但这种科学完全不是那种向外研究物质的那种科学，它的方向做了一个根本的扭转，就是返过来觉察我们自己的生命，觉察我们的意识。

人类只有在内外两个方向上，在物质和意识两个方面都进行深入的了解，人类的文明才有前途。从我们个人来说，只有我们把内在的工作和外在的工作结合起来，同时追求内在财富和外在的财富，我们的生命才会有真正的幸福和圆满。所以我所说的宗教，不是看重那个宗教的身份，那个宗教的形式，而是看重宗教的那个实质的内涵。我们不需要那么多的宗派主义，宗派主义实质上是人的自我、人的欲望在宗教里面的一个新的翻版，但是宗教的智慧是人类文明所必需吸收的，而我们尤其在我们国家对宗教一直有一定的误解，有一定的偏见，所以我们也希望对宗教作一些正本清源的新的诠释。

二、静心科学的理论模型

下面我们就要正式进入对“静心的科学”的一个解说。关于静心的原理与方法非常多，非常复杂，佛教、道教都有它们自身的系统，这里我们不可能去讲某一宗某一派的具体的佛学或者道学，我想把我所研究所体会的一些东西，用一个理论模型来加以概括性的说明，然后对这个理论模型进行具体的阐释，这就是我们下面所要讲的中心内容。

那这个理论模型是什么呢？我们可以把它叫做生命的“四层结构”的模型，由这四层结构，我们来说明生命的不同层面的相互转化和相互作用。

我们对人生的困惑，很多是源于我们对生命本身不了解，我们只是把人作为一个肉体生命来看待，这是一个很大的失误。生命不仅仅是一个肉体，肉体只是生命的最外层的结构，生命本身是具有多层结构的。有关生命的多层结构，有不同的划分的方法，我们这里采用道教内丹学“炼精化气、炼气化神、炼神还虚”的理论模型把它精简成“精、气、神、虚”四层：最外面的一层用“精”来代表，我们称之为“物质结构”；再往里面一层用“气”来代表，我们称之为“能量结构”；再往里一层用“神”来代表，我们称之为“信息结构”，最核心的一层用“虚”来代表，我们称之为“本体结构”。

物质结构是我们最外层的身体，能量结构包含了我们的气脉、生命能和情绪，信息结构包含了我们的思想，而本体结构就是我们的灵性或者我们的灵魂。实际上任何一个事物都具有不同的结构，但是我们因为最容易接触的是它的外层结构，所以我们往往会被误导。当我们看一个人的时候，我们一开始只能看见他的外层的身体，但是我们看不见他里面的能量结构、信息结构；而我们自身也是这样，我们有时候也不理解生命，我们也太注重我们的身体，而忽略了我们更深层的结构。所以道教讲的炼精化气，炼气化神，炼神还虚，可以说是不同的生命层面之间的转化，但最终它是要领悟生命的本体结构。

这个生命结构学说是我们可以用来理解和看待各宗各派的修炼理论的很有用的理论模型，我们也可以把这个理论模型运用到不同的方面，成为一个具有普遍意义的观察工具。

当我们看一个人的时候，我们要意识到人是有四层结构的，那么这个时候，我们对人的理解，就会有一个比较全面的理解。比如说我们修道，静心是修什么、静什么？如果我们是仅仅局限在人的物质结构层面，就认为我们只是在锻炼我们的身体，那这个不是静心，也不是修道，那最多是体育锻炼。有的人认为修道就是修出我们的能量，有工夫、有神通，能够有很大的力量。这种人，他的修炼强调的是他的能量结构。如果我们注重的是人的心理、思想的净化，这就是相当于信息结构的一个调整，但是这三层结构，如果最后没有跟本体结构联结上的话，这种修炼都还不是灵性的，就不是真正的宗教性的修炼，因为他缺少了一个超越的维度。只有我们真正地通过前面三层的修炼而进入本体结构，去领悟我们生命的最根本的存在这一层面，也就是说，我们要去觉悟生命的真我，或者说生命的本来面目，也就是悟道的那个层次，这个时候我们才进入了宗教性的维度。

我们也可以用这个四层生命结构的模型来观察一下医学的领域。当我们治疗一个人的时候，其实也有这四个层面的问题。

我们知道，西医最强调的或者他的特长就在最外层物质结构这个方面，也就是对应着身体结构的层面。因为西医的那些方法，那些手段，人体的那些数据，他都是测量这个肉体的、物质的。他看见你身体有什么问题，他就采取头痛治头、脚痛治脚的方法，就只是针对那个层面的问题去解决。西医不会管你其它层面的问题，你到医院去看病的时候，西医不会问你：今天心情如何啊？你的情绪如何啊？他不管你这些。他直接就去测量哪些数据：哪个地方不够，需要补什么；有什么病毒，杀什么病毒；有什么地方要开刀就开刀……西医有它的特长，对某些肉体的病来说，它有它的特长，但是后面我们会讲到，人体的四层结构，它们是相互关联、相互作用的，仅仅在某一个层面来治疗一个人，他除了能解决这个层面的本身的问题以外，它不影响其它的层面，有的病的根源就没有得到调整，这种病可能会周期性地复发。

我们看中医的时候，中医很明显就有关注到能量结构，因为中医特别讲究“气”的问题。有的时候我们在身体物质结构完全正常的情况下，很有可能一个人的能量结构已经出现了问题，那些有经验的中医就能够通过你的能量结构、气脉的情况判断你有可能下一步会得什么病。所以中医讲治“未病”，就是你的病还没有发生时他就开始治疗。对西医来说，可能觉得你这是骗人的，但是这是非常科学的，这是符合生命本身的，因为生命本身确实是一个复杂的结构，不是简单的一块肉体。我们讲的经络也好，气脉也好，虽然看不见，摸不着，但是它是一种客观的存在。你不能说，我把一个尸体解剖，发现不了气脉，发现不了穴位，发现不了这些脉轮，就说没有，因为你解剖的本来就是那个肉体。当成为一个尸体的时候，他那个能量结构已经解散了，你要知道人体里面能量结构存不存在，你必须在活人里面去发现它。现在我们也看到一些最新的医学实验，能够通过一些物理学的方法，证明了人体经络的存在，穴位的存在。一个真正练功的人，只要我们真正练功了，体验了，那个无形的生命能量之流是绝对存在的，但是你看不见，它就在生命里面，它是我们生命一切活动的支撑点。没有了那个能量，我们就不能做功。

但是能量结构还不是最高的一层，能量结构跟我们的心理结构，跟我们的思想结构又息息相关，所以道家讲“心气无二”、“心气合一”。能量结构之所以有问题，很可能是我们心理结构有问题，也就说你的思想状况、信息结构有问题，但是我们现在的医学很少讲思想有问题，不把思想问题当作一种病，他除非说你神经病了，人格已经出现分裂了，这种严重的情形才叫精神有问题。在静心的科学看来，从灵性的思想体系来看，我们的烦恼、我们心理的问题，本身也是一种病，也就是说我们每个人实质上都是一种精神上有病的状态，只是有重、有轻、有大、有小而已，只要我们有烦恼，有牵挂，心里有疙瘩，这就是心理的病。一个心里的疙瘩，可能就对应着一个能量的阻塞，这两者是相应的。长期的心里问题就会导致他的能量结构出现问题，由此进一步导致他生理上出现问题，那么像这样子的一个病，如果你到医院里面去，仅仅是治疗他的肉体，那是解决不了问题的，因为他没有找到问题的根源，问题的症结都没有找到。

从生命的全体来说，一个真正健康的人，就是一个悟道的人，就是一个活在他的本体状态的人，只有一个得道的人，才能摆脱前面三层的挂碍、前面三层的问题，因为那个本体结构是一个完整的统一体，是完全的和谐。在这个状态之下，他的精神和谐，能量和谐，就会导致他的肉体也是和谐的，这样一种人，才是一个彻底健康的人。所以我们说，静心并不是神秘的、追求某种彼岸的世界，静心的科学追求的就是一个完全健康的生命、完全健康的生活方式，只不过我们把眼界打开，进入了一个真正完整的生命，不像我们通常人所理解的那样，仅仅看到了生命的表象。

这是我们讲的四层结构在医学上的一个应用。

我们还可以把这个四层结构用在美学上。当我们讨论一件事情美不美，一个人美不美的时候，我们也有四种眼光。比如我们看一个人，如果你觉得一个人很美，你是从哪个眼光来看呢？我们现在的“选美”，选的是什么美？“三围”是什么美？只是她物质结构的美。如果一个三围都符合标准的人，她的能量结构有问题，她这个人是有“型”而无“神”，没有状态，也没有气质，那这种人是真正的美人吗？肯定不是。如果我们说一个人气质很好，气的质量很高，很有能量，这也是一种美，但是如果这个人心灵上不干净，心灵境界不高，这种美仍然是不够的。所以我们看到《庄子》里面经常赞美那些残疾人，就是为了突出一种效果：那些身体结构很好的人，在那些残疾人面前反而非常崇拜他，那些残疾人非常有魅力。《庄子》里面讲的是“神全”的概念，神就是精气神的神，神全指这个人神是全的，“全”是充足而未散，与道合一而完整，也叫做“德全”，神全的人道德圆满，他的人格魅力、精神魅力折服了人。所以庄子就突出了这两种结构的对比，那些身体有残疾而神全的人，在物质结构上他是有问题的，但是他仍然是最美的人。当然，我们讲最美的人应该回到本体结构，所以最健康的人是那些真正悟道的人，最美的人也是那个悟道的人，因为悟道的人他放下了一切的执着，一切的挂碍，他的精气神是完全充足的，他不再依赖于任何外物，这种人自身就是一个完整的宇宙，他是“独立宇内而不为孤”，就是说他一个人在宇宙当中他不孤独，因为他跟那个宇宙是合一的。

这个四层结构，我们可以用它来看待任何一件事情，处理任何一个课题。这就提醒我们，我们的眼光不需要那么浅，而是要看深一点。比如我们看一个人有没有财富，有没有钱，那么第一层，物质结构这一层，看他银行的存款。那么银行的存款多这个人就真的富有吗？你还要看他能量上富不富有。如果一个人银行里存有大量的存款，而他的身体不好，那么存款相对他的身体来说，又是更外在的衣服，身体比存款更重要。我们每个人都是一个大富翁，比如说我给你一亿美金，你给我一只眼眼，你给不给？没有一个人会给，那么你有两只眼眼，你已经有两亿美金了。所以身体相对于你的外在财富来说是绝对重要的，这本来是一个常识，但是我们现在人为了那个外在的财富，我们把自己折腾得吃饭吃不香，睡觉睡不着，这个身体上也有毛病，那你这个富有是不值得的。我们把生命的四层结构模型用到“富有”这个主题上面来，一个人身心健康，精神完美，活在一种幸福喜悦的状态当中，一直到最后的得道、悟道，这才是最富有的人。关于富有我们可以简单来讲，就分成两层，一个是外在富有，一个是内在富有；详细来讲，就是分成四层来看，看你在每个层面上是否富有。从外在财富来看，那些在山洞里面修行的人，像米拉日巴，他一无所有，但是我觉得米拉日巴是最幸福的人。你从他的道歌里能看出他是随时随地都活在那种极大的喜悦当中，因为他超越了一切外物：他没什么吃的，但是他是以“禅悦”为食；他没有衣服，但是他是以“拙火”为衣，他不需要穿衣服。

今天我们要用这个四层结构来处理修道的问题、静心的问题，从这四层结构来看，静心的原理在什么地方？修道的核心原理在什么地方？大家只要记住了这个生命的四层结构模型，我们可以把所有的静心、所有的修道的原理概括在这个模型里面。

下面我要用一段话来总结修道的核心原理，后面我们会再对这个原理进行具体化的解释。静心的完整的过程包括身体的净化、思想的净化和情绪的净化的过程，其终极目标是导向一种清明、觉醒的无限意识状态，也就是唤醒它的本体结构。前面三个层面是静心的外围和基础，我们对前面三层结构进行净化，这个净化是我们转化习气的过程，这是我们静心的外围和基础；静心的核心是觉醒他的灵性，觉悟他的真我，回到一种无限意识状态。所以身体是外围，是一个开始，纯净化的身体是我们静心的一个基础，身体也是灵性、神性的一个庙宇，是我们的灵性所寄托的地方。情绪的净化、思想头脑的净化也是静心的基础，由此三层面的净化工作，一直深入下去，最后导向静心的一种根本的核心的状态，就是真我意识的觉醒，这是一种纯粹意识之光。所以静心的成果是无限意识、无限喜悦的存在状态，而静心的基础部分，包括了净化身体、净化思想和净化情绪。对静心的核心状态来说，实际上没有身体，没有思想，没有情绪，这个“没有”不是说从有到无去掉它，而是说没有它的挂碍，没有它的执着，由此进入空性，觉悟真理，与道合一，这就是我们静心的核心。你看，我们可以用这个四层结构的语言来概括所有静心的核心奥秘，有了这个框架，掌握了这个核心奥秘，你就知道你修行的方向，也知道整个修行的原理。

虽然我今天没有详细地把佛学和道学对应起来讲，但是如果要对应起来，全部可以纳入这个系统来分析。哪些工作是来净化身体的？哪些工作是来净化思想的？哪些工作是来净化情绪的？哪些思想是指向静心的核心的？我们都可以给它对应起来讲。但我们今天不想把更多的佛学和道学纳入进来，我希望用现代的语言来概括它。

我们讲的静心不仅仅是一个简单的技术，不仅仅是一个动作或者一套功法，这种理解的练功，都是一个片断的简单的理解。就像我们以前讲气功，在八十年代，中国大地上形成了气功热，这是有着深厚的原因的。因为从文革以来，中国的宗教就受到了迫害，受到了压制，而人是有这方面的需求的，人不仅仅要追求一个外在的身份，他要追求真正的健康也好，真正的幸福也好，他一定会走上某种修行的道路，而气功就是一个出口。气功你不需要信仰什么，但是有一套方法能够让你也进入内在世界、内在生命，但是气功热后来为什么会出现问题？因为气功它就是从佛教、道教等宗教修炼方法里面截取了一段，就把那个功理、功法拿出来作为一个功利性的运用，而忽略了这个整体。比如说我们讲静心是包含了这四层结构，但是很多气功强调的就是气，气只是能量结构，或者强调的是一种功能，强调了身体的健康、治病，但是它离开了这种灵性导向，离开了思想的净化，那么它最后就会出问题。因为静心最核心的东西是人的欲望、人的自我的超越，而气功作为世间法，它有时候是鼓励人们去追求欲望、去满足自己，这样它就会出问题。不是说气功不好，不是说气功不对，而是说气功它是那个特定时代的一个出口，它不是一个完整的修道体系。

有的人会担心我练功会出什么毛病，会出什么偏差，这都是因为对静心的原理没有一个系统的了解而产生的问题。所谓的偏差是怎么产生的呢？如果你静心的方向是错误的，比如说你是为了练出某种功能，然后用这种功能去骗取你的名利，将来在某一个舞台上你去表演某种功夫给人看，当你怀着这样一种心态，你去练功的时候，那肯定会出问题。因为万法唯心所现，你怎么想的就会产生相应的结果，见地的偏差最后会导致你的问题。我们本来是要净化心灵的，结果我们把自己的心灵弄得更复杂、更功利、更有问题，那你说它不会出问题吗？不是说有一个外在的力量来给我们制造麻烦，而是我们本身制造了这些问题，只要你真正领悟了静心的核心，走在正确的道路上，修行、静心是没有危险的，它是一个完全属于正大光明的事情，因为它们是你生命的全面健康、全面美化、全面庄严，这会有什么问题呢？静心是打开你的视野，让你真正地认识生命的整体，让你进入内在生命的奥秘，让你得到精神境界的升华，达到心灵的宁静和和谐，这样的静心不会有什么问题。

三、静心原理的具体解说

1. 关于静心的一些原则性的建议

以上我们简单地用生命的四层结构模型来说明静心的核心原理，下面我们就要对静心的这个核心原理进行一个具体的分解。这个分解里面我们可以分为三个方面：一个是关于静心的一些原则性的建议；第二是关于静心的外围部分，包括身体、情绪和思想的净化；最后我们讲一下静心的核心本质。

我们要对这个核心原理做一个细化的解剖、分析，让大家有一个更全面、更深入的印象，但是希望大家要把精、气、神、虚这四层结构记在心理，并用在生活里面。你在看问题的时候，你一定要想到，它不仅仅是表面的现象，它有它的深层结构，这样你就不会是一个肤浅的人，你会变成一个比较有深度的人，如果你只看到一层，肯定是肤浅的人。任何事情都可以往这四层去看，把它做一个整体的观察，这样你会看得更全面。

现在我们讲第一个问题，是关于静心的一些重点，一些原则性的建议。

第一，在整个求道的过程当中，保持一种乐观、正向的心态很重要。有的人为什么修行修到中间就修不下去，会半途而废？他的心态往往不是正向而是负向的。大家要知道，任何一个事情都有它的正面和反面，有它的光明面，也有它的黑暗面。你打坐了两小时，腿很酸很麻，你光看到了酸和麻，觉得这个打坐没什么意思，很难受，你这个修行肯定不会坚持下去。你光看见这个刺，而不去看那个玫瑰花；你光看见那黑暗的部分，不去看那个光线的部分。在你静心的过程中，只要你坚持，它就一定会有灵性上的进步，你要把这个灵性上的每一点进步，要把它认出来，要肯定它，鼓励它，这样才能够持久地走在道上。你要学会庆祝你在静心的过程当中所获得的每一个进步，比如说你静心了一个小时，虽然腿脚很酸麻，但是哪怕你获得了片刻的宁静，这就是一个很宝贵的体验。你不要说这一个小时有四十分钟在胡思乱想，只有十五分钟我很安静，其实我要恭喜你了，你已经很厉害了，已经有十五分钟，你就看这十五分钟好了。这样去看，鼓励自己的进步，因为世界上任何一件有价值的成果，都不是那么轻而易举就能得到的。静心是一个生命的新的开发，它是走向一个最伟大的光明的境界，你不要指望一下子就一步登天，它是有一个过程的。如果一个成果太容易得到，你也不会珍惜它，所以我们要看到求道过程当中的每一点进步。

第二，静心要时刻留意观察已经发生在自己身上的事情，而不要去想没有发生的事情，要珍惜已经拥有的，而不是去寻求那些未发生的。静心是培养一种清明的意识，要时刻觉察你的生命正在发生的那些变化，而不要去玄想将来要发生什么，或者去追求将来要走什么路。你要正好走在你当前的这一拍上，不要去玄想明天、将来会怎么样，下一个片刻会怎么样，而要时刻观察自己当下正在发生的事情，把意识拉到你的当下来。就好像去跳舞一样，你是在这个时刻跳舞，跳好这一拍，你不要去寻思下一拍该怎么跳。你寻思下一拍的时候，你这一拍肯定就错了，就踩脚了。有些人静心的时候，问很多问题，都是他自己还没有到的问题，或者他自己没有体验的东西，他会想将来如果怎么样，将会怎么样。这些“如果”，这些将来的什么事情，其实都是你的杂念；你能够重视当前，重视当下的片刻，这才是静心最有意义的时刻。

第三，静心需要生活态度、生活方式的根本的转变，而不仅仅是在你静坐的时候那一时段的事情。要改变我们生活中机械性的习气，因为我们生活里面已经有很多违背了这个静心原理的事情。比如说我们习惯于讲话，但是一个静心的人，一个走在道上的人，要少讲话，能够不讲话就不讲话。要停止自己内在的对话的习惯，我们除了跟别人讲话，我们还在跟自己讲话，我们在不断地自言自语。我们会笑话那些人格分裂的人，说他有神经病，他自己在跟自己说话，其实他只是把我们一般人的状态扩大了一点点而已。如果你深入观察你自己，我们也是人格分裂的，我们也在不断地跟自己对话，我们自己用不同的角色，在自我对话。人的一生有很多宝贵的时间浪费在闲聊之中，这种闲聊是在我们的生命没有找到方向的时候，我们去打发时光的一种方式，但是一个有智慧的人，不是要打发时光，而是要充分地利用时光。当然不是说不要讲话，我们讲话是在必要的时候，要有意识地去讲话，而不是无意识地闲聊。我们要学会生活在自己的单独之中，要学会跟自己生活在一起，而一般的人总是要保持着一种跟他人的联结，否则他会觉得孤独。我们要变孤独为单独。什么是孤独？孤独就是我们不知道自己，也没有找到自己，也不愿意跟自己在一起，我们寻求与他人的联结，寻求与他人的一种关系，当这种关系被切断，当我们的身边没有人的时候，我们就不自在，我们就觉得孤独。而一个静心的人，他处在一种单独的状态，单独是他回到他自己生命的中心，他自身就是一个圆满具足的存在，他是一个完全开放的系统。单独完全不是孤独，孤独是你把自己变成那个封闭系统，所以你需要跟别人交换信息来维持平衡，而单独是自身的开放，完全的开放，你跟这整个世界是融合的。这个时候，你不会走入熵值增加的混乱状态，因为你不是封闭系统，你本身就是开放的。就像那些悟道的人在山洞里面，他一点都不孤独，因为他的心已经融入了空性，融入了整体的存在。当我们的头脑在不断地喋喋不休，不断地自言自语的时候，我们既是在浪费能量，也是在失去与中心的联结。只有当你的心在宁静的单独当中，你才能够与道相通，才能回归那什么都没有而什么都充满的一种状态。这是我们讲静心需要一种生活态度、生活方式的转变。

我们要注意，平常的头脑，平常的思想，大部分是无意识的，是不由自主的．是在习气或者说业力的支配之下自行发生的。真正有意识的片刻，我们清醒的片刻，极其稀有，极其难得。我们要不断地唤醒我们的意识，唤醒我们的觉知，要对我们所做、所为、所思、所想有意识，并且把这种意识变成了一种愿力、一种决心，让他深入潜在的无意识的那部分头脑。所以佛家强调要发愿，发菩提心，他不断地发愿，不断地发菩提心，这种愿力，这种菩提心就变成了一种深入你的无意识的一种力量，用有意识的这种愿力、这种力量来转化我们无意识的潜在的执着，潜在的业力。静心的过程，实际上是意识与无意识之间的一个相互作用：一方面我们要在练功的时候，静坐的时候，站桩的时候，我们变成有意识的、清醒的，在无意识的包围中培养意识的种子；然后用这种有意识的状态不断地转化我们意识仓库里面那些潜在的无意识。慢慢地当我们的意识和无意识完全合一，把那些无意识的部分完全转化的时候，我们就真正能够活在意识的中心，能够进入静心的那个核心部分，进入那个空灵的意识。对这整个的转化过程，要有耐心，因为我们养成的那些习惯也不是短时间养成的，它本身是长时间所养成的一些习惯，需要极大的耐心和愿力去把它转化掉，不能够急于求成。

我有一个朋友，他来找我，说他最近有问题。我说什么问题？他说他最近吃饭不好，睡眠也不好，还有偏头痛，他问我有什么办法？我说我不是医生，我不能够治病，但是你可以试一下静坐。然后我教他怎么静坐，怎么练功，我让他一定要坚持，每天抽出一点时间来用我的方法去静坐。一周之后，我碰见他了，然后我问他静坐有什么好处？有什么进展没有？他说没什么进展，就是吃饭感觉比以前香了。他觉得没什么进展，我也没说什么。后来又过了一个星期，我又碰见他了，然后我问他你练功了没有？有什么进展没有？他说没什么进展，不过睡眠有点改善了。后来再碰见他，我问他你现在有什么进展没有？他说也没什么大的进展，就是头现在不痛了。这个人是个完全悲观的人，他本来的问题就是睡眠不好、吃饭不香，还有头痛嘛，现在三个问题都解决了，这是一个多大的进步！但是他认为静心好像是要看到什么光，要得到什么境界，所以他觉得没什么进步。如果是这

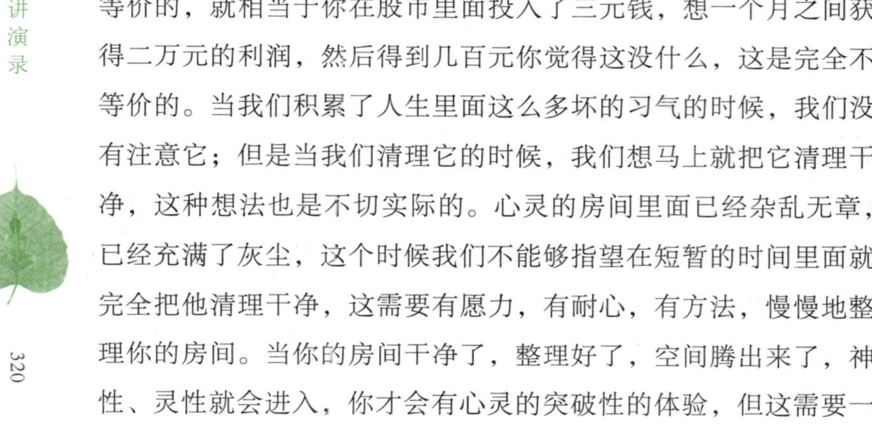

样的话，我们就没法练功，你期待的东西和你所付出的东西是不等价的，就相当于你在股市里面投入了三元钱，想一个月之间获得二万元的利润，然后得到几百元你觉得这没什么，这是完全不等价的。当我们积累了人生里面这么多坏的习气的时候，我们没有注意它；但是当我们清理它的时候，我们想马上就把它清理干净，这种想法也是不切实际的。心灵的房间里面已经杂乱无章，已经充满了灰尘，这个时候我们不能够指望在短暂的时间里面就完全把他清理干净，这需要有愿力，有耐心，有方法，慢慢地整理你的房间。当你的房间干净了，整理好了，空间腾出来了，神性、灵性就会进入，你才会有心灵的突破性的体验，但这需要一个长远的决心。

静心的过程不是三天打鱼四天晒网的过程，它应该变成我们生命的全部，我们生命的意义就在这个地方。不是说我通过静心来得到某些东西，用这些东西我再投资到我的股市里面去，这就完全是倒置的，因为静心本身就是目的，它不再是我们生活里获得其它收入的手段。不是说我要通过静心，把身体练健康了，我再去干别的什么事，而是我们身心灵的净化，身心灵的宁静和谐，这本身就是生命的意义之所在，也是我们真正的幸福。

当我们在静心当中，经验到了喜悦、宁静、和谐的意识状态，你要能够设法在生活中不断地回想起来，要能够重新创造出这种状态。一开始它肯定是短暂的体验，在某一次静心当中，你体验到很好的状态，后来它像电光一样一闪消失了，在生活里面我们可以记取当时这种状态的情境是什么，是一种什么样的状态，我们要找到那个诀窍。其实那个状态是随时可以发生的，随时可以体验的，也就是说静心的境界不是我们所创造的一个额外的什么东西，静心的境界是我们已经具备的一种状态，只不过我们生活中的尘埃把它遮蔽了，我们静心只是打扫这些尘埃的过程，但是静心的状态一直就在。当我们回想起来，它就可以呈现，就好像烦恼的乌云遮盖了本性的太阳，但是太阳的光芒不会因为乌云的存在它就没有了，我们只是需要驱散乌云，让太阳的光芒呈现出来。这不是说我们要去创造阳光，我们把窗户关上了，阳光进不来，这是我们的问题；现在我们需要把窗户打开，让阳光进来。真我的觉醒的状态，也是我们生命本具的状态，它是我们生命中的底色，我们本来就可以随时随地都找到它，只不过我们现在因为有厚厚的思想的杂念、烦恼的乌云把它遮蔽了，遮盖了，但是如果有一天你突破了你的乌云，见到了阳光灿烂的时候，你就有机会在生活中不断地唤醒它，这样逐渐让你静心的境界由“高峰经验”变成“高原经验”。所谓高峰经验就是我们曾经有的刹那间的体验，而高原经验是那觉醒的体验变成你生活的一种底色，你在生活中的每一瞬间都能够回到某种和谐的状态。所以在你睡觉之前、醒来之后要特别唤起静心的意识状态，把你在专门时间静心里所得到的成果，应用到你的生活中去，在生活中静心，行住坐卧不离这个，慢慢地打成一片，这样静心才会变成你最终的成果。

这样静心的体验会成为一粒种子，进入你的意识仓库里面，然后它会不断地生长，以至于开花结果。所以最终的那粒种子要用心去培育它，培护它，爱护它，然后不断地给它浇水、施肥。静心不是一天两天的事情，不是一时三刻的事情，静心应该变成

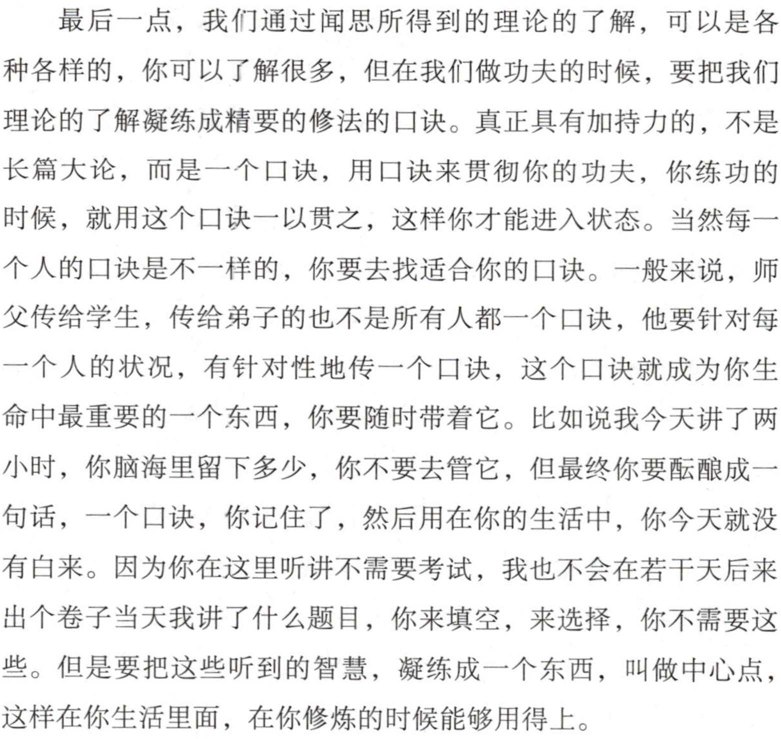

你生活的核心部分，在你整个的生命当中延续下去。我经常讲，我所讲的静心也好，讲的修道也好，不是某种特殊的东西，不是某种宗教徒才需要去做的事情，而是我们每一个人都要去做的事情，只有通过静心修道，我们才能找到自己真正的生命，否则的话，我们生命的很多潜能就永远是一粒种子，沉睡在那里。

最后一点，我们通过闻思所得到的理论的了解，可以是各种各样的，你可以了解很多，但在我们做功夫的时候，要把我们理论的了解凝练成精要的修法的口诀。真正具有加持力的，不是长篇大论，而是一个口诀，用口诀来贯彻你的功夫，你练功的时候，就用这个口诀一以贯之，这样你才能进入状态。当然每一个人的口诀是不一样的，你要去找适合你的口诀。一般来说，师父传给学生，传给弟子的也不是所有人都一个口诀，他要针对每一个人的状况，有针对性地传一个口诀，这个口诀就成为你生命中最重要的一个东西，你要随时带着它。比如说我今天讲了两小时，你脑海里留下多少，你不要去管它，但最终你要酝酿成一句话，一个口诀，你记住了，然后用在你的生活中，你今天就没有白来。因为你在这里听讲不需要考试，我也不会在若干天后来出个卷子当天我讲了什么题目，你来填空，来选择，你不需要这些。但是要把这些听到的智慧，凝练成一个东西，叫做中心点，这样在你生活里面，在你修炼的时候能够用得上。

这是我们讲的第一部分，就是关于静心的一些原则性的指导意见。

2．静心的外围：身体、思想与情绪的净化

下面讲第二个部分，就是关于身体、情绪和思想的净化。这是静心的外围部分，是为进入静心的核心做准备的部分。

一般来说我们每一个人都存在着身体的障碍。身体本身有它的记忆，我讲过四层结构之间它们是相互影响、相互作用的，能量结构的阻碍，也会变成身体的某种障碍，而身体的障碍又反过来作用于能量结构，所以有时候我们需要做一些身体方面的清理工作。如果你能够真正地入定，进入定静状态，这种状态本身就可使四个层面都能得到清理，所以进入定静状态是清理的总的诀窍，总的法门。但是不是每一个人一开始都能够入定的，在不能入定的情况下，我们也可以采取某种方式来清理自己。我们每一个做过母亲的人都有经验，有时候你管教孩子的时候，并不是因为孩子真正做错了什么，而是当你身体里面有某种障碍，某种压抑，某种情绪的时候，你就会去想管教孩子，通过惩罚孩子来发泄自己。社会上有许多的悲剧，比如说杀人的人，他一口怒气上来，他就要杀人，但事后他是完全后悔的，因为那个时刻他控制不了自己。我们身体里面积压了很多东西，积压了很多情绪，很多能量，这种积压的东西会变成静心的障碍，也变成人生的障碍。与其我们让自己变成疯狂的人，不如我们有意识地去疯狂，有意识地疯狂是避免和治疗疯狂的非常有效的途径。什么叫有意识的疯狂呢？我们可以在一个单独的房间，把门关上，准备几个枕头，你平时想揍人，想说脏话，想干什么，你尽量干，只要把门关上，在不伤害别人的情况下，你有意识地释放你已经压抑的情绪和能量，做任何你想做的事情，但是前提是不伤害别人，也不伤害自己，就是对那个不会真正对你有伤害的东西进行发泄。你不能用刀子去割人、割手，那不行，但是你比如打枕头啊、发泄啊、叫啊、跳啊都可以，这种通过有意识地去发疯，能够让你疯狂的意识种子得到宣泄，然后宣泄完了以后你会轻松，你身体里的那些压抑、那些障碍会慢慢去掉，这是我们讲的一种清理身体压抑的方法。其实很多犯罪如果有这个方法就可以避免，那些一直控制不住而杀人的人，他杀人绝对不是因为那个他要杀的人，而是他自己正好处在那个想杀人的状态，所以这个时候谁掉进它的刀口，谁就完了。只要我们去看报纸，看新闻，每天都有这样的悲剧发生，包括那个交通事故、车祸，这种意外事件都是因为他意识本身不清醒，而不清醒是因为他里面有压抑、有障碍。

当然对静心来说更重要的清理是它的能量的层面。生命的能量是一个客观的存在，我们所做的一切，我们说话做事情都需要能量来做功，但是生命的能量有不同的用处，我们要创造性地利用和转化它，才能变成对静心有益的能量。比如说我们的工作，工作有两种，一种是为了生计，为了一个外在的目的而从事某项职业。这个时候，我们实际上是一种压抑的状态，我对这个工作并不感兴趣，我只是看重了这个工作后面的报酬。在我工作的时候，实际上是有某种压抑存在的，为这种外在目的而工作，为生计而从事某种职业，这种工作缺少创造性，它不利于能量的创造性的利用。我们要设法享受工作本身，而不仅仅是为了它的报酬，把我们的工作变成创造性的工作，这样才会有利于能量的升华和解放，这是我们能量净化的一个重要的方面。

要把工作变成一种创造性的工作，享受工作本身，有两个方法，一个就像我当年是学物理的，我本来是一个物理学老师，我现在转行从事宗教研究工作，这就变成创造性的工作了，我享受我的工作，这种方法就是把你的工作转移到你所感兴趣的那个领域里面去。但是有的人说我没有这个本事，或者说我没有这个机会去做我想做的事情，那怎么办？一种是做你感兴趣的工作，第二种培养对你现有工作的兴趣。如果你真的改变不了你的工作，那么你必须设法跟你现在的工作保持一种相融的状态、平衡的状态。你不要老是跟你的工作对抗，这种对抗下去对你是不利的。所以我们有两种可能性，一种可能性是说我的工作本身是我感兴趣的，是一种创造性的工作，一种是我把创造性、把兴趣带到我目前的工作当中去。对我们一般人来说，工作是一个很重要的问题，我们大部分时间是在工作当中，如果这些工作本身我都是在浪费时间，都是在折磨自己，你这个静心是很难深入的。你晚上静坐了一个小时，第二天一工作全回去了，所以我们一定要设法利用我们工作的时间。

这叫智慧的炼金术，能够把工作中的一切转化为对我们静心有益的东西。这个原则还可以进一步扩大、扩展，不仅仅是工作，任何一件事情上我们都可以这样。不是说某一件事情带给我幸福，而是我要把幸福带到每一件事里面去，有了这种高度，你的整个生活才能变成修行，整个生活才能变成一个修行的道场。比如说我不是在这里通过演讲来得到我的幸福，我是用一种幸福的状态在这里演讲，那就没问题了。至于你们怎么样，我都没问题，我已经很幸福了，我享受这个演讲本身，这就是把生活中的每一件事情都转化成你本身的享受，我不是从某个人那里、某项工作那里去寻求报酬，而是我带着静心的能量、静心的喜悦去投入到每一件事情里面去。

除了工作我们还要注意一个问题，就是饮食的问题。现代人吃饭的问题不是营养不良，而是营养过剩。我们吃得太多，吃多了有两个问题：其一，因为你吃得太多，所以你需要很大的能量去消化它，你静心时的成果大部分变成消化食物的能量了；其二，我们的消化能力是有限的，为了消化食物，那你的消化液、消化能力要平均分配到你的那些食物当中去，你吃得越多，消化的质量越差。不是你吃得多，你就营养好，吃得太多，反而使你营养不良，因为你吃多了以后，你就不能有效的吸收它们，而且你会增加了肠胃的负担。饮食过多，还会使人昏睡、昏沉，所以现代人很多毛病是吃出来的。静心有一个黄金法则，就是中道的原则，做什么都要适度，而不要过度。我也不是说要让你天天饿肚子，要保持一个很好的量，这个量使人觉得很有精神，能量要够用，而且能够最充分地消化它。睡眠也是如此，过度的休息同样有害，如果你清晨睡得很好了，你不想起床，你赖床，继续躺在床上昏睡，这个对身体是不好的。睡眠缺乏是一个问题，过度睡眠也是一个问题，所以要保持很适度的睡眠、适度的饮食、适度的运动，这是养生的第一原则。

在能量的净化方面，还有一个很重要的问题，我不知道适不适合在这里讲。我们常常讲“饮食男女”，我们已经讲了饮食的问题，还应讲一下男女的问题，这里面也有大量的能量的浪费。我们一般的男女性生活只是在消耗能量，而没有在积极地利用能量，这个能量它只是一种宣泄，而没有得到有效的提升。关于男女，首先也是一个适度的原则，否则的话对能量一定是有伤害的；

第二个原则叫做转化的原则，如果你能把能量提升，转化到一个新的出口，一个新的方向，就像道家讲的“炼精化气”，那么它一定是更有效的能量提升。

能量的净化我们就暂时讲到这，下面我们讲思想的净化。思想的净化是一个根本的问题，其实能量、身体的净化很多也是通过思想的调整去调理的，因为我们起能动作用的就是我们的精神状态、我们的意识状态。

在我们的生活当中不断地有各种各样的问题，我们通过思想有时候去伤害别人，或者被别人所伤害，这个思想的伤害是无形的。当两个人在一起，他们思想之间发生矛盾、发生对抗的时候，其实已经是一种思想的伤害，而肢体的冲突其实不过是思想的冲突的一个极端表现而已。通过思想的净化，才能为我们静心时进入一种真正的静心状态提供扎实的基础。

这个思想的净化就包含了一个人的世界观和人生观的培养，对静心的真理的了解，对人性奥秘的了解。你去听闻佛法，听闻道法，学习宗教的智慧，学习静心的科学，这些将为你的思想净化提供理论指导，提供根本原则。思想的净化需要智慧的洞见，需要一个完整的对世界、对人生、对社会、对自身的了解。没有这种思想的净化，我们常人除了喋喋不休、胡思乱想之外，我们的思想主要集中在金钱、权利和性上面，这种充满欲望的头脑，它不可能宁静下来。思想的净化就包括我们的思想要不断地转向，要从自我欲望的追寻转型到真善美的追寻，要追寻生命境界的提升和不断超越。

真正的静心状态是超越思想的，但是在这个真正的静心状态之前，还需要一个从负思想到正思想的过程，就是从负面的思想到正面的思想，我们还是要做好人，说好话，做好事。为什么呢？因为只有正面的思想才能更容易超越，虽然在你最后的境界里面没有正面和负面之分，但是在它前面我们要有一个转化的过程，就是把我们生活的重心不断地转向真理、慈悲的方向，转向那些美好的事物上面去。

佛家讲“心净即国土净”，我们创造了我们自己的世界。虽然我们大家都生活在同样的世界里面，但是每一个人他心里的世界是不一样的，每个人都有一个他自己的世界，我们创造了我们的世界。你这个精神世界怎么样，你的意识状态怎么样，你的生命就会有相应的品质。一个充满爱的状态，就会接受到爱；充满恨的状态，将接受到恨。你的任何思想都会留下印象的种子，你的思想、你的想象、你的分别都是一种力量，它不但影响你自己，不但塑造你自己的人生品质，而且会影响你的周围。我们其实是发散一种思想的念波到我们周围环境里面去，我们也在不断地接受别人的思想的念波，整个社会的净化就需要从每一个人的心灵的净化开始，才能改造这整体的社会环境。

思想本身也是一种粮食，是精神的粮食。从广义的食品来说，精神粮食更重要。现代人所接触到的精神粮食越来越充满暴力，充满各种各样的刺激，我们的报纸、互联网、电视、电影传播的那些思想大多是那些俗人的思想，在这些俗人的思想里面，不断地吸收，你就被他们所同化，有些思想就是垃圾，就是负担，它会变成你精神的负担，你从里面就无法跳出来，所以我们需要大力宣扬智慧的文化，真善美的文化，要传播真理的信息，要吸收正向的思想能量。静心，广义的静心不仅仅是盘腿打坐的事情，它是整个思想文化层面的事情，你的阅读、你的网上浏览也可以是一种静心的过程。你要去读那些圣人们的经典，在圣人们的经典里面就有静心的真理的信息，要不断地跟这些信息相沟通、相联结，才能够转化你自己。我们要警觉那些思想垃圾对我们的侵害，要不断地形成那种纯化思想的有效机制。这种机制就是要通过你的警觉、你的观察，观照你自己的思想活动，这样一来你的思想就变成了客人，而你是主人，你能够做你思想的主人。

这个思想之间也是在相互传染，相互影响，近朱者赤，近墨者黑，你跟什么样的人，什么样的信息，什么样的思想在一起，你就会受他的影响。一个真正走在静心的道路上的人，要有意识地培养你跟静心的信息之间的联结。如果你是学佛的，你要不断地跟那些高僧、有智慧的法师们多联系，听他们的开导，多读佛经；如果你是学道的，你要多看老子、庄子，看观虚斋的著作，这样的话你的思想会不断地得到改变。你接近什么样的思想，你就会变成什么，如果你不断地跟那些智慧的思想相接触，那么就可以借着这些思想的智慧的光芒，来点燃你自性的火焰。

但是这里面我们常常会发生一些偏差，我们很难去接受一个活生生的人，去把他当作你的思想的指引者。我们只是在崇拜那些过去的师父，像佛陀、老子，但是那些又已经过去了，只有一些经典留下来。在现实生活当中如何去找一个活的思想的指引者，一个真正的活的师父，这是一个很重要的问题。现在社会中存在着大量的虚假的师父，虚伪的师父，他们表面上是在讲灵性的东西，但他们内心本身就充满了不纯净的思想。我们要把自己准备好，要打开我们的心灵，睁开我们的眼睛，才能够去发现一个真正的现实生活中的师父，这个师父不一定很有名，也不一定是说做大量的广告，这个需要你自己准备好。我们也不需要太悲观，其实这种智慧的传承，它是一个源源不断的河流，它是从古流到今，是没有中断的，只要你有心去寻找，你会发现这样的智慧的传承之流还是存在的。

思想、情感这是我们人的基本的结构，除了思想本身的净化，还有情感的净化，我们还要培养那些有利于静心的情绪、情感状态。我们常人的情感都是源于外部的刺激而产生，这种由外在刺激而导致的情感，是一种被动的，机械式的，它是属于业力的范畴，而不是属于静心的智慧的范畴。静心的情感，智慧的情感，它不是源自于外在的某个对象的反应，而是源自于我们本性所具足的光芒；它不是因为某种原因而去保持一种情感状态，而是当你真正活在你的内心的核心部分，活在你的生命的本体层面的时候，你才会具备真正的慈悲、喜悦、友善、感激等，这些与静心相对应的情感状态。所以净化情感也需要跟静心两者相互作用：如果我们的情感得到了真正的净化，我们就更容易进入静心的本体状态；而当我们真正地领悟了静心的本体状态，我们才能够发掘、开发我们生命中那些最纯的最美的情感。其实情感也可以归属到“能量结构”上来讲，但身体的物质结构、能量结构与思想的信息结构之间互相衔接，是连续的统一体，无法截然分开，要注意这一点。

3. 静心的核心本质

下面我们讲第三个问题，静心的核心本质。前面我们讲了身体、思想、情感的净化问题，这些净化都属于广义的修行，广义的静心，所以静心绝对不仅仅是盘腿打坐的事情，静心是我们整个生活的一种状态，一种调整。在静心的初级状态，里面有止、有观，进入某种定境，但是真正的静心的高级状态，它不再是任何有为、造作、分别的状态，而是一种只有意识存在，但是不再意识到任何的对象，这样一种纯粹意识的状态。这种广大无限的意识的本性，就是道，本性的无限和道的无限，无二无别。真正的无限只有一个，不会有二个，而我们本性的状态是无限的，道也是无限的，这两者是相通的。也就是说，对于我们人的生命来说，觉悟我们的自性、觉悟我们的佛性就是悟道，而一个真正的悟道的人也是进入他的本性的状态，这两者是统一的。静心的最终的核心本质，就是觉悟自性，或者说是觉悟佛性、觉悟本性，万法归宗，就是归到这个觉悟上来。

这个本性的觉悟是无为的，是超越一切造作和分别的，它不是我们通过某种技术就能够硬性进入的状态，它是某种顿悟的状态，你需要去悟到那个本来就具足的觉性，广大无限的道。静心的初级状态，基础状态是一种有为的状态，一个人只能从有为起步，你不可能一下子就跳到那个无为，前面我们讲的身体的净化、情绪的净化和思想的净化，都是有方法可寻的，都是属于有为法，我们都可以找到某种方法去做，但是我们所做的所有的这一切，并不必然就会创造出觉悟的条件，这两者的因果不是一种直接的因果，而是一种“缘”的因果，就是一种背景式的因果。就像我们前面讲的无论我们怎么样打扫尘埃，我们不是要去创造那个镜子，我们所做的把镜子擦干净的过程，只是为镜子的本来面目的显现创造条件。我们前面所做的一切，不是说马上就一定能够导致觉悟的发生，但是它为觉悟的发生创造了条件。

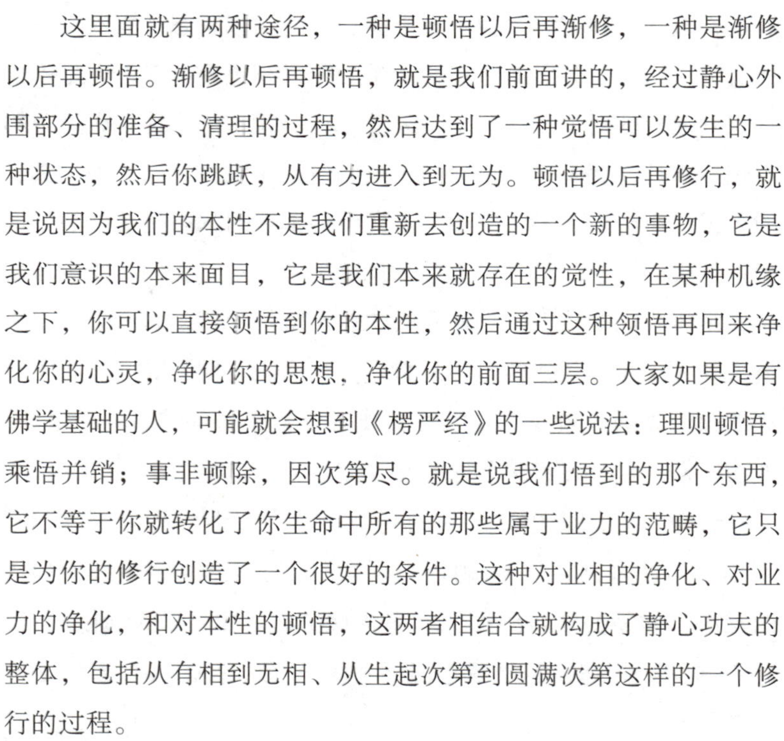

这里面就有两种途径，一种是顿悟以后再渐修，一种是渐修以后再顿悟。渐修以后再顿悟，就是我们前面讲的，经过静心外围部分的准备、清理的过程，然后达到了一种觉悟可以发生的一种状态，然后你跳跃，从有为进入到无为。顿悟以后再修行，就是说因为我们的本性不是我们重新去创造的一个新的事物，它是我们意识的本来面目，它是我们本来就存在的觉性，在某种机缘之下，你可以直接领悟到你的本性，然后通过这种领悟再回来净化你的心灵，净化你的思想，净化你的前面三层。大家如果是有佛学基础的人，可能就会想到《楞严经》的一些说法：理则顿悟，乘悟并销；事非顿除，因次第尽。就是说我们悟到的那个东西，它不等于你就转化了你生命中所有的那些属于业力的范畴，它只是为你的修行创造了一个很好的条件。这种对业相的净化、对业力的净化，和对本性的顿悟，这两者相结合就构成了静心功夫的整体，包括从有相到无相、从生起次第到圆满次第这样的一个修行的过程。

最终静心的本质就是空和觉，是领悟到那个没有思想、但同时又是清醒的存在的状态。这里所说的空，不是指破坏和否定一切显现，空是一切现象、一切显现的真实的本性。所以我们对空的了解，不是说把这个事情去掉了以后，它变成了空，而是一切事物的本性它就是空。任何事物它本身不是一个独立的存在，不是一个永恒不变的存在，它是各种条件、各种因缘的一个集合体。当我们说身体是空，意味着不认同、不执着于身体，不把我们所看见、所显现的身体当作是永远不变的存在；当我们说思想是空，就是说我们的思想和念头本身就是念念不停留的，找不到它的固定的存在。当你不认同、不执着你的思想、你的念头，你知道它们本身就不是实体，本来就无所住，这个时候，我们就觉悟了思想的空性。情绪、情感也是空性，这意味着你不再认同、不再执着你的情绪。当你没有了身体，没有了思想，没有了情绪，没有了这些执着和认同，你觉知到你不是你的身体，你也不是你的思想，你也不是你的情绪，你是那个纯粹的意识之光，这个时候你就进入了静心的核心本质，你不再把自己当作下面的那三层，而是说你一直就觉悟到你存在的本性，你是那个纯粹意识、纯粹的观照、纯粹的觉性，这种有意识而无思想，既空无而又灵敏，既灵知而又空寂的存在状态，就是我们静心所要达到的一个状态。

这里讲的不认同的功夫，这种观察、观照的功夫，就是所有静心功夫中的核心的要素。平常我们缺少的就是这个“观”，也就是我们会立即把自己认同于自己的身体、认同于自己的情绪、认同于自己的思想，这个时候你要警觉！你观照的时候，你就不再把自己局限在身体里面、思想里面和情绪里面；那个超越的觉性，才是你真正的生命，才是你生命的本来面目。生命的船帆一直飘流在神性的海洋里，本身就是在这个海洋之中，但是被你的身体、思想、情绪所束缚，反而停留在此岸。虽然我们一直在划船，不断地划动，但是在这些身体、思想、情绪的束缚没有解开之前，我们到不了任何地方，而观照、静心就是一把钥匙，它帮你解开束缚，这样任凭神性的风的吹拂，你的船就会驶向那个广阔的海洋……

观照的反面就是无意识，大多数人都生活在无意识中。所谓的无意识就是一种机械的反应，而静心就是意识的成长和开花。当你完全经验到意识的无限和无限的意识，整个世界就是神性的海洋，就是道之海洋。这个终极的统一和谐、喜悦觉醒的世界，就是所有宗教最终的目标，而真理、上帝、道这些都是它的别名。所以静心的核心说到底就是观照，就是有意识，就是你的自性的觉醒。静心的外围部分，前面的准备、前面的基础和静心的核心同样重要，在我们走向静心之道的路上，这两者都要下功夫：一个就是净化你的业力，做净化的工作；一个就是领悟你的本性，领悟你的意识的本来面目。

以上我们就简单地点出了静心的大致结构，它的核心和它的外围。

我们今天就讲这些，谢谢大家的耐心倾听，祝愿大家都能够走上静心之旅，早日顿悟自己的本来面目。将来如果有条件，我们想创立一个书院，能够开发一系列的培训课程，把佛道教的核心智慧和现代思想文化有机结合，针对现代人做一些普及灵性的一些推广的工作，欢迎大家密切关注观虚书院的一些课程的情况，也欢迎大家参加我们后续的课程。谢谢大家。

四、讲座后与学员的互动交流

戈老师您好，您的课我听得很激动，我就想问一个简单的问题，就是实修有没有一些好的书或者一些好的方法？

实修方面，我在《道上的风景》系列，由我的修道日记整编而成的书里面，常常提到一些大师，如果真正对修行有兴趣可以看一些这些大师的书。其中有南怀瑾先生的书可以看，南先生所讲的东西虽然不是很系统，在逻辑上也不是很严谨，但是南老确实是一个真修实证的人，他是有修行体验的人，所以他的那本《如何修证佛法》，还有讲禅宗的《习禅录影》，都非常值得一看，那里面有关系到真正修行的核心要素的东西。还有一个我比较喜欢的上师，叫陈健民上师，他有一套书叫《曲肱斋全集》，这部书对佛学有一个非常严谨的整理，而且他本身是一个修行的大师，所以他讲的佛学跟一般的纯粹讲知识性的佛学是完全不一样的。大陆宗教文化出版社出了一本他讲禅修的书《佛教禅定》，建立了佛教禅定学的基本体系；社科出版社也出了《曲肱斋全集》的简体版。但他的书比较深入，一般初接触佛学的人比较难懂一点。如果是学佛的，佛学里面天台宗关于止观的一些书，讲的都是实修的很切实的内容，有“小止观”(《童蒙止观》)和“大止观”(《摩诃止观》)。天台宗强调的是理论和实践的统一，它反对只讲佛学而不讲修行，也反对只讲修行而不通佛学，这种知行合一的精神是很值得我们现在提倡的。现代有一些大师的书也值得一看，像葛吉夫的书，其原著在大陆好像还没有出版（现已出《与奇人相遇》），有关葛氏体系的有一本书叫《探索奇迹》，这本书我非常喜欢。从实修的角度来说，米拉日巴道歌集，那里面有很多真修实证的东西，大陆出版有《米拉日巴大师集》。还有一本《大师在喜马拉雅山》，你看看这本传记，可以接触一些灵性的世界，开拓你的灵性视野。这些都是比较高深的实修的书，但是一开始需要对修行的基本的东西要有一个了解，可以看我的《灵性的奥秘：修道的基本理论与方法》，看一些佛教和道教里面的基本的经典，都是非常有用的。我们不一定要迷信，去做一个宗教徒，但是佛教、道教它本质上就是修行的。如果大家有兴趣可以关注我的博客和《道上的风景》那两本书，那里面是我二十多年修道经历的一个体现，我所看过的一些重要的书都在里面有记录。

老师好！我想知道在生活中具体怎么修？您自己是怎么打坐的？

今天主要是作一个思想的导引，但其实已经讲了很多实修方面的内容，只是还没有涉及具体怎么修一个功法、怎么静坐，等等，这里面需要做一个专门的讲座来讲这些问题。现在我可以提示几点：

一个就是，作为一个现代人，一个有工作的人，我们最好每天抽出至少一个时间段，比如说晚上或者早上，两者中最少抽出一个时间段来做专门的静心。如果两个时间段都能利用的话是最好的，时间一般在早上五点到七点之间，晚上九点到十一点之间，这两个时间段，你选一个时间段就可以了。每天选一个固定的时间，就是你不受打扰的时间来进入一个单独而宁静的房间，来做静心的实验，就像做科学实验一样。

然后选一个方法来做试验，这个方法不需要很多，我刚才讲了，你讲了很多东西，最后要浓缩成一个东西，用一个东西来贯穿你的用功的方法。因为用功的时候，你不需要很多的方法，很多方法反而就乱了，而且不是说简单的方法就不好，其实很简单的方法也是很高深的方法，所以不是说方法越复杂越好。一个很简单的方法能够引导你进入状态，能够让你静下来，能够让你达到一种觉醒，就是很好的。

修炼的方法有很多，比如说通常用的观呼吸的方法。把你的思想完全集中到你的呼吸上来，观察、注意你的呼吸的进出，你的思想不能走开，走开了马上要回来，回到你的呼吸上来。也就是说，静心要用一个方法来把你的思想拴在一个地方，心猿意马，心要拴在一个地方才能定下来。这个方法就是那个“拴”，拴在一个地方，让你的思想集中到一个地方，观呼吸就是一个方法。

从大的范围来说，我们观照的方法有三大类：一个就是观身体，身体里面又可以观某个窍位、穴位；一个是观呼吸；一个是观心。这也是对应了我们讲的四层结构的前面三层的观法，前面这三层结构，你观第一层，观第二层，观第三层都可以。直接观心也可以，就是观你的思想，你自己看着你的思想念头，它起起落落，你只是看着它，你不去控制它，也不去改变它，当你观察你的思想的时候，你的思想已经没有了，这个时候已经静下来了。一会儿我们又回去了，又开始胡思乱想了，那个时候你一观你的思想，你又定下来。总之，你要选一个方法。能够被观的，就不是你的本性；第四层就不能成为观照的对象，进入第四层的时候，就是能所双泯的一种觉悟境界的呈现。

那么姿势呢，你可以站桩，也可以静坐，根据你的情况采取合适的姿势。它需要一个循序渐进的过程，一开始你可能盘腿盘不下来，你可以散盘，散盘到一定的时候你可以单盘，单盘到一定的时候，你可以双盘。如果你觉得盘腿很难受，你也可以站着，静静地站着，站桩也不是很高深很神秘的东西。因我们不是在练武功，不需要很大的吃力的动作，也不需要下蹲马步蹲得很低，你可以很轻松地站着，因为对静心来说关键是进入状态，而不是说要自己跟自己过不去，一定要练出什么功夫来，什么隔墙打人之类，没有必要。如果手能抱球也好，抱不下来就自然下垂也可以，全身放松，站在一个地方，把门关上，把电话切断，这样用一个方法进入状态。

早晚抽一个时间，看你工作的方便。如果你能按时五点起床，起来打坐、站桩，是最好的；如果你早上起不来，你晚上每天睡觉之前空出时间来。当你静心越来越深入的时候，你会利用更多的时间来静心，来修行，时间越多越好。可以多次打坐，时间短一点没关系，甚至你可以在等车的时候，在上班之前、下班之后等车的时候，你都可以入静，三分钟入静都可以嘛！随时随地把那个觉性的种子引出来，这样持之以恒下去。在生活中修行，就要注意我前面讲的，要不断地接触静心这方面的信息，跟这方面的信息相沟通，读这方面的书。

你刚才问到我自己怎么打坐，这个可能不适合你，因为每个人都不一样，如果你也像我这样，没必要，所以我具体怎么打坐这个问题，我暂时不想回答。但我可以告诉你我每天五点钟准时起床，早上有一次，上午有一次，晚上睡前一次，一天三次是至少的。平时生活中就是不拘形式的静坐和修行。对我来说静心就是我的生活，不是说某一个时间是静心的，因为我的生活就是走向这样的一个方向的。

第八讲　静心的科学

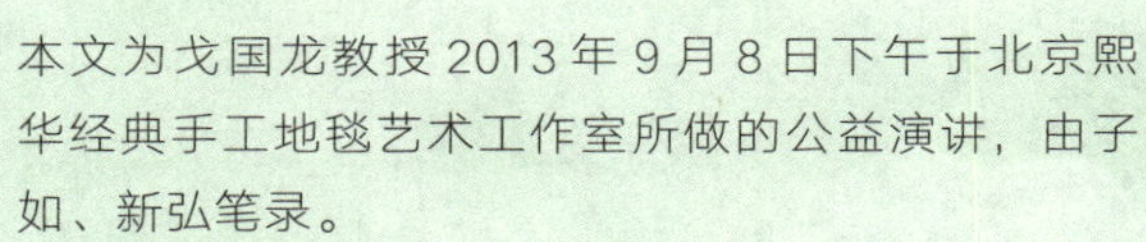

本文为戈国龙教授 2013 年 9 月 8 日下午于北京熙华经典手工地毯艺术工作室所做的公益演讲，由子如、新弘笔录。

一、静心的意义

今天，我们在这一个很有特色的道场里面，来做一个交流和分享。

这次讲座的缘起，我稍微介绍一下。在我们“观虚书院”开展一些课程的过程当中，我们跟一些善男子、善女人建立了一些关联，尤其是跟刘女士有了一些交流。有一天，她就邀请我们到这个地方来，说这个地方可不可以作为“观虚书院”将来活动的一个场所？因为“观虚书院”目前是纯粹的平台或者虚体，没有自己搞活动的一个实体道场，有这样一个地方，来给我们提供一些活动的场所，我当然很高兴。我就说：这个地方已经不错了，其实我们也不需要很大的地方，只要一些真正的有缘人能够相聚在一起，来做一些真正有意义的活动，就非常好。在前不久，我们就商量，在教师节、国庆节这个假期来临之际，我们来做一个小规模的座谈或者分享，也是一个试验性的活动。因为我们没有做太多的准备，包括今天这个场地，我们都是第一次来做活动，可能有一些环节，在准备方面有不足的地方，请大家多担待。包括今天没有麦克风，我平时讲课的声音不是很大的，因为我不喜欢那样“大喊大叫”，我喜欢很轻松地、很优雅地说话；不过也没有关系，虽然没有麦克风，但是我相信我说的话大家都能够听清楚。

今天下午我们的座谈交流可以分做两个部分：一个是我先做一个主题演讲；剩下有时间我们进行互动交流。

今天我要讲的主题是“静心的科学”，我先对“静心”“科学”这两个词来做一个阐释，先讲一下静心的概念。

刚才讲座前在外面聊天的时候，我已经和一些朋友谈到过，关于修行、修道、内在工作、灵修、静心、冥想和静坐等很多的概念，都指向我们人生的某种修养或者人生的修炼。我们首先要注意，对于大多数人来说听到这些词，他们都会认为这是某种跟我们的生活不一样的东西，是某些特殊的人群的特殊的爱好，甚至会跟宗教里面的信仰、宗教徒的行为挂钩，产生联想。但是我要说的是，其实真正的静心、真正的内修，它不是跟我们生活相异的或者生活之外的某种特殊的东西，恰恰是我们每一个人，去追寻真正的生活及找寻生命的意义的一个必然的途径。

我们现在的人跟传统文化也好，跟宗教的真正的境界也好，都有了隔阂，其实在中国文化里面，就一直强调这个“修身”的重要性。修身、修道、修养这些词，它们都有一个类似的指向，就是指向我们内在的、内心的对自己下工夫的这样的一种行为。《大学》里边说：“自天子以至于庶人，一是皆以修身为本。”中国文化强调“修身为本”，不管你是什么人，你是政治家、企业家、学者、教授，还是普通的老百姓，都离不开修身。而《大学》里边讲的正心、诚意、修身、齐家、治国、平天下，这一整套的从内到外的整个人生的修养过程，修身是其中的中心环节，而且广义的修身就是内修，包括正心、诚意都在里边。我们讲的静心，是指广义的内在修养的功夫，与传统讲的修身、修道是同一层面，不过静心更适合现代人的理解，没有任何宗教色彩。

为什么要静心？为什么说要以修身为本呢？这恰恰是我们现

在的人所迷失的地方。因为我们现代人从小受到的教育，就失掉了这一块，失落了这一块的传统！我们的眼光一直在追逐外面的世界，我们所学的知识也好，我们所从事的工作也好，都是跟这个世界中的各种外物打交道，所以我们对这个外在的世界了解得越来越多，眼花缭乱的信息把我们的心带走了，但是我们恰恰失落了自己，我们对自身生命的了解却越来越少。我们如果这颗心一直在外面的世界里边打转，而遗忘了自己，这就失落了根本。

无论我们拥有了什么，哪怕是功成名就，但是如果失掉了内心世界，失掉了内心世界的安宁和觉醒，我们就失掉了一切。为什么说我们就失掉了一切呢？那我们就追问我们这一辈子所奋斗的、所追寻的哪些目标到底是为了什么？我们所拥有的任何东西，都应该是为生命服务的。但是当生命的真正的主体，或者生命真正的主人失落了以后，那我们所拥有的东西还有意义吗？而我们看到现代人的悲哀或者悲剧，恰恰就在于我们穷其一生在不断地追逐拥有更多，可是我们的生命却越来越迷失。这样我们奋斗了一生，最终都是为他人作嫁衣，这种情形之下，你生命当中没有任何东西具有永恒的价值。

现在微信上的信息很多，从中可以看到一些大企业家也好，大名人也好，他们在面临着生命最后的关头，患上了绝症，临死的时候，他们会幡然醒悟。当他回顾他的一生的时候，什么是最有价值的东西？对他来说就很清楚了。他的企业做得再大，银行存款再多，成果再多，那个时候已经毫无意义了！所以他们会觉得人生中最有价值的是什么呢？是那些生命中真正的情感，真正的体验，真正清醒的时候，真正幸福的时候，那是人生最有意义

的事情。

而要获得精神的觉醒、精神的安定，这就是需要找到真正的生命的主人是什么？所谓静心只不过是一种回家的路，回归精神的家园，找到生命的主人的一条道路，一种方法。

我们这里所讲的静心，不是特指某一种宗教的信仰，或某一种宗教的方法，而是从生命的根本的原理上来说，每一个生命要回归他内在的统一性，要找到他生命的主人，要活出真正的生命的状态，所需要的这样一种修养方法。

二、唤醒生命的本来面目

从这个意义上来说，每一个人，都有静心的种子，都有巨大的潜力，都有发展出我们生命的潜能，发展出我们生命真正的价值这样一种可能性；如果用一个内在的话来说，就是体验“道”之真理的可能性。

生命的主人，不是我们要去创造出一个新的东西，而是需要一个唤醒。因为生命的主人是谁呢？就是我们自己，我们自己需要另外去寻找吗？我们真正的自己是不需要依赖任何东西的，他是本具的，他一直就在那里，但是他一直在沉睡之中。所谓的静心，就是唤醒自己的一个方法，这就是所有的静心或者所有宗教的主题。我们生命的本来面目或者生命的主人，他失落了，迷失了，我们的眼光一直在向外追逐，而迷失在种种的形形色色的外在的对象上，迷失在外在世界之中而遗落了自己。静心，就是要把这个目光转向，回归内心，让自己本具的那个觉性、那个智慧呈现出来，让我们能够把生命最美好的、最圆满的那个面向呈现出来。

在呈现的过程当中，我们可以从两面来说。一方面，每一个人都有可能性，它不难，因为回归你自己有什么难的呢？从某个意义上来说，我们要去追求那些外在的东西是很困难的，因为它需要许许多多的条件得到满足以后，我们才有可能；而我们自身的本来的东西，本具的觉性，本来的面目，它就是你自己，它跟你没有距离。反观一觉，它就在那里。用佛学的概念来说，“佛性本具”，它有什么好困难的呢？从这个方面来讲我们要树立信心，回归内在的心灵的家园，是我们一个天赋的能力，我们每一个人都携带着一个巨大的宝藏。但是从另外一个方面来说，他又很困难，困难不是因为我们要去创造出一个新东西，而困难就在于我们长期以来所形成的追逐、执着的这种惯性、习惯，它是深根蒂固的。我们已经在昏睡的状态中沉睡太久，所以要从里面醒来，需要付出极大的热情和努力，它也不是轻而易举的。

所以对走上修行之道的人来说，要避免两种极端：一种是过于乐观，认为修行有什么好难的？静心有什么好难的？以为我就是佛了，当下就是佛了，佛满天飞；另一个极端呢，就是悲观主义，认为这个学习、修行反正也不可能得到成就，也成不了佛，佛教说成佛要三大阿僧祇劫，有无数漫长的道路，一个人一看就吓到了，就退却了，就特别悲观，也没有信心。

其实，我们要同时看到这两面，一方面要有坚定的信心，只要我们向内去追寻，我们随时有打开自己的内心，唤醒自己觉性的可能；但同时我们要意识到长期所形成的种种执着，种种昏睡的习气，它不是一瞬间或者短时间能够消除的。

从本具的觉性这个角度来说，我们要对修心、修行、静心要有信心，内在的真理它是随时可得的。因为它是我们本具的先天的可能性，不是我们去寻找真理，而是真理就跟我们在一起，一直在寻找着我们，是我们在不断地离开它；“道”一直在找我们，“道”跟我们从来没有分离，可是我们不断地向外跑，要离开这个“道”。

从某个意义上来说，只要我们地球上，有一个证悟了真理的人，获得了解脱的人，我们就可以想到，我们每一个人都具有这种潜力。所以我们要想办法去实现这种可能性，要发坚定的志向，发巨大的愿心。

我们讲的静心，跟我们所创造的任何东西没有关系，不是去创造一个外在的东西，静心是回归自身。如果说创造的话是创造出你自己，而你自己是不需要创造的，它是本具的；所谓创造是创造你自己，也就是回归你自己，也就是从昏睡中唤醒你自身。而生命自身的觉醒和圆满，是人生最有意义、最大的创造性。

刚才讲座前在外面聊天的时候一位先生也谈到，他在高铁上观察、注意周围的人，大多数的人都是忙忙碌碌的，茫然的，心不在焉的，烦恼的。确实如此！如果我们在生活中留心的话，去观察的话，绝大多数的人都是“空心”的人，说得严重一点，就是没有灵魂的，也是没有主人的。我们大多数人的所作所为，所思所想，根本就不是他自己在想什么，在做什么，用宗教性的话来讲就是“随业漂流”，随着业力的一股力量推着他走。我们所有的思想，不是我们在想，而是“它”在想，这个“它”是什么呢？用佛教的话讲就叫“业力”，用物理学的话来说就是“惯性”。就是我们以前的所作所为，所思所想它形成了一股力量，它自己在决定它的运行的轨道。用现在的话来说它是在不断地自动联想，胡思乱想。

我们大多数人的作为，他不是自己能够做主的，都是外在的环境在制约着他，我们根本就没有自由说“我不去想”。我们大多数人都有一个认同，觉得有一个“我”，但是对这个“我”，我们没有去经过严格的检查或者审视，我们是为一个身份，为一个自己人为地构造出来的一个概念，一个认同去生活。如果我们要去追问真正的“我”是什么的时候？他就会一层一层地脱落，“我”到底是什么呢？我们那个外在的身份，我们所带的人格面具，从某种意义上来说是生活的一种方便，也是有用的。但可惜的是，我们大多数人就把那个当真了，一辈子为了那个虚假的自我概念、人格面具去活了，而没有追问真正的生命是什么？而如果我们的一生都在不断地为这些虚假的目标而生活，我们就永远得不到真正的喜悦和真正的自由。

对大多数的人来说，我们所有的时间都只是在打发时光，在混日子，我们并没有充分地利用生命的时光，去追寻那个永恒生命的喜乐和圆满。

所以我们要通过静心去发觉生命价值，去实现生命幸福。我们的生命由父母给我们诞生了一个肉体的生命，这是我们第一次出生；但是我们还需要一个第二次出生，我们必须找到真正的自己，让我们的法身生命同时诞生，这是我们生命最大的意义。

也就是说，当我们没有找到真正的生命之前，我们的生活

都是虚假的。因为那些都是随外缘而动，没有真正的内心不变的东西。当你在年老的时候，你回观你的生命，如果你生活中的一切，都是随时间而消失的过眼烟云，那你的一生就是失败的，就是没有意义的。

现在有一种说法就是，我们现在人都把自己作为一个“成人”，作为一个人来理解。但是如果我们从一个更高的境界上来说，我们其实都没有“成人”，都还停留在儿童的阶段，小孩子的阶段，就是年龄在增长，但是智慧没有同步！我们还停留在小孩子的那个状态，还属于简单的一个被决定的状态。外面一刺激、一动你就动了。给你一个糖果，你就笑了；逗你一下，你就哭了。我们那个真正的人没有长大，没有成人。

换个方式来说，就是我们现在的人还没有发展出人所应该成长出来的那个状态，还不配叫作一个“人”，说得严重一点我们都还停留在高级动物的阶段，没有进化到人的阶段。人的进化是生命意识的进化，生命觉性的进化，是内在智慧的增长，而不是外在财富或者年龄的增长。哪怕你年龄再大，你到了六七十了，但是你的内心世界还是一个完全没有成熟的状态。所以内在的工作、内在的修养、内在的修行刻不容缓，静心是我们生命的头等大事。

这是讲一下静心的意义和它的重要性。

三、静心就是回归到此时此地

到底什么是静心？刚才已经讲了，静心不是在外在寻求一个目标，也不是想创造一个外在的东西，静心就是回归到此时此地当下真实的生命。静心的真理很简单，就在这里！不在任何别的地方；就在此刻，不在任何其它的时间。你完全地回归到这个当下的此时此地的生命，就是静心。

我们现在就可以做实验。你不光在听，要同时把你的心完全回到这个地方；你的生命现在在这个地方，不在别的地方。也就是说我们真正的生命永远在此时此地，它没有别的地方可以去。真理就这么简单，你现在就在这里！可是我们人就是做不到这一点，我们在这里，恰恰我们的心在别的地方。我们真正的生命就在当下，但是我们的心、我们的头脑永远在跑到过去和未来。

我们真正的生命，它有一个维度是没有时间性的，你内在的那个核心，它不知道时间。所谓的当下，它不是指过去、现在、未来这个时间段里的一个片段，真正的内在空间的当下，是指那个没有时间性的永恒境界。“永恒”不是“永久”，不是非常长的一段时间，它是没有时间的，没有时间的概念。你真正回到生命内在的核心，时间这个概念是消失的。只有在头脑的分别的状态当中，才会有时间的分别。

空间也是如此，我们讲的当下的空间，此时此地的空间，不是说这里、那里的某一个地方，而是在我们内在的核心的生命境界当中，没有空间的分别，没有这里那里的分别。

所以永恒的当下、永恒的此时此地就是我们真正的生命，也是我们跟宇宙不二的一体的生命。我们讲自己的生命是一个方便，当我们真正进入静心的核心，真正回到生命的本来的时候，自己的生命这个概念是没有的，是没有“我”的。它是一个纯粹的、天人一体的、和万法为一体的一个大圆满的状态。

为什么说真正的自己是没有自己的呢？当我们觉得有一个自己的时候，它就是一个局限的状态，就把我们的生命给限定在某一个局限性当中。

通常我们会把自己的生命限定在肉体当中，以我们的皮肤为界，皮肤之内的是我，皮肤之外的是别人，是别的东西，那这是一个肉体我的认同。

在往里走一层，我们会认同自己的情绪，有如此这般感觉、感情状态的是我，这时候，我们又把自己的生命限定在情绪状态当中，限定在感觉状态之中。

再往里走一层，我们会把自己限制或者认同于一个思想状态，这些思想、这些念头是我。

但是我们刚才讲，如果你真正回到那个简单、平凡的内在空间当中，它就不再被这个肉体的界限所限制，也不再被你的情感、感觉状态所控制，也不限制在你的思想和心理状态之中，它是一个广阔的空无，这个广阔的空无不是否定性的，从正面来说，它就是大圆满，就是整个世界的相通为一。

所以等你真正往里走，走到那个最内在的核心，就像我们剥洋葱，一层一层地掰开，掰到最后，那里面什么也没有！什么也没有以后呢，对我们常人来说是一件很恐惧的一件事情，我们最怕的就是丢掉了自己，丢掉了这个“我”，但是我们知道所有神圣的教诲都说，唯有当“我”死掉以后，唯有在我们生命死亡之前，先主观地、主动地把自己死掉，那个真正的东西才能够诞生。

假我不死，真我不生；小我不死，大我不生；识神不死，元神不显现。我们把所有抓住的东西全部放下以后，其实我们什么也没有失去，反而是得到了所有。但是对于常人来说，这恰恰是一个巨大的、需要突破的状态，因为我们人最容易抓住一个东西，不容易放掉。

四、静心与科学

以上是我们对静心做的一个概括性的提示，下面我们讲一下“科学”这个概念。

现代文化，或者我们现代主流的文化，都是崇尚科学的。这是没有问题的，我们现在所有的从小学开始的教育，都是崇尚科学的。科学在某个意义上来说，它已经成了真理的代名词。当我们说一件事情“不科学”的时候，我们就说这个事情是错误的，是不应该去学习和追求的。所以这种科学，它代表的是某种真理，宇宙间的客观道理叫科学，它具有普适性。我们不断地打假，就是说那个东西不科学；你讲养生，讲中医，讲静心，很可能被说成是非科学的，一旦进入不科学的这个阵容之中，它们就成了社会攻击的对象。所以现在我要给静心的概念做一个厘清，在这个意义上，如果科学表达的是某种符合规则的宇宙间的必然性的、客观性的真理的话，那我说静心是一门科学。

从这个广义的科学概念来说，静心是科学的一大种类。这个时候，我们要把科学的概念做一个两层的区分：第一层是作为普遍性的真理的科学；第二层我们讲的科学是指近代以来发端于西

方的自然科学，比如数学、物理、化学等，研究事物、研究物质的规律形成的一种科学。那这个时候，我们一般讲的科学技术，它只是所有的广义科学里的一部分。

那么内修、内在工作、静心的科学和这个常规的科学恰恰是必然构成了科学的两大类，他们是互补的。一种科学是研究外在的客体，形成了关于外在事物的规律，形成一门科学；一种是向内探求生命，探索生命世界的奥秘，它们也可以得到一些规律性的东西，也有它自己的一套学问，它也可以成为一门科学。一种是外在的科学，一种是内在的科学；一种是关于外在的客体的科学，一种是关于内在主体的科学。这是我讲静心的科学的一个最主要的前提和基础。

我们现在有的时候经常会面临一种挑战，比如你讲中医，他就说中医不科学啊！他用西医的这套科学系统来规范中医的时候，就认为中医不符合西医的这套科学规范，所以是非科学的。然后再把这个概念偷梁换柱，非科学的就是错误的。用我们前面讲的这个理论来观照一下，就知道这种说法的它的错误在哪里呢？他偷换了概念！你可以说中医不是科学，那这个科学，是指特定的一个意义，就是中医不是西方医学这种意义上的科学，那这样说没问题。然后说中医非科学，科学转换成真理的概念，这个非科学是指非真理、非客观道理，这就是错误的，这就偷换概念了。我们可以说中医是不同于西方医学的另一种层面的科学，它是广义的科学。你不能用狭隘的科学观念来规范我，或者我们说中医是更高层面的科学。比如说西医是重分析的，中医是重整体的；西医注重的是物质结构，中医注重的是能量结构，或者功能性的概念。它们是对生命有不同的认知，不同的状态。

我们用这个广义的科学观再来看一下宗教。科学（狭义）和宗教，在现代社会也是两大基本的对立的概念，科学是关于经验事实的普遍的法则，而宗教是对于精神世界的体验，是对于一个不可认知的存在的信仰，是关于本体一个形而上的体系，他们似乎也是矛盾的。但是用我们前面对科学的两层区分来说，我们可以说宗教也是一种科学，宗教就是内在生命的科学。像佛教，道教，探索了几千年，对生命对人体都有它自己系统的认识，形成了它自己一整套的学说，有理论有方法，这也是科学。他们研究的领域不同，层次不一样。

而我们讲的宗教呢，又有两个层面：一个是宗教性的实相，一个是宗教的组织化的形态。我们讲宗教是科学，就是讲的这个宗教性的实相，而不是讲宗教信仰的形式和组织形态。从宗教组织和形态上来说，它有宗派、有民族的差异，每一个宗教都有一些不同的主张；但是如果我们透过宗教的外相去追问宗教的最核心的意义的时候，我们就会发现，每一种宗教都有它超越宗教相的那个核心真理。在这个真理的层次上，它是有普适性的，是不分派别和民族的。宗教所追寻的最高真理，是超越语言的，超越教派的，超越民族的。

所以这个宗教性的"真理"就是内在生命的"科学"，而我们讲的静心就是它的根本的方法论。从这个意义上来说，科学与宗教是不冲突的，也是一个互补的关系，是整全的人类知识光谱中的不同的波段。科学是关于物质的知识，而宗教是关于意识的知识。科学从某种意义上来说已经成为外在的宗教，而宗教已经变成了内在的科学。

为什么要讲这个概念呢？就是我们现在关于宗教与科学有很多的混淆的认知，其实我们现在要建立的是一个更广阔的视野，建立一个更广阔的人类知识的谱系。这样，我们可以看到，人类在不同方向上追寻得到的成果，都可以为我所用，但是它们不是对立的、矛盾的。

比方说，你不要因为你学了一点科学，就盲目地去排斥宗教，然后你错过了内在生命的真理；你也不要因为学习某种宗教，就盲目地排斥科学。因为它们不是矛盾的，而是关于不同“波段”的知识。

所以对于我们现代人来说，人类的新的时代的文明，如果要有希望的话，不是以科学去消灭宗教，而恰恰在于科学与宗教的平衡。科学可以为人类社会提供动力和方便；而宗教提供的是方向和价值。如果从我们静心的科学这个层面来说，科学与宗教的综合就是身体和灵魂的综合，就是本体和功夫的结合，就是道家讲的性命双修的体系。

对我们这个社会来说，我们需要宗教性的维度，需要进入宗教的内在世界，不要因为看见宗教信仰里面的一些不如人意的表现，就排斥宗教。从我们个人来说，追问宗教性的真理就是追问那个生命内在的科学，就是帮助我们寻找生命内在的灵魂；对于国家来说，宗教性的维度，宗教文化的建设，是整个社会和谐发展的精神方向和价值指引。

现在社会问题很多，社会发展出现了很多不平衡，但其中一个最大的不平衡就是物质和精神的不平衡。我们盲目地追求外在的成长和经济的发展，而整个国家失掉了文化的灵魂。那中国的文化灵魂在哪里？就在我们传统文化的儒释道三教之中。中国人一直以来都是在这个儒释道三教文化氛围当中成长，从中寻找精神的依归和寄托的，但是由于某种特殊的原因，中国社会它这种宗教文化的传承近乎中断了。而我们现在的意识形态，它的整个一套体系，都是关于社会、关于经济方面的，它缺少的是关于内在生命的价值方向的这一套理论。所以整个国家的教育都出现了问题，盲目的功利性的教育，不能够使人得到真正的精神的成长，我们没有了精神方向，而社会的危机就很多了。

回到我们最开始的话题，如果一个人都做不了自己的主人，都不知道生活的意义和方向，盲目地受外物所驱动，那他什么事情都可能干得出来，他是不能够做主的，他也是不能够负责任的。像我们现在骂贪官也好，骂那些丧尽天良的人、坏事干尽的人，但是，那些人本身呢，他也是受害者，他自己都不知道自己在干嘛。

这是我们讲的静心和科学的关系，科学和宗教不同的层面，它们之间的关系。

五、静心科学的一个基本的理论模型

下面我们要讲一下这个静心的科学的一个基本的理论，既然我们认为内在生命它有它自己的科学，那么静心科学有它系统的理论和方法。

在讲静心的这套“科学理论”之前，我们要先回答一个疑问。

有人可能会问："'道可道，非常道'，宗教的真理是不可言说的，你怎么可能写出它的理论呢？这个理论它有效吗？"很多人可能会有疑问，所以我们先要做一个说明。

所谓内在生命科学的理论，它是一个什么样的位置，它在什么样的语境之下，它是有意义的？"道可道，非常道"，佛教、道教，所有真正的宗教都承认我们最后的那个觉悟的境界，它不是一种文字，不是一种表达，不是一种理论。无论你学习什么理论，掌握什么样的表达，知道什么样的道理，都不等于进入了那种境界。这一点是没有问题的，我的意思不是说，我现在给你一套理论，你就可以进入那种状态，但是所有的宗教为什么讲那么多道理？如果道理是真的没用的话，佛为什么要说法？老子说"道不可言"，他为什么还要写下五千言？说"道不可说"，说"道可道，非常道"，这本身也是一种表达，它提示我们某些东西——所有的表达、所有的理论都是有它的功能、有它的作用的，它给我们一个路标。

我们今天要到这里听课，很多人找不到路，所以它需要不断地给一个路标，做一个指引，指示目标在什么地方，让你找到方向。这个路标对我们找到这个地方是有帮助的，但是如果我们看见一个路标，就停在那个地方，就认为那个地方是目标，那就出问题了。

我们讲的道理、讲的理论就是一个路标，是指向月亮的手指。它本身不是那个真理、那个体验或者那个境界，但是对于我们常人来说它是一个帮助、一个指引。所以盲目地否认、否定道理、否定理论，这是一种偏激的态度；但是一天到晚在研究道理，研究理论，从来不去实践、不做功夫、不去寻找理论背后的境界，这也是一种偏激的态度。所以我们的教学一直都强调理论和实践的并驾齐驱，知与行两者的和谐统一。

好，下面我们要讲的一个原理，它可以作为关于生命的科学，关于静心的原理，或者关于静心科学的一个基本的理论模型，我们把它叫生命结构的理论模型，就是我们如何看待生命的多层结构的模型。

一开始我们讲什么是静心的时候，已经提到生命的状态，它是要回归到它自身，这也是一个泛泛的概述。现在我们要具体地解剖一下，所谓的生命的内在世界到底是怎么一回事？我们来观察一个生命，它到底是什么？

我们来观察一个生命，首先是从外观、外在来看，我们看见的是一个人外在的形相，体型、身高、体重等，体重看不到，差不多能估计，总之能看到他外在的样子。我们说你认识某某人吗？我认识，知道他长什么样，这是一种认识。再问一下，你对这个人了解什么呀？噢，他是社科院宗教研究所的研究员、教授。这是他外在工作的一个身份，这是对他工作的外在身份的一个了解。但研究员是什么意思？教授是什么意思？研究什么领域？那就要看他的书，研究他的内在世界，这个人的思想。他有些什么思想，有些什么观念。但他的思想，他的观念，当他写成文字，表达成文章或者书籍的时候，它已经是固化的。我们再问这个人当下的思想是什么？他的状态如何？我们就需要近距离去接触他。我们说一个人的气质如何？这个人有什么样的精神状态、能量状态？这就是对人的内在世界的了解，就牵扯他的情感状态、精神世界。这个人脾气暴躁，或这个人态度很随和；这个人很聪明，还有种种的认识，还有他生活中的种种故事，讲他有什么经历，包括他人生有什么愿景，有什么理想，等等。谈论一个人，可以谈论很多。

从我们刚才谈的这几个层面来说，已经牵扯到一个外形、外观，外观就是说这个身体如何，包括身体健不健康，包括得过什么病，做过什么手术，某个人很强壮，这都是对身体这一层面的谈论或者认识；讲了脾气、性格、他的情感、情绪状态；再讲到一个人的思想，他的理智程度。这些是最起码的我们可以谈到的几个层面。

一开始我们讲到一个人内在的主人公、本来面目，他的本性、他的自性或者他灵性的那个层面，这是我们一般人认识不到的，我们也看不到，也不谈这个，也就是说这是被我们遗忘的层面。

综上所述，我们可以看出一个人的生命，我们可以把他分成四大层面，四个基本层面，这就是我们讲的生命结构的一个基本的模型。这四大层面呢，我们可以借用道教的概念来讲，道教讲“炼精化气，炼气化神，炼神还虚，还虚入道”，这样一个修炼的过程。那我们可以说，精、气、神、虚，这里面已经有一个生命结构的模型，然后我们把生命的复杂结构简化为四大层面，分别用四个字来表达：一个就叫“精”，精力旺盛的“精”；“气”是道教里面最重要的一个概念，它代表的是我们的能量，生命的一种无形的能量；“神”是我们的精神系统，理性的思想的那个系统；还虚的“虚”，我们把它叫做生命的灵性的那个层面，本性的那个层面。

“精”的意思在道教里面是指物质的精华，我们用它来表达生命的“物质结构”，就是我们身体外在的这一层物质结构。凡是我们西方医学能够检测到的那个身体的层面，都属于物质结构；那么“气”呢，我们把它用来表达的是生命的“能量结构”；“神”用它来表达生命的“信息结构”；“虚”用它来表达生命的“本体结构”。所以现在我们把生命分成这四大基本的层面或者四大基本的结构：一个叫物质结构；一个叫能量结构；一个叫信息结构；一个叫本体结构。

这四大结构、四大层面，正如物理学上物质、能量、信息三者是分不开一样，我们生命的四个层面也是分不开的。所以这种区分是一种镶嵌式的区分，就是在物质结构里面其实已经镶嵌着其它的结构，但是它主要体现为物质结构，它也相当于在每一个层面都是有一个显化的主要的方面，就是能量结构它主要以能量结构显化为主，但是它隐含着物质结构、信息结构或者本体结构。生命的四层结构之间是相互镶嵌，相互含摄，相互转化，相互作用，形成了一个完整的生命的整体。

下面我要根据以上对生命的结构模型的简单的提示，来看它对于我们分析生命或者认识生命，到底有什么意义或作用。

我们先打一个比方。我们将生命比喻为一辆马车。这个物质结构呢，相当于马车的这个车身；能量结构呢，我们可以把它看成是马车的这匹马；信息结构呢，我们可以看成是驾驶马车的这个驾驶者；本体结构呢，可以看成这辆马车的真正的主人。主人坐在马车上，有一个仆人驾驶着这匹马，指挥着这辆车，这是一个简单的比喻。但是我们不能够太认真，太认真这个比喻肯定是失效的，因为生命的复杂系统不是马车所能完全比喻的。

现在我们的问题在哪里呢？刚才我们讲，认识一个人，从不同角度来认识，我们最多能认识到一个人的思想层面、理性层面，但是本体结构这个层面，在我们常规的状态中，是没有认知的。用这个比喻来说，就是我们这个主人是没有现身的。我们通常的人，只是有一个人在驾驶这辆马车而已，这个驾驶不是主人，驾驶是我们请来的一个驾驶员，驾着这匹马在走。而我们的生命，恰恰是这个主人才是我们生命的本身。所以现在问题就出来了，这个生命的主人都没有现身，我们听凭这个驾驶员驾着马车走向何方呢？我们最大的错误就是把这个驾驶就当作生命的主人。这是我们绝大多数人的一个认识，比如我问“你是谁？”有的人可能不简单地认同我们这个肉体，他还能往深走，最多走到“我是我这个理性”，“我思故我在”，我在思考，这是我自己。但是我们所有的理性、分析能力，这种理智都是在信息结构这个层面，它不是生命的灵性的层面，不是我们本体的层面。我们把头脑中的任何的思考，任何的声音都当作是“我”，当作是主人，这是我们生命的一个根本的问题。

另外一个问题就是作为能量结构这匹马，它是不听指挥的，马和驾驶之间的沟通不是很畅通。我们理解不了自己的情绪，更加驾驭不了自己的情绪和能量。所以马是乱跑的，主人又不在，这个驾驶员又是乱来的，而车呢，就是我们身体这部车子，在这个马的乱动乱跑之下，这个车是被损坏的，它的很多部件是失落的，是要修补的，是零零碎碎的。

你看用我们这个模型来看人的问题，首先是主人不在，驾驶冒充主人；另外驾驶本身呢，我们的理智本身呢，又是混乱的。驾驶本身不是一个统一的人，他本身又是一个多面的、混杂的人，他有不同的方向，他今天想去这个地方，明天想去那个地方，反正没有主人指使他，他也不知道到哪里去。更多的时候呢，他是随波逐流的，看见大家都往这个方向跑，赶紧驾着马车往这个方向跑，他跑过去一看不对，他又换一个方向。而我们的能量结构，这个马和这个驾驶之间又有矛盾，这个驾驶有可能虐待这匹马，不理解这匹马的语言，他没有很好地学习驾驶的技术，马也有可能没有吃好，他有的时候可能也拿着鞭子乱抽它，所以这匹马经常要发躁、乱跑。我们的物质结构、这部车子本身呢，在颠簸的路上不断地奔驰，已经是受伤累累。

这四层结构之间本来是相互作用、相互影响的。车子结构受破坏以后，这个马就更不好拉了；马越乱跑的时候，这个驾驶也会受影响。对于我们一般的人来讲，最大的关键的问题，还是主人不在！所以一开始我讲静心的核心的要素，就是回归自身，找到生命的主人，作自己生命的主人。这样的话，你才可以给那个驾驶一个正确的方向，让这整个生命得到一个和谐发展。

六、四层生命结构模型的应用

我们再用这个生命结构的四层模型来看一些具体的问题，来看它有什么具体的运用。

首先我们可以用这个四层模型来对人做一个分类。人起码可以分成四种人，当然更详细的区分应该分成七种人，或者更多，这个分成四种人呢，是一个最基本的分法。

第一种人，就是生活在物质结构层面的人，他整个生活的重心是围绕着他的身体。很多人就关心他是否吃得好，睡得好，把这个身体安顿好了，这就是他人生最大的欲望和满足。他的情感、他的思想都不够发达。有没有看见过这种简单的人？只要给他吃好、睡好，就万事大吉了。

第二种人，我们把他看成主要生活在能量结构这一层面的人。这种人是用他的感觉或者用他的情绪来生活，我觉得如何如何，我喜欢，我爱好……他的重点是对他的能量状态、情感状态的关注。

第三种人是主要生活在信息结构这个层面的人。这种人呢，是非常理性，非常理智，像一些哲学家或者思想家，他的情感不发达，情绪也不多，很平静，他的目的就是喜欢读书，写文章，写论文，就是不断地在逻辑圈套里面钻来钻去的。

那么现实生活中，我们可以看到这三大类人。有些人是活在以信息结构为中心的人；有一种是以情感为中心、以能量为中心的人；有一种是以身体、肉体为中心的人。

这三种人是在现实生活中都能看到的人，但第四种人就不是一般的人，就不是我们能够看见的人，是需要通过静心、通过内在的工作，才能够活出来的人。第四种人就是活出他本体结构的人，也就是能够找到他生命主人的人。

其实在这第四种人当中，根据他修道的程度，又可以分出更多的境界。有的人是偶尔体现出他的本体，对他的本体有过简短的瞬间的体验，对真相或者对真理有短暂的一瞥，看见了一下，简单的看见，但是他的主人没有真正的呈现，他不能够真正地做主；那有的人呢，是活出了他的本体状态，有一个内在的中心，在大部分时间，他都能够做主的，这就是修道到一定层面、有一定水平的人；还有一种更高层面的人，我们讲的觉者或者成道的人，他是完全活出了他的本体结构，并且能够把前面的三层结构都能够置于本体结构的觉性之下。

你体验到你的本体结构，这个相当于见道的阶段。但是要转化前面三层，让这前面三层，都统摄到你的本体结构之下，来统一行动，这是从见道到成道的过程，里面还可以分成不同的层面。这第四大类，就是跟本体结构有连接的人，这就是我们要静心、要修道才能够进入、才能够体现出来的人。

我们讲一个人的素质也好，讲一个人的水平也好，讲一个人的能力也好，其实应该分开来讲，要从这四层结构来看。比如说我们练功，有的人说他练功的境界如何如何，练出什么水平来了，那我们用这四层的境界来观照一下，就知道他到底练出什么水平来了。有的人练得四肢很发达，一拳能够打死一头牛，这是练到很高的能力了，但这种人是不是真的就是有智慧呢？是不是真正活出他的灵性状态呢？那不一定，这还在前面的结构。首先他的身体改变了，这是物质结构的改变，然后他会有很大的力气，甚至有一些功能或是特异功能，这个是在能量结构的改变。但是有的人呢，就是力大如牛，胆小如鼠，他的力气很大，但是他的胆子还很小，他没有平衡发展，他的精神状态或者信息结构还没有得到发展，智力还如常人一样。那有的人呢，他修行到一

定的境界，心灵很美，思想很好，是个大好人，或者他很聪明，他掌握的知识很多，这个可以说是在第三层面上，还不一定是在灵性的层面上有进展。

所以严格来说一个人是不是走在修道的正确的方向上，关键是要看他有没有进入生命的本体结构，有没有唤醒他内在的灵性，能不能找到他生命的主人，这也是修道的核心的方向。

我们还可以用这个四层结构来看一下医学的问题或者健康的问题，这也是我们一般人关注的问题。

我们说一个人健不健康，这个概念也是很含糊的，有不同的标准。对一般的西方概念的医学或者医院来说，他要有一个体检，就是你到医院去检查一下你是不是健康的。按照一个常规的数据标准给你进行测量，当你生命的各个指标在这个标准数据范围之内的时候，它就说你是健康的。那大家如果我们掌握了这个生命结构模型的话，你就可以想一下这种标准，够吗？或者它齐全吗？它是真正的科学吗？可以说用西方的这套体检的方法，得出健康的标准的人，绝大多数的人都是不健康的，因为他仅仅是在生命的物质结构这一层面来看生命。

一个人的病是怎么来的呢？他为什么开始是健康的，过一段时间就生病了呢？也就是他还被认为是健康的那个阶段，其实已经蕴藏了生病的因素或者因子在里面，只是因为西医的手段它检测不出来而已。那么这个西医没有检测到的是什么？生命的能量结构！我们中医也好，道医也好，都认识到生命有它自身的能量的通道，比如说经络、气脉，这些都是跟能量系统有关的，西医是检测不到的。

所以你到西医那去看病的时候，它用各种仪器去检查你，看你缺什么，哪个地方坏了，他把人就看成是一台机器，这个机器就是物质结构的机器。但是对于中医或者道医来说，他看到的是生命的一个整体系统，他是看你哪个地方功能失调了，他不是简单地看你肉体上哪个地方缺什么，那个地方不够，他要检测你的能量通道是不是通畅，气血的运行、功能的调节是不是正常。

而能量结构本身又跟我们的心灵状态、跟我们思想的状态又是密切相关，所以在道教、佛教又有一个很重要的概念，叫“心气不二”，我们的理性、思想状态和我们的能量状态是密切相关的，是不二的，是相互影响的。

我们心灵的一个烦恼，表面上是心灵的问题，但是心灵的纠结，就会表现为能量结构的一个气脉的纠结和不通；而能量结构的纠结不通，最后导致物质结构、身体状态的一个疾病。

所以我们的疾病的根源是来自于心，真正的健康是要回到生命的中心，回到第四层生命的本体结构当中去，然后四层结构都是健康的，这才是一个真正健康的人，也才是一个真正发展出人的所有潜能和可能性的人，是一个真正的大写的人。按照这个标准，我们都还没有成为一个真正的人。

以前中医讲治未病，这个一点都不奇怪，也不神奇。因为有的时候，我们的物质结构虽然看起来没有病，但是在能量结构上已经有问题了。那么高明的中医他能够看出这个问题，提前让你调理能量结构，调理完了，你这个病在物质结构层面就不表现出来了，不发生了，这不就是治未病了吗？对于那些世俗的、庸俗的人来说他就批你了：你这是搞神秘的东西，我本来就没有病，你说把我治好了，这不可能！

我们现在也看出、看到现代医学里面一个大的问题，就是我们的医生，他如果没有掌握生命的整体的系统，只是按照某一个局部的观念来看待生命的话，这种对生命的治疗是非常有问题的。有的时候，是因为我们心灵里面的某一个问题，某一个挂碍，某一个放不下的情结，导致了我们身体的能量结构出问题，而进一步体现出某种生理上的疾病的时候，那么你光是在第一层面去治疗它，那永远是解决不了问题的。因为永远是治标不治本，源头上没有解决。

大家不知道有没有看过王善人（王凤仪）讲病的资料？他治病是从来不需要用药的，他就跟你谈谈话，看看你的问题，然后就说："你是不是对你的婆婆有什么意见？长期虐待你婆婆，所以你现在有这个病，你回去改一改。"结果你一改，哎，一改这个病就好了。他讲好了很多病，分析你这个心理上或者伦理上的病因。或者你对某某人怀恨在心很久了，长期抑郁在心，结果你现在有这个病，他治你心理上的根源。

所以最高明的医是"神医"，是治你的精神的。用现在的话来说，精神病是一个很不好听的词，你说某人有精神病，他可能大怒，但是我要讲一句真话的话，我们人都有精神病——精神都有病。精神没有病的人是什么人呢？是生命到了很高觉醒境界的人，严格来说就是成了佛才真正没有病，成了觉者才没有病。对我们常人来说，我们都是有精神病的，你心理上的每一个烦恼、每一个纠结都是一种病，所以你心不放开，身体就得不到真正的健康。

我们讲静心，讲这个修行，它不是一个神秘的东西，是追求一种真正健康的生活、健康的生命的必由之路。我们不去追问生命的意义，不寻找生命内在的主人，不成为一个觉醒的人，我们就不会有真正的健康，也不会有真正的幸福。

七、静心的核心原理

我们很多人修道，或者信仰宗教，但是他没有去追问这个内在的科学、生命的科学，只是停留在表面的信仰上，那么他可能在外形上，有一个宗教徒的身份，但实际上他还和俗人一样，他还是有问题的。

今天我们讲的这些东西，就是要破除这些表面的外相，而追问生命内在的核心的原理，去寻找生命的内在的真理。这个真理的核心就是我们要成为一个自觉的人，觉醒的人。“佛者，觉也”，千言万语就是一个“觉”字，“觉”就是醒来，不觉就是昏睡、沉迷。

当我们真正的生命的主人在昏睡不醒的时候，我们就是在奴隶的状态之中，都是外境的奴隶，别人刺激我一下，我们就反应一下。我们随波逐流，跟着外面走。而我们要走向一种真正的觉醒，就是要能够让你的心清醒过来，能够真正地安住在此时此地的当下，让生命本来就具有的和谐、优雅、智慧呈现出来。

一切静心的本质，都是觉悟自性、觉悟本体或者觉悟真我，可以用不同的词来表达那个境界，但最终都指向那个本性的觉悟。从觉悟本性的这个方向上来说，静心是不需要做什么功夫

的，你要么就醒来，要么就没有醒。但是我们醒来的障碍在哪里？就是我们讲的四层结构的前面三层，物质结构也好，能量结构也好，信息结构也好，前面三层已经集聚了层层的污垢，需要我们把它清理干净，才会为第四层——真性的呈现准备好空间。所以为什么要渐修？就是为了要清理它，清理前面三层，为呈现第四层的顿悟做准备。

所以整个静心，我们从内在的原理上来说，有两个方面：一个是呈现出我们先天的本具的觉性；一个是清理物质结构、能量结构、信息结构这三层结构里面所沉淀的、积累的种种的尘埃。用宗教的话来说，一个是明心见性（顿悟），一个是消除业障（渐修），这两者是相互增上的。只是当我们消除业障到一定的程度，我们的本性才更容易显现；而只有当我们真正地显现出本性，我们才能更好地清除业障。修道的原理说到底就这么简单：你为什么不能觉悟？是因为你心性的明镜上已经沾染了无数的尘埃；为什么我们这个心性的明镜上的尘埃清理不干净？是因为我们没有智慧的光明。

打一个比方来说，如果我们在这个房间——就是我们心灵的房间里面，有种种的垃圾，有种种的杂物，这就需要把这个房间清理出来以后，我们才有今天这个讲课的空间。但是在我们清理这个房间的时候，我们首先需要光明；否则的话，我们看不清这个杂物是怎么回事，也不知道该放在哪里。

静心的科学，它追求的最后的成果，就是我们本具的觉性的呈现，那个本具的觉性是一种无限的意识，也是一种无限的、喜悦的存在状态。但是为了达到这个最后的成果，我们在前面要做的基础的功夫就是净化：净化我们的身体，净化我们的思想，净化我们的情绪情感。就是通过前面三层结构的净化，最终进入那个内在核心的真理——我们讲空性也好，法性也好，佛性也好，有不同的词汇来指向它。

它是空性和觉性的不二，就是我们真正进入这个觉性的空间，它首先是要有觉的，要有意识的光明，没有觉的空那是顽空，即空即觉，即觉即空。用佛学的话来说，就是“寂而照，照而寂”，“寂”就是寂静的寂，“寂”代表了心灵的清净、空无；“照”代表的是觉性的光明、智慧。有寂而无照，就会陷入昏睡、昏沉的状态；那光有照而无寂呢？它就容易搅进散乱的分别心、杂念的一个状态。两者要达到一个平衡，这个平衡在佛学上来说就是止和观的平衡，定和慧的平衡，也是道家讲的性和命的平衡。

八、静心的注意事项

以上我们讲了内在静心的科学的一个基本的理论——生命的结构，然后用这个结构来关照很多问题，得到许多新的启示。

最后我们讲一下作为一个普通的开始学静心的人，有一些什么需要注意的事项。

今天我们的这个小讲座主要给大家一个基本的规范，能建立一些静心的基本概念，但是任何道理我们都要落实到实践当中去。具体来说，我们要做的是什么？我给大家提一些建议。

如果我们上面讲的这些东西，你都能够理解，你就应该从现在开始树立一个意识，就是静心，做内在工作，不是生命之外的额外的一个世界，不是等到某一天你手头上的所有的工作完成了，你再来从事这个事情；是需要你从现在立即开始动手的一件事情，它不能等待。因为人最容易错过的就是用明天来给自己一个借口，但是生命是无常的，明天永远不会到来，我们所要去做的最有意义的事情，你现在不做，那你就可能会永远地错过。

所以真正的修行不是在明天，就是在今天，在现在。

那你说我从今天开始修行，怎么修？我们说整个修行的过程，分成两个方面，一个是专门静心的时间；一个是生活中静心的时间。

在你的一天之中，你要抽出时间进行专门的静心的实践，就是我们讲的静坐或者站桩等实修方法。那么具体如何静坐？如何站桩？这个讲起来呢比较费力，比较麻烦，无法细讲。但是我们现在网上也好，在很多书里也好，都可以得到关于静坐、站桩的基本的知识。

大家如果有时间、有兴趣，欢迎大家参加观虚书院的《宗教智慧与大道养生》课程。这个课程，这两天里边会有一个全面、系统的解说。既有系统的理论讲解，也有实践方法的解说，实践方法的实验，我们课程最大的特色就是理论和实践的完全合一。我们不是纯粹讲道理，但是也不是纯粹让大家打坐，不讲道理，是讲完道理再去实践，实践完再讲道理，这两天就可以给大家建立一个系统的概念，同时掌握一种基本的实践的方法。这门课程呢，通常是收费的，但是也视各种特殊情况灵活掌握，主要还是公益的课程，内部的义工可以随喜交费。我们所有的收费也都是用之于弘道事业本身，我个人生活不需要收费。对于真心想要学习的人，我们不要求你一定交多少费，你可以随你的心愿，随你的心力，随你的能力，随喜交费，不给你压力，这也是给更多的人一个学习的机会。

一定要空一点时间来做一个专门的静心的工作，因为我们生活中，在这个业力的大海中已经漂流了太久，没有专门静心的时间你是扭转不了那个方向的。惯性之力是如此之大，你说我是有大智慧的人，我一悟就了了，那可能是做不到的。所以要有一种愿力，下大决心专门抽出时间来做功夫，来对抗这个业力。

第二个方面就是在生活中的静心。如果我们掌握了静心的精髓，就可以把静心的这种功夫用到生活中去。我们说静心的核心就是活在当下，活出你的意识。这个不是关于做什么事，而是关于你的内在的状态；是在任何时候，你都可以去唤醒的。当你的头脑纷飞，回到遥远的过去、回到遥远的将来的时候，刹那观照一下，回来！只有当下的事情才是真正的事情，对过去的回忆，对将来的期望，都是我们头脑中的一种梦游的状态。所以生活中，应该把你静心所得到的任何的体验和成果，要不断地拿来用，要不断地唤醒自己的觉知，要和你当下的生活完全合一。

所以我常常讲一个人有两种状况：一种是那些有能力的人，他应该选择他感兴趣的工作去做，这样他全然地去做他感兴趣的工作；第二种没有能力或暂时实现不了兴趣与工作的完全合一，但是一定要从心态上发生一个转变，就是你现在全然地接受你的工作，拥抱你现在的工作，而不要去排斥它。

你排斥你目前的工作就是在损伤你的生命，要么你就离开它，如果你不能离开它，你只有去适应它。但是很多人恰恰是跟自己当下的生活状态对着干，他不甘心，不满足，他又没有能力去选择更好的事情。他咬牙切齿地去干工作，就是为了月底的那份工资和报酬，那这样的生命对自己是一份摧残。我们每天八小时的工作就是为了那一个月的工资，那多可怜啊！你把生命卖给了那点工资。

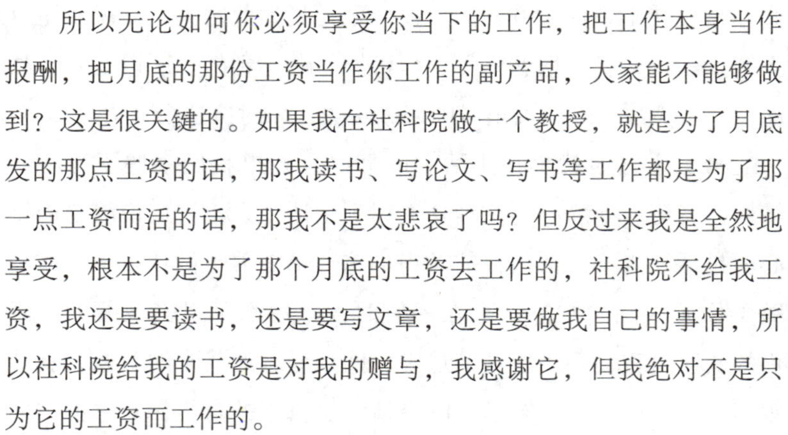

所以无论如何你必须享受你当下的工作，把工作本身当作报酬，把月底的那份工资当作你工作的副产品，大家能不能够做到？这是很关键的。如果我在社科院做一个教授，就是为了月底发的那点工资的话，那我读书、写论文、写书等工作都是为了那一点工资而活的话，那我不是太悲哀了吗？但反过来我是全然地享受，根本不是为了那个月底的工资去工作的，社科院不给我工资，我还是要读书，还是要写文章，还是要做我自己的事情，所以社科院给我的工资是对我的赠与，我感谢它，但我绝对不是只为它的工资而工作的。

只有当你现在的生活和你的生命在当下发生融合的时候，你的生活才是有质量的。如果你憋了气，咬牙切齿地干了一天的工作之后，回家你带着这种情绪，你的业余生活也不好。所以要带着你的热情，带着你的喜悦，带着你的享受，跟你的工作在一起。这样的话，即使那个工作是无趣的，但是也没有关系，因为有趣无趣不是外在的事情，而是内在的事情。

有的时候你会觉得扫地啊，做饭啊，很枯燥，很无趣，如果你咬牙切齿地去做，是因为没有办法才去做，那你又浪费时间了。但是一个真正懂得静心的人，扫地也好，做饭也好，这恰恰是静心的时刻。

大家有没有看过武打小说？那个武功最高的人最后来自谁啊？来自那个扫地的！他把扫地当作练功的时候，他那个功夫最后是最高的。一般人练功一天才练几个小时，他天天扫，这个“扫地功”不得了！那么核心的奥秘在哪里呢？平常的扫地和扫地功的区别就是一个是有意识的，一个是无意识的！大家一定要记住。太极拳跟一般的体育锻炼的区分在哪里？仅仅是几个动作的不同吗——太极拳比较柔和，西方的运动比较激烈？不是这个东西。东方的内功、内家拳，最核心的要素就是这个意识的贯穿，也就说你真正打太极拳的时候，你的每一个动作都是全然地有意识的，你的心和你的动作是完全在一起的，身心合一，就是你身体的动作和你的意识是完全合一的。你没有想过去，也没有想未来，你的整个的意识就在这个动作上面。懂得了这个原理，你在扫地的时候，你整个的意识就在扫地上面，一个念头都没有，全然地扫地的时候，那是多么有意思的一件事情！

我们下面就可以做一个实验，咱们先把这个脑子想到别的地方，无意识地把这个手动一动，你这样动，但是你的脑子是想其他的，画一个圈。好，现在把你的意识和这个手完全合一，一点杂念也没有，你的意识就在这个手上，就一直这样慢慢地画圈。有没有感觉到掌心有什么东西？只要我们稍微练过功的人就会感觉到这个掌心有不一样的感觉，有一股能量的流动在里边。

所以打太极拳难不难啊？你要掌握了内在的这个奥秘，太极拳随时可以练，练一个动作都可以，练两个也可以，它就是一种静心的方式。光这个“云手”就可以一直练下去，这样的动作会让你的身心得到统一；统一以后，你的气血就可以得到和谐，你的能量结构和你的肉体结构就合一了。

我们把我们工作中、生活中的每一个内容都跟你当下的意识结合起来，你有意识地去做饭，洗衣，扫地，走路，有意识地在你的工作当中做事情，这都是修行。

以前的禅师，他往往不强调专门的静坐，他强调就是生活中做彻底的观想、观照。有的师父呢，可能就是一个鞋匠，他就在修鞋子，然后他的徒弟也在修鞋子，师父就会在旁边看着这个徒弟修鞋子的状态，是不是在觉知的状态之中？当你走神了，你修鞋子就是在修鞋子，人走了神，不在当下的时候，师父看出来了，马上给你拍几掌，敲你一下，不用说话，那弟子马上知道，“哎哟，又走掉了。”经过这样的训练，随时随地能在当下觉知，这就是一个高手，所以功夫要“养”。

“真传一句话，假传万卷书”，如果我们不是来给你讲真东西的话，可能会花里胡哨地讲很多东西，那教太极拳动作，可以教三年；但如果本质上你掌握了一个要点之后，马上就学会了最主要的诀窍。

九、静心的技巧

我们刚才讲了静心的原理和方法，讲了一些方向性的东西，下面我们再讲一下具体的技巧。

你们也不一定来上我的课，为了让大家有一个下手的方法，我们再来讲一些技术性的东西。原理核心是一样的，但是具体的方法有千千万万，每个人都可以有不同的方法。我们可以讲两个最基本的方法，也是比较通用的方法。

一个就是“观呼吸”的方法，就是注意到、觉知到自己的呼吸。

每一个人都需要呼吸，生命和呼吸是分不开的，而且呼吸永远是在当下的，如果我说靠过去的呼吸，靠昨天的呼吸来维持我今天的生命行吗？或者我靠将来的呼吸来存在，可以吗？所以把你的心和你的呼吸在一起，这就是把你的能量结构和你的信息结构合在一起的方法。前面我们讲太极拳是物质结构与信息结构的合一，带动能量结构与信息结构的合一。呼吸有一个特点，是它随时随地都在，而且都是在当下的，但是我们人是不知道的，没有意识到自己的呼吸，所以当我们的心回到呼吸上来，意识到自己的呼吸，观照着自己的呼吸的时候，这个心和呼吸，心息合一的时候，这个心就容易安定下来。

我们讲“心猿意马”，这个心是乱跑的，静不下来，那么一开始我们得给它一个树桩，给它一个桩子，把它定下来。而呼吸呢，就是一个最好的树桩，让这个乱跑的心能够回到一个中心点上来，这叫“观呼吸”的方法。但是我们要注意，我们不要去控制你的呼吸，不是让你去控制它，不需要人为地去控制，呼吸让它自然，只需要不断地回到你的呼吸上来。当你遗忘的时候，当你想到别的地方去的时候，你要马上回来，不断地回来，慢慢地你的心和呼吸完全在一起，感觉到一种深层的宁静，念头慢慢地少了，最后没有了，静下来了，定下来了。这个方法很简单，但需要不断地专心去做，要坚持，一开始你的心会不断地往外跑，但是你要不断地回来。

第二个基本的方法，我们借用佛教的一个念佛的方法，就是念“阿弥陀佛”。

这个念佛的方法呢，一般在佛教里面、居士里面是很普遍的，但有的人认为很简单，可能是老头、老太太做的事情。但是念佛的方法呢，本身有非常高深的道理，可以“三根普被”，就是不管你是什么样的人，都可以用念佛的方法去修。只不过呢，老头老太太没有理解能力的人，他可以简单地念佛，就持名念佛就可以了，他不知道其中的道理，念着，念着，慢慢也会念出味道来，这叫“暗合道妙”，慢慢呢，就进入了这个“道”。那么上根的人，悟性高的人，有很高的理解力的人，你也可以念佛，这个是念的什么佛呢？念的是“自性佛”，叫“自性弥陀，唯心净土”，这时我们念佛不是念外在的一个东西，是唤醒我们生命的主人。

“阿弥陀佛”是什么意思呢？“阿弥陀佛”字面上的意思就是无量寿、无量光，无量寿、无量光就是无限的时间、无限的空间、无限的法界，也就是我们无限的本性的一个隐喻，说到底就是我们真正的自己。所以你念一声佛，就是呼唤自己内心世界的真心或者真佛，能念的是谁？能念的是你；所念的是谁？所念的也是你。能念、所念打成了一片，你的佛性显现，就唯心净土现前，回到净土世界。所以当你念一声佛号的时候，就是在提醒自己回到内在的家园、内在的佛性。

所以这个念佛不是迷信，也不是完全限于佛教的，它可以变成一个修行的很好的方法，以一念代万念。佛门里边互相打招呼，一声“阿弥陀佛”，他是对对方的一个祝福，也是对自己的一个提醒。我们自己也可以啊！在你生命中，遇到任何问题的时候，念一声“阿弥陀佛”，提醒自己回来。你快乐的时候念佛，你会越来越快乐；悲伤的时候，你通过念佛，你可以转化它。这个佛号就变成了一个随身的家伙，随身的拐杖，为你所用，让它变成你最好的朋友。

我们很多人寂寞孤独，天天去找人聊天，如果你长期的以佛号为伴，慢慢地会以自性的光明为伴，你会建立你生活中的净土。净土世界不是在别的地方，净土世界就在当下，但是它是唯心所现。当你的心乱的时候，那个净土就变成了污土；当你的心清净了、觉悟的时候，污土就变成了净土。所以《维摩诘经》就说的很清楚，“心净即国土净”，当你的心清净下来了，那么整个世界都清净下来了。

所以念佛号就是给自己的一个加持，一个正向的加持，也融合了西方宗教的“祈祷”的意义，当你没有真正觉悟的时候，你也可以把“阿弥陀佛”当作一个本体，向它去祈请。

但是我们要注意，现在很多讲成功法则、吸引力法则的人，他们说要有正向的意念、祈愿，然后能够得到人生的很多很多的东西，这些技巧都有一定的帮助，但是里边有一个根本的前提，我们很多人是带着我们的那个小我，带着那个自我的欲求，去用这些法则的，那么这个时候，就把这个法则整个已经变相地破坏了。你要这个，要那个，要满足这个，满足那个，那你祈请佛也好，菩萨也好，祈请上帝也好，那这个方向都是有问题的，让佛来帮助你，满足你那个见不得人的欲望，那行吗？

所以吸引力法则，什么什么法则，这类东西在我们这个自我没有得到根本的转化之前，我们用那个工具来为自我服务的时候，那个法则就被扭曲了。所以真正的吸引力法则应该是要向更高的层面迈进，是首先要回归到我们的第四层面，找到天人相通的轨道，不是让宇宙来满足我的欲望，而是我跟宇宙已经合一了，在我跟宇宙已经融合的情况之下，我所有的呼唤，就是宇宙的呼唤。这个时候，大智、大愿、大悲、大圆满！那个时候，你的起心动念不是为了我自己，而是为了天底下的苍生，这个时候吸引力法则就开始起作用了。那个时候，你要什么就会有什么，因为这个时候你首先是跟宇宙合一了，然后第二个层次宇宙才会跟你合一，宇宙才会响应你的呼唤。你若怀着你的私心杂念，怀着你个人的欲望，天天去祈请佛菩萨保佑我，保佑我这个，保佑我那个，那你能怪佛菩萨不满足你吗？

这是讲两个静心的小窍门，里面有很深的道理。最后啊，我要送大家八个字，这八个字涵盖了所有修行最根本的东西，也是你们经常会听得到的，叫“记得自己，活在当下”。

这个词可能大家都知道，但是我们要通过今天的讲解，要真正体现出它的意义来。“记得自己”，我们不是只是关注外在的世界，一定要回归自己，“记得自己”最重要的是什么呢？是要有意识，记得你的意识在什么地方，要不断地活在当下，回到你当下的所见、所闻和所思上来，回到“现量”的世界中来，回到你的的本来面目上来。所以“记得自己，活在当下”是一个整体。你真正地活在当下，一定是记得自己的状态；你真正记得自己的状态，一定是活在当下的状态。而且这八个字里面，包含了所有的方法和原理在里边，这就看我们如何去理解它，我们今天下午所做的初步的阐释，可以说是对这八个字做了一个相对比较系统的说明。

我们讲课就讲到这里，下面如果还有时间，我们来交流一下。

十、对话与交流

下面我们可以自由一点，大家可以表达一下你的想法，你的感想或者你有什么困惑？都可以提出来。或者我们可以围起来，把这围成一个圆圈，都坐在圈上，这样大家互相能看到。围成一圈，再打开一点这个圈就够了。

> 我以前看过一本书叫《珍贵的礼物》，是研究心脏起搏器的一个人，他发明了一种心脏起搏器，他书里面写了一句话，说“心平静，你就是上帝”。请戈老师解释一下这句话，谢谢。

这句话呢，不是很严格的表达，但是在某种意义上也能够说得通，因为内心的平静，本身就是有不同的理解。最高一个层次的平静，就是你内在的一个真正的空无，真正的觉醒，它也是一种平静，是至高的平静。那么在这种平静当中，你就是真正的自己，同时也是超越了自我的一个无限的自性，你跟整个世界是融合的。而上帝是什么？严格来讲，上帝不是一个人格神的那样一个形象，不是坐在天庭上的那样一个上帝，真正的上帝指的是宇宙最深层、最彻底的那个统一，就是我们中国文化讲的那个“道”。最深层的平静就是与宇宙合一的那个状态，那也是“神我合一”的状态，所以说这个时候可以说你就是上帝。但不是说你这个时候就可以支配天下万物，你就可以像上帝一样，有什么大的神通功能，不是那个意思；实质上是回归神性，回归上帝的那个全然的意识状态。“心平静，你就是上帝”，这句话可以这么理解。

就是人神合一的那个意境?

对，就是我刚才讲的，每一个人最真实、最本来的那个自己，本身就是一个广阔无边的浩瀚的存在，这个存在不是一个具体的存在物，而是与万物相通为一的一个境界。我们打一个比方，在自然界当中，可以看见许许多多分离的事物，比如我们可以看见一颗树和另外一颗树是分离的；一口井和另外一口井是分离的。这是我们从外相来看，它是分开的。我们人也是一样，看起来都是一个个不同的人。但是我们往内走，往那个最核心的地方追问的时候，它在一个层面来说又是通畅的、不分的。比如说井，你往下走，走到最后，它通到地下河流、地下水，两个井看起是不一样的，但是它们在地层的深处是相通为一的；两颗树在上面是分开的，但是树根都是扎根在大地上，整个大地是相连在一块的；海面上的岛屿一个个是独立的，但是岛往下，都是那个海洋，都是相通的；人在“道”之中都是相通的，道通为一！但是因为我们人只活在那个表面的时候，比如只活在前面几层结构的时候，我们就是分开的，看起来是分开的，但是回归到那个最核心的状态，就是空无，空无就没有差别，那这个时候我们就是一体的。也就是说你真正平静的状态里面，是没有你和我的这个概念的，是无分别的。

没有妄想就没有烦恼，就没有分别，静心是不是进入一种无分别的状态？

对，从我们这个精神状态来说，当我们没有妄想，没有分别心，这颗心就回归到它的根本，那个时候就是一个统一的状态。说到底就是我们要从这个头脑不断地分别的状态当中跳出来，要回到一个更高层面的状态、本原的状态。也就是说你真正深层的静心是没有头脑的，但这个头脑恰恰是我们常人最看重的，就是把它认同为“我”的那个东西，是我们最放不下的那个东西，但实际上我们所有的负重，所有的沉重感，所有的烦恼都来自于自我和头脑。你现在想想，“我是一个没有头脑的人”，就是把那些所有的头脑的分别都去掉以后，剩下的是什么？马上就会有一个宁静出现。所以这也是一个方法，你进入一个没有头脑的状态，就是静心。但无分别只是静心的“体”，由这个“体”还可以起“用”，就是你能够自由地分别而不执着，这个时候“无住生心”，你是能做主的，不起烦恼的。静心的最高境界是“体用一如”，分别与无分别不二、一味。

老师，回到动物的状态，是不是就可以进入没有头脑的状态？

对，这也是一个方便，是如何导引进入没有头脑的状态的一种方法，到了没有头脑就平静了，就是真正的宁静。但是对“没有头脑”也不要误解，没有头脑并不是昏睡的、稀里糊涂的状态。我们讲没有头脑是对头脑的超越，而不是不及头脑，不是那个意思。不是回到真正的动物状态，而是回到一种看起来是无知的状态，但它是一个“后得”的无知，不是混沌的无知，也即是头脑之上的一个境界。虽然没有头脑，但是有觉性在。也就说没有第三层结构呈现，但是有第四层结构。如果是简单的没有头脑，结果也没有觉悟，没有觉醒，没有意识，那就是植物人的状态，那不对，不要误会。但是最大的问题，就是说不要把这个头脑当成我们真正的自己，被它欺骗了，好像说这个就是我，然后把头脑里面的那些概念，那些认同，那些种种的想法抓的要死，天天为它而活，但是那个头脑它本身是靠不住的，它是变来变去的，所以要从头脑中跳出来，它是我们的工具，我们要用它，但它不是主人。

在讲身心合一的时候，就是在静坐结束以后，要把这种身心合一的状态延续到日常的生活当中去？

是啊，所以我说你生活中的每一件事情都要有意识。比如说你走路的时候，你要有意识地、全然地走好每一步，不要轻飘飘的，人在想其它的地方，你这样走路，走路就是修行了；你要全心全意地觉知地吃饭，吃饭就是修行了。生活就是修行啊！当你这种品质提高了以后，你整个生活都会发生转化，那生活就是修行的道场。如果没有找到这种转化的道路，你即使到了寂无人烟的寺庙里去，你心还是在尘世之中，那和在尘世中是一样的。静心是内在世界的转化，是内在的炼金术，而不在乎你到底做什么。

普通生活当中很难做到，在扫地时只是扫地；但是在打坐、站桩的时候，我有意识地做，是身心合一的强化手段吧？

对啊，所以我说每天你要抽时间来练啊！就是因为我们做不到每时每刻都活出那种清醒的、有意识的状态，那个是比较高的、比较像果位的境界，但是我们先要从每天抽出专门时间对自己下功夫，然后把那种下功夫得到的成果，再带到生活里面去。为什么强调要静坐、要站桩等专修？从最高原理来说，我是可以不用静坐的，是可以不用站桩的。刚才我在外面也谈到禅宗对静坐的态度，禅宗是“超越静坐”的，但绝对不是“反对静坐”，因为这两者的语境完全不同。禅宗是对那些已经静坐水平很高的人，或者对能够轻而易举入禅定的人，那这个时候他没有明心见性，他需要智慧的点化，如果你还执着于静坐的话，妨碍了他最高智慧的生发。所以他对那些静坐的人说，佛跟坐有什么关系呢？佛难道还靠坐成的吗？佛有姿势吗？佛是心的觉悟，跟那个静坐有什么关系呢？所以他是一种超越静坐的境界。但是这个语境不一样，对常人来说恰恰是要去静坐的，它是一种对治法，就是说你要对抗那个业力的习惯，用新的东西来冲击它。那我们天天来静坐，天天去做一种功夫，就是来对抗我们的业力。它虽然不是本性的显现，不是那个最高的智慧，但是它在修行道路上是一个必要的阶段。

您刚才谈到基督教神我合一，所有的宗教都是利他的，它们的本质上都是一样的，是普世的？

这个我们可以从两个层面上来说。一个是从内在生命科学来讲，它最终极的真理，一定是普世的，没有东方西方之别，也没有基督教、佛教、道教之别。真正领悟了这个道理、领悟了这个真理的人，他是不会执着于我是佛教徒，或者我是道教徒，我是基督教徒……凡是执着于自己宗派的人都是没有真正彻悟的人。从这个最高境界来说，它是无为法，它是空性。无为法怎么会有区别呢？空性怎么会有区别呢？就像我们爬山，爬到山顶上，到山顶上那个山顶是没有区别的。区别是我们登山的道路是不同的，宗教从这个超越宗教的真理来说是没有不同的，但是从对这个超越真理的阐释和表达来说，是有不同的差别的。每一个宗教都有它自己的表达方式，它的语言、语境、诠释的方式是不同的。这是一个方面，另外一个方面，是不是每一个宗教都能够达到那个最后的真理？从原理上来说，每一个宗教都可以是通达那个真理的一条道路，但是至于现实中某一个具体的宗教是不是达到究竟的真理，这是一个具体的问题。这不是理论问题，那要看一个具体的宗教事实上在哪一个层面，但是从理论上来说，从本质上来说，每一个宗教最后都是要追问那个根本的道理或者真理。所以现实中的宗教徒不一定达到这个境界，那是另外一回事，这是个现实的问题。佛教徒认为只有佛教是究竟的，别的宗教都是外道；基督教认为他们信仰的“主”才是根本，你们那个佛教、道教都算不上宗教，还停留在“人”的层面，都没有到超越性的灵性的层面。认为佛教还在属人的层面，这是把“人性”和“佛性”混为一谈，佛性是超越性的层面，不是自我的人性的层面。所以宗教之间往往存在巨大的误解，每一个宗教都不能理解别人，都站在自己的立场和语境当中来看待别人，然后产生了宗教之间的对立和纷争。宗教本来是要统合这个世界的，但现实中很多的宗教恰恰成了人群之间相互对立的一个根源。所以我们今天这个世界最需要不是宗教的信条和迷信，而是要追问宗教原初的真理，回到宗教的根源上去。我们不一定要成为某一个宗教的信徒，但是我们要追问宗教真正的意义。

那就是说如果我们要真正修行的话，不应该有那种宗教或者门派的区别？

不应该有宗教身份的、宗教派别的执着，但不是说你不可以成为某一个宗教的信徒。因为你可以成为一个佛教徒，但是你要成为一个真正的佛教徒，而真正的佛教徒是什么意思呢？就是你要真正按照佛陀的教导，去活出佛的智慧出来，是向佛学习的人，这是佛教徒本来的意义。但是如果离开了这个佛教徒本来的意义，去成为一个偏执的信徒，啊，我是佛教徒，我具有某种优越性，然后去跟别的宗教徒对立，那这种人，他没有资格成为真正的佛教徒。有的人说他是佛教徒，其实他不是真正的佛教徒；我说我不是佛教徒，但也许我是一个真正的佛教徒。有点绕，听懂了吗？（一笑）

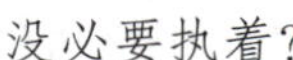
没必要执着？

对，没有必要执着，但不是说你不可以成为某一个宗教的宗教徒。严格来讲就是说成为什么宗教徒，成为什么什么都不重要，重要的是成为“人”，成为真正的人。因为我们平常的人都没有资格成为一个真正的人，我们做什么都做不了。你要成为佛教徒，你要能够活出佛的智慧啊，活出佛的教导啊，你做不到！所以你打什么旗号都是无关紧要的。关键是我们能不能成为一个内在统一的人，这是关键。我们内在如此不统一，心口不一，我们亲口说的话，我们也做不到，那我们成为什么教徒有什么用呢？

“观虚斋教学”整个的课程，它跟所有的宗教都有关，但它不讲某个宗教，也不是要我们去皈依那个宗教。我们是要追问宗教的实相，或者宗教性的真理，去寻找我们生命的内心的家园。最后你成为一个无宗无派的人，也挺好，是没有身份的人，没有身份的人才恰恰是“真人”，因为任何身份都是一种限制。

很多人问我是不是皈依了？是不是佛教徒？我有的时候就很

难回答。假如说我是佛教徒，那他就用一般佛教徒来规范我、理解我，那就错了；但如果我说我不是佛教徒呢，也同样，他也会想象成他所反对的那种，他认为我是反对佛教，或者我跟佛教没有关系。从某个意义上，我不是佛教徒；但从另外的意义上来说，我可能是真正的佛教徒，因为我追随的是佛陀的道路。

前一段时间，我在博客里，有一篇“关于皈依的对话”，就是回答这个问题。你说你皈依了吗？那首先要了解皈依是什么意思？很多佛教居士就说：“我皈依了某某法师”，然后拿了一个皈依证，他就是佛教徒。我说这不是皈依，某某法师是你皈依的一个介绍人，就像是我们入党的介绍人，但是那个普通的法师是没有资格让我们去皈依的。皈依是我们生命的一个投向，一个方向。在佛教的语境当中，皈依是皈依“三宝”，是皈依佛、法、僧三宝。佛就是觉者，法就是真理，僧是没有成佛，但是已经觉悟到一定程度的人，就是僧宝，不是出家人穿了一件衣服就是僧宝。僧宝包括所有觉悟路上的先行者，就是我们要向他学习的人——导师。那我们皈依佛、皈依法、皈依僧，就是走人生的真理之路，走向觉悟，这就是皈依，不是皈依某一个人。今天我把这个道理给你讲清楚了，让你去皈依佛法僧三宝，那我是一个介绍人，你不是来皈依我，也不是皈依某一个法师。现在很多法师说：“我有几万个弟子，他们都皈依我了”，这都是没有了解皈依的意义，也不是真正的法师，真正的法师不会这么说。真正的法师“无人相、无我相、无众生相、无寿者相”，他“我相”都没有了，还有这么多弟子皈依“我”吗？

老师，在修行过程中，是要读书明理，同时又要有一个方法坚持下去？

当然，方法有千千万万，我们既要懂原理，但是同时又要掌握某一种方法，要有两者的配合。你不能成为一个“修行学家”或者“灵修学家”，研究了很多很多派别，然后把理论都搞清楚了，天天在那思考、写文章，你还得有个方法去“做”。但同时呢，你又不能成为技巧专家，懂一百种方法，结果哪个方法都没有深入，最后没抓住要害，老是在方法里面转来转去，不知其理。本体与工夫的结合，性与命的结合，理论和实践的结合，这是不同层面的双修：定慧双修，性命双修，这才是合适的、现实的道路。

除了我们今天讲课的这些内容，生活当中我们最关切的、最化不开的问题，也可以提出来讨论。因为我们最后要面对我们的生活，要把那生活中的种种心结化解掉。你生活中最大的心结，或者最化不开的东西，要勇于把它表达出来，然后让这个智慧之光进去照亮它，把它解剖清楚以后，切割了，清除掉——给思想做手术。外科常常做手术，现在思想也要做手术。比如你思想里面有个情感，有个情绪，有一个心结，它一直压在那个地方，那你天天在哪打坐，打坐……那是表面做功夫，那个心结化不开是不行的。要把这前面三层都化开，才会为你的灵性空间的呈现创造条件。

我在做事情的时候，标准越来越模糊了。第二个，最大的困境就是在修行的路上，如果修行很好的话，肯定会越来越增加你的正能量；现在自己还在比较浅的阶段，就是有好多障碍。我倒是理解了有许多人会选择出家，他也许是暂时避开一下，等他能量够了，他再回来。最大的压力还是怎样去面对世间，尤其是还有孩子、还有老人，有来自亲人的反对。

有时候，在修行的路上，就是在你没有修行之前，你可能已经有一套自己的系统，包括你的价值观、人生目标，还比较清晰。把企业做大，赚更多的钱，让家人生活得更好，物质生活更美好，有一些常人的那些理想，这个我们可以把它叫做一个相对成熟的自我系统。这是我们一般人的情形，如果没有这个相对成熟的自我系统，一般人是没法活下去的，所以这个自我系统也很重要，就是让我们人活的比较正常。

现在我们开辟的是另外一个系统，是要自我解构，然后达到自我超越，这是智慧的、向上的灵修系统、灵性系统。这个灵性系统，它跟那个自我系统是矛盾的，是要相互斗争的。我们处在中间的位置上，我们不完全是一个智慧的人，但是我们又不满足于成为自我系统的一个自我满足的人，那么这个时候，就会有一些矛盾、碰撞。

这就是“双轨制”带来的问题，是价值双轨制。一方面你是个常人，但你又知道某些灵性的概念，或者灵性的境界；你对自己有新的要求，但你可能又做不到。很多修行人有这样的问题。我们知道要慈悲，但是我还是慈悲不起来，怎么办？我知道要这样，但是我又做不到，我又不甘心这个，又想得到那个，而那个又得不到，这就导致很多的问题。

现在我们要将双轨制最后变成“一轨”，这个“一轨”不是回去，回到俗人的老路上去。有的人修了半天就又回去了，他觉得修了半天，修不出什么东西，还是回到我原来的轨道吧，该怎么做，还怎么做。回到原来的系统，也是一个单轨制的平衡，但是这样的话，你虽然是一轨制了，但是你人生的意义还是失去了，你最后还是会不满足。因为你已经知道某些新东西了，你最后还是不会满足这个系统，最后还是会心里面纠结。也就是说退回原有的这个系统，可能暂时解决问题，但不是根本的解决。根本的解决是把“这个系统”完全转到“那个系统”。也就是说我们真正进入灵性之轨道系统里面，它能够完整地解决所有的问题。

之所以解决不了，是因为我们对这套系统还不熟悉，还不透彻，还不到家，那么方法是要提高自己，包括对整个修道的、灵修的这个体系要有一个全面的把握，不是偏见的把握。按照严格地真正地修行的道路的话，它对生活不会造成任何问题，反而会促进你的生活。之所以做不到，是因为我们很多是没有真正理解它，就会造成很多对立。

就像我们讲的，静心是你内心世界的改变，你的内心越来越祥和，越来越统一，越来越喜悦。这种修道的方向，那你家里人反对你干嘛？他反对的一定是某种别的东西，比如你学佛，你要出家，他怕你离开他了，他反对这个；学佛就一定要怎么怎么样，然后我们就跟你没法一块生活了，他反对的是这些形式的东西。他不是反对你越来越智慧，不是反对你越来越觉知，不是反对你越来越喜悦、越来越平静，这些肯定不会反对的。

所以如果你修行，要走在正确的方向上，要得到正受。要有智慧的话，你自己会更平衡、更和谐，那么你会把这种平衡、和谐带入你的家庭，他们没必要反对你什么。你没有东西要他反对，你比以前更爱他，更关心他，更觉知。你转化了自己，慢慢以后就会影响他了，他发现，呀，修行原来这么好！看来是有点道理的。你把一本适合他的书给他看，引导他，一开始你不要把宗教的书给他看，宗教一般人是很排斥的，就选这种讲智慧，生活的道理，人生的追求，这种正向的作品给他一看，哎，因为他也是不断地追求人生更美好的东西，而静心是如此美好的东西，他为什么要反对呢？他不但不反对，他还跟着你一起走！

就像我们在座的有很多夫妻都是一起修行的，他反对什么？他要互相帮助对方去修行，修得更好。有问题是因为你修得不够好，他希望你修得更好。而不是说你不修行就可以，不修行两个人更吵架，因为两个自我在一起，肯定要打架。你修行哪怕是没有达到无我，但你的自我已经淡薄一点，这个关系就已经好处一点儿。你吵架的时候，你一想，哎呀，我的自我中心又呈现出来了，我一观照，那就不吵架了。这脾气也更好了嘛！

这个方向上要完全转过来，把那个世俗的那一套慢慢统一到灵性这上面来，让你的灵性成长越来越进步，然后你的生活会越来越开阔。具体的很多的问题、矛盾，在你的成长过程当中，要有足够的智慧去面对它，解决它，而不是逃避它。

很多修行人出问题，就是他是逃避的心态；或者是自我欺骗、自欺的状态。很多修行人自己骗自己，或者自己都做不到的东西，拿去要求别人。他又不想做俗人，他又做不了圣人，然后他拿一把圣人的尺子不断地量别人。他知道修行的道理，“你这个是自我中心”！看见了别人的自我中心，恰恰是你自我中心最强的时候；发现别人这个问题，那个问题，恰恰是你这个内心有问题的时候。真正的修行不是去看别人的问题，而是看自己的问题。你化解了自己的问题，才有可能化解更多的问题。所以方向上，一开始不要去用修行的道理要求别人，你可以和光同尘，跟没修行人是一样嘛，他甚至看不出来；等到你慢慢自己变化了，他才看出来，哎呀，你最近怎么变化这么大？好，你再告诉他，我最近在修什么，这就没问题了。

老师，我们在生活当中，经常会遇到很多事，怎么能在这个过程当中，保持心里的平静？

这整个一切，就是我刚才讲的第二系统、灵性智慧系统要慢慢成长起来，你要建立一个新型的世界观、人生观和价值观。佛教讲那么多，佛学讲那么多，最终都是让你的心得到真正的平静，比如说佛教认识论里一个最基本的道理是“无常”，而我们所有的执着和不快乐，就是来自于我们对无常的否定，否认这无常的真理，以为我们能抓住什么，以为我们能得到什么，这恰恰是我们的迷失。而整个人生，其实我们最后是“一无所获”，在外在什么也得不到，就是一个海市蜃楼，一场梦境，最终你都要醒来，对不对？所以从战略上你要把这个事情看破、放下，然后再随缘而化。做你该做的，得你该得的，得不到也无所谓，因为最终是无得无失的。不断地把你的心回到你的内心世界，找到你内心的安定。慢慢一来，你的外在世界也会越来越顺了，但是不强求，因为每个人的因缘不同。

你现在条件每个月只能赚一万块钱，你非要赚十万，那就是给自己增加压力和问题。首先要接受当下的现实，但不意味着你现在就完全不去做事情；在你接受现实的同时，还要尽其所能做你该做的事情。把这两条做到了，那么该得到的，你就得到了；你得不到的，就是得不到。而人生在外在世界是永远不能企求完美的，没有一个人能够得到一个完美的世界。所以你要认识到一个更广阔的世界的时候，这种不完美之中就是完美，在"道"之中，就超越了这种完美、不完美的问题，所以真正的大圆满是缺憾和圆满的统一，不是没有缺憾，而是认识到缺憾本身也是圆满的示现。

这就是一种心的智慧和境界，不是阿 Q，不是自己骗自己，而是一种最高的认识，因为事实就是这样。什么是完美的？你打下天下来，成了最高的统治者，你就完美了吗？统治者的一生多半是稀里糊涂的，他的内心世界是乱的，而且他把内心世界的混乱，给这个世界带来了很多的灾难。他可以说是最成功的人了，如果按成功学的标准的话，他打下了天下，统治了世界……但是他统治别人成功了，他自己成功了吗？所以在人生这个外在方面，得失是分不开的，有所得，必有所失；而只有回归内心的永恒的家园，才是彻底的圆满。

但是我们不是否定性的，不是消极的，不是不要赚钱，不是

不要事业，而是所有的赚钱、所有的事业都要纳入到人生随缘而化的这个大的历程当中来，不要去奢望更多。所以我常常讲的就是一个人要安于贫穷，也安于富有；不为贫穷所限，也不为富有所限。也不是说我们修行人就一定要过穷日子，只能过穷日子，让所有美好的事物都给那些不修行的俗人享用，没有这个道理。

我们修了半天，也是可以享受事物的，但是我们的心要无住生心。所以“素富贵，行乎富贵；素贫贱，行乎贫贱”。我本来就在富贵的位子上，我就可以享受这个富贵，但是我不把它当作真的，我只是把它当作过程；那我本来就是贫贱的，我就享受这个贫贱，不要去奢望那个别的生活。所有的“别的什么”都把我们带走了，我们要享受此时此地的东西。

当我们贫穷的时候，也有贫穷的快乐。很多人在贫穷的时候、创业的时候是最快乐的，等他富有以后，很多问题就出来了，那夫妻就得闹矛盾，就得离婚了。你觉得农村的那些穷人就不快乐吗？你觉得有钱人就快乐吗？这些外在的东西都没有绝对的标准，而真正能够把握的是我们的内心。所以穷人享受穷人的生活，有的时候穷人更健康，更有味口，他虽然没什么菜吃，但是吃得很香，一大碗、一大碗地吃；而富人呢，钱多了，菜多了，一大桌子的菜，啥也吃不下去，吃了也不消化。你说是哪一种更好呢？

所以我们不比较，每一个人都享受他自己独一无二的生活。你的生活道路不是别人的，别人也替代不了。所以我们的生活，就安于自己，做好自己，成为自己，这是我们灵性生活的态度。

从我自己来讲，我是一个穷苦孩子出身，我们家是非常穷的。农村一年到头没收入的，我上学的钱都是靠人资助的，从中学开始，就是老师、亲戚、朋友帮忙。有一段时间，我穷的没钱交学费，我就不去上学了，我准备去放牛了。结果那老师、校长、班主任全到我家来找我，因为我考第一，老师们说："你这不上学太可惜了！你的学费也给免了"，然后每个月再给我一点生活费。上大学后，我又没钱，然后国家给我贷款，每个月贷款三十块钱。我是八六年上大学，九零年毕业，那个时候，每个月三十快钱就能解决我的生活问题，所以我是充分经历过贫穷的。

但是我回顾我的人生，这些贫穷没有给我心灵留下任何阴影，因为我的心没有放在这个上面，我没有把贫穷当一回事。后来我在北大上研究生，每个月是一百多块钱，后来二百多块钱，我吃饭基本上要花一百多，还剩几十块钱，我来买两本书，买二两茶叶，我也觉得很富有，没有觉得很缺钱。北大几年研究生，我书架上的书不断增长；我享受最简单的生活，也没有什么要求。后来再工作，现在已经不像那样贫穷了，但是我也没有觉得我特别富有，为这些东西所限制。

无论我现在的状态是什么，我都能够享受它、接受它。我也没有说，我一定要做个穷人，我是个修行人，就得过穷日子。我不拒绝任何好东西，但是我不贪婪任何好东西。这个生活它是一个悠然而化的过程，你当下的一切就是最好的，就享受当下的一切，但是同时要积极地往前走。

我前一段时间梦到一只老鼠、一只猫，第二天就捡到两只活的老鼠，这有什么联系吗？

这可能没有必然的联系，除非你的情节完全相似、很多很多相似的地方，那有可能是潜意识里面提前的示现；但是你这个情节不是完全一样，它就没有必然的联系。有一部分梦呢，是因为我们潜在的意识里面有一些潜在的种子，梦是它的呈现；还有一部分是预言的梦，是因为我们这个潜意识里边，它是有神通的，它能够超越时间，能够抓到未来的一个片断；但是更多的梦是我们日常生活的种子的呈现，就是"日有所思，夜有所梦"，你白天的胡思乱想，在晚上就是梦境。我们白天也在做梦，我们白天的胡思乱想就跟晚上的梦没有什么差别的，就叫"白日梦"。你在这里坐着的时候，脑子里在想这个，想那个，也有画面哪，那跟梦是一样的。所以严格地说，我们每一个人都是在梦中，就是现在也是在做梦，只不过，你现在做着听课的梦（一笑），我做着上课的梦。但是什么是梦中的人，要找到那个存在者，就是真正能做梦的存在，要找到那个东西。

我不止一次梦到将来会发生的事情，后来都应验了。我们的人生是不是潜在都被定好了的，一定是要走到那个方向上吗？

我们内在的心灵深处是有一个全景的图像，它比我们潜在的意识要能够更打开，我们表层意识可能就是一个短暂的片断，但是深层的那个仓库里面是拥有了所有过去、未来的种子。在某种意义上、某种情景之下，那些预先显现出来的，就是那些种子在你梦中示现了，它有这个可能性，你的深层意识，它有一个不一样的智慧。

所谓的过去、现在、未来这也是个相对的概念，它不是绝对的，它这个过去、现在、未来呢，在每一个参照系、或者每一个维度是不一样的。你那样认为是未来的事情，在某一个新的参照系，它就是现在正在发生的事情。可以举一个例子，假设说有一层二十层楼高的楼房，那么站在每一层面的人，他的过去、未来是不一样的，因为他的视野不一样。站在十层楼的人看见一个人出现了，但是对于那个楼下的人，他没有看见，对他来说是未来，对于十层楼的人是现在；而对于那个二十层楼的人呢，对他来说是过去，他都已经经过了，他早就看见了。也就说你站的越高，看的视野越远；他的位置是不一样的，不同的位置有不一样的过去，和不一样的未来。我们生命当中这个时间也是相对的，在我们表层意识看起来认为是未来的事情，它在另外一个层面上是可以提前示现的。

第二个问题，我们的未来难道是已经被决定的吗？从大部分来说它是是被决定的，就好像我们一列火车，它在铁轨上运行，那么它在未来某一个时间到达哪个点，这是已经被定好了的，这是有个轨道的。我们的生命都是在业力的轨道上运行的话，我们很多的未来是被决定的。但修行恰恰是要打破这个决定性，而呈现出另外一个自由。

我们的生命活在这个世界上有两个维度：一个是被决定的命运；一个是创造性的未来。而创造性的未来，是要靠我们的意识空间去开启，要靠你的觉性空间，你要能够回到你的觉性当中，要能自主地选择或者决定的时候，你才能够创造你的未来，创造了你的新的命运。也就是我们要有不一样的人生，一定要培养自己心的觉性、抉择的能力，你要有这种自由选择的权力的时候，你才会有自由的未来。而如果我们所思、所想、所做、所为都是被决定的话，那我们的未来也是被决定的。

对于一般人来说，就是过去决定现在和未来。

我原来这样想，是不是人的灵魂是有很多分身？

也可以这么说，但是不是说有很多个灵魂，而是说你的生命有很多个不同的层面，有不同的结构。我们讲了四层，还可以分成七层，每一层它的感知能力和认识能力都不一样的。我们通过生命的物质结构去接触的很多物质的现象，和物质结构、物质世界打交道，产生物质界的印象和体验；我们通过自己的能量结构、或者能量体去感受、认知能量世界，得到能量层面的的印象和体验；而通过我们的信息结构呢，我们和信息世界打交道，不断得到信息方面的印象和体验；我们还有更大的灵性的空间，能接触到本体那个层面的印象和体验。它是有不同的层次，然后有不同的感受能力。

神通也是这个意思，在某一个层面看是神通，但是回到另一个层面来看，就是它是平常的事情。对于四维空间来说是正常的事情，但是对于三维空间来说，肯定是神通，他是理解不了的。就好像一只蚂蚁，如果给它画一个圈，因为蚂蚁是生活在平面二维空间当中的，我们把这个蚂蚁从这个圈里面拿出来，那对于圈子里的蚂蚁来说，它就认为是神通了，没有经过这个圈，那只蚂蚁是怎么出去呢？这是不可思议的。我们人基本上是一个三维空间的“动物”，但如果一个人从第四维空间出去的话，我们认为是不可思议的，这个墙关不住他！这可以从这个不同维度的数学模型来解释。

回归本原，就是说一开始我们有一个先天合一的境界？

这也可以看作是一个隐喻，修行并不是真的回到某一种远古的原始的世界，更多是一种更高层面的回归，与原始的状态不同。在不同的宗教里面，都有这种说法，像基督教的离开“伊甸园”的过程，而我们这个道教讲的从先天到后天的演化，最开始本来就是一个天人合一的境界，从那个境界，我们不断地进入后天的分别、分开、分离的状态。从历史上来说，就可以把最开始的上古的人类，他们是活在先天境界当中的，那个时候是天人可以交通的，就是天地相通的，随着后天的进化，先天的能力反而是退化的。我们讲，一方面社会是不断地在进化，但是同时我们某些的功能是在不断地退化的；我们外在的科技越来越强，那么内在的科技可能就相对要弱点。所以修行有的时候就是潜在的东西和显现的东西两者的互动，我们显现的后天的东西越多，那么先天的潜在的东西显现的机会就越少。

某些情况下经过生病，或发生意外，激发出一个人的特异功能，这有什么意义？

通过生病，或是通过某些外在的刺激，他实际上是压抑了我们的后天识神，而呈现出某种先天的功能。比如说通过车祸把这个脑子的功能去掉了，恰恰是进入了头脑失去控制的时间，他的灵性的空间反而打开了，就是通过这个生理上的变化，抑制了我们后天的这种发散心，或者后天的这种分别心，反而使我们的心宁静下来，使那个清静的本体结构得以呈现，所以就现出某些不一样的功能。但他那个是被动的，对修行来说，没有用，修行一定是要自觉地、有意识地去达成的东西，才有意义，如果靠那个外在的、外力达成的，都不是真正的成果，都没有真正的意义。

今天的讲座到这里就圆满结束了！非常高兴跟大家结缘，大家有兴趣可关注我的博客、微信，也可以看《观虚斋系列丛书》，后会有期。

附录

内丹学的基本理论在养生领域的运用①

大家好！今天，我们在这里开这样一个道家养生的高端论坛，我认为非常有意义。

今天的世界，是科学技术日新月异、高速发展的时代，人们已经登上了月球，将来有可能在星际都可以旅行。科技文明发展带来这样丰富的成果，给我们人类的生活带来了极大的便利；科技文明的高速发展，有时候会给我们一个错觉，以为我们可以掌控这个世界，而且以科技文明这一单向度的观点，来评价人类的一切文明成果，这是非常危险的。

我们看到今天的人们，虽然对这个外在的世界的了解越来越精彩，越来越多，领域无穷地宽广，知识无比地丰富，但是伴随着这种对外在事物、外在世界的了解的深入，人类在另外一个向度上，不但没有进步有可能还在衰弱——我们对人自身的了解，并没有随着我们对外在知识的增加而增加，相反人类对自身生命的深层奥秘的了解，很可能还不如古人！

以前我们学《中国哲学史》的时候，经常会用一种进化的观点，来评论古人的思想，认为可以像那些科技史家一样，来对古来的先贤大哲们的思想评头论足——这就是一种轻浮的表现。今天不是我们要对古人论头论足的时候，我们是要虚心地敞开胸

① 本文为戈国龙教授2014年9月在第四届中国（成都）道教文化节“道在养生”高峰论坛上的演讲，由新弘笔录。

怀，向先哲们学习，和古人的心一起共鸣，去探索那个内在心灵的世界。

道的真理、道的体验、道的奥秘跟科学技术的发展是两个轨道，不能因为科技文明的发展，就认为我们可以掌握“道”的真理。

“道”是一种心灵的内向的体验，是一种个体的生命自我被超越之后，自我执着的“有限我”融入了无限的宇宙海洋，而体验到的万物一体的境界。在这种“一体”的境界当中，时间相被超越了，空间相也被超越了，有限的人进入了无限的道，有限的个体的生命的波浪，融入了无限的道的海洋。

我们今天要回到古人的高度智慧的认识当中去汲取洞见，来平衡单向度的科技文明发展给人类带来的一些问题，在“道”的真理当中，蕴含着解决当今人类文明偏失的“神秘的钥匙”。

道家道教认为，在道的演化过程当中，有两个方向：一个是道的顺向演化，从全息的、蕴含一切能量和智慧的“道”的世界当中，逐渐展开它自身的演化，一直到形成万物，这是“道生一，一生二，二生三，三生万物”这样的一个演化过程；还有更重要的一个演化过程，就是我们今天要怎么样逆向回归，重返“道”的世界。这是由三返二，由二返一，由一返零，进入道的世界，再重归道的圆满、道的无限，这就是内丹学“炼精化气，炼气化神，炼神还虚”这样一个回归道体的过程。

这样一条返本还原的演化过程，对今天的人尤其重要。我们需要重返自己内心的深处，眼睛除了向外看，我们需要回过头来返观自身，寻找我们真正的心灵的家园。

今天时间有限，我不能够全面地展开这个话题。我今天可以简单地提示一下，从这个演化过程当中，我们可以把这个“道”的演化的层面，既看成一个宇宙论的历史性的演化进程，同时我们也可以提炼出它的本体论的逻辑性的四层结构。

我们可以把精、气、神、虚看作生命的整体系统当中的四层，在我们人的生命当中全息着整个宇宙演化的信息，所以我们每一个生命都包含有精、气、神、虚这样的四层结构。

“精”这一层结构，我们可以把它简单地归纳为生命的“物质结构”，因为“精”代表的是物质的精华；“气”呢，是代表着能量，所以我用气这个层面代表生命的“能量结构”；“神”呢，是我们生命的信息处理系统，我们把它归入生命的“信息结构”；还有更高的一层，“虚”这一层面，是我们生命的真正的主人，是生命的根本的那个本原的世界，是本我、真我，或者本性、神性、佛性的那个境界，所以我把它统括为生命的“本体结构”。

建立这样一个生命的四层结构的模型，可以加深我们对生命的认识。因为我们对人的了解，一般来说总是从人的最粗糙的层面来了解，认为人就是这样一个由物质结构所组成的身体，而实际上我们所看不见的能量结构、信息结构、本体结构，才是更重要的生命，而且是一层比一层更重要。外层的肉体和里层的能量结构，还有信息结构和本体结构，这四层结构之间是相互镶嵌，相互作用，它们有着相互辩证统一的关系。它们可以相互作用，相互转化。

对人的生命的认识，大多数人或者一般的医学、西方医学，它主要的目光是看人的物质结构，讲养生也是重在物质结构的养生，就看如何把握这个身体结构的平衡，看看那些指标有问题。我们所做的体检，这些仪器所能检测出来的指标，都是在物质结构的范畴之内。但是按照中国传统医学，或者中国道学的理解，人更要的是他的能量系统，他的精神系统；最重要的是他的本体系统。

因为我们能量结构的阻滞、能量结构的问题，进一步演化就会变成物质层面的真正的疾病。而精神结构、信息结构的问题，也会导致能量的混乱，这个在内丹学或者密宗当中，用“心气无二”这样一个命题，来表达能量结构和信息结构之间相互密切的关系。

我们心灵的每一个烦恼，每一个问题，都容易在能量结构上导致某种纠结或滞碍，进一步演化为物质结构的疾病，所以心灵的修养，能量的打通，对人来说非常重要。

无论是讲人的疾病、人的健康和人的养生，都要从四层来看，而不能单从某一层来看。

今天，我们养生很讲究营养，怎么吃各种各样的有营养的食品，但实际上，我们也可以把食物分成四层，生命的每一层都有它相应的食物。

物质结构的食物，就不用讲了，就是普通所说的食物。能量结构的食物，与呼吸之气有关——呼吸之气是后天气，但直接影响先天炁的运化——也包括各种能量场的影响。信息结构的食物就是我们心灵的营养，精神所获取的印象，如我们所读的书、所接触的思想等，都是精神粮食。最高的营养就是“空性”，是在虚无的境界当中，回到真我的状态，这是本体结构层的食物，也是生命最高的营养。

今天我们要谈真正的养生，就应该把生命看成这样一个完整的系统，是由四层结构组成的整体，由此来讲究生命四层结构的全面健康。要回到深层去，找生命健康的原因，所以《心经》讲："心无挂碍，无有恐怖，远离颠倒梦想，究竟涅槃。"当我们能够心无挂碍，回归到"道"之中，当我们的心灵真正地健康的时候，它就会引起、导致我们能量结构的完全的畅通和平衡，也就会相应地达到在身体结构层面的养生的效果。

我们现在心灵最大的问题，就是我们的心不由自主，我们做不了自己的主人。虽然我们在一定程度上能够控制外在的世界，但我们的心是胡思乱想、不能做主的，是没有找到真正的中心点的，我们的心是随外境、外缘而流动，这样的一颗心就是杂乱的胡思乱想的心。所以所有的修养都讲究定、静、虚无，让心灵回归到那个纯粹的世界，回归到我们心无挂碍的纯粹的心灵状态，在这种心灵状态当中，达成与"道"的统一。

"道"是一个无限的能量之海，也是一个无限的"负熵之源"，从道之中，就有无穷无尽的智慧、能量和信息。生命要达到它的超越和永恒，只有超越有形有相的小我，回归"道"的无限境界。好，谢谢大家！

我们为什么没有爱①

各位专家学者，各位青年才俊，你们好！我是最后一个发言，但是我期待它是一场压轴的大戏；但是也有可能演砸了。所以我首先要声明：以下的演出，是由我扮演的戈国龙教授的发言，但不一定是戈国龙教授本人的意思。

今天的会议的主题是，儒释道三家的思想，与现代当代社会的一个互动与对话，但是我听了一天，我感觉到当代社会这个部分呢，基本上没看见，所以，最后我的任务是要回到当代，回到当下，回到我们现在。

我学央视记者的方式，先做一个调查：请问大家有爱吗？有慈吗？大家有慈有爱的请举手。好，虽然不多，但是已经令我欣慰了，因为我原本以为一个都没有！

所以我要提出一个反面的命题：慈爱何以不可能？我们为什么没有爱？我们先要厘清这个重要的问题。

事实上我对爱也是一无所知，我也不知道爱是什么。我常常问自己，我爱一个人是什么意思？你说你爱我又是什么意思？我很爱红烧肉，但是我并不关心红烧肉的感受，只关心我自己。这种爱我不需要。如果你爱我，只是想把我限制在你的牢笼当中，让我来满足你的某些需要、你心目中的欲望，那么你爱我恰恰是

---

① 本文为戈国龙教授 2013 年 9 月 11 日下午在北京大学“仁爱与宽恕：儒释道思想与当代社会的对话论坛”上的发言，录音记录：姚慧芳。

对我自由的一种扼杀。

到底什么是爱？当我们说爱的时候，到底是什么意思？也希望大家跟我一起反观这个问题。要回答这个问题，我们就回到了一个人的基本素质的问题。

我们现在所谈的所有的一切，爱或者慈悲其根源都是立足于自我，而自我是我们后天发展以来，非常执着的一个身份，一个角色，一个记号，这个自我中心是我们人类成长以来一个非常不可少的印记。可能没有自我，生活也不大可能；但是自我这个中心确立以后，我们的生活也就出现了种种的问题。当自我做主的时候，真爱就不可能。

前几天我在一个微博里，发了一篇简短的话，我说真爱是自性本具的光华，而我们所谓的爱，只不过是打着一个旗号而已，它表达的是我们自身的渴望或者欲望。

我们现在要回到道家的语境当中来，道家为什么有时候会对仁义表现出某种反讽或者一种批判？道家看到了表面上的仁义的虚伪性，道家要追问真爱的可能性。在道家的语境当中，先天和后天这个概念非常重要。道家认为，有一个先天的纯净的世界，那也是道的世界，那是我们回归在道的海洋当中与万物相融为一的一个境界。但是落入后天之后，人的自我中心主义发展了，依身起念，以我们的肉身为基础，我们形成了种种的自我、一个角色，一个定位，我们为自己去奋斗，为自己的成功，为自己的享受去在社会上拼搏。在这样的一个过程当中，所有的爱都会变成自我满足它自身欲望的一个工具。所以谈爱的时候，有时候是充满了虚伪。

在现代人的素质当中，有一个基本的素质，就是我们人自身的不统一和分裂。当我们内心没有一个统一的和谐的世界，谈爱就是一种奢望。我们自己都不知道自己是谁，我们自己都不爱自己，我们何谈去爱别人？我们不知道怎样去爱，因为我们自身就还充满了痛苦，一个乞丐如何去布施给别人？他首先想到的是“我要”！

唯有当我们内心的丰富，内心的统一，内心的充实，内心的喜悦找到之后，爱才会有可能，爱才会从里面生发出来。

这也是道家的一个命题，就是我们要做“真人”。但是放眼望去，在我们现实社会当中，我们都是“假人”，因为我们没有找到真正的自己。

我们扪心自问，我们知道自己是干什么的吗？知道自己是谁吗？还是我们只是一大堆的我，在不停地轮流做庄？今天是一个我，它表现出某一种愿望，某一些特色；但是下一个片刻，这个我就变了。所以当人说“我爱你一万年”的时候，那个片刻，那个我是真的。但很可惜的是，下一个片刻，那个我已经退场了，另外一个我上场了。他就撕毁协议了。你不能说它是变卦了，他没有变，因为那根本就不是同一个人，我们没有找到内在的那个统一性，根本就没有一个不变的人存在。

我们每天有一大群我在活动，也许有千百个我，因为我们的思想和念头不断地在流动。在这个流动当中，是什么在支配他，是真有一个我在控制这一切吗？

我认为，没有！这些我之间，是没有必然的关联的。他是一大堆由原来的所作所为所留下的印记、我们的心田当中留下的许许多多的种子的呈现。这些种子，是过去所作所为、所思所想所造成的一种印记留在我们的心田当中，这些种子不断地要表现它自己，就形成了一大堆我；而我们所表现出来的那个简单的我是很短暂的很局限的，很有限的。也就是说，我们的内心充满了无数个面向，这些面向，他们自身都是混乱一团，那么以这样一种状态，当我们谈爱的时候，谈慈的时候，那都是一个工具。

所以真正的慈爱，不是一种外在式的关怀或者关切，而首先必须经由他内心的转换、转化而得到的一个成果。也就是说，他是道家所讲修道功夫或者修道境界的后面的一个结晶，一个成果。道家所讲的无为、自然都是从后天的这种充满了形形色色的各种各样的面具或者面向，这个混乱的诸我之中，要回归先天的统一性，要找到真爱的源头。

真爱的源头在哪里？就在道之中。道是那个统一的，万事万物的分别还没有诞生，或者虽诞生而没有分别，也就是那个海洋的原始的统一，而所谓的自我只是道之海洋中激起的一个个浪花，这些浪花自以为他是一个独立的个体，但是他不知道每一个浪花都本来相融于大海之中。

所以道家说，人在道之中，就像鱼在水中一样，但是我们不知道，我们跟这个道的统一性，我们误以为自己是一个独立的个体，为这个错误的个体认同、独立的自我去拼搏一生，但那个自我真的存在吗？

人须追问或者真正地反观，我们会发现，自我是我们脑中的一个概念，或者一个形象，但我们自己都不知道他到底是什么？那些觉悟的人告诉我们，自我是一个虚幻，是一个错觉，就像我们以为，绳子是蛇一样，然后在那里恐惧。我们实际上不是要去除、破灭自我，跟自我作斗争，而只需要一种智慧的洞见，发现自我原本就是虚幻的，就是不存在的，绳子本来就是绳子，不是蛇，不需要把蛇变成绳子，只要认识到绳子是绳子的真相，认识到自我本空的真相，认识到人和万物在道之中相联一体，觉悟到整体的统一性，这样，真正的慈爱才是有可能的。

因为我们本是一家，我们本是一体，是谁去爱谁呢？不是我去爱别人，是我在爱我自己。我在爱我自己，也就是我在爱别人，因为我跟别人之间没有绝对的区分，就像我的左手和右手，看起来是分裂的两只手，但是左手右手如果都自认为是独立的话，它们会不断地打架、争斗，但是智慧的手会知道，它们都是我身体的一部分，那么它们会有更高的统一性，这个统一性就是我们身体的整体。人也是一样，看起来每一个人都是孤立的，但是如果我们深入地去追问他，去挖掘他，在每一个生命的最深层的背景当中，有一个广阔的世界、广阔的境界，可以去达成；只有在深层的宁静当中，破除了所有的自我执着和分别心之后，有一种一无所有，而万象本具、万机潜蕴的状态，也是真空妙有的状态，回到这种状态里面，我们就能够体验到某种自发的那种真人的爱，这也是道家所追问、所寻求的境界。

但是，我们现在很多的道德的教化，一天到晚，要这样不要那样；要“八荣”，不要“八耻”。给出了很多的道德标准，但所有的标准是说给谁听？是谁去执行？要做这个，要做那个之前，我们先要问是谁在做？他有没有能力去做？这个人的内在素质的提升和内在生命的成长，才是所有真正教育的关键。

不是教你要做这个、做那个，而是要发现，我们作为一个混乱的人，他无法去“做”！只有先追求成为一个统一的有素质的人，我们才能够去“做”。所以要想去按照某种道德的教条去实践，他必须这个人先要“存在”，需要有一定的素质才行，也就是说，要找到生命的主人。

我认为，这也是儒释道三教或者所有的真正的宗教所追问或所要达成的最根本的境界：就是要达成生命的统一性，找到内在生命的主人，只有主人存在的时候，我们的一切才会有意义，我们才能够有意志。对大多数人来说，他是没有意志力的，他做不了他所想要做的，他也无法按照别人的教导去做。人在大多数的时候，都是一种机械反应的高等机器，随外缘而变动；外在一刺激，你马上就现形了。也许有的人在台上可以唱很多的高调，但是现实生活中，只要一个小小的刺激，就可以让他现出原形。

所以要认识到我们目前的状态是无法去“爱”的，目前的状态是做不到真爱的，这才是真爱发生的起点；承认自己的无知，才是探讨真知的可能性的起点；认识到生命的问题，才是指向解决这些问题的一个途径。

再回到我们最开始的问题，慈爱何以不可能？是因为我们内在充满了暴力，停止我们内在的所有的冲突和纷争，先达成一个平和的、觉知的、统一性的人，真爱才有可能。谢谢大家！

修道智慧与生命科学①

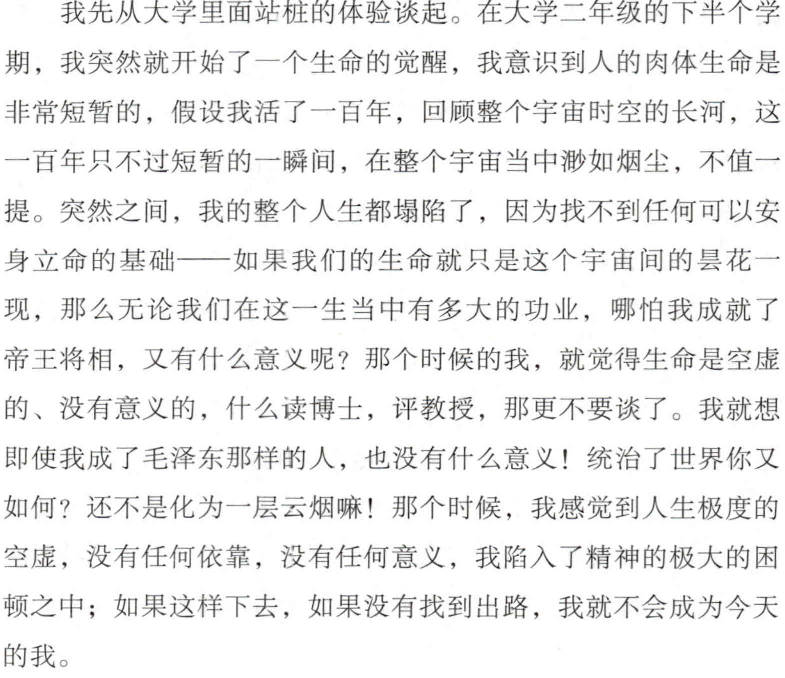

我先从大学里面站桩的体验谈起。在大学二年级的下半个学期，我突然就开始了一个生命的觉醒，我意识到人的肉体生命是非常短暂的，假设我活了一百年，回顾整个宇宙时空的长河，这一百年只不过短暂的一瞬间，在整个宇宙当中渺如烟尘，不值一提。突然之间，我的整个人生都塌陷了，因为找不到任何可以安身立命的基础——如果我们的生命就只是这个宇宙间的昙花一现，那么无论我们在这一生当中有多大的功业，哪怕我成就了帝王将相，又有什么意义呢？那个时候的我，就觉得生命是空虚的、没有意义的，什么读博士，评教授，那更不要谈了。我就想即使我成了毛泽东那样的人，也没有什么意义！统治了世界你又如何？还不是化为一层云烟嘛！那个时候，我感觉到人生极度的空虚，没有任何依靠，没有任何意义，我陷入了精神的极大的困顿之中；如果这样下去，如果没有找到出路，我就不会成为今天的我。

很幸运的是，我找到了出路，这个出路可以说是“解悟”与“证悟”两个方面都有。一个是来自于中国传统文化，尤其是老庄。我在读老庄过程当中，感觉到、体会到某种东西，给我一种精神的安慰，但这种安慰还只是心灵上的解悟。后来我因为某种

---

① 本文是戈国龙教授在“昆仑高峰论坛暨老子道学文化研究会 2015 年年会”上的演讲，新弘记录。

因缘，我又进入那种体道的境界当中，有了“证悟”的体验。我在南京大学先修了一门太极拳课程，后来为了打太极拳，我要先站桩养气。我想先站十分钟体验体验气感，在站桩的时候，老子的一些话语，自然地在我的心海中想起，我把它作为我练功进入状态的一个诀窍。我默诵老子里面的某些话，慢慢地我进入了一种状态，就是真正地无为，真正地与道为一，所有的牵挂、所有的操心的问题都消失了，个体的我也消失了，融入了一片不可分别的广大的空或者道之中，那个时候，我对道就有一种直觉的、直观的瞥见。

进入那种纯粹无为的状态，整个的小我就融入了道的海洋之中，自己感觉好像没站多长时间，几个小时一会儿可能就过去了。在这种体道的状态当中，我的精神、我的身体都发生了某种的变化。身体方面有某种明显的充实感，一种光明焕发的感觉，身体里充满了能量。而心理上呢，所有的思想的牵挂也突然豁然开朗，好像看见了一个更大的天空，我们以前所操心的问题不过是站在有限的小我来看问题而得到一个错觉。事实上，我们还有更广大的生命，这个生命是我们以前没有体验到的。体验到这种无限的生命，生命顿时就有了意义，这种意义不是来自于思考，来自于理论，而是来自于某种进入状态以后自然而然的呈现。你会觉得人生是如此美好！

我记得在南京大学球场站完桩以后回来，整个天地都“变色”了。那个操场后面就是一条马路，来来往往的车流声以前都是噪音，但是在我听来，那是宛如天籁，都是美妙的音乐；看所有的花草树木都充满了诗情画意，生命就有了意义，有了一种无限充实的美感。

后来我就觉得，人生只要找到了这样一种道，所有的问题都不是问题。我就想，任何时候，只要我有时间，每天给我一个小时，我进入它，所有的人生问题都不再是问题。

这是我最初的一个体会。

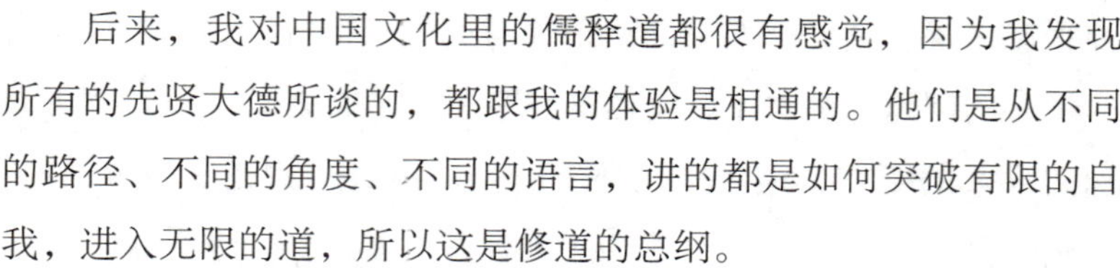

后来，我对中国文化里的儒释道都很有感觉，因为我发现所有的先贤大德所谈的，都跟我的体验是相通的。他们是从不同的路径、不同的角度、不同的语言，讲的都是如何突破有限的自我，进入无限的道，所以这是修道的总纲。

从这个引子，我就想到我最近读过的一本书，是欧文·拉兹洛的《自我实现的宇宙》，它恰恰是从现在科学的最前沿来谈，它谈到现有的科学范式都出现了问题，因为大家都知道科学的进步就是一个范式的转换。以前的范式出现了问题，出现了不能解释的现象，需要一个新的范式。拉兹洛其实也是一位科学家，他从最前沿的科学视野，发现现有的科学所不能解释的问题，包括爱因斯坦的理论也是不够的，它没有找到一个最终极的统一。他提出了一个最新的科学范式，他提出了一个最新的场——阿卡莎场，“阿卡莎”是来自印度教的一个词语，但其实翻译成“道场”是非常贴切的。拉兹洛认为，完整的宇宙系统是由可观察的显现的维度（M 维）和不可观察的深层维度（A 维）两者的相互作用组成的。M 维的事件是由 A 维构成的并最终消失于 A 维之中，而 A 维就是阿卡莎场。也就是说，他认为整个世界最终来自于一个无形的不可测度的统一场，这个场是遍布宇宙的，是没有时空限制的，这样就可以解释目前科学所无法解释的“非定域的物理现象”。拉兹洛提出的新范式不再是古老的哲学认证，而是有最新的科学理论的基础的，有一套严密的论证。这套新的范式，可以解释现有科学不能解释的问题，是目前更具有理论兼容性和完美性的最新的科学范式。

在我阅读这本书的时候，我就想起了我对道的体验。我可以从体验上和拉兹略提出的新范式去相应，因为我最开始在对道的体验的解释中，我就提到“道”是“宇宙全息统一场”，全息统一就是说它没有时空限制，它是在无论多远的时空都可以相应的，这种场就是宇宙统一性的根基。而我们认为事物之间有差别，那是在这本书所谈到的另外的一个维度的世界——M 维的世界，它是有差别的。所有的显相的世界，都是来自于隐性的世界、隐形的世界，从那个无形的世界突显出这个显相的世界。对于这两个世界，拉兹洛也有一套范式，解释它们之间怎么转换，它们之间有什么关系。在我看来，这讲的正是传统的“道”和“物”的关系，或者“本体”与“现象”的关系。这样的一个本体就不再是一个虚玄的本体，而是一个真真实实的存在，确实成为我们今天这样一个世界的存在的基础，是将万物打通构成统一体的一个东西，而这个东西，我是从内在体验到了。

而我们人生最大的问题，恰恰是我们执着于这样一个表象的世界，把自己局限为这样一个小小的肉体、小小的自我感、小小的头脑，陷在这个地方，我们为此而奋斗一生。但真正的解脱是如何放下这个虚幻的小我，来融入那个无限的道。

拉兹洛那本书是用科学来解释的，我可以用贴近现实生活的一些现象来作比喻，来切近这个无相的世界。比如说，任何表面看起来有差别的事物，如果我们去深入地追究它们，一定会发现它们最后是相通的。就好像地球的表面有很多口井，每一口井都是独立的井，但是我们知道往下挖的时候，它们在地下广大的河流中是完全相通的。又如，任何地球上的两棵树都是完全独立的，但是树在地下，它是相通的，它们有无数的联系。佛教里面经常讲，所有的波浪看起来是波浪，其实波浪都是相融于整个的海洋。我们人也是一样，看起来人一个一个也是独立的人，但是所有的人往里再挖掘，继续深入其本性的存在，在“道”之中确实所有的人都是相通为一的。这个不再是一种玄学化的哲学，它是一种体验，而且是可以用最现代的科学范式来说明的一种东西。

所以我就想，我们对科学的了解往往是一种局限性的了解。当我们问一件事是不是科学，我们其实要问是符合哪一种范式的科学？如果我们把某一种科学范式固定为科学的普遍标准，去宣称某种事物不合科学的时候，这就出问题了。但是每个人对现在的科学的了解是很有限的，他所了解的可能只是过去时的某个范式，他认为是科学，好像其他的都不是科学，他认为你这个是不科学，其实他理解的科学早是过时的科学。最广义的科学它是一种理解、一种范式，他能够真实地解释宇宙人生的现象，经得起实践的检验，这就是科学。

从这种意义上来说，东方的修道智慧它实际上就是高深的、前沿的或者更彻底的科学，所以我就提出了一个“内在生命的科学”的概念。我们内在修炼、体验所得到的一整套解释生命、解释宇宙的范式，完全可以成立为一种科学。这就是科学与宗教的相通。当然，我们本来不需要把这套理论理解为科学，它和一般向外求理的科学是不同的方向；但是在今天的语境之中，不科学意味着它不是真理，意味着它是不正确的，所以我们需要正本清源，从科学的根本意义上来说明修道的智慧是一种内在生命的科学。但是我们的科学不仅仅是有西方近代科学这样一套模式，一定要用数学公式来表示，我们的中医、我们传统的修道科学，它是有自己一套语言、一整套描述这个世界的方式，这套语言可以帮助我们从内在去了解这个世界，了解生命，那么建立这样一种内在生命科学的模型是非常重要的。

最后，我想从道教内丹学的角度出发，简单介绍一下我所建立的"精、气、神、虚"这样一个"生命四层结构"的理论模型。精、气、神、虚四层，就是生命的物质结构、能量结构、信息结构和本体结构这四层。到了生命的本体结构，就是"道通为一"的那个层次、那个世界，在那个世界里面就是打通的。这是我们每个人都潜在地具有的一个层面，但是我们没有把它显现出来，焕发出来，在大多数的时间，我们那个层次、那个世界是被遮蔽的，是没有呈现的。我们所体验到的，可能就是物质世界的生命，或者能量层次的生命，或者我们大脑处理信息、理性思维这个层次，本体世界是被遮蔽的。所有的修行功夫我们可以看作是通过前三层的转化、打通、积累，进入第四层——生命的本体结构，进入生命的本体结构以后，用这种打通的世界或者说是合一的境界，再来转化我们前面的三层结构。用内丹学的语言来说，就是如何从后天返先天，再如何以先天来化后天，最后达到先天和后天的统一，也就是与道为一的证道的境界。

这是我的最简单的一个说明，但其实这可以展开，但今天没有时间详谈。生命的四层结构的模型，可以解释很多的修道的现象。包括我们人体的疾病、养生、健康，你用这个四层结构模型一观照，就会发现很多的问题。比如我们认为一般人有没有病，你上医院一检查，所有的指标都是物质结构的指标，这显然是不够的。所以全面的养生、全面的健康要从四层结构来统一观之。谢谢大家！

中华正气歌

ZHONG HUA ZHENG QI GE

罗雄◎著

一组红色旅游赞歌

一把红色记忆钥匙

传播红色文化　弘扬中国精神

北方联合出版传媒(集团)股份有限公司
万卷出版公司 VOLUMES PUBLISHING COMPANY

图书在版编目(CIP)数据

中华正气歌 / 罗雄著. —沈阳：万卷出版公司，2016.9
ISBN 978-7-5470-4292-2

Ⅰ. ①中… Ⅱ. ①罗… Ⅲ. ①诗集-中国-当代 Ⅳ. ①I227

中国版本图书馆 CIP 数据核字(2016)第 218155 号

出版发行：北方联合出版传媒(集团)股份有限公司
万卷出版公司
(地址:沈阳市和平区十一纬路 25 号 邮编:110003)
印 刷 者：湖南鑫成印刷有限公司
经 销 者：全国新华书店
开本尺寸：170mm×240mm
字　　数：170 千字
印　　张：13
出版时间：2016 年 9 月第 1 版
印刷时间：2020 年 7 月第 2 次印刷
责任编辑：李　坪
策　　划：张立云
装帧设计：力宝工作室
责任校对：刘彩霞
书　　号：ISBN 978-7-5470-4292-2
定　　价：39.00 元
联系电话：024-23284090
传　　真：024-23284448
腾讯微博：http://t.qq.com/wjcbgs
E-mail：vpc_tougao@163.com
网　　址：http://www.chinavpc.com

序 XU

余三定

2015年5月18日，我应邀到位于省会长沙城西的宁乡县花明楼镇刘少奇同志纪念馆，参加由省文联组织的周迅的“报告文学《人民利益高于一切——刘少奇在湖南调查的四十四天》研讨会”，有幸认识刘少奇同志纪念馆馆长罗雄，从朋友们的介绍中得知，罗雄不仅是一位优秀的行政管理干部，也是一位优秀的党史研究专家，而且还是一位杰出的诗人，当时我就想着什么时候能有机会读到他的优秀诗篇。此次有机会先睹为快，读到了罗雄即将出版的诗集《中华正气歌》，对罗雄这位杰出的诗人有了具体感受，所以我很乐意在此写下我初步的读后感。

气势宏大，具有史诗般的特质，是罗雄诗歌的突出特点。这一点与罗雄诗歌的描写对象是分不开的。罗雄的这部诗集是为缅怀开国元勋刘少奇而写，刘少奇是伟大的马克思主义者，伟大的无产阶级革命家、政治家、理论家、军事家，是中华人民共和国开国元勋，是以毛泽东同志为核心的党中央第一代领导集体重要成员。胡锦涛在纪念刘少奇同志诞辰110周年座谈会上说：“刘少奇同志的英名同中国共产党的历史，同中华人民共和国的历史紧紧相连。”“我们深切缅怀刘少奇同志，就是要学习他的优秀思想、崇高风范、高尚品德,激励和鼓舞全党和全国各族人民坚定信心、振奋精神、开拓进取,奋力把老一辈无产阶级革命家开辟的伟大事业继续推向前进。"习近平参观刘少奇同志纪念馆时说:"刘少奇同志是一位真正的无产者,连骨灰都撒向了大海。他虽然没有给后人留下任何遗产,但他的思想是毛泽东思想的重要组成部分,是我们党宝贵的精神财富。特别是他的经济思想、治国理念和'论共产党员的修养'理论,是执政兴国、保持共产党员先进性的教科书,应该好好学习、研究和宣传。"他还嘱咐:"把刘少奇旧居保护好,把刘少奇精神宣传好,把刘少奇家乡建设好。"收入诗集中的同题诗《中华正气歌——为刘少奇同志诞辰110周年而作》以叙事诗的形式,抓拍刘少奇生命历程中一个个重要镜头,让我们看到了刘少奇在中国共产党各个重要历史时期的巨人身影、高尚人格、重要作用、历史贡献和深远影响,诗作既是在描写刘少奇伟大而悲壮的人生轨迹,也是在勾勒中国共产党的发展史、中华人民共和国的"开国史"和新中国的"建设史"。正是从上述的角度我们可以说,《中华正气歌——为刘少奇同志诞辰110周年而作》这首长篇叙事诗在某种意义上可以称为"红色史诗"。《少奇颂——纪念刘少奇同志诞辰115周年》写得特别凝练、精短、深情,和上一首诗一样具有史诗般的特质和韵味。《中华正气歌》等作品都在中央电视台文艺演出中经名家朗诵过。

抓住巨人的独特经历、重大举措、辉煌历史、动人情感片段定格"特定镜头"式的描写和抒情,构成罗雄诗歌的又一突出特点。我们只要看看诗集第二部分"辉煌的足迹"中若干诗作的标题,就可以明白这一点。如"刘九书柜""在安源""收回汉口租界""临危受命新四军政委""突破封锁回延安" 等, 上述标题都显示出诗作者对巨人所做出的超越常人的非凡举动、所经历的重要历史事件、所留下的跌宕起伏的辉煌历史片段的准确把握和真实描写。《刘九书柜》开头一段写道:"刘九书柜的雅号/像沙砾中的

金子闪亮晶莹/像纺车前油灯的火苗/点亮一个山村孩子最初的行程”。《刘九书柜》是诗作者对巨人伟大而悲壮的一生所做的最初剪影。《在安源》第一节写道:“在安源/你就像辛勤的春蚕/用无尽的银丝/把贫穷拧成一根根绞绳/让无产者形成团结的力量/向旧世界喊出战斗的吼声/令剥削者和一切反动势力惶恐”。《在安源》是诗作者对巨人革命生涯中最早的英雄壮举所作的写意和歌咏。

语言的朴实、生动、新颖,构成罗雄诗歌的第三个突出特点。诗人在《竹沟传奇》写道:“少奇的伟大与平凡/同国人的命运一样/几多喜乐/几多平淡/几多宽容/几多善良/几多神奇/几多磨难/几多曲折/几多辉煌/也像竹沟镇的石榴/永远奉献着甜蜜与芬芳”。诗作者用毫不雕饰的日常生活中的朴素语言写出了既是伟大领袖、又是共产党员和人民公仆的刘少奇的性格特点和人生经历。《东湖塘的香樟》写道:“1969 年/春天电闪雷鸣/夏日持续高温/秋来风吹落叶/冬至寒气袭人/生灵墨面/草木凋零”。从上述文字的字面意义看,纯粹写 1969 年自然现象的四季交替,非常具象,仿佛能让读者身临其境,感同身受;从其蕴含的意义看,则是写 1969 年中国社会严峻、残酷和非同平常的政治环境,那一年 11 月 12 日,共和国主席刘少奇在开封被“四人帮”迫害致死,真正是“生灵墨面/草木凋零”。《在刘主席遗像前》写道:“每当看到这帧照片/或是在照片旁走过/总是不忍心多看一眼/伤感的泪水充盈眼眶/三米展柜/像一个世纪那样漫长”。“三米展柜/像一个世纪那样漫长”,描写“我”心情的伤痛和脚步的沉重,可谓新颖而贴切。

特别值得一提的是,罗雄的歌词朴实清新、韵味十足,这里收录的 30 多首都已谱曲,多数参加全国征歌赛并获奖,并在文艺演出中唱响且录制成光碟,为音乐界所推崇,丰富了群众文化生活,应该给予点赞。

罗雄曾长期工作在乡、县基层,1983 年 5 月 23 日,他在长沙县高塘公社团委书记、文化站站长的岗位上,迎来了时任共青团中央书记处书记胡锦涛同志视察，受到了团中央和文化部的表彰。2011 年 3 月 20 日，罗雄还荣幸地接待了习近平主席来刘少奇同志纪念馆参观并有幸汇报工作、介绍刘少奇生平，亲耳聆听了习近平主席的谆谆教诲。他先后担任农村文化站站长、团委书记、乡长镇长和市直单位纪委书记、党委书记等职，现任刘少奇故里管理局局长、刘少奇同志纪念馆馆长，兼任中国中共文献研究会理事、中国中共文献研究会刘少奇思想生平研究分会副会长、中国中共党史学会理事、中国博物馆协会理事、中华诗词学会理事、湖南省文联委员、湖南省诗词协会副会长、湖南省博物馆学会副理事长等社会职务。罗雄现在的工作单位是全国爱国主义教育基地、全国廉政教育基地、全国人文社会科学普及基地、国家一级博物馆、国家 AAAAA 级旅游区。他的作品植根于生活沃土，吸收精神营养，沐浴时代阳光，充满了文化气息、艺术气息和责任意识。他的诗可以说是情感、责任、才华、正义融为一体，值得阅读与品味。

2015 年 7 月 7 日夜稿毕于岳阳市南湖畔

（作者系湖南理工学院院长、教授，中国文艺评论家协会理事，湖南省文艺评论家协会主席。）

中华正气歌

目录 MU LU

不朽的丰碑

辉煌的足迹

人民的思念

眷恋的故乡

和谐的春天

不朽的丰碑

BUXIU DE FENGBEI

少奇颂

——纪念刘少奇同志诞辰115周年

九公渭潢，起步湖南。
少年先锋，奇志伟男。
留学苏俄，光耀炎黄。
安源播火，华夏生光。
工运领袖，雄才共仰。
白区斗争，长征筹粮。
主政中原，威震南方。
盐城抗日，战绩辉煌。
党建三论，不朽篇章。
以身作则，践行修养。
抢占东北，擘画有方。
平西土改，颁布大纲。
五四指示，剀切周详。
进京赶考，责任担当。
天津讲话，保护工商。
统一战线，民主协商。
人大履职，法治启航。
八大报告，纵览大纲。
国家元首，四海三江。

呕心沥血，治国安邦。
调整经济，民生至上。
南北调查，风气开张。
心连百姓，情系三湘。
扎根桑梓，解散食堂。
描绘蓝图，谋划希望。
七千人会，耿耿肝肠。
谦恭礼宾，辛劳出访。
风度翩翩，国仪昂昂。
“文革”浩劫，雨暴风狂。
“四凶”六字，折断中梁。
五中全会，春风浩荡。
拨乱反正，昭雪重光。
模楷熠熠，公仆煌煌。
承先启后，改革开放。
“三个代表”，先进榜样。
科学发展，全面小康。
伟大复兴，中国梦想。
冥诞之期，聊荐薄觞。
告慰先辈，激励家乡。
感恩祈福，民富国强。

注:《少奇颂》用作长沙市人民政府纪念刘少同志诞辰 115 周年举行向刘少奇同志铜像敬献花篮时《公祭刘少奇文》，多次在文艺演出朗诵。

中华正气歌

——为刘少奇同志诞辰110周年而作

（叙事诗）

只有胸怀坦荡的人才能与大海同在
只有心底无私的人才能与江山并存
只有信念坚定的人才能与日月齐辉
只有品格高尚的人才能与中华共荣
养天地正气
法古今完人
历史的公论
让你站上人格巅峰
敬爱的少奇同志啊
你用一个大写的“人”字
撑起了历史的天空

一本《辛亥革命始末记》
作为你的革命之始
伴随你走出靳水河畔的炭子冲
你报考驻省宁乡中学的理由
竟是为了追随崇拜的偶像——
孙中山、黄兴
在妙高峰下眺望湘江北去

在营盘街上倾听走向共和的足音
未等到毕业典礼
便投入时代的盛典
“五四”的滚滚洪流
把你推向思想启蒙的北京

燕京城里
读书报国
河北保定
俭学勤工
并不昂贵的路费
阻挡你留法的脚步
你从长沙船山学社
走进了社会主义青年团的大门
上海外国语学社
成为你走向世界的起点
《共产党宣言》
开启你留学莫斯科的课程
《国家与革命》——列宁激情的讲演
令你刻骨铭心
你把握紧的右手举过头顶
你把信念的火炬烧得通红
你把伏尔加的清酒带回家乡
你把俄罗斯的面包献给母亲
从此,你不再是青年学子
你已是走在时代前哨的先锋

一纸中国劳动组合书记部的信函
点燃了你心中的火种
长沙郊外清水塘农舍
毛刘首次握手交心
通宵长谈被报晓鸡鸣打断
两盏油灯把漫漫黑夜照明
你从屈贾之乡走向安源路矿
义无反顾迈上人民革命征程
收回汉口英租界让国人扬眉吐气
领导省港大罢工使工潮风起云涌

白区斗争你力挽狂澜
党的地下工作柳暗花明
为顺直省委指明《出路》
到沪东区委踏出东海波平
满州省委重担大任
中东铁路领导工人罢工
红都瑞金辉煌史册
有你闪光的篇什
福建长汀泥泞路上
有你草鞋踏出的深深印痕

二万五千里长征经天纬地
你默默无闻保障粮草先行
雪山草地勇往直前
遵义会议旗帜鲜明
从瑞金城到吴起镇
坚定的脚步走完了全部行程

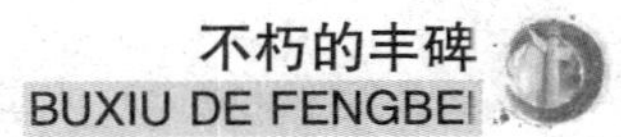

红军在陕北安营扎寨
你火速赶往白色恐怖的天津
北方局重整旗鼓
根据地绝处逢生
峥嵘岁月里
你迎难而上除旧布新

逐鹿中原纵横捭阖
驰骋华北横扫千军
太原—平遥—延安
渑池—竹沟—盐城
决策于北方的青纱帐
运筹于南方的甘蔗林
用生命巩固华北抗日根据地
用智慧开辟皖东苏北大本营
华中敌后建立统一战线
新四军重振铁军雄风
侵略者因你魂飞魄散
新四军因你战无不胜
东进—东进—再东进
东进的大旗一路雄风
龙潭虎穴震慑魑魅魍魉
摧枯拉朽化作电闪雷鸣

一道道封锁线
挡不住英雄相会的脚步
一张张加急令
加快了革命胜利的进程

八千里路云和月
重返延安定乾坤
“重庆谈判”代理党中央主席
一次次降大任于斯人
“向北发展,向南防御”
你稳操胜券
“让开大路,占领两厢”
你成竹在胸

创造理论你为学界典范
研究经济你是党内精英
“人山人海里,从容做导师”
朱老总对你倾吐肺腑之言
“三天不学习就赶不上少奇同志”
毛主席给你精彩点评
马列学院讲述《论共产党员的修养》
延安窑洞写就《论党内斗争》
湘音动天地
两论耀古今
你用一生执着践行党员标准
你用一腔热血铸造“东方圣经”

解放区土地改革
让“耕者有其田”
西柏坡进京赶考
慧眼洞穿历史烟云
一任人大委员长
两任国家主席

民族大厦的栋梁
历史长河的巨人
制定国家宪法
实施“八字方针”
主持内政外交
擘画国计民生
中南海的西楼从谏如流
福禄居的灯光彻夜长明
职位上你是大国领袖
生活中你是布衣平民

“公私兼顾、劳资两利”顺应民意
“四面八方”政策、“五种经济”成分符合国情
“和平过渡”赢得国际环境
“城乡统筹”保持经济稳定
用经济的办法管理经济
试办托拉斯、辛迪加……
“两种劳动制度”“两种分配制度”
“两种教育制度”“两种住房制度”
“三自一包，四大自由”
你是中国特色社会主义开路先锋

开滦煤矿漆黑幽深的巷道
大庆油田泥浆飞溅的钻井
洛阳轴承厂机声隆隆的车间
边防部队生龙活虎的军营
到处都有你坚实的脚步
到处都有你清瘦的身影

你紧紧握住时传祥的双手
温馨的话语如沐春风
国家主席和掏粪工人
都是人民的勤务员
“没有高低贵贱,只有分工不同”

徒步兴安岭丈量东北林区
躬身蒙古包探望草原牧民
拄杖三斗坪考察坝址
席地黎寨村现场办公
与民主人士坦诚相待
同青年学子促膝谈心
洪钟般的声音响彻寰宇
“既要后继有人,还要后继有林……”

湖南农村四十四天调查
你的雨伞撑开一片晴空
攀登在崇山峻岭
行走在塘坝田埂
披星戴月
沐雨栉风
贫困与落后
让你寝食难安
浮夸与冒进
令你疾首痛心
一声声道歉、一次次鞠躬
一遍遍代表中央承担责任
“三分天灾,七分人祸”

七千人大会掷地有声
把国家利益顶在头上
把人民温饱挂在心中
个人荣辱置之度外
执政党的兴衰视为天命
是非曲直谁予评说
民心啊！是一座永恒的天平

在党和国家存亡的危急时刻
在黎民百姓翘首以待的期盼之中
敬爱的少奇同志啊
你总是挺身而出、扶危解困
多少次敢于负重
多少次临危受命
多少次众望所归
多少次激流勇进
你把毕生精力奉献给多灾多难的国家
你用拳拳之心牵挂着亿万人民
“只要马克思再给我十年……”
赤子豪情日月可鉴天地为证

六字阴霾遮天蔽日
神州大地骤雨狂风
民主与法制受到践踏
正义与邪恶激烈交锋
千百万人蒙冤受屈
高擎宪法，国家主席也难逃厄运
阴风怒号

浊浪排空
黄钟毁弃
瓦釜雷鸣
英特纳雄耐尔一定要实现
你那坚定信念和不屈精神
经受了八千里风暴
九万个雷霆
尘封的史册终竟开封
搁浅的巨舰起锚京城
好在历史是人民写的
英雄儿女把《胜利的鲜花献给您》

斯人已去
风范犹存
感天动地
沉冤已伸
炭子冲的睡莲不再沉睡
竹沟镇的石榴死而复生
花明楼的游客接踵而至
东湖塘的香樟枯木逢春
全面小康千帆竞发
和谐社会万象更新

你对祖国忠心耿耿
你与百姓休戚与共
你同战友肝胆相照
你向乡亲倾注深情
人民对你的怀念

历久弥新
看今日中国啊
大鹏展翅
万里长风
节日花雨里
雨后彩虹中
我们看见了您
您那苍苍白发
巍巍身影
凛凛正气
荡荡高风
猎猎毅魄
皓皓雄魂
祥云耀神州
清气满乾坤

注:该诗作先后在2008年11月28日中央电视台“激情广场”专题文艺演出;2009年长沙市文学艺术界百花迎春文艺演出暨“情系花明楼全国征歌赛颁奖晚会”;2009年11月24日中共湖南省委宣传部、湖南电视台主办,湖南电视台公共频道承办《公共大戏台》“走进一代伟人刘少奇故里花明楼”专题文艺演出;湖南教育电视台、长沙市纪委《开心讲廉》等综艺节目中,分别由著名表演艺术家徐涛、著名节目主持人李兵、国防科大青年相声演员张志斌、“红叶组合”主唱徐海平和花明楼艺术团姜艳辉、袁有为、陈艳、高奇等朗诵。

共产党人

为什么炭子冲游人如织
为什么花明楼车水马龙

为什么一叶湖的睡莲不再沉睡
为什么东湖塘的香樟死而复生

因为这里山水和谐
因为这里人杰地灵

因为这里高耸起一座历史丰碑
因为这里诞生了一位共产党人

敬爱的少奇同志啊
人民永远怀念您

一八九八年十一月二十四日
新生儿的啼哭打破了炭子冲的宁静

少年刘九书柜

通读四书五经

《辛亥革命始末记》英雄人物
伴随你从黑夜走向黎明

走出楚沩大地
飞向广阔天空

船山学社加入青年团
劳动大学成为共产党人

为了民族解放
为了国家强盛

反帝反封建
救国救人民

领导中国工运
播撒安源火种

五卅运动、省港罢工
收回租界、射雕猎鹰

长城内外星火燎原
大河上下风起云涌

顺直省委披荆斩棘
满洲省委临危受命

赤色职工国际扬眉吐气
瑞金中央苏区除旧布新

你总是行走在风口浪尖
你总是穿梭于刀光剑影

福建省委忍饥挨饿扩红筹粮
龙岩长汀突破“围剿”举旗长征

红军在陕北安营扎寨
少奇去华北担当大任

天津领导抗日救亡
太原组建山西新军

中原局挥师东进西风烈
新四军重整旗鼓东方红

巩固华北抗日根据地
发展华中抗日大本营

逐鹿中原驱虎豹
重返延安又长征

《论共产党员的修养》修身养性
《论党内斗争》以理服人

思想武器永葆党员先进性

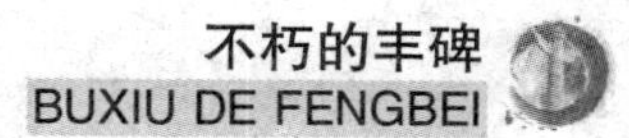

精神食粮营养中华几代人

七大会议论述毛泽东思想
中国革命开启崭新航程

进京赶考牢记“两个务必”
天津调查论述“五种经济成分”

描绘建设蓝图
擘画发展方针

一任人大委员长、两任国家主席
虽然身居高位，时刻心系百姓

翻山越岭给林业工人送棉衣
躬身毡房为草原牧民添温馨

海岛椰林里与黎寨百姓席地而坐
普通列车上同青年学生谈笑风生

工厂车间、哨所军营
大庆油田、开滦矿井

湖南农村四十四天调查
走村串户听民声

天华大队解散公共食堂
七千人会议制止浮夸冒进

你那洪钟般的湘音响彻寰宇
“既要后继有人，更要后继有林”

职位上你是大国领袖
生活中你是布衣平民

无私无畏、清正廉明
率先垂范、身体力行

你把夜餐补助费如数退给国家
你把剩饭剩菜当夜宵吃得好开心

你建议党组织延长女儿刘爱琴党员预备期
你动员侄孙女刘维孔大学毕业回乡当农民

你召回刘允斌回国组建原子能研究所
你命令刘允若顾全大局中止涉外婚姻

要求亲属你近乎苛刻
对待百姓你义重情深

你把稿费捐作党费
你把旧居分给乡亲

你紧紧握住掏粪工人时传祥的双手
“工作没有贵贱，只是分工不同”

呕心沥血写作《论共产党员的修养》
言行一致践行共产党员标准

把强国富民的责任扛在肩上
把立党为公的宗旨记在心中

你用一身正气坚持真理
你用两袖清风赢得民心

你是优秀的人民公仆
你是伟大的共产党人

斯人虽去、风范犹存
功德不朽，思想永生

历史潮流、浩浩荡荡
中华崛起、伟大复兴

看今日中国啊
千帆竞发、万象更新

摧枯拉朽
激浊扬清

天地仰正气
日月照乾坤

共筑“中国梦”
腾飞中国龙

注:《共产党人》由高奇、陈艳、刘徐嘉、肖炫一在文艺演出朗诵，多次参加省、市比赛获奖。

献花词

少奇主席，学贯中西；
两袖清风，一身正气；
服务人民，奉献自己；
修正错误，坚持真理；
治国安邦，顺应民意；
名垂青史，功盖天地；
三湘怀恩，九州感泣；
一瓣心香，虔诚奠祭；
佑我中华，腾飞崛起；
科学发展，和谐统一；
国富民强，拓新世纪。

注：该词长期用于嘉宾举行向刘少奇同志铜像敬献花篮仪式，作为祭奠文宣读。

辉煌的足迹

HUIHUANG DE ZUJI

刘九书柜

刘九书柜的雅号
像沙砾中的金子闪亮晶莹
像纺车前油灯的火苗
点亮一个山村孩子最初行程

书柜的式样很老
柜门的开合有些生硬
书柜里装满了
古朴典雅的线装本
《论语》《孟子》《诗经》
书页泛黄，道理却很深沉
《西游记》《水浒传》《红楼梦》
让人易学难通
书很厚，诉说着一个个自由的灵魂
这些书在少年心灵深处
打上深深烙印
烙印上的符号叫作
“传承与创新”

书柜里还有一些课本
数学、物理、地理、历史
这些书式样很旧
内容却很新
《辛亥革命始末记》
《少年中国说》
《猛回头》
《警世钟》

一叠叠
一层层
让充满好奇的少年刘少奇
听到了炭子冲以外的声音
知道了黄巢起义、太平天国、义和团
知道了戊戌变法、洋务运动
梁启超、康有为、谭嗣同
还有惊天动地的孙中山、黄兴、陈天华、宋教仁
从他们的姓氏笔画中
懂得了什么叫民主与科学
什么叫进步与革命

在安源

在安源
你就像辛勤的春蚕
用无尽的银丝
把贫穷拧成一根根绞绳
让无产者形成团结的力量
向旧世界喊出战斗的吼声
令剥削者和一切反动势力惶恐

在安源
你就像智慧的火种
罢工时有利有节
谈判时唇枪舌剑
游行时走在前列
照耀着漫漫长夜
引领着工人兄弟奋勇前进

在安源
你就像执着的农夫
在山坡垦荒

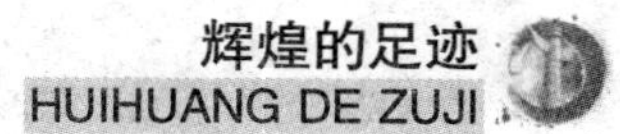

在田野耕耘
把犁头与镰刀的希望
播种到无产者的心中

革命是风暴和烈火
也是启迪和觉醒
你用它
摧枯拉朽
披荆斩棘
直起腰杆
争取平等
让奴隶
成为主人

收回汉口租界

侵略者自认为聪明
在主人的家园
圈地养狗
占山为王
霸道横行
心怀鬼胎的洋鬼子
像寄生在母亲肉体里的囊虫
吞噬着营养
侵蚀着生命

那黑暗阴沉的日子
让国人寝食难安
昼夜哀恸
汉口英租界
一触即发的火药桶
在 1927 年初春的
长江边上
把昏睡百年的病夫炸醒

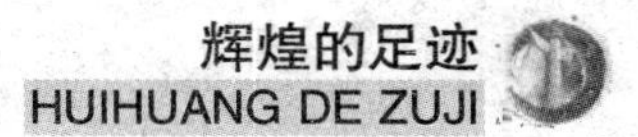

几位来自湖南的热血青年
李立三、刘少奇、邓中夏
举起了旗杆
挺直了脊梁
引领着汉口工人
收回英租界
使搁浅的民族之舟
又一次起锚
不屈的炎黄子孙
勇敢地把侵略者赶出国门

临危受命新四军政委

在民族存亡的危急时光
有人把屠刀伸向了自己的弟兄
皖南事变
惨绝人寰
千古奇冤
惊天血案

中原局书记刘少奇
仰天长叹
恨铁不成钢
其实他很早就指出
敌人垂涎三尺的皖南
是危机四伏的陷阱
是你死我活的疆场
要调整战略
要把握方向

面对诡诈的风云
伟人在悲愤中思量

擦干眼泪
强忍悲伤
埋葬烈士的忠骨
握紧愤怒的钢枪
重建新四军军部
给背信弃义者最沉重的耳光
党中央接受他建议
毛泽东又交给他重担

中原局书记兼任新四军政委
又一次临危受命
又一次迎难而上
又一次运筹帷幄
又一次力挽狂澜
终于让新四军的旗帜
在抗日前线迎风飘扬
让抗日烽火燎原
把漫漫长路照亮

突破封锁回延安

延河岸边
杨家岭旁
有一座巍巍雄峙的古塔
放射着力量与希望的光芒
吸引着无数朝圣者的脚步
和无数双期盼的眼睛凝望

那一年
刘少奇在新四军运筹帷幄
铁军雄风席卷苏北皖南
横扫千军
势如破竹
抗日号角
威震四方
人民子弟兵同仇敌忾
日本侵略者闻风丧胆
此时此刻
盐城上空
红色电波随风飘荡
雪片似的加急电报

频频飞向泰山庙
飞向抗击倭寇的前方
催促抗日前线的刘少奇
火速回延安

从盐城到延安
任重道远
举步维艰
103 道封锁线靠智慧突破
3000 里行程在黑暗中丈量
微山湖中
铁道线上
历时九个月
走得与长征一样艰难
除夕晚上
杨家岭的团年饭改成了欢迎宴
刘少奇与毛泽东
握手在爆竹声声的宝塔山

这一次长征
让刘少奇经受了三九严寒
这一次长征
让革命者看到了胜利曙光

这一次长征
播种了必胜的信念
这一次长征
踏出了前进的方向

进京赶考

（歌词）

西柏坡闹元宵
大戏唱开了
大戏唱的是五大书记
进京去赶考

一唱毛泽东
日出东方红
领导穷人闹革命
做了主人翁

二唱刘少奇
人民的好书记
为了建设新中国
白了头发红了天地

三唱周恩来
国家的栋梁材
鞠躬尽瘁为人民
永远放光彩

四唱朱老总
革命的不老松
南征北战打胜仗
人民的光荣

五唱任弼时
青年的好导师
骆驼精神公仆情
国人长相思

考试在继续
答案早预期
谦虚谨慎艰苦奋斗
人民怀念你

注：刘少奇的儿子刘源，回乡参加湖南省纪念刘少奇同志诞辰110周年座谈会后，特别嘱咐，要创作歌颂老一辈革命家集体领导的文艺节目，于是，《进京赶考》有感而发，后经著名作曲家刘振球谱曲，将湖南花鼓、河北梆子、陕北信天游等民歌元素融为一体，成为一首旋律优美的歌曲，多次参加文艺演出。刘振球老师曾经为电影《刘少奇的四十四天》作曲，具有政治意识和红色文化情节。

走向北京

闯王遁去的烟尘还没有消散
甲申的祭文犹在耳边回响
谁都明白
不是谁都可以问鼎燕京
谁都清楚
不是谁都可以指点江山
历史的教训铭刻心上
兴亡的规律不可违抗
历史潮流
浩浩荡荡
顺之者昌
逆之者亡

结束旧时代
书写新篇章
迈开坚定脚步
走进威严考场
人民是考官
考卷不简单

五大书记心中有数
一份份捷报像炸响的爆竹
既不能让鲜花和掌声混淆视听
更不能让执政的权力影响考量

赶考的路程漫漫
考试的时间悠长
只有牢记两个“务必”
只有加强自身修养
把周期律牢记心中
把法制观写进答案
人民拥护政府
国家长治久安

布衣还乡

回乡总会带有一丝急切
回乡总会倍添不少豪情
回乡总会勾起一些久远的记忆
回乡总会碰响不曾忘却的感恩

敬爱的少奇主席啊
1961 年布衣还乡
你的心情是那么沉重
离别三十六年了
生我养我的故乡还好吗
其实你无时无刻不在思忖

当你路过王家湾
飞转的车轮暂停
醒目的标语改变了你的行程
亲民的脚步走进了“万头猪场”
春寒时节审时度势
饲料房里扎寨安营
一住就是七天七夜

一看就能入木三分
近在眼前的花明楼
日思夜想的炭子冲
又一次让它为你祈祷
又一次让它为你担心
临近家门而不入
你绕道去了韶山冲
参观毛泽东旧居
走访湘潭县农村

在长沙县的天华大队
一住就是十八天
那些难挨的日日夜夜啊
炭子冲的父老乡亲望眼欲穿
忧心忡忡
请原谅吧,乡亲们
不是近乡情怯
不是冷漠无心
为的是真正地看清楚家乡
看清楚 1961 年的中国农村

钢铁产量超英赶美
却容不下农民炒菜煮饭的锅盆
稻谷亩产“三万六”
忍饥挨饿得“水肿”
留不出隔年的种子
吃的是树皮和草根
转换成农民身上的浮肿

今天,国家主席终于回来了
炭子冲走出去的九满伢子
怎会不想念朴实的乡亲
见到亲人怎能不老泪纵横

饿是一种什么感觉
是胃壁摩擦的刺痛
饿是一种什么声音
是满肚子的苦水如四海翻腾

1961 年回乡
心情多么沉重
1961 年回乡
您从死亡线上拉回乡亲
如同华佗再世
妙手回春
下令解散公共食堂
一剂祖传秘方
治愈民不聊生的中国农村

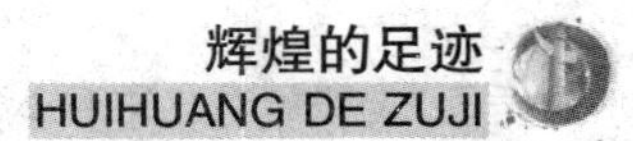

天华十八天

一九六一年
百姓最难忘
时值落花天
又遇倒春寒
风雨中走来白发长者
为饥寒交迫的农民撑起雨伞

国家主席刘少奇
蹲点调查王家塘
门板搭床铺
仓库作睡房
苍苍白发使满屋生辉
闪闪油灯把夜空照亮

慰问水肿病人
察看公共食堂
穿行田埂小道
攀登天华山上
你用一行行坚定的足迹

架起了一座座联通民心的桥梁

向老农问计
请群众座谈
给乡亲鞠躬
与县乡会商
恭恭敬敬地给乡亲点燃一支支香烟
党的温暖传递百姓心坎

拨开人粪辨真假
解剖耕牛平冤案
耐心帮助基层干部
下令解散公共食堂
你用坚持真理修正错误的勇气
让亿万饥民生还

青青万年松
巍巍天华山
见证了人民公仆的忠诚
见证了美好愿景的辉煌
立党为公承先启后
执政为民地久天长

。

国家主席到天华

(歌词)

国家主席到天华
深入田头做调查
稻草铺床十八天
翻山越岭访农家
一把雨伞,两腿泥巴
满头银发,乡亲屋檐下
倾听农民讲真话
解散食堂,平反冤案
父老乡亲含泪花
人民公仆爱人民
人民永远怀念他

国家主席到天华
帮助农民定规划
兴家立业"十个一"
强县富民好办法
一栋农舍
一方水土
一个国家

心装小和大
锦绣山河美如画
五谷丰登
六畜兴旺
父老乡亲乐开花
人民公仆爱人民
人民永远怀念他

注:《国家主席到天华》，经湖南师范大学音乐学院教授唐勇强作曲，花明楼艺术团谢华演唱。

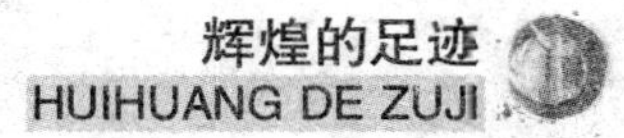

走过

（歌词）

走过沩山
走过长沙
一位英雄少年意气风发
走过保定
走过上海
一位湖湘学子走向伏尔加
走过安源
进过瑞金
长征路上风卷红旗如画
走过竹沟
走过皖南
南征北战挥师千军万马

走过塞北
走过江南
一路春风把希望播撒
走过黎寨
走过天华
洗耳恭听百姓心里话

走过东欧
走过南亚
一道道七彩长虹横空飞架
走过春秋
走过冬夏
强国富民奉献金色年华

一颗赤子之心
一头如银白发
一生苦难辉煌
光彩照耀中华

注:《走过》由张世敏作曲、湖南知青艺术团合唱,参加了"纪念刘少奇同志诞辰115周年文艺晚会"演出。

人民的思念

RENMIN DE SINIAN

与掏粪工人握手

都是人民的勤务员
刘少奇与时传祥手足情深
两双手紧握在一起
一个国家主席
一个掏粪工人

这双手
写着那个时代劳动者悲怆命运
写着曾经的低贱
写着粪车勒过肩膀的深深印痕
写着无尽胡同里清晨的寒冷
写着劳累和贫穷
写着忍耐与欺凌

这双手
写着烈火燃烧安源的辉煌
写着风起云涌的工人运动
写着虎口拔牙的白区斗争
写着两万五千里长征的艰难险阻

写着江苏盐城的刀光剑影
写着宝塔山下彻夜不灭的油灯
写着对共产主义的坚定信念
写着对中国人民的无限忠诚

而今天
时传祥这双长满老茧的手
写满激动和感恩
古往今来
有谁在意过这双手的力量与普通
而今天
刘少奇这双温暖如春的手
写满了亲近和认同
国家主席与掏粪工人亲切握手
定格成历史的永恒
“工作没有高低贵贱
革命只是分工不同”

此刻
两双截然不同的手
以劳动和革命的名义
握紧
凝固成人间大爱
飞架起天地彩虹

少奇与百姓

少奇与百姓
彼此是那么真诚
湖南农村四十四天
走进了亿万人民的心

撑起雨伞行进在泥泞小道
铺开稻草住宿在猪场窝棚
躬身屋檐揭开农家锅盖
布衣还乡品尝树皮草根

少奇与百姓
彼此是那么亲近
与公社社员座谈
同基层干部谈心

东湖塘的公共食堂
炭子冲的猪舍茅坑
天华大队的村前屋后
留下了

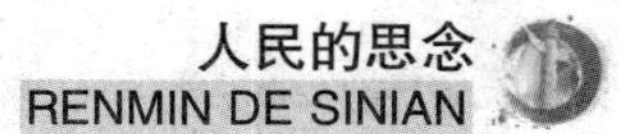

一行行深情脚印
一尊尊伟岸身影

少奇与百姓
彼此是那么信任
用瘦弱而顽强的身躯
撑起了亿万人民生存天空

下令解散公共食堂
果断制止浮夸冒进
大胆推行“三自一包”
洪钟般声音唤回了迷失乡村

少奇与百姓
彼此是那么相通
五十多年前亲手制定的政策和方针
今天依然管用

试办托拉斯
论述五种经济成分
加强党性修养
既要后继有人
还要后继有林……

注:《少奇与百姓》由高奇、陈艳、刘徐嘉、肖炫一多次在文艺演出朗诵,并参加省、市比赛获奖。

童谣

“小树两边栽
浓荫绿上阶
它年成大树
便是栋梁材”
奶奶哼唱的童谣
总在耳边回响

今天的富裕和发展
让我们对当时的满足特别伤感
苦难的日子就在昨天
失去尊严的往事铭记心坎

历史的步伐过于漫长
人生的里程总是步履艰难
用多少年跨越饥饿
用多少年走向小康

童谣快乐
纺车忧伤

为了农民的生存
他住宿养猪场
为了国家的安宁
他攀登天华山
一个白发苍苍的老人
健步在乡间小路上

奶奶的童谣
像故事动听
让我们铭记
曾经的困苦和付出
曾经的牺牲与磨难
让我们铭记
所有的疾风和严霜
所有的落霞与孤雁

前人栽树
后人乘凉
子孙的幸福
正是先人的祈盼
发展的接力

是后人必然的担当

“小树两边栽
浓荫绿上阶
它年成大树
便是栋梁材”
奶奶哼唱的童谣
总在耳边回响

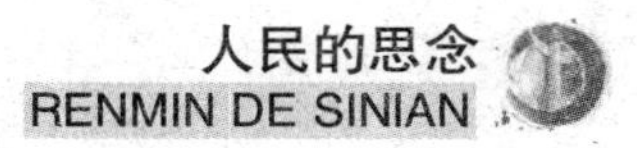

山东农民胡奉林的心愿

心愿像年轮一样更替
像基因一样延续
情谊从爷爷到父亲代代相传
今天你终于了却先辈的心愿

一个人有信念
他就会活得坚强
一个家族有信念
就会踏平坎坷走向幸福彼岸
山东金乡农民胡奉林一家
与花明楼源远流长

当年少奇从盐城北上延安
像又一次长征路
艰难跋涉在生死线上
是坚定的信念
把荆棘燃烧成胜利的走廊
微山湖上的琵琶和歌谣
伴随着少奇的身教言传

永远铭刻在
一位铁道游击队员的心坎

微山湖的故事波澜壮阔
游击队的传奇英勇悲壮
〇号首长智勇双全
红色记忆闪闪发光
少奇的名字
与游击队员一家的命运
息息相关
少奇兴，我们为之快慰
少奇冤，我们为之痛殇

爷爷在微山湖与刘少奇同行的岁月
像电影一样在记忆中反复回放
少奇是个大好人啊！
口碑在整个家族中代代相传
学习少奇思想
祈福国泰民安

这个信念从老子儿子到孙子
从抗日战争到解放战争
从“文化大革命”到改革开放
几十年薪火相传
几十年好人好梦
今日少奇故里
终于迎来满脸泪花的金乡农民

他们用家乡的五十二块天青石
一笔一画刻下了一部“东方圣经”
他们用最原始的办法
告慰先辈
激励后人
四万八千字凝固成无尽思念
让后人知道《论共产党员的修养》怎样炼成
此时,金乡农民
心愿了却
返回山东
此刻,花明楼的天空
阳光明媚
百鸟和鸣

中原石榴

石榴用鲜红彰显热度
石榴用壮硕衬托金秋

石榴用蓬勃延续春天
石榴用坚韧托起丰收

石榴用籽实孕育希望，
石榴用圆满报答筹谋

有一株石榴的非凡写进今古传奇
有一株石榴的坎坷载入炎黄春秋

这株石榴繁育在河南
这株石榴扎根在竹沟

这株石榴刻录在共和国记忆
这株石榴存储在老百姓心头

一九三八年中秋

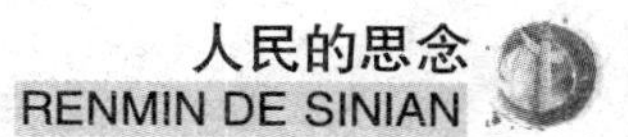

枣园的石榴笑开了口

党的六届六中全会在延安召开
抗日浪潮咆哮黄河上游

巩固华北、发展华中指方向
统一战线、团结抗日成主流

北方局书记刘少奇临危受命去中原
主政敌强我弱的湖北、河南、安徽、江苏……

救亡的集结号吹响在宝塔山下
驱寇的先锋队黄昏别石榴

沉重的行囊……
年轻的战友……

延安、西安、潼关，越过道道难关
明枪、暗箭、寒流，冲破重重险阻

渑池兵站的油灯下，挥笔如行云流水
《论共产党员的修养》辉映满天星斗

豫西特委扩大会议上
“论持久战”的浓重湘音响彻宇宙

召唤着一批批热血青年勇往直前
像一把把石榴种籽撒入敌后

犁头旗招展鄂豫边区
刘少奇、朱瑞、彭雪枫、朱理治、郑位三
率中原局扎营确山竹沟

为了孕育民族的希望
刘少奇把延安石榴植入中原沃土

抗日战争烽火连天
中原石榴枝繁叶茂

游击干部训练班军歌嘹亮
大沙河千帆竞发数风流

确山石榴映红“小延安——中原红都”
猛士如云所向披靡出竹沟

新四军二、四、五师挥师东进
张云逸、李先念、陈少敏、张震中原逐鹿

竹沟镇榴花红透
中原局凯歌高奏

反共浪潮惊涛拍岸
黄河长江涌动暗流

刘少奇直挂云帆济沧海
提前部署中原局东征豫皖苏

日伪偷袭一场空
砍倒石榴做人头

新四军鏖战鄂豫皖
壮士们驰骋中原栽石榴

石榴让狗强盗胆战心惊
石榴令革命者精神抖擞

石榴化作飘扬旗帜插遍大江南北
石榴化作大红灯笼辉映天安门城楼

一九六九年中秋
“文化大革命”风狂雨骤

造反派冲进中原局
连根拔出大石榴

把石榴押上牛车去游街
把石榴当作刘少奇来批斗

供销社职工张金明痛心石榴遭摧残
悄悄捡回一枝栽到家门口

巨星陨落,风范犹存
沉冤昭雪,丰碑不朽

一九八〇年中秋
彩虹再现风雨后

年届八旬的张金明，将复活石榴移栽中原局
今天，花更红、叶更绿、果实更丰厚……

清风、明月、中秋……
苹果、蜜柚、石榴……

国泰民安想少奇
花好月圆擎美酒

人民公仆爱人民
人民永远跟党走

人民江山代代红
就像年年红石榴

2013 年 1 月 3 日写于竹沟

注：《中原石榴》由高奇、陈艳、刘徐嘉、肖炫一多次参加文艺演出朗诵，并在省、市比赛中获奖。

竹沟传奇

少奇的伟大与平凡
同国人的命运一样
几多喜乐
几多平淡
几多宽容
几多善良
几多神奇
几多磨难
几多曲折
几多辉煌
也像竹沟镇的石榴
永远奉献着甜蜜与芬芳

“文革”浩劫
让国人有切肤之痛
那人妖颠倒的年代
打倒了国家主席刘少奇
还要扼杀他亲手种下的石榴树
而那株春华秋实的石榴

远在确山县竹沟镇
1938 年秋
石榴血色浪漫
经历过抗日烽火
沐浴过壮士热血
中原局机关那盏彻夜不眠的油灯
最懂得少奇的魅力与顽强

1969 年秋
红透了的竹沟石榴
命运像他的主人一样
忍受着“株连”的苦痛
和肉体的摧残

这是一则古今奇闻
说出来难以置信
一个火辣辣的夏日
造反派冲进中原局机关
将枝繁叶茂的石榴树连根刨出
还将一块黑牌打上红叉
五花大绑架在畜力车上
享受着游街批斗的待遇后
“暴尸街头”
打入地府十八层

这是不是人性
这算不算愚蠢
当人兴旺时

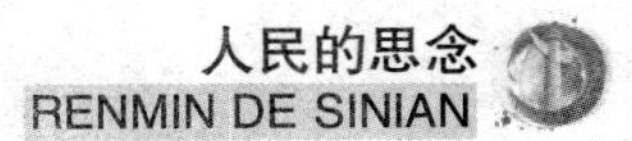

阿谀奉承满天飞
当人沦落时
零落成泥碾作尘

一位叫张金明的供销社工
捡起抛弃路边的石榴树
悄悄带回家中
像是留住不能忘却的记忆
像是坚守信念、良知和文明

若干年后
被摧残的石榴树抽枝发芽
死而复生
再一次开出了火红的花朵
以顽强的生命
证明自己的清白和坚定

锦上添花难以让人铭记
雪中送炭永远令人感恩
即便当初只是无声的举动
和微弱的同情
都会载入辉煌史册
和永远的吟诵

在中原局枝繁叶茂的石榴树下
刘源将军搀扶着
让后人永远铭记的老人
光美大姐握住张金明粗糙的双手

真诚的泪花饱含真情
老人张金明惊喜而喃喃地说
重栽石榴树
“我只是觉得少奇同志是个好人！”
“是位顶天立地的英雄！”

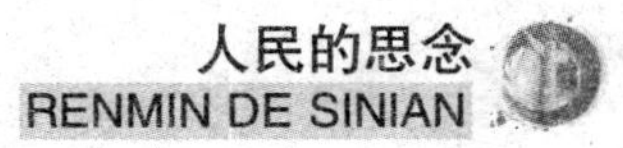

光辉映美名

有一位坚强战士与共产党同岁
有一位贤德女性与新中国同行
胸怀如天地宽广
品德像松柏长青
天生丽质彰显女性风采
无私大爱成就幸福工程
高山仰止
大海动容
敬爱的光美同志啊
我们永远怀念您

燕山古城放飞梦想
辅仁大学传颂芳名
大家闺秀
才华出众
数学女王
校园明星
论条件可以成为留美博士
论学识可以成为居里夫人

为了民族独立
您放弃了出国留学机会
为了中华崛起
您选择了奋斗与牺牲
从北京军调处
到延安杨家岭
您用一口流利的英语
最先向全世界发出中国声音

转战西柏坡
赶考北京城
枣园瓜果香
香山枫叶红
您用辛勤汗水耕耘荒原
您用崇高理想燃烧激情
与开国元勋风雨同舟
同人间知己患难与共
相夫教子
您承担了培养九个孩子的千斤重担
立党为公
您履行了一名共产党员的神圣责任
兴安岭曲折崎岖的山路留下了您的足迹
中南海彻夜长明的灯光照亮了您的身影

接待外宾您总是那么大方
出国访问您总是那么从容
言谈微笑间传递世界友谊
举手投足处展示大国高风

逆境时不卑不亢
顺境时平淡谦逊
遭遇“文革”劫难
宛如玉树临风
雪压青松松且直
黑云压城城不倾
面对无休无止的批判
面对无法无天的斗争
您总是守候少奇身边
您总是呵护身边亲人

秦城监狱十二年
满头青丝染白银
您用顽强意志战胜了凶残与邪恶
您用坚定信念赢得了胜利的鲜花和掌声
好在历史是人民写的
您把一代伟人的遗愿铭记心中
六字沉冤开封昭雪
人民公仆浩气长存
您受过多少苦
您忍住多少痛
在您的心里只有情和爱
在您的眼中没有怨与恨
您把坎坷铺成康庄大道
您把苦难化作时雨春风
从梅加瓦蒂手中接过善款
用爱心基金架起希望彩虹

母亲水窖流淌着幸福源泉
青花瓷碗延续了母子亲情
贫困儿童走进校园
失明患者见到光明
您用忠诚报效祖国
您把博爱奉献人民
光明胸襟存正气于公于私可昭日月
美善心灵蕴大德为国为民堪立古今
知识女性
伟大母亲
王者弥风范
光辉映美名
敬爱的光美同志啊
您永远活在世道人心

2012 年 12 月 5 日

注:《光辉映美名》由高奇、陈艳、刘徐嘉、肖炫一多次在文艺演出朗诵，并参加省、市比赛获奖。

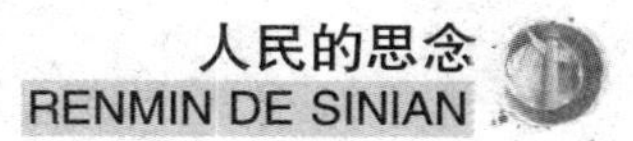

致刘少奇扮演者郭连文

屏幕上再现平凡与伟大
生活中延续正直与亲情
求真务实的标杆
勤政爱民的象征

你是你,你又是他
你是你,你又无异于别人
你和他形神莫辨
你和他密不可分

花明楼的睡莲如梦初醒
东湖塘的田野郁郁葱葱
一位敢于负重的长者
如布衣还乡来到炭子冲

农舍门前驻足凝望
仙基岭上深深鞠躬
修养亭中虔诚诵读
先辈墓前老泪纵横

你的名字如巨星闪亮
你的到来使山村沸腾
敬爱的少奇同志啊
你虽居庙堂之高
却与人民如同近邻

你是人民公仆的偶像
你是公平正义的化身
和言细语与乡亲攀谈
情同手足和观众合影
风雨没能阻挡你行进的脚步
人民的安危你时刻挂在心中

屏幕上再现平凡与伟大
生活中延续正直与亲情
你和他形神莫辨
你和他密不可分
求真务实的标杆
勤政爱民的象征

注：2008 年 6 月 5 日至 11 日，12 集电视连续剧《刘少奇故事》摄制组来到花明楼刘少奇故里实地拍摄，笔者感慨良多，挥笔成诗，真情分赠主创人员，以表达对刘少奇和王光美同志的深切怀念之情，对演艺事业的热切关注。《刘少奇故事》在花明楼杀青封镜，2008 年 11 月 24 日刘少奇同志诞辰 110 周年之际，在中央电视台一套黄金时段播出。郭连文同志毕业于中央戏剧学院，供职于中国儿童艺术剧院，与陈宝国等名家同为校友，曾在《少奇同志》《长征》《新四军》《保卫延安》等数十部大型影视作品中扮演刘少奇，深得公众好评。

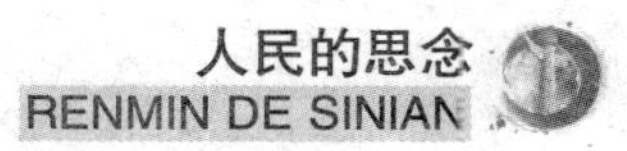

《刘少奇故事》导演王保华印象

一张折叠椅
一方监视屏
一位可敬可畏的老爷子
用刚毅和果敢
支撑起一片高雅的天空

话筒喊了一遍又一遍
香烟抽了一根又一根
清茶喝了一杯又一杯
路途赶了一程又一程
你把方便面留给自己
你把麦当劳让给他人

少奇三部曲还历史真相
弼时百年祭慰先辈英灵
解放北京城开大剧先河
塑造李大钊领影视先锋

靠在折叠椅上
你像一位运筹帷幄的大将军

注：王保华先生为国家一级导演，中国“百佳”电视艺术工作者，北京“十佳”电视艺术家，现为北京电视台、北京电视艺术中心导演，曾执导数十部重大革命历史题材电影和主旋律电视剧。

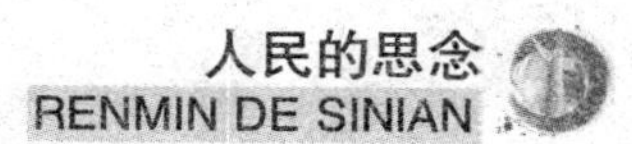

“光美同志”，永远年轻

——致《刘少奇故事》王光美扮演者俞颖

初来剧组
你还是位学生
大家羡慕你
“触电”就赶上开门红

齐肩的短发
难掩你天真和稚嫩
妈妈的布鞋
助你轻装上阵

走进伟人故事
结缘完美女性
难得的机遇
将定格你无悔人生

一个开放时代
一部优秀剧本
一批良师益友
一位伟大母亲

"光美同志"
永远和蔼
永远年轻
永远的光彩事业
永远的幸福工程

注:俞颖为青年演员,2007 年毕业于中央戏剧学院表演系,在《刘少奇的故事》中饰演王光美。

致《刘少奇故事》总策划黄峥

著作等身
影视频频
你用一生的心血
把青史写成

拨开迷雾
拂去沙尘
你用睿智的眼光
把是非辨明

弘扬正气
激励后人
你用遒劲的文笔
把丰碑铸成

真理不朽
丰碑永存

你代表人民书写历史
你把历史答卷交给人民

注:黄峥,中共中央文献研究室研究员,刘少奇研究专家,刘少奇研究院执行院长。主要著作有《刘少奇传》《刘少奇年谱》《刘少奇一生》《刘少奇研究》《共和国主席刘少奇》《刘少奇故事》《王光美访谈录》等。中央电视台十二集电视文献纪录片《刘少奇》总撰稿,大型传记性画册《刘少奇》《薄一波》《万里》《荣毅仁》《王光美》主编或副主编。

春天里的少奇

（歌词）

黎明前的少奇
漫漫长夜有你
你是一盏指路明灯
照亮了神州大地
传递安源火种
焚烧长征荆棘
点燃抗日烽火
辉映东方晨曦

新中国的少奇
天南地北有你
你是一位开路先锋
行走在风里雨里
风霜染白头发
雨雪湿透征衣
为了人民幸福
为了中华崛起

春天里的少奇

和谐社会有你
你是一座永远丰碑
矗立在百姓心里
你的崇高品格
你的光辉足迹
延续伟大复兴
走向崭新世纪

福禄居的灯光

（歌词）

福禄居的灯光与皓月相伴
福禄居的灯光与旭日同行
照亮了中南海
照亮了紫禁城

福禄居的灯光与山河同在
福禄居的灯光与天地共存
传递了强国梦
燃烧了公仆情

挑灯问国策
挥笔著雄文
星移斗转还是那么亮
冬去春来总是那么明

少奇同志就是那轮圆圆的月
少奇同志就是那道七彩的虹

虹桥飞架金光道
光辉照亮中国心

注:《福禄居的灯光》经长沙市音乐家协会原主席、长沙市群众艺术馆原馆长、湖南涉外经济学院音乐学院院长蔡廷瑞教授谱曲,2008 年获“情系花明楼”全国征歌赛二等奖。

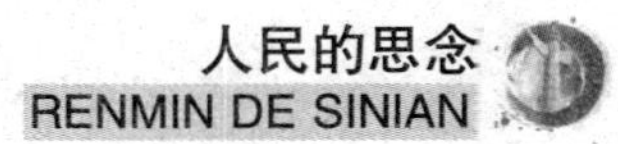

指路明灯

（歌词）

是谁辉映昨夜星辰
是谁携手旭日东升
是你指挥安源工运
是你领导白区斗争
逐鹿中原传捷报
进京赶考绘彩虹
敬爱的少奇同志啊
你用光辉思想照亮历史天空

是谁创造科学理论
是谁带头以德修身
是你坚持党员标准
是你担当强国使命
无私无畏无自我
爱党爱国爱人民
敬爱的少奇同志啊
你用高尚品格诠释完美人生

注:《指路明灯》由湖南师范大学音乐学院教授唐勇强谱曲。

大风如歌

——电视剧《大风如歌》主题歌

天地扬正气，
日月照乾坤，
书写历史由人民。
逐鹿中原摧枯拉朽，
驰骋疆场横扫千军。
黄桥激战的枪林弹雨，
华中抗日的刀光剑影……
如烟往事都化作
天安门上的大红灯笼。

天地扬正气，
日月照乾坤，
书写历史由人民。
华北华中披荆斩棘，
盐城皖南重振雄风。
微山湖上的传奇故事，
延安窑洞的子夜明灯……
如烟往事都化作
随风飘过的天籁之音。

注:《大风如歌》经湖南师范大学音乐学院教授唐勇强谱曲，2011 年获“心中的歌儿献给党’全国征歌赛三等奖。

完美人生

——纪念王光美同志诞辰九十周年

（歌词）

人们都说你是真金，
人们都说你是完人。
你用忠诚诠释伟大女性，
你用博爱演绎完美人生。

你与少奇风雨同舟，
你随少奇患难与共。
一生报效祖国，
一世奉献人民。

辅仁大学芳名远播，
延安窑洞燃烧激情。
国事访问彰显中华风采，
幸福工程救助贫困母亲。

你的品格像高山巍巍，
你的胸怀像大海宽容。
尊敬的光美同志，
你用千秋大爱演绎完美人生。

注：《完美人生》经著名作曲家张千青谱曲，2008 年获“情系花明楼”全国征歌赛创作奖。

菊花吟

（歌词）

手捧一枝圣洁的菊花
美丽的花心把祝福表达
鲜花献给伟大母亲
母亲安宁是儿女的牵挂

手捧一枝温馨的菊花
温暖的花瓣把忧伤融化
鲜花献给可爱祖国
国家富强是人民的牵挂

手捧一枝鲜艳的菊花
蓬勃的绿叶把希望描画
鲜花献给美好生活
儿女平安是父母的牵挂

菊花啊菊花
你那纯洁而温馨的品格

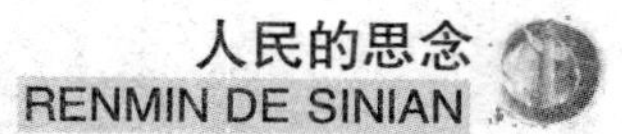

在父母身上亲情传递
在儿女心中发扬光大

注:《菊花吟》经长沙市音乐家协会原主席、长沙市群众艺术馆原馆长、湖南涉外经济学院音乐学院院长蔡廷瑞教授谱曲,2011 年获“心中的歌儿献给党”全国征歌赛创作奖。

飘扬的旗帜

（歌词）

旗帜是英雄风采
旗帜是胜利象征
飘扬在前进路上
激荡在号角声中
创造人间奇迹
引领时代先锋

旗帜是人生坐标
旗帜是心中彩虹
飘扬在珠穆朗玛
矗立在万里长城
凝聚民族力量
托起东方巨人

高举旗帜建设美丽中国
高举旗帜走向伟大复兴

注：《飘扬的旗帜》经著名音乐家张千青谱曲，2011年获“颂歌声声献给党”全国征歌赛三等奖。

读“修养”

（歌词）

修身养性怎么做
少奇同志告诉我
心系百姓安危
感恩衣食父母
一声声警钟耳边回响
一盏盏明灯眼前闪烁
指明了方向
解除了困惑

修身养性怎么做
“东方圣经”告诉我
不图个人私利
做好本职工作
一阵阵春风吹绿草原
一场场时雨湿透沙漠
清新了空气
甜美了生活

天华万年松

(歌词)

天华山上万年松
顶天立地傲长空
风暴雷霆折不断
冰天雪地更从容
长驻后人心

天华山上万年松
根深叶茂播绿茵
万水千山美如画
千村万户喜临门
装点“中国梦”

眷恋的故乡

JUANLIAN DE GUXIANG

东湖塘的香樟

1969 年
春天电闪雷鸣
夏日持续高温
秋来风吹落叶
冬至寒气袭人
生灵墨面
草木凋零

1969 年
东湖塘的香樟枝枯叶落
孤独地挺立在风雨中
它似乎看到了什么
看到不愿看到的事情正在发生
那些翻滚的乌云
肆意遮挡太阳
扼杀光明

东湖塘的香樟
是人类的至亲

它很老
像普通的古木一样
几个人拉手相围也难合拢
这棵香樟很不平凡
因为它见过国家主席和夫人
也参加过刘少奇和乡亲们的露天会议
为领袖和百姓挡雨遮风
人们在树荫下吧嗒着旱烟
听国家主席的心里话
听乡亲们的诉苦声
人们席地而坐
或者就坐在裸露的树根
那样的日子
是那样的真实
又是那样的亲近

香樟树也有普通人的情感
那是一个微风吹拂的日子
这棵百年香樟
在东湖塘边看惯了雪雨霜风
此刻它把辣辣的日头挡在树梢
又轻轻赶走喧闹的百灵
国家主席和夫人在香樟树下
与父老乡亲嘘寒问暖
谈笑风生

在那人妖颠倒岁月
人们对善恶辨别力不从心

逆行岁月黑白颠倒
真理标准众说纷纭

1978 年那个寒冷的冬天
终于被古老的歌谣唤醒
“野火烧不尽
春风吹又生”
乌云正在消散
太阳冲破云层
黑夜已经过去
奇迹正在发生
十一届三中全会
春天的故事振奋人心
东湖塘的香樟
死而复生
枯木逢春
枯萎的枝干又长出了新叶
沉默地等待
再次看到正义新生
中华儿女心花怒放
神州大地百鸟和鸣

炭子冲的睡莲

伟人诞生的地方
其实也很普通
弯弯的小路
青青的山冲
平凡的农舍
静卧在葱郁的树丛
清秀的池塘
荡漾着粼粼波纹
起舞的荷叶
像随风吹乱的书笺
似火的莲花
吐露着敬仰和赤诚
平凡的村居
别样的子孙

浓浓的思念
从远处的青山轻轻漫过
炭子冲的睡莲
已经如梦苏醒

给游人如织的刘少奇故里
平添亮丽风景
让喧嚣与嘈杂
溶解在风里
让平淡与美丽
定格在画中

在刘主席遗像前

每当看到这帧照片
或是在照片旁走过
总是不忍多看一眼
伤感的泪水充盈眼眶
三米展柜
像一个世纪那样漫长

我伤感你的孤单
像一只高飞的鸿雁
1969 年 10 月 12 日
被阴冷的毒箭
射落在古都汴梁
在那已经解冻的世界
你不再感觉到世间的炎凉

我伤感一个人的尊严
曾经让敌人战栗
却被同根轻易地
扭曲在火化单上

辛酸往事像嗖嗖寒风
把记忆的大门吹得啪啪作响

我伤感你壮志未酬，力不从心
曾经战功赫赫的开国元勋
顷刻间像荒原上一株小草
任野火肆意熏烤
国家主席是这样无奈
善良的人们又会是怎样

我伤感那个时代
因为私欲的涂鸦
把黑暗描得那么光明
把冬天描得那么温暖
把阴谋描得那么鲜艳
而把真理掩埋在万丈深渊

走过曲折和迷茫
涓涓泪水洒在地上
汇成湛蓝的海洋
“好在历史是人民写的”
人民把一个光辉的名字刻在天地之间
冬天已经过去
创伤正在愈合
江河回归大海
巨舰起锚扬帆

刘少奇铜像

1961 年的一个黄昏
一个人匆匆行走在东方破晓的晨曦里
离开了魂牵梦萦的炭子冲
为了不麻烦邻里
为了不惊扰乡亲
不辞而别返回京城
从此这位白发长者
就再没有回来
向人们诉说他的思乡之情

风暴雷霆过后
大树落叶归根
在百姓面前
再现了平常和普通
身披风衣
手拿烟斗、脖系围巾
依然凝望、思考
依然亲近、深情
思考着故乡每一个黄昏

思考着大地的每一个黎明

那支点燃的香烟
永远不会熄灭
像闪烁的星火
放射着永远的光明

超凡预见
与众不同
精神不朽
丰碑永存
星移斗转
万象更新
满目青山
柳暗花明

花明园的飞机

一架飞机静卧在花明园里
仿佛陷入深深思索
回忆那些远去的辛劳
抑或曾经服务国家主席的荣耀

昔日的庞然大物
今天的平常交通
普通游客和一般公众
坐的飞机都比这架大
比这架既舒适又豪华

而你却和你的团队
曾经展翅飞翔
到过祖国的天南地北
到过遥远的他乡异国
你总是把大国的责任扛起
把友谊的种子撒播

睹物思人
触景生情
人们把对国家主席的怀念
向红色旅游转化
飞机穿越云海天涯
花明园成为最终的家
机身上雨水流过的印迹
是人们思念主席的泪花

让真诚清洗我们的浮躁
让高尚击退我们的平庸
信步走上飞机舷梯
用不朽精神相伴新的航程

花明园的雪

我喜欢炭子冲飘雪的日子
冬天里的阳光
从花明楼飞檐翘角上悬挂的云朵里
从万德鼎广场
从国家主席铜像飘动的发际
倾泻过来
各色小鸟站在树梢上
喳喳叽叽
鸣叫着冰雪消融
鸣叫着自由气息
像一曲塞北雪咏
像一幅江南写意

我最爱那些飘落在故居
和花明园池塘枯荷上的白雪
厚厚的雪花晶莹剔透
那些纯净的精灵
最懂得瞻仰者的心情
最理解曾经的共和国元勋

雪给人以高洁的情怀
让人感受心灵的慰藉
雪给人以真诚的呵护
让人忘却不堪回首的记忆
雪给人以正义的感觉
让人们忘却杂乱无章的往昔

此时
我不愿意
不愿意在花明园积雪的小径上行走
在圣洁的土地上
留下多余的印记
此时
我不愿意
不愿意在花明园的雪霭里停留
在和谐的画面上
滑落温热的泪滴

锦绣花明楼

（歌词）

柳树绿天涯，
莲荷绽奇葩。
枫叶染群山，
蜡梅映朝霞。
锦绣花明楼，
风光美如画。
鲜花献伟人，
放歌唱中华。

2008年9月23日于花明山庄

爱我花明楼

（花明楼镇歌）

爱我花明楼
风光眼底收
巍巍青山拥村寨
滔滔靳江酿美酒
盛世数风流

爱我花明楼
敬仰在心头
五湖四海宾客到
饮水思源故里游
湖湘添锦绣

爱我花明楼
光辉照神州
强国富民建功业
科学发展写春秋
携手绘新图

注：《爱我花明楼》经湖南省音乐家协会副主席、长沙市音乐家协会主席殷景阳，长沙市音乐家协会秘书长张长松谱曲，在花明楼镇传唱，在宁乡县获奖。

我生长在少奇故乡

（花明楼中学校歌）

我们出生在山清水秀的地方
我们成长在少奇主席的故乡
炭子冲珍藏心中的景仰
花明楼放飞心中的梦想
我们学习先辈风范
我们珍惜家乡荣光

熟读诗文不忘父母叮咛
修养品格诵读警世华章
勤劳刻苦铭记老师教诲
立志成才树立远大理想
我们要争当品学兼优的子孙
我们要成为顶天立地的栋梁

注：《我生长在少奇故乡》经湖南省音乐家协会副主席、长沙市音乐家协会主席殷景阳，长沙市音乐家协会秘书长张长松谱曲，在花明楼中学传唱。

醉人的花明楼

（歌词）

花明楼的桃花开了
一叶湖的杨柳绿了
白鹤岭的杜鹃红了
炭子冲的睡莲醒了

树上的鸟儿唱了
水中的鱼儿乐了
田野的稻穗黄了
园中的葡萄熟了

刘家的老酒香了
远方的客人醉了
山醉了，水醉了
欢天喜地人醉了

注：《醉人的花明楼》经湖南省音乐家协会副主席、长沙市音乐家协会主席殷景阳，长沙市音乐家协会秘书长张长松谱曲，2008 年获“情系花明楼”全国征歌赛三等奖。

欢乐新农村

（歌词）

红红的灯笼挂起来
开心的锣鼓敲起来
欢快的秧歌扭起来
悦耳的唢呐吹起来
唱起来，跳起来
如今的农村多豪迈

瓜果飘香农家乐
大车小车进村来
农副产品旺市场
互联网上看世界
唱起来，跳起来
如今的农民乐开怀

注：《欢乐新农村》由著名音乐家江晖谱曲，2008年11月24日刘少奇同志诞辰110周年之际，在中央电视台主办的大型文艺演出“人民的思念”中，作为开场歌舞演出。

难忘炭子冲

（歌词）

难忘炭子冲
春风伴我行
纪念碑下献花篮
主席像前行鞠躬
陈列馆里听故事
故居门前照合影
缅怀寄深情

难忘炭子冲
欢乐伴我行
花明楼上看太极
民俗村里祭神农
仙茶美饮乐开怀
刘家老酒壮精神
和谐一家亲

注：《难忘炭子冲》经作曲家陆良平谱曲，多次在文艺演出中演唱。

讲解员之歌

(歌词)

我是一只布谷鸟
不知疲倦把春报
哪里有我
哪里就有追寻的脚步
哪里有我
哪里就有前进的航标
哪里有我
哪里就有文明的符号

我是一只布谷鸟
不知疲倦把喜报
妙语连珠
释疑解惑道真情
导游引路
柳暗花明风光好
引吭高歌
满腔热情唱今朝

美丽长沙我的家

（歌词）

看长沙
山水洲城美如画
爱晚亭的枫叶橘子洲的帆
清水塘的杨柳花明楼的花
湘江两岸好家园
路桥连着你我他

听长沙
评弹说唱好潇洒
彭延昆的弹词笑工场的乐
戏窝子的湘剧花鼓快板和笑话
说出了五千年的文明
唱出了新时代的变化

吃长沙
湘味美食人人夸
火宫殿的小吃杨裕兴的面
西湖楼的御宴洞庭春的茶

红红的辣椒火热的情
臭豆腐香味满天涯

注:《美丽长沙我的家》经长沙市音乐家协会秘书长张长松谱曲,2014 年获“情系雷锋”全国征歌赛入围奖。

长沙美

（歌词）

湖湘文化润古城
岳麓书院传新声
革命先辈扬风范
雷锋精神树新风
一江两岸大发展
路桥成环绕新城
安居乐业共和谐
城乡一体面貌新

我爱你，美丽长沙
我爱你，幸福星城
湘江水是那样碧绿
岳麓山是那样葱茏
花明楼是那样巍峨
橘子洲是那样火红

最美长沙景
最美长沙人

长沙红

（歌词）

长沙美，长沙红
长沙景色最迷人
大围山杜鹃红艳艳
花明楼莲花别样红
水陆洲橘子甜蜜蜜
爱晚亭枫叶漫山红

长沙美，长沙红
长沙的生活最温馨
红红的陶瓷传友谊
红红的灯笼照星城
红红的礼花染湘江
红红的酒吧迎嘉宾

长沙风光美如画
长沙生活年年红

说湖南　唱潇湘

（歌词）

说湖南
唱潇湘
多情山水好风光
日出南岳
雾漫东江
世外桃源
古城凤凰
张家界浓缩天下美景
岳阳楼阅尽历史沧桑

说湖南
唱潇湘
惟楚有材好地方
神农故里
屈贾之乡
湖湘文化

千古流芳
看三湘四水千帆竞发
乘万里长风走向辉煌

注:《说湖南　唱潇湘》经湖南省音乐家协会副主席、长沙市音乐家协会主席殷景阳,长沙市音乐家协会秘书长张长松谱曲,2011 年获“心中的歌儿献给党”全国征歌赛二等奖。

我家住在浏阳河边

（歌词）

我家住在浏阳河边
绿水青山紧相连
花木走廊美如画
风正帆悬好行船
歌声唱醉远方客
烟花绽放不夜天

我家住在浏阳河边
彩虹飞架天地间
玩龙舞狮唱大戏
观灯看戏乐翻天
互联网上看世界
小康生活比蜜甜

湖南公路之歌

（歌词）

湖南公路联网成环
三湘发展插上翅膀
青山绿水生态路
平安快捷大走廊
全面小康快车道
中部崛起再扬帆

高速公路通江达海
乡村公路运输繁忙
彩虹飞架洞庭湖
长龙穿越雪峰山
武陵源中客人到
伟人故里彩旗扬

搬顽石、开隧道、架桥梁
我们奋战在火热的路桥工地
挖掘机、推土机、铺摊机
我们工作在繁忙的养护线上

我们是骄傲的湖南公路人
兴湘富民写华章

注:《湖南公路之歌》经湖南省音乐家协会副主席、长沙市音乐家协会主席殷景阳，长沙市音乐家协会秘书长张长松谱曲，2012 年获湖南省公路职工文艺会演三等奖。

橙色的音符

(歌词)

橙色的工装把山河扮靓
醒目的路标给日月导航
上工地先把朝阳唤醒
回工班又将晚霞拉长
汗水凝成绿色通道
忠诚守护旅途平安

搅拌机转出动人诗行
养护车伴奏和谐乐章
脊梁架起七彩长虹
铁臂指挥运输合唱
天天刷新公路里程
年年续写交通辉煌

注:《橙色的音符》经湖南省音乐家协会副主席、长沙市音乐家协会主席殷景阳，长沙市音乐家协会秘书长张长松谱曲，2012 年获湖南省公路职工文艺会演优秀奖。

板仓小镇

（歌词）

在长沙郊外
有一座神奇的小镇
这里有书香门第
这里有杰出女性
满天红霞是她的风采
遍地骄杨是她的化身

在湘江岸边
有一座美丽的小镇
这里有多情山水
这里有茂密森林
特色民居依山建
滚滚车流进山村

美丽的开慧故乡
神奇的板仓小镇
你成就了辉煌事业
你哺乳了民族精英

你把美丽献给世界
你把幸福留给乡亲

注:《板仓小镇》经青年作曲家邢卫民作曲,获得 2014 年湖南省锦绣潇湘首届旅游歌曲征歌大奖赛三等奖,被评为湖南省十大旅游歌曲金曲。

黄兴镇之歌

（歌词）

你是灿烂的文化之乡
岁月悠悠流淌华夏文明
龙喜城接驾唐宗宋祖
新石器开辟日月星辰

你是骄傲的名人之乡
英雄辈出照亮历史天空
黄克强缔造民主共和
许光达挥师铁甲雄风

你是神奇的生态之乡
多情山水笑迎天下嘉宾
浏阳河玉带绕金洲
鹿芝岭古道通仙境

你是和谐的魅力之乡
村兴民富沐浴改革春风
示范区续写黄兴颂
花木园装点新农村

注:《黄兴镇之歌》经著名作曲家张千青谱曲，多次在文艺演出中演唱。

今日关山村

（歌词）

今日关山村
人在画中行
群山栖白鹭
碧湖跃金鳞
别墅临山水
公路隐丛林
茶园吐新绿
果蔬满田垄

今日关山村
旅游促繁荣
葡萄酿美酒
桃园聚嘉宾
瓜甜农家乐
花香不夜城
城乡一体化
幸福小康村

关山美

（歌词）

关山美
美关山
人杰地灵好地方
关公战长沙
惊天动地此雄关
关山连韶山
一轮红日照东方
沩江连湘江
少奇英名天下扬

关山美
美关山
山清水秀好风光
梧桐引凤凰
山水桃园赛天堂
田园美如画
橙黄橘绿稻花香
丰收农家乐
村兴民富奔小康

碧桂园之歌

（歌词）

碧桂园　好家园
山水人居赛神仙
森林拥别墅
流水绕窗前
天然氧吧好休闲
莺歌燕舞迎新迁

碧桂园　好家园
修身养性胜桃源
芳草托琼楼
丹顶映蓝天
金桂飘香瓜果熟
万家灯火不夜天

湘绣美锦甲天下

（歌词）

神农开耕种
湘水润桑麻
春蚕吐银丝
湘女绣金花
自古湖湘多神韵
湘绣美锦甲天下

描潇湘八景
绘锦绣中华
迎百鸟朝凤
数千帆竞发
国色天香春满园
盛世和谐美如画

注:《湘绣美锦甲天下》经湖南省音乐家协会副主席、长沙市音乐家协会主席殷景阳，长沙市音乐家协会秘书长张长松谱曲，2011 年获“弘扬湘绣艺术”全国征歌赛创作奖。

湘绣竞风流

(歌词)

湘女多豪迈
湘绣竞风流
一针针
一线线
飞针走线绘新图
剪裁鸟语花香
编织年丰人寿
心仪龙凤呈祥
情系炎黄春秋

湘女多豪迈
湘绣竞风流
一帧帧
一件件
千家万户添锦绣
装点美好生活
馈赠亲朋好友
传承华夏文明
祝福天长地久

花明楼

（歌词）

山重水复路漫漫
滚滚靳水东流
衡岳洞庭眼底收
千年大铙颂
万古花明楼

报国酬民走天涯
披荆斩棘寻路
一腔热血写春秋
百姓生死系
壮志展宏图

注：《花明楼》经湖南省音乐家协会副主席、长沙市音乐家协会主席殷景阳，长沙市音乐家协会秘书长张长松作曲，2014 年获“颂歌声声献给党”全国征歌赛三等奖。

和谐的春天

HEXIE DE CHUNTIAN

到韶山

中国革命圣地
红色政权摇篮
孕育一代天骄
催生一轮太阳
世界关注的焦点
吸引着仰望的目光

在激情燃烧的年代
跟随拉练队伍瞻仰韶山
军帽、军衣、军人鞋
红书、红旗、红臂章
伴随《东方红》旋律
在韶溪边探寻徜徉

沐浴十一届三中全会春风
组织农村党员到韶山
带着姓“资”姓“社”困惑
寻找真理标准答案

在伟人百年冥诞
陪同省会城市智囊团到韶山
《走进新时代》乐曲催人奋进
小康路程越来越宽
广场上矗立着顶天立地的金像
人民领袖回到了人民中间

新的千年,新的世纪
携手长株潭文艺家采风韶山
一座年轻新城从深山崛起
连接这里有公路、铁路、民航
韶峰、滴水洞、虎歇坪不再神秘
游人的脸庞神采飞扬

星火燎原的旧地
先贤哲人的故乡
“AAAAA”景区的金字招牌
使这里重现车水马龙的纷繁

朱德的扁担

一根普通的楠竹扁担
连接着长官与士兵的心坎
军长与战士一道
送货进城、挑粮上山

一根普通的楠竹扁担
架起了红军联系百姓的桥梁
红军和工农携手
鼓角相闻,旌旗在望

一根普通的楠竹扁担
担走了欺压百姓的“三座大山”
担走了屈辱和愚昧
担来了民族的自由与解放

一根普通的楠竹扁担
担来了红旗飘飘的锦绣河山
担走了贫穷落后
担来了文明富强

在彭德怀塑像前

你是万民景仰的长者
你是顶天立地的英雄
横刀立马，气壮山河
你用钢铁铸就辉煌人生

长征途中深谋远虑
五反“围剿”屡建奇功
百团大战摧枯拉朽
抗美援朝横扫千军
你用大智大勇筑成万里长城
你是军人心中的彭老总

你是万民景仰的长者
你是顶天立地的英雄
刚直不阿，为民请命
你用紫铜铸就闪光人生

到公社大队访贫问苦
去工厂营区促膝谈心

目睹饥饿灾荒拍案而起
耳闻浮夸冒进满腔愤怒
你用赤诚蘸着老泪写下“万言书”
你是百姓心中的彭老总

你是万民景仰的长者
你是顶天立地的英雄
忍辱负重，立党为公
你用忠诚铸就不朽人生

庐山会议解甲归田
三线建设披挂出征
吃的是粗粮，穿的是布衣
说的是真话，想的是人民
你带着一个化名含冤而去
你是长留中华的不朽英魂

光达英名传天下

(歌词)

每当我想起你
就想起了桂花飘香光达村
浏阳河接洪湖水
萝卜冲连北京城

每当我想起你
就听到了黄埔抗大读书声
百战沙场存浩气
三请让衔留英名

每当我想起你
就看到了巍巍长城战旗红
科技强军开拓者
教育兴国奠基人

想起你我肃然起敬
想起你我心潮难平
不朽的丰碑
永远的英雄

注:《光达英名传天下》经著名作曲家张千青谱曲,多次在文艺演出中演唱。

红色井冈,绿色井冈

抹不掉的红色记忆
源自书声琅琅的课堂
似曾相识的土地
相见在朦朦胧胧的梦乡

飞转的车轮穿越森林隧道
像一叶小舟航行在翠竹海洋
看不够的历史遗迹
览不尽的自然风光

红军与绿林结盟茨坪
朱德和毛公会师宁冈
枪炮和钱币自己制造
红色政权从这里走向辉煌

黄洋界的炮声化作缤纷礼花
覆盖了五大哨口硝烟弥漫
红军医院的宁静使人却步
烈士陵园的碑文让人忧伤

值得重读这红色历史
值得走进这绿色名山
人文与自然和谐融合
续写科学发展崭新篇章

巨人的脚印

——写在北京奥运会开幕之夜

今夜星光璀璨
今夜举世欢腾
从天安门广场
走来一群尊贵客人
走过了长安街
走进了奥运村

鸟巢设宴
击缶迎宾
开放的中国走向世界
五洲的朋友相聚北京
二十九站路程
二十九个脚印
世界奇迹
华夏文明
北京的夜色光彩夺目
中国的天空魅力无穷

二十九站何等漫长
二十九步几多艰辛
从北京到雅典
从雅典到北京
一百零五年的等待
几十个国家的旅行
经历风雨的熊熊烈焰
像佛光、像彩虹
照亮了黄土地
照亮了地球村

巨人的脚步跨入鸟巢
绽放的礼花五彩缤纷
友谊之手高擎五环
世界目光聚焦北京
世纪盛会大幕开启
富强中国万里鹏程

送别葛振林

八十八年
昂首挺胸
不知疲倦地
走完了人生旅程
后人不忍你离去
你更想继续前行
因为你这一生
无愧于祖国和
哺育你的人民

六十四年前
狼牙山上
棋盘陀峰
你与四位热血男儿
用钢肩铁臂
保护了数千抗日将士
击败了数千日本侵略者的
疯狂进攻

后面是洪水猛兽般的追兵
前面是深渊万丈、峭壁嶙峋
进与退
死与生
容不得更多的磨蹭
为了坚贞不屈的信念
你们选择了跳崖牺牲
气壮山河的纵身一跳啊
惊天地
泣鬼神

三位战友为国捐躯
你却与另一位勇士奇迹般地
在正义的烈火中永生
狼牙山五壮士
妇孺皆知英雄
化成排山倒海的力量
打赢了一场捍卫和平与正义的战争

你用六十四年言传身教
以史明鉴
资政育人
你把预防和平演变的责任
扛在肩上
毅然投身到一场
没有硝烟的战争
战友们未竟的事业
在你手中做得精彩纷呈

温馨的鲜花陪伴你
去战地重游
悲壮的音乐护送你
与烈士重逢
你和你的英雄群体
用生命诠释了
共产党人的浩然正气
中华民族的不屈精神

农村文化中心剪影

（组诗）

图书馆

笋子般顶破头上的石块
在渐渐肥沃的土地上诞生

诞生了，一团团燎原的火焰
在人们的心头越烧越旺

从这里走出的人群
手里都擎着一支通明的火把

燃烧荆棘，
照亮漫长而又坎坷的征程

展览室

王羲之，徐悲鸿
李四光，袁隆平

无数双热情的手将我握住

我抚摸着无数颗火热的心

我怎么会来到这伟人的世界
我怎么能认识这么多名人

我禁不住揉了揉眼睛
啊！原来都是些本乡人。

影剧场

“牧马人”的真情磁铁般
把对对情侣紧紧牵系

“小刘海”的演唱温情般
在双双老伴的心头潺潺流淌

这是一个欢乐的海洋
也是一个深思的海洋

这里，人群的潮水啊
再也找不到平静的港湾

1984年10月于长沙县高塘乡

航班上的联想

没有时间约定，
就没有一路偕行。
没有能量积蓄，
就没有远大前程。
没有长距离助跑，
就没有顷刻间腾空。
没有冲破云雾的沉重，
就没有翱翔蓝天的轻松。
没有越过气流的颠簸，
就没有驰骋云海的平稳。
计划向市场过渡，
如同飞机助跑到平稳运行。

2003 年 10 月 25 日于贵阳

中国常德诗墙

这里原是一片沙砾成堆的河滩
这里原是一个潮水淹没的地方
98年数千抗洪勇士
用汗水和智慧筑起了精神信仰

十里防洪大堤
十里诗书碑廊
置身这诗画碑刻世界
心旷神怡、流连忘返

阅读着花、木、草、石杰作
吸吮着诗、书、画、印芬芳
江面上声声汽笛
激荡起心中层层波浪

汇集经典之作的诗书各领风骚
伸向远方的防洪大堤固若金汤
创造中国诗墙吉尼斯纪录
常德人的梦想在五洲四海闪闪发光

2002年5月21日于常德

张谷英

延续了五千年传统文化
缔造了六百年民间故宫
留下了两千间青砖瓦屋
繁衍了九千名忠孝儿孙

因你命名了一个村庄
因你兴起了一座集镇
因你沸腾了一隅山水
因你富甲了一方百姓

好奇眼光向你聚焦
弯弯山路向你延伸
莘莘学子向你纷至沓来
滚滚车轮碾碎山村宁静

一位平民祖先
一种精神化身
一个不朽名字——张谷英
你让后人永远虔诚

2002 年 5 月 18 日于岳阳

大梅沙

大浪淘沙淘出一弯月亮
淘出一个蓝色梦幻
梦幻中再现“嫦娥奔月”仙境
梦幻中散发“桂花酒”芬芳

雪白浪花卷走都市喧嚣
银色沙滩留下久违悠闲
在波峰中闲庭信步
在谷底里沐浴阳光

天人合一乐园
山水浑然天堂
潮起潮落诠释博大与宽容
浪进浪退更迭失望和希望

2001年10月21日于深圳

一〇七国道

如机械部队转移
似游牧民族迁徙
一条延绵数千公里的南北通道
摩肩接踵、车流不息

超限运输使你消化不良
供需脱节使你全身拥挤
不堪重负的交通流量
超出了数十倍的承受能力

昼夜通行两万
路宽不足十米
你用伤病身躯支撑国脉畅通
你以完美形象展示交通神奇

为商品流通构筑绿色走廊
为西部开发输送新鲜血液
为勤劳国民打造致富通道
把古老中国引向崭新世纪

2002年5月17日于岳阳

雅典中国风

这里播下了五环火种
这里创造了欧洲文明
这里驶出世界规模船队
这里响起奥运回家欢声

这个历史悠久的城市
文化和科学炳焕古今
这个使人激动的季节
刮起了奥运中国旋风

威风锣鼓震天动地
千手观音精彩纷呈
五星红旗冉冉升起
中国健儿立异标新

百米跨栏展翅飞翔
跳水健儿剔透晶莹
射坛老将不减当年
女排实力再展雄风

追金夺银捷报频传
英雄好汉层出不穷
雄壮国歌频频奏响
体育强国梦想成真

奥林匹亚山上众神在祈祷
地中海里浪花在欢腾
热情市民点头微笑
嫩绿橄榄枝频频致敬

亿万双眼睛在聚焦
亿万双手掌在擂动
亿万张彩图在描画
亿万双脚步在飞奔

中华民族申奥旗帜高高飘扬
体育盛会移师北京
一个充满生机的文明古国
将把人文、科技、绿色奥运献给世人

2004 年 9 月 28 日

写在“神舟五号”发射之际

把
女娲补天的
想象
捆绑成
一支神箭

将
夸父逐日的
神话
燃烧成
一腔热望

用
敦煌艺术的
精美
打造成
科技尖端

携
人口最多
地域最广
海拔最高的
东方古国
腾空而起
……
带着
民族骄子的
千年梦想
遨游太空
造福人类和平

2003 年 10 月 10 日

桃花江洪山竹海

漫步在洪山竹海
胸中涌动着万千感慨
大自然的钟灵秀美
回报给人类太多的关爱

漫步在洪山竹海
眼前展现出绿色世界
领略了竹海起伏波涛
感受了竹海宽阔胸怀

漫步在洪山竹海
和煦春风扑面而来
竹林深处有人家
高山流水小村寨

漫步在洪山竹海
岁寒三友今犹在
人间正气节节高
崎岖坎坷脚下踩

2002 年 5 月 20 日于益阳桃江

写于中国“复关”之际

十五年峰回路转
十五年舌战唇枪
十五年出奇制胜
十五年奋发图强

为了恢复关贸总协定缔约国地位
实现强国富民的宏伟理想
为了世界和平与发展
融入经济全球化大循环

北京——日内瓦
架起横跨宇宙的桥梁
中国——世界
编织自由贸易网

公元 2001 年 11 月 11 日
五星红旗在卡塔尔首都飘扬
中国入世
掌声在喜来登酒店响起

中国入世
欢声在五湖四海荡漾

龙永图——湖湘学子独领风骚
石广生——英雄金笔著就华章
双赢——这是东方大国的承诺
富强——这是中华儿女的梦想

2001年11月12日于长沙

“神舟五号”返航

航行二十一小时
浓缩了二十一个世纪
运转十四圈
承载了十四亿人的使命

“神舟五号”,国人的骄傲
你把整个民族带入了太空
杨利伟,华夏精英
你成了太空中一颗耀眼明星

稳稳落地
震荡着东方红日喷薄而出
自主出舱
席卷起五洲如潮欢声
“神舟五号”圆了华夏载人航天梦
杨利伟
中华民族走向太空探路人

2003 年 10 月 11 日

欧洲印象

农村是公园
城市是客厅
公园里天蓝地绿
客厅里宾客盈门

2002年6月18日于欧洲

诺曼底登陆六十年祭

昔日盟军战场
昔日登陆海岸
昔日参战士兵
相逢在凝重的历史时光

六百名二战伞兵从天而降
天女散花般
在诺曼底上空
把六十年前的空战重演

二百辆老爷战车浩浩荡荡
轰鸣的马达和汽笛把军歌奏响
长长的海岸线上
再现铁甲雄风奇观

百万盟军的惨烈和悲壮
把纳粹德国的丧钟敲响
铺就了艾森豪威尔的新政之路
粉碎了希特勒的帝国梦想

一艘艘二战军舰
停泊在诺曼底港湾
锈蚀的甲板上走来一群和平使者
亲吻苦涩海水和白色沙滩

十六个国家的首脑和政要
聆听希拉克总统心的呼唤
“仇恨没有未来
通往和平之路永远开放”

阴云密布的天空阳光灿烂
腥风血雨的沙滩静谧安详
曾经兵戎相见的国家和平共处
你死我活的战士共赴白发苍苍

用祈祷和平的方式凭吊
长眠在诺曼底公墓中的死亡
用面向未来的疗法
医治战争给人类带来的创伤

但愿“欧洲救星”不改初衷
但愿“霸权主义”不再嚣张
但愿世界永久和平
但愿国际性的祭祀成为最后晚餐

2004 年 6 月 6 日于向阳湖畔

湖南百里花木走廊

穿行在百里花木走廊
飞车驰骛
公路从绿色的汁液里溅出
生机勃发
树木扶疏
玉碧山丘
翠掩村户

穿行在百里花木走廊
飞车驰骛
公路从芬芳四溢的花香中飞出
仙人园艺
双溪花市
柏枷苗圃
满园春色延伸四海五湖

穿行在百里花木走廊
飞车驰骛
公路从历史的蚕茧中抽出

遥想河西走廊
丝绸之路
近溯秋收起义
犁头旗舞

穿行在百里花木走廊
飞车驰骛
公路相偎浏阳河
乡情溢出
缱绻山水画图
缠绵回环九曲
天使的臂弯
尽情将旖旎搂在胸腹

穿行在百里花木走廊
飞车驰骛
公路从农民的富庶中流出
竹山堆金
蓝田种玉
绿色产业
打造绿色宝库

呵
百里花木走廊
春风普度
牵动天地人心今古
交通人值得骄傲的付出
老百姓引以自豪的幸福

拜谒炎帝陵

水之源
树之根
炎黄始祖
华夏光明

白鹿给你喂奶
山鹰给你遮荫
远古的传说
使你入化出神

遍尝百草
发明医药
首创农耕
教民耕种
开拓市场
互通有无
绫丝为弦
削桐为琴

奠定“磨山文化”
开创长江文明
播种五谷杂粮
哺育百姓黎民

有太多的理由让人铭记
有太多的遗产留给子孙
有太多的功绩使人景仰
有太多的财富让人享用

开拓奉献的先人品格
拼搏进取的“炎黄”精神
催生出一个生生不息的民族
华夏图统一
世代结同心

漫步中英街

“日出沙头，月悬海角”
博物馆里寻觅沙头角的由来
“一国两制，港人治港”
踱步天下第一街

昨夜的秋风掀掉了神秘的面纱
今晨的阳光抹上了亮丽的油彩
曾经全副武装的皇家警察
已经从那个难眠之夜悄然离开

交相辉映的国旗、区旗横街挂
琳琅满目的中货、西货两厢排
来这里观光旅游的兄弟姐妹
春风满面，笑逐颜开

一尺见方的中英街界碑
见证着清王朝的腐朽、殖民者的割宰
中国近代强国富民的奋斗历史
浓缩在这250米长、3米宽的麻石小街

孙中山、黄兴领导“庚子首义”
民国和港英政府的两次勘界
港九独立大队英勇抗日
屋檐下的风铃将故事娓娓道来

解读“割占、抗争、变迁、发展、回归”的历史
答案写满了饱经沧桑的小街
“一国两制”的构想雪洗百年耻辱
祖国统一的呼声震荡五湖四海

2001年10月22日于深圳

常德柳叶湖

如天地间一方明镜
映照出一座城市靓影
森林中的滴滴甘露
滋润着一个和谐大家庭

嫩绿垂柳在微风中摇曳
水天一色的湖面波光粼粼
披红着绿的游客长堤信步
皮划艇健儿湖面热身

这里远离闹市喧嚣
这里抖落跋涉者仆仆风尘
在这里享受自然
在这里呼吸清新

城市因你而美丽
花木因你而温馨
鱼儿因你而自由
乡村因你而繁荣

2002 年 5 月 22 日于常德

看第二届金鹰节演唱会

(歌名串烧)

《昨夜星辰》《红楼梦》，
《广岛之恋》《过把瘾》。
《天竺少女》《大眼睛》，
《热土潇湘》颂《金鹰》。

《最美》《春天花会开》，
《对面女孩看过来》。
《谁》《爱我的请举手》，
《小河淌水》《当》《思念》。

《冷酷到底》《枉凝眉》，
《情非得已》《深呼吸》。
《他不爱我》《你快乐吗》，
《请不要在别人肩上哭泣》。

《滚滚长江东逝水》，
《百姓才是头上天》。
《晴雯歌》唱《红豆曲》，
《微服私访》去《西游》。

2001 年 11 月 8 日于长沙

国庆长沙抒怀

一轮红日从橘子洲头喷薄而出
放射出万丈光华
长沙宛如春雨中的生灵
夏日中的荷花
秋天里的谷穗
瑞雪中的山茶
吸吮着晨露
沐浴着朝霞
春夏秋冬的精彩
梅、兰、竹、菊的芳菲
凝固成一个永恒的名字
定格成一幅壮美的图画
文化名城
古城长沙

2001年10月1日于长沙

耕种改制

（民谣）

甜蜜蜜
笑哈哈
稻田改制丰收啦
种玉米
间黄豆
苞谷豆稻创新路
搞改制
有奔头
明年更上一层楼

1985 年 3 月于长沙县高塘乡

二〇〇五年第三场雪

二〇〇五年的第三场雪
飘落在梦醒时分
飘落在阳春三月
飘落在电闪雷鸣之后
飘落在全民义务植树节

漫天纷飞的雪花
覆盖了村庄
覆盖了田园
覆盖了道路
覆盖了山川

春寒料峭的雪花
挡不住杨柳绽新芽
挡不住红掌拨清波
挡不住工厂传喜讯
挡不住乡村升炊烟

冒雪植树的队伍

脚步踏平了山岗
汗水融化了春雪
钢锹铲开了冻土
双手绿化了原野

2005 年 3 月 12 日

读书偶感

打开一本书
推开一扇窗
尽收满眼荒垣
读完一片沙滩
圣迭戈出海归来
像农民企业家
远涉重洋
老人历尽艰辛捕获的那条
大马林鱼
像高高耸立在山坡上
曾经热热闹闹的空空厂房
我曾歌颂过
“借船出海”
我曾赞扬过
“占山为王”
怎奈大海诡谲的汹涌波涛
卷走了指鹿为马的笑料和美谈
只有那天真的小孩儿

还在拿着尺子
把大马林鱼的残骸丈量……

2001 年 11 月 18 日于长沙

读岳阳楼

从闲谈中悉心聆听
从教科书中反复阅读
从生活中细细体味
脑海中浮现一幅精美画图

一湖烟波浩渺
一栋沧桑古楼
一篇抒情散文
吸引多少青年学子驻足

登高放眼洞庭
满腔热血奔流
吟诵千古绝唱
“先天下之忧而忧……”

湖湘文化精髓
天下名楼榜首
炎黄子孙美德
融入千里碧波、万顷田畴

2002 年 5 月 19 日于岳阳

窗外

窗外有个海湾
恰似一间画廊
浮现幅幅油画
更替异样风光
潮涨时奔腾咆哮
潮落处阳光沙滩
海鸥频频入画
拾贝者两两三三
小木船漂近漂远
画面上忽白忽蓝
生活就是这样丰富多彩
世界也是这样变化无常

2003 年 9 月 10 日

轻武器研究所

这里牵系着国家的安危
这里连接着战争的烟火
这个绿树成荫的高墙大院
如今门庭冷落

这里陈列着半个世纪的短刀长枪
这里封存着领先世界的科研成果
这个凝固多少智慧和汗水的库房
如今铁门紧锁

这里有真枪实弹的靶场
这里可以模拟战场厮杀吆喝
这个曾经带有神秘色彩的地方
如今只能找到“马放南山”的感觉

国家长治久安
希望这里有更多的科研成果
世界和平发展
期待这里永远门庭冷落
铁门紧锁

2002年5月23日于益阳

站在“明斯克”上

带着苏联“红海军”的荣耀
带着“太平洋”旗舰的光环
带着超级大国的威严
万般无奈地停泊在大鹏港湾

不再有鲨鱼在你身后追逐
不再有海鸥在你舰塔翱翔
不再有飞溅的浪花为你欢呼
不再有年轻的水兵伴你歌唱

再不能参战出征，起锚远航
再没有闪光奖杯，耀眼勋章
只能将一个冷酷躯壳
供游人凭吊，让智者思量

锈迹斑斑的锚链，油漆脱落的甲板
长眠不醒的声呐，挖空心思的导弹
折翅难飞的直升机、歼击机、预警机
请告诉我明斯克英年早逝的答案

十七年的航程过于短暂
令五位雄姿英发的舰长仰天长叹
曾经以此为荣的数万官兵
从这里带走了无尽的遗憾和悲伤

政权的更替、国家的解体
让世人仰止的航母流落异国他乡
普列汉诺夫的预言
把明斯克的寿命计算得如此精当

莫为无情的历史惆怅
莫为霸权的叫嚣彷徨
期盼人流中走出更优更强的中国舰长
早日将中国航母编队驶向大洋

2001 年 10 月 20 日于深圳

小孩儿的军礼

在震区的废墟里
一位机智的小男孩儿
躺在迷彩色的肩膀上
从瓦砾中生还
一个标准的军礼
感动了天地
震撼了世界

这一小小的举动
让社会更加和谐
让生活更加精彩
一名瘦小儿童
还处在被呵护的年代
能做出惊人之举
常人难以理解

多么天真
多么可爱
多么坚定

多么豪迈
这不是表演
这不是意外
是人性本能
是天地大爱

小孩儿的军礼
向世俗挑战
小孩儿的军礼
为爱心喝彩
有爱就有奇迹
有爱就有未来

圣洁的菊花

（歌词）

手捧一枝圣洁的菊花
片片绿叶托起丝丝牵挂
沐浴在春风里
盛开在蓝天下
光彩照人间
馨香暖万家
把爱心献给兄弟姐妹
把真情献给爸爸妈妈

手捧一枝圣洁的菊花
片片绿叶托起丝丝牵挂
播种在原野上
成长在阳光下
把忠诚献给多情的土地
把祝福献给可爱的中华
祝福人民吉祥平安
祝福祖国辉煌腾达

废墟上的旗帜

一座座城市地覆天翻
一幅幅画图百孔千疮
一面面鲜红的旗帜
在橄榄绿和橙黄色的辉映下
高高飘扬

这旗帜
像一双双神奇的巨手
与死神搏斗,与灾难抗争
夺回了一条条生命
撑起一栋栋板房
填平一道道裂缝
搭起一座座桥梁

这旗帜
像一团团火焰
燃烧荆棘
驱赶严寒
温暖心田

升起希望

这一面面鲜红的旗帜啊
把进军的号角吹响
唤起民族精神
聚合中国力量
众人划桨开大船
多难兴邦创辉煌

空降兵

顷刻间
晴天霹雳
地裂山崩
房屋倒塌
草木悲鸣
江河倒流
日月逆行
道路中断
通信无声
四川、汶川、北川
一座座荒岛
一座座孤城
与世隔绝
与死临近
灾民危在旦夕
救援片刻不容

中南海果断决策
子弟兵奋不顾身

又一场恶战
又一次远征
书信中与父母告别
照片上和妻儿亲吻
请战书里尽显人民军队的无限忠诚
以服从
接受祖国挑选
用行动
经受良知考问

运输机蜂拥而至
地震带迷雾重重
非常态作业
超低空飞行
飞行记录在这里打破
跳伞奇迹在这里见证
空降兵纵身一跳
天女散花
落英缤纷
为灾区涂上亮丽色彩
为灾民带来希望与光明

三分钟

低垂的国旗
舞动阵阵清风
用最高礼遇
为死难同胞和抗震烈士
默哀三分钟

航行的轮船立正
奔驰的汽车暂停
马达抽泣
汽笛长鸣
为四川、汶川、北川
祈祷三分钟

从城市到农村
从学校到军营
聚集国旗下
屏住呼吸声
向灾难挑战
与死神抗争

四川雄起
汶川重生
顷刻间大海咆哮
江河奔腾
崛起的声浪铺天盖地
爱心的力量风起云涌

致董明珠

你用开心汗水
化作久旱甘露
你用智慧火焰
燃烧劫后惶恐
你用坚定脚步
丈量撕裂地壳
你用灿烂微笑
架设七彩长虹

心里装着无名委屈
肩上扛着奉献责任
行走在天地间
穿梭于灾民中
泥泞路上的脚步
敲响了青春的节拍
瓦砾堆里的迷彩
定格成亮丽风景

帐篷里嘘寒问暖
废墟上促膝谈心
把失学儿童请回课堂
把重建信念送给乡亲
植苗书屋门庭若市
灯光球场歌舞升平

老人们见你笑逐颜开
孩子们依你满面春风
你让灾区孤儿找回母爱
你给残缺家庭平添温馨
一声声“妈妈”让你腼腆羞涩
你伸开臂膀回应那渴望的眼神
一位青年学子、未婚妈妈
和一群 80 后的热血青年
在危难时刻挺身而出
在汶川大地风雨兼程
把爱的力量凝聚
把志愿精神传承

跋 BA

花明楼的雪莲花

宋湘绮

打开罗雄的电子邮件，一丛摄影作品蓬勃欲出。红彤彤的枫叶像那燃烧的火焰，一下把静静的书房点亮了，呼呼燃烧的还有黄兴手书——“大丈夫当不为情死不为病死当手杀国仇以死”。堂堂正正。黄兴就这样在历史深处凝视着湘江水、橘子洲、岳麓山和天心阁。通过罗雄的艺术视角，这幅墨宝庄严出场、隆重上网。

作为辛亥革命元勋黄兴的后辈和同乡，罗雄写了《枫叶如歌颂黄兴》《无我笃实仰黄兴》两篇纪念辛亥百年和辛亥领袖黄兴先生的缅怀文章，并配上黄兴故里摄影作品和文献资料，要我帮他审稿，我先睹为快。

辛亥百年祭，辛亥青春祭。一群年轻人的热血结束了三千年的封建专制历史。黄兴啊，好多次，爬岳麓山，我都要到你的墓前停留片刻。只站片刻，不能久留，得走。有的人先于他的时代而行，已走百年，我们至今还追赶不上他们的脚步。自由、民主、共和这些温热的词，不是枯萎的术语，它们就是老百姓的衣食住行，就是这个受专制摧残太久的国家一直向往的一点光亮啊。遥望英雄伟岸的背影，我心中有说不出的感慨。

此刻，不难理解，当年的少年刘少奇，怀揣一本《辛亥革命始末记》走出了靳水河畔的炭子冲，报考明德中学的理由，竟是为了追随心中的偶像孙中山与黄兴。

此刻，我提笔写下：热血、秋枫、斗室，楷书、狂草、天下。一时找不到动词来说自己的想法和作为，只好把名词先抛出来，让她们自主寻找优化组合的方案和未来。

初遇罗雄是2010年10月份，在湖南省诗词协会第六次代表大会上，他是我的同桌。后来，有几次诗协召开的会长会议，他都没怎么说话。

2011年10月27日晚，正在益阳市召开的湖南省首届诗词理论研讨会还没结束，我和罗雄、司机小周同车提前返回长沙。这次同行，我才真正认识这位罗雄。谨言慎行的他要么不开口，要说就说真实的话、逆耳的话、朴素的话、知心的话、掷地有声、不同凡响的话。

黄昏时刻，雨雾蒙蒙，益阳通往长沙的高速公路正在改造，只好绕行319国道。路长了，话深了，深到平时很少触及的地方——诗人何为？

这年头，在堂堂学府，我也很少和人谈诗了。诗，是久违了的话题。文学院里热的是文化产业。诗，关乎未来的公益性文化事业，现在是冷门。因为我的博士论文选题“中国诗形美学研究”被枪毙，要顺应时代潮流转向文化产业，我被临时召回学校，参加28日早上八点的开题论证会。

这一生该相遇的人都会遇到。在诗词传承的路上，有些人必然相逢。相逢在仓促的脚步中、相逢在历史的选择中、相逢在漫漫的求学中。搞诗词，一个不合时宜的选择，同道中人，我们都选择了。

掌管着一个全国爱国主义教育示范基地和国家旅游景区大摊子，哪

能一走几天？罗雄来不及参观文坛泰斗周立波故居，带着些许遗憾，马不停蹄地返回单位处理公务。他都是在用业余时间和节假日在做诗词工作，这是件蛮大的事，一时半晌说不清这件事有多大。不好说，暂且不说。做，为什么要这样？罗雄用了几十年的坚持做答案，并付诸实践。

公社团委书记、文化站站长出身的政工干部罗雄，主业是行政管理，副业是思想政治和群众文化。他一直有个心结，做了半辈子的思想政治工作，面对新时期芸芸众生理想动摇、信念淡化、诚信缺失、文化萎缩的现象而茫然无措。这个用了半生精力琢磨文化传承的人，在不惑之年，意识到外在教化不如心灵滋润，滋润得靠中华民族优秀传统文化；得靠诗经、楚辞、汉赋、唐诗、宋词、元曲；得靠用生活当纸、用心灵当笔、用汗水当墨融合而成的诗。社会教育的出路在于以文载道、以文化人、以文修身。

特殊的工作，给了他特殊的“大学”机会。他任职过乡镇行政长官，县政府办的总管，市直单位的纪委书记、党委书记。特别是最近几年，他忙碌在一代伟人刘少奇故里花明楼炭子冲这座精神家园，不但日日神交伟人，还沐浴着五湖四海前来造访的文化人留下的余香。每一次文化交流，都是一次灵魂的洗礼和思想升华。

前不久，罗雄与著名的香港文化学者、成功企业家汤恩佳博士的交往尤其令人难忘。20 世纪 70 年代，汤恩佳博士及一些有识之士预言，21 世纪是中国文化的世纪。人类以自我为原则的行径、欲望狂奔的生活理念，只会把人类带向末路。只有中国传统文化的精华，才能拯救世界。在汤恩佳博士等有识之士的倡导下，全世界兴起中国文化热、孔子热，全球已建立了上千所孔教学院。汤恩佳的孔教走到哪里就讲到哪里，而且诲人不倦；他的传道精神无形中让罗雄一次次心灵震撼、一次次精神成长、一次次自我完善，尤其汤恩佳长跪岳麓书院孔庙大城殿的那一次烙印更深。

钢铁是在熔炉中炼成的，精神战士是在思想中诞生的。经过峥嵘岁月洗礼的罗雄，知道自己该放弃什么、拿起什么了。中华民族是诗性的民族，传统文化的精华是凝聚在诗词中的“弱德之美”，是水之柔韧，是玉之温润，是一股人间正道英雄气，是取之不尽的力量源泉。

他选择了诗。或者说，诗选择了他。

湖南有丰富的红色旅游资源，唯有刘少奇故里、刘少奇同志纪念馆，以诗的形式突破单调、刻板，甚至僵化的模式，开始一种精神祈祷。花明楼诗社，花明楼诗刊，花明楼诗会，花明楼诗赛，花明楼诗人黄树诚、钟辉平、张海清、熊艮良、谭德斌、齐汉武、齐吉麟、易树人等让人刮目相看。每年组织一次诗赛，编印一本诗集，召开一次诗会，主办一场诗教。2008年征集和编印了诗歌集《伟哉公仆》，前年还出版了《丰碑》诗联集，纪念刘少奇回乡调查50周年。今年正在征集出版《潇湘女杰》，纪念何宝珍诞辰110周年，可谓诗词活动丰富多彩。明年是刘少奇同志诞辰115周年，他们还将组织一次中华经典进机关诗词吟唱会。罗雄也在准备出版个人诗词集《花明楼诗抄》，用诗的形式传播红色文化，弘扬伟人精神，令人欣慰。罗雄拟出版的《中华正气歌》初稿已送我参考，这是一本新诗集，共计百余篇，其中有大量的朗诵诗和歌词，抒发真情实感、祈祷浩然正气、庇护子子孙孙。这个吃够了苦、受够了罪的民族啊，一场十年“文革”浩劫，连共和国的主席都无法幸免于难，怎不令人心疼落泪？怎不担心悲剧重演？

没有宗教信仰的中国人，其实是以诗为宗教的。在好诗、好词、好文里，老百姓看得到国家未来和民族希望。

看得到孙中山、黄兴走向共和的接力棒，传递给了中国共产党人；

看得到岁月如歌，文化大革命，不只是十年浩劫，是几亿人的浩劫；

看得到一个开国元勋坚守底线，穿过血雨腥风；

看得到年轻的共和国步履蹒跚，在泥泞中跋涉；

看得到指挥“安源路矿工人大罢工”的手与掏粪工人的手以劳动和革

命的名义紧紧相握；

看得到1961年，一位白发苍苍的长者，艰难地行走在故乡的田埂上；

看得到悲壮的历史背后，顶天立地的英雄气概；

看得到布衣还乡的国家主席如铁的叹息，撕心裂肺；

看得到追赶民主共和的脚步，正在继往开来、奋力前行。

这苦难的民族从来不乏英雄。尤其是湖湘热土，从黄兴、蔡锷到毛泽东、刘少奇、任弼时以及共和国元帅彭德怀、贺龙、罗荣桓，开国大将粟裕、黄克诚、陈庚、谭政、肖劲光、许光达等，每一个时代都贡献了自己最英雄的儿子给历史、给人民。

罗雄就是从这个视角进入历史，走进别人的历史是为了走进自己的未来。

在走近英雄的路上，罗雄选择了一份公益性文化事业，把诗词传承的担子扛在肩上。在文化强国的号角中，这份承担不轻，这份使命神圣。每个时代都有自己的使命，一个人只有把自己和时代紧紧联系起来，他的潜力才会彻底调动起来。罗雄这种难得的文化自觉，这种主动的责任担当值得点赞。

成为一流的诗人，罗雄的路刚刚开始。罗雄的诗集《中华正气歌》写出了“想得到”的好。我希望我的同桌罗雄写出人们“想不到”的好，安慰这沧桑人世，照亮人类艰辛跋涉的征程，让古往今来惊人相似的历史悲剧不再发生，让刘少奇主席闭上忧心忡忡的眼睛，让湖湘儿女和炭子冲的乡亲不再为英雄流泪，让天下的老百姓过上踏实而富足的日子。

人们“想不到的好”，只有诗人可以想到。罗雄五十年才练就一副诗人胚子，就是为了有朝一日写出人们“想不到的好”。那个世界该有多好！都说诗是年轻人的专利。我以为，人到中年，其诗才醇。以成熟的生命响应远方的召唤，如酒的秋天正好酿造生命的奇迹。

一个人，中年还执着于诗，内心一定饱含泥土、岩石和生活的艰难困苦都抑制不住的力量。

这样的心，永远向往洁白的雪莲花以及生长雪莲花的洁白世界。

只有燃烧的激情和创造的诗笔才能描绘出雪莲花的美丽；

只有平仄、韵律、节奏、神奇的语言才能定格雪莲花的精彩。

与罗雄同路，让我明白了什么是学术尊严。“中国诗形美学研究”被枪毙，是一种牺牲，牺牲有时也意味着浴火重生，也意味着某种神圣。谢谢《中华正气歌》护送我走在自己的路上。

2015年8月2日

（作者系湖南省诗词协会副会长、中南大学教授。）